KB160700

한일관계사연구논집 10

해방 후 한일관계의 쟁점과 전망

한일관계사연구논집 편찬위원회 편

景仁文化社

발 간 사

한국과 일본은 흔히 一衣帶水의 관계로 표현되어 왔다. 이는 조그마한 물줄기 하나를 사이에 둔 가까운 이웃나라라는 말이다. 한국과 일본 두 나라는 이처럼 지리적으로 근접해 있다. 두 나라가 지리적으로 서로 인접해 있다는 사실은 역사적으로 양국간의 긴밀한 교류가 있었음을 뜻한다. 사실 두 나라는 역사적으로도 선사시대부터 오늘에 이르기까지 매우 빈번하게 교류를 가져왔다. 이 교류는 서로의 발전을 위해 긍정적으로 작용하기도 했다. 물론 양국간의 관계에서는 일방이 타방을 침략하는 비극의 역사가 포함되어 있기도 했다.

특히 한일 양국은 근대사회에 들어와서 불행한 역사를 체험했다. 대한제국이 제국주의의 침략으로 인해 국권을 상실했음은 분명 한국사에서 일대 비극적 사건이었다. 또한 제국주의의 체험은 대다수 일본 국민의 양심에도 무거운 짐을 지워준 사건이었다. 그러므로 그것은 일본 국민의 불행이기도 했다. 해방 이후 오늘에 이르기까지 60여 년 동안 한일 양국은 이 비극적 체험과 불행을 극복해 나가야 할 책임을 짊어지고 있었다.

과거는 현재와 무관할 수 없다. 과거의 정리 없이 현재에 대한 이해나 바람직한 미래의 기대는 불가능하다. 바로 이 점 때문에 한국의 역사 연구자들이나 일반 국민들은 한일양국의 역사를 바로 세워야 한다고 생각해 왔다. 또한 일본의 연구자 및 국민들과 정부 당국자들도 이 점에 있어서는 인식을 같이했다고 생각된다. 그러므로 우리 모두는 역사의 진실 앞에 서서 지나간 과거를 되짚어보면서 자신의 미래를 개척해 보고자 시도해야 한다.

원래 역사교과서는 당대 역사연구와 교육목표가 함께 융합되어 간

행되는 학습용 출판물이다. 그런데 해방이후 오랫동안 일본 역사교과
서에 나타난 한국사와 관련된 부분에서는 적지 않은 문제들이 나타
나고 있었다. 이러한 이유 때문에 2001년 한국과 일본 양국 정상들은
일본 연구자의 한국사에 관한 인식 중 상호 공통된 부분과 차이점이
무엇인지를 우선 분명히 하기로 합의했다. 이 합의의 결과로 2002년
한일역사공동연구위원회가 탄생되었고, 이 위원회의 양국 위원들은
모두 19개의 공통주제를 선정하여 그 주제에서 드러나는 상호 역사
인식의 공통점과 차이점을 밝히기로 했다. 한국측 위원회에서는 19개
공통주제 각각에 대한 공통점과 차이점을 좀더 분명히 하기 위해서
더 많은 동료 연구자들의 의견을 듣고자 했다. 이에 한국측 연구위원
들은 각각의 주제들과 관련하여 모두 103개의 세부 분야를 선정했고,
이 세부주제들의 연구에 참여할 공동연구원들을 위촉하게 되었다.

　이제 한일역사공동연구위원회에 속한 두 나라의 연구위원들은 별
도로 간행되는 종합보고서를 통해서 지난 3년간의 연구를 마치기에
이르렀다. 이 보고서의 간행으로 제1기 한일역사공동연구위원회의
임무는 종료되었다. 그리고 한일역사공동연구위원회의 한국측 위원
회는 2005년 5월 31일로서 그 시한을 다하게 되었다. 그렇다 하더라
도 우리는 그 종합보고서를 작성하기 위해 진행시켰던 103개 분야의
세부적 연구결과를 사장시킬 수 없었다. 이에 우리는 한국측 종합보
고서의 작성에 근거가 되었던 96편의 개별 논문들을 별도의 책자로
간행하여 한일관계사 연구의 진전에 기여하기로 의견을 모았다.

　우리는 이를 《한일관계사연구논집》이란 제명아래 그 동안의 기
초적 연구결과를 모아서 모두 10책의 논집으로 간행하고자 한다. 이
책자의 간행을 통해서 한국측 연구자들은 그동안의 연구성과에 관한
국내외 학계의 비평을 겸허하게 기다리기로 했다. 또한 한일역사공동
연구위원회의 명칭은 2005년 6월 이후부터 사실상 사용할 수 없다고
판단되었다. 이에 우리는 한일관계사연구논집 편찬위원회를 조직하

여 그 이름으로 이 책자를 간행하기로 했다. 이러한 과정을 거쳐서 이 책자들의 총서명과 간행처의 명칭이 결정되었다.

한일역사공동연구위원회의 연구활동은 우선 종합보고서를 통해서 공식적으로 종합되었다. 그리고 이번에 간행하는 ≪한일관계사연구논집≫을 통해서 그 구체적 연구의 근거들이 집약되었다. 모두 10책에 이르는 이 연구논집들이 앞으로의 한일관계사 연구에 큰 도움을 줄 수 있을 것으로 판단된다.

역사적 사실에 대한 연구는 역사학자들이 맡을 수 있다. 그러나 그 사실들은 역사교육의 목표에 따라 교과서 집필자나 검정기관에 의해 취사선택되는 등 일정한 영향을 받을 수 있다. 그러므로 역사교과서의 검정을 책임지고 있는 정부 당국은 올바른 역사 교과서를 편찬하여 미래를 책임질 청년 학도들에게 전해야 한다. 올바른 역사교육은 한일 양국의 바람직한 미래를 건설하는 대전제이기 때문이다. 한일양국의 역사인식 상 공통점과 차이점이 무엇인지를 밝히려는 진지한 연구는 결국 올바른 역사교육으로 이어질 것이다. 이러한 기대의 일부로 우리는 이 ≪한일관계사연구논집≫을 간행했다.

이 연구논집에 수록된 영문초록은 남태우 선생의 지원을 받아, UCLA 동아시아 학과의 손민서, 손희주, 김 소피아 님 등의 수고를 통해 작성되었다. 그동안 연구에 참여해 준 공동연구원들 및 이 책의 간행에 도움을 준 모든 분들에게 감사를 전한다.

2005년 6월 1일

한일관계사연구논집 편찬위원회 위원장 조 동 걸

<목 차>

- 발 간 사
- 서 문

서 문

　1945년 8월 15일, 일본이 연합국에 '무조건 항복'을 함으로써 아시아에서 제국주의와 침략의 시대는 종언을 고하였다. 그 뒤 20년이 지나서 대한민국 정부와 일본 정부는 국교를 정상화하였으며, 자유민주주의의 실현과 경제발전을 두 축으로 하여 정치, 안보, 경제의 각 영역에서 상호 긴밀한 협력관계를 유지하여 왔다. 양국의 시민사회에서도 문화교류는 날로 증진하고 있다. 그러나 긴밀한 상호 관계에도 불구하고 양국간에는 기본적인 신뢰 자체가 의문시될 만큼 때로는 상호 불신을 드러내며 갈등을 반복하고 있다.

　아무리 우호적인 국가들이라 할지라도 상호간에 갈등요소는 항상 있기 마련이지만, 한일간의 갈등은 특수한 성격을 지닌다. 현재의 문제보다는 과거의 문제가 서로를 압박하고 있다는 점이 그것이다. 일제강점기 한국인 강제동원에 대한 배상·보상 문제, 일본군 '위안부' 문제, 재일한국·조선인 문제, 수시로 반복되는 일본 정치인들의 과거사에 대한 '망언'과 사죄, 그에 대한 한국 사회의 규탄과 망각, 일본 역사교과서의 한국사 왜곡 문제, 일본 정치지도자의 야스쿠니 신사 참배, 그리고 독도 영유권 문제에 이르기까지 제대로 정리하지 못한 과거의 경험과 기억이 한일간에 주요한 갈등요소로 자리 잡고 있다. 물론 한국의 대일 무역 역조 문제, 김대중 납치사건과 문세광 사건 등 1945년 이후 새롭게 발생한 문제가 없었던 것은 아니다. 또한 일본인 납치문제와 북한의 핵무기개발 의혹은 현재 북·일간 수교를 가로막고 있는 사안이 되고 있다. 그럼에도 불구하고 오늘날 한일간의 근본적인 갈등요소는 역시 과거사와 관련한 문제들이라 할 수 있다. 현재 문제보다 과거 문제가 한일간의 전향적인 미래를 가로막고 있다면 그 문제는 어떻게 해결해야 할 것인가? 단지 홀홀 털어버리면 될 일은 아닐까? 두 가지 차원에서 문제는 그리 간단하지 않다.

첫째, 1965년의 한일 국교정상화 과정에서 개인 청구권 문제, 독도 영유권 문제 등을 명확히 처리하지 않음으로써, 오늘날까지도 관련 당사자들에게 과거사는 해결해야할 문제로서 남아 있으며 영토 문제도 반복해서 표면화하고 있다는 점이다. 당시 '위안부' 문제는 거론조차 되지 않았으며, 한국인 노동자에 대한 미지급금의 규모도 전혀 확인되지 않았다. 한일국교정상화는 국가이익이 앞서면서 개인의 인권은 전혀 무시된 전형적인 사례에 해당한다. 개인 배상·보상의 문제는 소송의 형식으로든 조약 개정의 방식으로든 마무리되어야 하며, 북일수교 과정에서 다시 재론되지 않을 수 없다.

둘째, 역사인식의 문제는 곧 동아시아의 미래에 대한 전망의 문제라는 점이다. 일본의 '망언'과 역사왜곡은 주로 가해자 의식에서 벗어나 자신의 역사를 긍정적으로 보고 싶어 하는 심리에서 발생한다. 자신의 역사를 밝게 보려는 심리는 일본만이 아니라 어느 국가에서도 있을 수 있는 일이다. 문제는 자신의 역사 가운데 어떤 부분에서 긍정적인 요소를 찾아낼 것인가 하는 점이다. 역사왜곡으로 물의를 빚은 ≪새로운 歷史敎科書≫(후소샤출판사, 2005, 검정본)의 저자는 일본의 제국주의 침략을 미화하고 도쿄재판 등 극동 국제 군사재판의 정당성에 의문을 표시한다. 그 자매편인 ≪새로운 公民敎科書≫(후소샤출판사, 2005, 검정본)는 민주주의, 인권, 자유 등의 가치를 부정하지는 않으면서도 이들을 모두 외래의 서구적 가치로서 평가절하한다. 이제는 '외발적' 근대화의 결과를 반성하고 일본 고유의 가치를 회복해야 한다는 주장이다. 일본의 과거사에 대한 시각이 제국주의 침략을 긍정하고 민주주의, 인권, 평화 등 보편화한 가치를 경시하는 방향으로 잡혀 있는 한, 역사인식을 둘러싼 쟁론은 단순한 과거지향의 문제가 아니라 냉전 종식 이후 동아시아가 어떠한 방향으로 나아가야 할 것인가 하는 미래지향의 문제일 수밖에 없다.

이 논집은 1945년 이후 한일관계의 쟁점을 파악하고 바람직한 한일관계의 미래를 전망하기 위하여 역사학, 정치학, 경제학 등 이 분야에 정통한 10명의 학자들에게 연구를 의뢰하여 그 성과를 한 자리에 모은 것이다. 논문집은 크게 네 부분으로 구성하였다. (1) 해방 후 한일관계사 연구와 상호인식에 관한 2편의 논문, (2) 한일협정과 한일관계를 다룬 4편의 논문, (3) 북·일관계를 검토한 2편의 논문, (4) 일본의 우경화 문제를 검토한 2편의 논문 등이다.

제 1주제에서 정용욱은 <해방 후 한일관계의 연구동향 : 현대 '한일관계사'의 역사인식>에서 1945년 이후 한일관계사에 관한 기존의 연구성과를 분단·한국전쟁과 일본, 한일회담과 한일협정, '일본군위안부' 문제의 세 범주로 나누어 정리·평가하고 향후 연구의 방향을 제시하였다. 필자가 특히 주목한 것은 한일관계사 연구의 전개과정이 당시의 현실적 요구와 어떻게 맞물려 있었는가 하는 점이다. 한일 양국에서 한일관계사에 대한 인식의 심화과정은 각국의 민주화의 진전과 밀접한 관련성을 가지고 있다. 한국의 경우 한일회담 반대투쟁은 '신일본제국주의' 비판, 냉전체제에 대한 인식, 한일 민중교류의 제기 등의 목표와 지향점을 가지고 있었다. 또 탈냉전 이후에는 민주화운동의 성과 위에서 한일 간의 과거사 청산과 재정립을 위하여 시민사회와 민중운동 영역에서 본격적인 문제 제기가 있었다는 지적이다. 필자는 앞으로 현대 한일관계사에 대한 연구를 더욱 진전시키기 위해서는 단순한 관계사의 차원을 넘어서서 한일관계를 동아시아 국제질서 속에서 총체적으로 파악할 필요가 있음을 강조하였다.

　　장은주의 논문 <1945년 이후 한일 양국의 상호인식>은 한국전쟁, 한일국교정상화 교섭, 김대중 납치 사건 등 한일관계에 중요한 영향을 미친 6가지 사건을 분석대상으로 선정하여, 각 사건이 상호인식에 어떠한 영향을 미쳤는가를 분석하였다. 일본은 1945년 이후 가해의식과 피해의식의 양면성을 내포한 '약한 가해의식'을 가지고 한국을 인식하여왔다. 이는 식민지배에 따른 과거 청산 문제의 해결이 당사자 간에 적절히 이루어지지 못함으로써 한일 양국의 왜곡된 관계가 양국간 인식의 한계와 단절로 표출된 결과였다. 필자는 최근 한일 양국 간에 시민운동단체들의 다양한 접촉과 문화교류의 활성화에 주목하면서, 이러한 움직임이 탈냉전 이후 한일 양국의 상호인식이 '가깝고도 먼' 감정적 관계가 아니라 '상호협력과 긴장'이라는 이성적 관계로 진화하는 과정에서 과거의 제약을 극복할 가능성을 시사하는 것으로 주목하였다.

　　지금까지 현대 한일관계에 대해서는 많은 연구성과가 축적되었지만, 그 관계의 바탕을 이루는 상호인식에 대해서는 제대로 검토가 되지 않았다. 현대 한일관계에 대한 방대한 연구성과의 밑바탕에 깔려 있는 역사인식의 흐름을 파악한 정용욱의 연구와 한일 양국 정부·시민의 상호 인식의 구조를 분석한 장은주의 연구는 이 점에서 주목된다. 특히 동아시아 국제질서의 관점에서 한일관계를 파악하여야 한다는 제안과 양국 시민 교류를 통해 이성적 관계로 나아갈 가능성을 찾은 것은 경청할 만한 대목이다. 국가·정부 중심의 발상을 넘어서서 공간의 측면에서는 동아시아를, 주체의 측면에서는 시민사회를 중시하는 문제제기는 21세기의 한일관계 연구의 방향을 모색하는 데 중요한 시사점을 제시해주고 있다.

　　한일협정과 한일관계를 다루는 제2주제에서, 박태균은 <한일협정 과정에서 나타나는 미국과 일본의 이해관계와 그 특징>에서 한일국교정상화가 해방 후 20년이 지난 1965년에 가서야 이루어지게 된 배경을 국제적인 안목에서 분석하였다. 즉, 1960년대 이후 미국의 아시아 정책이 일본 중시 정책으로 전환하고, 근대화론자 로스토우 등 전문가들의 역할이 케네디 정부와 존슨 정부에서 강화되며, 1964년 중국 핵실험이 안보위협을 불러일으킨 점에서 한일국교정상화의 국제적 배경을 파악하였다. 한일국교 정상화의 배경에 미국이 있음은 이미 기존의 연구에서 어느 정도 언급된 바 있지만, 왜 국교 정상화의 시점이 1950년대나 1960년대 초반이 아니고 1965년인가 하는 점은 아직 세밀하게 검토된 바 없다. 이 연구는 기존의 연구에서 애매하게 처리된 부분을 엄밀하게 분석함으로써, 1960년대 국제정세의 변동이 어떻게 한일국교 정상화로 귀결되었는가를 실증적으로 해명한 점에서 의의가 있다. 특히 중국이 핵실험을 통해 아시아의 강국으로 부상하게 됨에 따라 안보적 관점에서 한일 관계의 정상화가 절실하게 요구되었다는 지적이 주목된다. 한반도는 일본의 안보라는 관점에서 그 중요성이 부각되었던 것이다. 탈냉전기에 들어선 오늘날의 한·미·일 관계도 그러한 맥락에서 파악할 수 있는 것인지, 또는 그렇지 않다면 상호 관계는 어떻게 질적으로 변동하고 있는지에 대해 앞으로 새로운 연구가 요청된다.

김창록은 <한일기본조약 및 청구권 협정의 내용과 성격 - 법적 관점에서의 접근>에서 한일협정과 관련하여 핵심쟁점이 되고있는 두 가지 사항, 즉 <한일기본조약> 제2조와 관련된 1900년대 초 한일간 조약들의 효력의 문제와, <청구권협정> 제2조 및 제3조와 관련된 개인의 권리의 문제를 검토하였다. 그는 최근의 국제법학 및 역사학의 연구성과를 기초로, 그 조약들이 애당초 무효라는 사실을 논증했으며, 일본 정부가 1900년대 초의 제국주의적 국제법에 의거하여 조약의 유효를 주장하거나 합법부당론을 주장하는 것이 잘못임을 밝혔다. 그리고 <청구권협정>에 관한 교섭기록과 한일 양국 정부의 해석을 토대로, <청구권협정>에도 불구하고 한국인 피해자 개인의 권리는 소멸되지 않았다는 점을 강조하였다. 한일기본조약 및 청구권협정의 성립과정, 내용 및 성격에 관한 선행연구들이 주로 역사학, 정치학, 외교학의 관점에서 접근한 것이었음에 비하여, 이 연구는 법학의 관점에서 엄밀하게 논증을 한 점에서 의의가 있다.

다음으로 이원덕은 <한일협정 이후 한일과거사 문제의 개선방향 : 조약개정 가능성의 검토>에서 한일협정 이후 계속되고 있는 과거사 청산문제의 근본적 해결방안을 모색하였다. 필자는 양국간 긴밀한 우호 협력관계에도 불구하고 과거사 청산문제로 심각한 갈등과 대립이 반복되고 있음을 지적하면서, 악순환의 고리를 끊기 위해서는 과거사 처리의 원점인 한일기본조약체제 자체를 재고하여야 한다고 주장한다. 한일조약의 최대 모순은 일본의 식민통치를 정당화한 한일기본조약 제2조와 보상과 배상문제를 유보시킨 청구권 협정의 제2조에 집중적으로 표현되고 있다. 한일조약의 개정은 최소한 이 조항의 재검토로부터 출발되어야 한다는 것이다. 조약 개정의 가능성에 대해서는 일본국내 역사인식의 다원화 현상, 국제정세의 변화 등을 통해 현실화할 수도 있다고 본다. 한일 기본조약에 심각한 문제점이 있는 것은 분명한 사실이다. 다만 그 문제를 해결하는 방법이 조약 개정에 있는지, 아니면 또 다른 새로운 조약의 체결이 필요한지, 그렇지 않고 현재의 한일기본조약 체제 안에서 현실적인 해결방안을 찾아내는 것이 타당한가 하는 문제는 많은 논쟁의 소지를 안고 있다. 당위성과 현실성, 정부와 개인, 과거와 미래의 문제를 유기적으로 고민하는 가운데 문제 해결의 방향을 모색해야 할 것이다.

손열은 <한일경제관계의 쟁점, 과제, 전망 : 정치경제적 관점>에서 현대 한일경제관계의 쟁점과 과제를 분석한 다음 양국 경제관계의 미래에 대하여 거시적인 전망을 제시하였다. 전후 미국 중심의 냉전질서 하에서 일본의 중상주의적 체제가 복원되고 그 시장으로서 한국이 제공됨에 따라, 한국은 미국과 일본의 이중패권구조 속에 편입되었다. 이 속에서 양국간 경쟁은 한국에게 곧 만성적 대일무역적자로 표현되었다. 이러한 국민국가－냉전체제는 냉전 종식과 세계화의 흐름 속에서 자유화의 도전을 받게 되었고, 기왕의 구조를 개혁해야 하는 과제를 부여받았다. 또한 세계화의 한 단면으로서 지역주의의 대두는 양국간 관계를 새롭게 모색해야 할 필요성을 던져주었다. 한일 자유무역협정을 체결해야 하는 과제는 이런 맥락에서 제기되는 것이다. 그러나 이 작업은 기왕의 구조 속에서 수혜를 입은 집단의 반발이 예상된다. 이러한 진단에 기초하여 필자는 한일 양국이 새롭게 도약하기 위해서 기왕의 관념과 제도 즉, 국민－주권국가에 기초한 중상주의적, 발전지향적 관념과 제도를 넘어서 21세기적 모습을 갖추어가는 노력을 기울여야 한다고 주장한다. '국민'과 '주권', '부국강병'을 넘는 열린 체제, 공존공영의 질서를 만드는 거대전략 속에서 양국간 관계를 모색해야 한다는 지적이다. 이 연구는 한일 경제관계의 미래를 국민국가－냉전체제의 극복이라고 하는 거시적인 맥락에서 전망한 점에서 주목된다. 다만 국민-주권국가의 틀을 뛰어넘는 열린 체제의 구체적인 내용이 무엇인지, 열린 체제를 건설하는 과정에서 수반될 자유화의 위험성을 어떻게 극복 가능한지에 대해서는 보다 진전된 논의가 필요하다.

제3주제인 북한과 일본 관계에 대해서는, 과거 양국관계에서 가장 부각되었던 재일교포 귀국(북송) 문제를 다룬 논문과 탈냉전기의 북·일관계 개선방향을 검토한 논문을 수록하였다. 이완범은 <재일교포 북송문제 연구>에서 긍정·부정의 어느 한쪽에 치우지지 않는 객관적인 자세에서 북한의 재일교포 귀국사업을 연구하였다. 그는 북한측이 재일조선인 귀국사업을 적극 추진한 이유가 부족한 노동력을 보충하며 한일관계를 악화시키고 북·일관계를 개선하며, 재일조선인 사회에 영향력을 확대하는 데 있었다고 파악하였다. 한편 일본은 공식적으로는 인도주의 조치로서 북송에 응하였다고 하지만, 실제로는 사회문제화하고 있던 재일조선인의 인구 감소라는 실리를 취하는 데 목적이 있었다고 비판적으로 분석하였다. 이 연구에서 특히 주목되는 점은 재일교포 북송을 국제정치의 역학관계에서 파악하고 있는 점이다. 당시 미국이 북송을 막으려는 한국정부의 손을 들어주지 않고 일본정부를 지지한 이유는 1960년 미일안보조약 개정을 앞두고 미국이 일본 지도부에 힘을 실어주기 위한 것이었다고 한다. 한국과 일본이 청구권 문제와 어업문제 등으로 갈등을 보이는 상황에서 일본정부와 북한정부, 조총련계 재일교포, 나아가 미국정부의 이해가 일치되어 결정된 것이 재일교포 북송사업이었다.

진창수는 <탈냉전기 북일관계의 개선방향>에서 전 세계적으로 냉전이 종식된 1990년대에도 북한과 일본간에 수교가 이루어지고 있지 않는 이유와 과정을 국제정치 변수, 국내정치 변수, 북·일양국의 협상정치라고 하는 세 가지 요인의 상호 작용 속에서 분석하였다. 1990년의 초기 교섭이 결실을 이루지 못한 것은 한국과 미국의 외압을 일본이 수용하여 지연전략을 채택한 때문이었다. 이에 비해 북한은 국제정치적인 고립을 탈피하고 일본의 경제 지원을 얻을 목적으로 일본에 양보할 자세를 가지게 되었다. 그러나 일본은 국제적인 외압과 외무성의 강경한 입장으로 인하여 북한의 양보를 수용하지 못하고 강경입장을 고수하였다. 그러나 1992년 북일교섭이 결렬되고 난 이후 일본 국내정치의 변화는 국제적인 외압에도 불구하고 교섭을 적극화하는 모습으로 나타났다. 그러나 일본인 납치 의혹 사건으로 인한 일본 여론의 악화 등 여러 가지 요인이 악재로 작용하면서 교섭은 진전되지 못하였다. 또한 1994년까지 북·미협정에 몰두하여 북·일교섭에 소극적이었던 북한은 1994년 제네바합의 이후 북한의 대일교섭 태도는 다시 진전을 보이기는 했으나, 일본의 국내정치적인 요인으로 인하여 교섭은 더 이상 나아갈 수 없었다. 따라서 현재 북·일교섭을 저해하는 국제적인 요인이 어느 정도 해소되었음에도 불구하고 북·일 양국의 이해관계의 차이로 인하여 북·일교섭은 다시 교착상태에 빠지게 되었다. 이처럼 필자는 북일교섭과정이 세 변수가 서로 복잡하게 얽히면서 좀처럼 해결의 실마리를 찾지 못하고 있다고 보았다.

이완범의 연구는 재일교포 귀국사업을 추진한 북한의 목적을 면밀히 분석하였으며 나아가 북한과 일본은 물론 한국과 미국이 이 문제를 둘러싸고 어떻게 이해관계가 충돌하고 조정되는지를 국제적 맥락에서 파악한 점에서 의의가 있다. 또한 진창수의 연구는 북일교섭의 경과를 다양한 변수를 고려하여 정치학적 관점에서 분석함으로써, 북일간 관계개선을 가로막고 있는 요인이 어디에 있는지를 구조적이며 역동적으로 파악한 점에서 주목된다. 위 연구를 토대로 하여 냉전시기 북일관계의 본질을 파악하고 탈냉전기 동아시아 국제질서의 변동과정에서 북일관계의 미래를 전망할 필요가 있다.

다음으로 제 4주제로는 최근 두드러지게 나타나고 있는 일본 사회의 우경화를 이해하기 위하여 야스쿠니 신사 참배 문제와 1990년대 이후 일본 내셔널리즘의 성격을 다룬 연구를 수록하였다. 김성보의 논문 <야스쿠니 신사의 과거와 현재>는 야스쿠니 신사의 역사적 성격을 해명하고 이를 바탕으로 신사 참배 문제의 해결 방안을 모색한 글이다. 야스쿠니 신사는 천황제 이데올로기 및 일본 군국주의·제국주의의 산물이며, 미군정에 의해 하나의 종교시설로 격하된 뒤에도 그 상징성 자체는 천황제와 결합하여 훼손되지 않은 채 현재에 이르고 있다. 전쟁에 동원되었다가 희생당한 한국인·대만인들도 이 신사에 합사되어있으며, 이들의 分祀 요구를 신사 측이 거부하고 있는 점이야말로 이 신사가 단순히 일본국민 자신들만을 위한 추도시설이 아니라 군국주의·제국주의의 역사를 긍정하고 재생하려는 욕구와 연결되어있음을 보여주는 하나의 증거이다. 어떠한 국민국가이든 국가를 위해 희생한 자를 대상으로 추도시설을 설치하는 것은 가능하나, 그것이 평화와 인권, 생명의 존엄성이라는 국제적·보편적 윤리에 입각한 반성이 결여된 채 유지된다면 이는 주변 국가에 대한 위협일 뿐만 아니라 그 국가의 시민의 존엄성에 대한 위협일 수밖에 없다. 그런 점에서 일본 정부와 사회는 야스쿠니 신사를 국가 추도시설로서 복귀시키려는 노력을 포기하여야 하며, 굳이 국립추도시설을 갖추고자 한다면 보다 보편화한 가치를 반영하는 별도의 시설을 건립해야 한다는 것이 필자의 견해이다.

박명규는 <1990년대 이후 일본 내셔널리즘 논의에 관한 연구>에서 1990년 이후 일본의 내셔널리즘을 분석하고 나아가 이에 대한 근본적인 비판의 방향을 새롭게 제시하였다. 일본의 우경화, 보수화, 네오 내셔널리즘은 1990년대의 세계사적 조건, 동아시아의 변화, 그리고 일본사회의 환경변화 등 다양한 요인들이 함께 작용한 복합적 현상이다. 이 배후에는 경제위기와 사회적 무기력에 반응하는 집단적 심성과 정서구조가 깔려있고 탈냉전 상황에 적응하려는 일본 나름의 정치개혁의지도 내포되어 있다. 보통국가론이나 국제공헌론을 동반하는 일본의 내셔널리즘은 우경화나 군사대국화라는 측면으로는 파악하기 어려운 국가일반의 논리와 맞물려 있으며 국가주의 자체에 대한 비판적 사고의 필요성을 제기한다. 그런 점에서 일본의 내셔널리즘 비판은 동아시아 내셔널리즘 전반에 대한 재검토, 탈냉전 이후 국민국가체제의 작동방식에 대한 성찰을 요구한다. 탈식민쟁점들인 사할린 잔류한인문제, 강제연행자에 대한 배상, 위안부 문제, 재일조선인 문제를 비롯하여 북일수교 문제 등은 일차적으로 일본의 전후 책임론과 직결된 것들이지만, 그와 동시에 동아시아 차원에서 공동으로 그 해결책을 모색해가야 할 지역적 과제이기도 하다. 그런 점에서

일본 내셔널리즘에 대한 비판은 탈냉전 이후 동아시아의 지역질서를
어떻게 구축할 것인가, 세계화의 흐름 속에서 점차 확장되는 상호연
결의 장들을 어떻게 제도화 할 것인가, 옅어지는 국가의 권한과 경계
를 어떤 방식으로 대체할 것인가 등등의 과제에 대한 동아시아 차원
의 시각과 전망을 구축해가는 차원과 맞물려야 된다는 것이 필자의
결론이다. 이 연구는 냉전질서가 해체되는 것과 병행하여 동아시아
각국에서 내셔널리즘이 강화되고 상호 충돌하면서 불안정성이 가중
되고 있는 오늘의 현실에서 많은 시사점을 제공하고 있다. 일본의 우
경화를 단지 과거 군국주의의 부활로 보아서는 안 되며 탈냉전 이후
동아시아의 지역질서에 대한 전망 속에서 이 문제를 접근해야 한다
는 박명규의 논지는 일본의 역사왜곡을 바로잡고 뒤틀린 한일관계를
개선하는 데에도 유념해야할 대목이다.

　해방 후 60년이 지났지만 한국과 일본 사이에는 여전히 풀어야할
숙제가 많이 남아있다. 1965년에 한일간 국교 정상화가 이루어졌지만
경제와 안보의 논리에 좌우되어 과거사를 제대로 정리하지 못하였고
같은 민족의 한쪽인 북한을 소외시키는 결과를 낳았다. 한일 기본조
약 40주년을 맞는 올해는 과거사를 매듭짓고 북·일간 국교수립을
이룸으로써 한일간은 물론 동아시아 전체에 평화와 우호의 기틀이
정착되는 원년이 되도록 노력해야 할 것이다. 그러기 위해서는 일본
측의 근본적인 사죄와 배상이 중요하지만, 그와 함께 남북한측 역시
과거에 얽매이기 보다는 미래를 지향하는 열린 마음으로 남은 숙제를
풀어나가야 하겠다.
　이는 단순한 외교관계의 변화를 의미하는 것이 아니라 남북한과 일
본의 국가·사회 자체가 보다 개방적이며 민주적이고 평화지향적인
체제로 바뀌어나가야 함을 뜻한다.

이 논집에 실린 글들이 현대 한일관계의 문제점들을 이해하고 나아가 21세기의 새로운 미래를 전망하는 데 여러모로 도움이 되기를 바란다.

2005년 5월
김 성 보

해방후 한일관계 연구동향

─ 현대 '한일관계사'의 역사인식 ─

정 용 욱*

Ⅰ. 머리말

한일 국교 정상화이후 적지 않은 시간이 흘렀지만 한국에서 현대 한일관계 연구는 한일관계의 역사상을 종합적으로 제시할 수 있을 정도로 충분하게 축적되지 않았다. '가깝고도 먼 나라'라는 수식어가 따라다니기는 하지만 일본이 개항이래 한국의 정치적 운명은 물론 여러 분야에서 한국 근현대와 가장 밀접한 관계를 지녔던 나라라는 점을 염두에 둘 때 이러한 연구의 부진은 매우 기이한 현상이다. 특

* 서울대학교 국사학과 교수

히 1965년 한일회담, 한일협정과 관련한 연구들 이외에 한일관계를 다룬 한국 측 학술논문이 그리 많지 않다는 사실은 해방이후 한일 간에 일어난 중요한 역사적 사건들에 비추어볼 때 매우 아이러니칼한 일이다.

한일협정과 한일 수교, '재일조선인' 문제, 한일 경제유착, 김대중 납치사건, 일본 역사교과서 왜곡 문제, 독도 영유권 문제, 한일 경제마찰, 일본군 '위안부' 문제 및 조선인 강제동원 문제, 과거사 청산 문제 등은 모두 현재 한국정부의 외교관들이 감당해야 할 현실적인 사안들일 뿐만 아니라 하나 하나가 학문적 연구 대상들이다. 불행하게도 연구사 정리를 하다보면 이런 현안들이 학문적 연구를 자극하지 못했음을 발견하게 된다. 보다 정확하게 말하면 학문적 연구가 이런 현실의 사태발전을 따라가지 못했던 것이다.

왜 이런 현상이 빚어졌는가에 대한 한국 학계 나름의 진지한 반성과 성찰이 있어야겠지만, 어쨌든 현대 한일관계에 대한 학문적 연구의 부진은 이제 정부 대 정부 간의 관계에 대한 외교사 차원의 서술을 벗어난 본격적인 연구의 필요성을 환기시켜 준다. 즉 위에서 들었던 연구의 소재들 외에도 한국과 일본의 사상과 제도, 그리고 개인들이 서로의 사회·경제적 발전과 정치적 변화, 문화적 정체성 확립, 그리고 지성계에 미친 영향에 대한 학문적 탐구가 점차 중요해지고 있다. 이 글은 그러한 작업을 위한 선행작업의 일환으로서 현대 한일관계에 대한 기존 연구 성과를 검토하고, 주요한 연구동향을 정리한 것이다. 이 글에서는 현대 한일관계의 역사에 관한 기존 연구를 1) 분단, 한국전쟁과 일본, 2) 한일회담과 한일협정, 3) '일본군위안부' 문제의 세 범주로 나누어 살펴보고자 한다. 특히 이 글에서는 연구동향과 함께 연구의 밑바탕에 있는 역사인식을 점검하고자 한다.

이 글에서는 한국 측 연구를 위주로 하고 필요한 범위에서 일본 측 연구를 소개할 생각이다. 그렇지만 어떤 측면에선 연구의 공간적 구

분이 무의미하기도 하다. 한국 연구자가 일본에 유학해서 일본어로
논문을 발표하고, 역으로 일본 연구자가 한국에 유학해서 한국어로
논문을 발표한 경우가 있고, 한쪽의 연구가 신속하게 다른 국가에 유
입되어서 번역, 소개되고 있기 때문이다. 어쨌든 한국인 연구자의 연
구를 위주로 검토하였음을 미리 밝혀둔다.

Ⅱ. 분단, 한국전쟁과 일본

제2차 세계대전의 종전은 일본에게는 패전을, 한국에게는 해방을
안겨주었다. 그러나 한국의 경우 해방은 불완전한 것이었고, 일제 식
민지로부터 해방이 바로 독립으로 이어지지 못했다. 종전이후 한반도
의 남과 북을 각각 미군과 소련군이 점령했고, 미·소의 분할점령은
결국 분단으로 이어졌다. 종전 이후 일본 사회의 역사적 과제가 군국
주의의 인적, 물적 기반을 해체하고, 새로이 민주개혁을 달성하는 것
이었다면, 한국 사회의 역사적 과제는 일제 식민지 잔재의 청산이었
고, 그 과제는 부일민족반역자의 인적, 물적 기반을 해체함으로써 달
성될 수 있었다. 2차대전 이후 새로운 한일관계의 정립은 과거 청산
을 통한 전후처리의 성격을 갖는 것이었지만, 양국 사회에서 개혁과
식민 잔재 청산의 불철저성은 새로운 한일관계의 성립에서부터 제약
요인으로 작용했다. 특히 일제 식민지로부터 해방을 한반도 주민들
자체 역량으로 달성할 수 없었다는 사실, 즉 2차대전 종전의 결과 이
루어진 미·소 양군의 분할점령은 한국 민족의 새로운 독립국가 건
설운동을 크게 제약했다. 한반도 주민들은 일제가 물러간 뒤 오랜 식
민통치의 유산과 함께 한반도 분할이라는 유산을 함께 물려받게 되
었다.

종전과정에서 일본이 연합군의 한반도 분할점령에 준 영향은 한국

인들에겐 현대사의 기점과 현대 한국의 출발 조건을 해명하는 데 매우 중요한 연구 주제이다. 일본 측 연구자들은 이 문제를 별로 진지하게 생각하지 않는 경향이 있다. 아마 일본제국주의의 식민통치가 한국 사회에 남긴 구조와 유산이 미처 해결되지 못함으로써 분단에 영향을 주었을 뿐이고, 적어도 한반도 분단에는 직접적 책임이 없다는 것이 일본 사회의 일반적 인식이 아닌가 한다. 반면에 한국현대사 연구자들은 근년에 들어 일제 식민지 잔재와 유산이 한반도 분단에 끼친 구조적 영향뿐만 아니라 종전과정에서 일본이 한반도 분할점령에 미친 영향을 상당히 구체적이고 진지하게 추적하였다.

한국인 연구자 가운데 종전과정에서 일본이 38선 분할에 미친 영향을 본격적으로 연구한 학자는 김기조이다.[1] 그는 38선 분할에 미친 일본의 영향을 두 가지 방향에서 분석하였다. 하나는 종전 무렵 일본이 연합국과 벌인 화평공작을 통해 조건부 항복을 추구했고, 그 조건에는 항상 천황제 보존, '조선'과 '대만'의 영유가 포함되었다는 것이다. 다른 하나는 일본군의 조선내 작전태세와 지휘계통 조정 및 그를 위한 배비를 통해 한반도 분할의 직접적인 원인을 추적하는 것이다. 그는 종전 무렵 일본 관동군과 조선군의 지휘관계와 작전구역 설정에 초점을 맞추어 한반도 주둔 일본군의 동향을 추적했다. 그로부터 한반도 분할의 원류는 일본이 한반도를 자국령으로 붙들어 두려는 政戰略에 있으나, 그 일본의 방위전략 작전은 소련군 측의 침공 태세 때문에 그렇게 고안·성안된 것이라고 주장했다.[2]

이러한 그의 주장에 대해서는 조선군, 즉 일본군 제17방면군의 작전 임무는 대소 작전이 아니라 본토 결전을 위해 대미 작전을 준비하

---

1) 김기조, 1994 ≪38선 분할의 역사-미·소·일간의 전략대결과 전시외교 비사-≫ (동산출판사) ; 김기조, 1998 <2차대전 말 일본의 화평공작과 연합국의 대응> ≪외교≫ 46
2) 김기조, ≪위 책≫, 368

기 위한 것이었다는 사실 기술과 해석상의 오류에 대한 지적이 있지만[3] 그의 연구는 최소한 종전과정에서 한반도와 그 주변지역에서 일본, 미국, 소련의 정략과 전략이 어떻게 상호대응 하였는지, 그리고 각 국의 군사적 배비(deployment)가 한반도 분할에 어떻게 작용했는지 좀더 구체적 분석이 필요하다는 점을 본격적으로 제기하였다.

한편 정병준은 종전 직후 조선총독부와 조선주둔 일본군이 미군과 접촉하면서 남긴 전문들을 통해서 일본이 38선 이남 지역의 점령정책에 영향력을 발휘했음을 구체적으로 분석했다.[4] 즉 남한주둔 미군이 민족혁명세력과 좌익세력을 억압하고, 이후에 단정 추진세력이 된 친일파와 이승만, 한민당 등 극우세력을 지원하게 되는 데에는 일본이 중요한 역할을 했다는 것이다. 도진순은 이러한 선행연구들을 정리하면서 38선과 남북분단은 미소 냉전체제의 산물이고, 일제의 식민주의는 단지 역사적 배경으로만 작용했던 것이 아니라 일본이 식민통치의 연장선상에서 한반도의 분단에 모종의 구체적인 변수로 작용했다고 주장한다.[5]

한국전쟁과 일본의 관계에 대한 일본 측 연구는 주로 한국전쟁에 대한 일본의 관여와 한국전쟁기 일본 사회의 동향을 둘러싸고 전개되었다. 한국전쟁이 일본에 끼친 영향에 대해서 일본 측 연구는 무엇보다 먼저 한국전쟁이 일본을 미군의 점령상태로부터 독립시키고, 일본 정부의 대미종속노선을 확정하는데 결정적인 역할을 했다는 점을 지적한다.[6] 즉 미국의 점령방침 전환에 따라 요시다(吉田) 정부는 일

---

3) 신주백, 2003 <1945년 한반도에서 일본군의 '본토결전' 준비―편제와 병사노무동원을 중심으로―> ≪역사와현실≫ 49 참고
4) 정병준, 1996 <남한진주를 전후한 주한미군의 대한정보와 초기점령정책의 수립> ≪사학연구≫ 51
5) 도진순, 2001 <한반도의 분단과 일본의 개입> ≪분단의 내일 통일의 역사≫ (당대)
6) 한국전쟁과 일본의 연관성에 대한 일본 측 연구동향 정리로는 야마구치

본의 안전을 확보하기 위해 미국에 협력하여 한국전쟁에 동조하는 입장을 택했다. 또 한국전쟁으로 인한 특수경기의 영향 아래 일본 국민은 대미종속노선을 선택한 요시다 정부를 지지하고, 반미투쟁노선을 강화해가던 공산당 노선을 거절하는 현실주의를 택하였다. 한편 공산당의 영향력이 쇠퇴한 후 사회당 좌파가 채용한 '비무장중립노선'을 지지한 국민도 어느 정도 존재했다. 그러한 지지는 한국전쟁에 아무 것도 할 수 없지만 어느 쪽 전쟁에도 협력하고 싶지 않다는 현실반발의 국민감정으로서 전쟁중에 경제붐에 몰입하는 배경이 되었으며, 말하자면 그것이 또 요시다노선을 지탱했다는 것이다.[7]

다른 한편으로 일본이 한국전쟁에 개입했던 사실을 들어 한국전쟁에서 일본의 책임 문제를 제기한 연구들이 있다. 이러한 연구경향은 재일미군기지가 한국전쟁에서 병참기지로 총동원된 사실과 북한 해상의 기뢰소해작업에 일본인이 동원되어 희생자가 나온 사실을 구체적으로 지적하였으며, 요시다노선 이후 일본이 극도로 미국에 의존하면서 경제부흥을 달성한 점을 논하였다.[8] 또 한국전쟁에 의한 재일미군기지의 역할 증대와 일본의 재군비 상황, 이같은 경향에 반대하는 일본국민의 입장을 강조한 연구도 있다.[9]

일본의 한국전쟁 개입과 한국전쟁이 일본 사회에 미친 영향에 대한 한국 측 연구동향을 보면, 이러한 사실에 대해서 단편적인 언급은 많으나 그만큼 충분한 논의가 이루어져 있지는 않은 것 같다. 이 문

고이치(山口公一), 2000 <일본의 현대 일한관계사 연구동향> 역사교과서연구회 편, 2000 ≪역사교과서 속의 한국과 일본≫ (혜안) 397~401 참고.

7) 와다 하루끼, 1999 ≪한국전쟁≫ (창작과비평사) 6장 '전시하의 일본과 북한' 참고.

8) 油井大三郎, <朝鮮戰爭> 朝尾直弘 外 編, 1994 ≪岩波講座－日本通史 19≫－近代4－ (岩波書店) 참고.

9) 佐佐木隆爾, <朝鮮戰爭と對日講和・日米安保條約> 歷史學硏究會 編, 1996 ≪講座世界史9－解放の夢-大戰後の世界－≫ (東京大學 出版會) 참고.

제에 대한 최근 연구로 주목할 것은 남기정의 '기지국가론'이다. 남기정에 의하면 '기지국가'란 "국방의 병력으로서 군대를 갖지 않고, 동맹국의 안전보장상의 요충에서 기지의 역할을 다함으로써 집단안전보장의 의무를 이행하고 이로써 안전보장의 문제를 해결하는 국가"로 정의된다. 그에 의하면 이 기지국가는 2차대전 이후 다른 국가가 선택한 삶의 방식과 구별되는, 일본만의 독특한 생존방식을 표현하는 특수개념이다. 그리고 한국전쟁은 이 기지국가가 일본에 뿌리를 내리는 현실적 계기가 되었다는 것이다.[10]

남기정은 한국전쟁 발발 이후 일본이 미군의 출격기지, 수송 중계기지, 수리 조달을 위한 보급기지로 바뀌어가는 현실적 과정을 추적한 뒤, 미군의 '기지'로서 전쟁 수행을 위한 '요새'였던 일본의 존재는 한국전쟁의 승패를 거의 결정짓는 요인이었음을 지적한다. 또 한국전쟁 발발과 동시에 발생해서 한국의 전선에서 필요한 물자 및 서비스에 대한 특별수요를 가리키는 '조선특수'로 인해 일본은 한국전쟁 발발 이후 1954년 2월 말까지 3년 8개월 동안 총액 13억 2천 300만 달러를 벌어들였고, 이것은 패전 이후 빈사상태에 있던 일본 경제를 회생시키는 데 결정적인 역할을 했음을 지적한다.

전체적으로 남기정은 '기지국가'를 '냉전국가'의 하나의 특이한 형태로 파악하였다. 일본에서는 '근대국가'의 군대를 국가건설의 모델이자 국민 육성의 장으로 설정하는 독특한 '군대국가'가 만들어졌으나 그 군대국가는 2차대전으로 철저한 패배를 맛보았으며, 해체당하고 말았다는 것이다. 그리고 냉전이라는 특수한 세계전쟁이 전개된 20세기 후반기를 일본은 '기지국가'라는 형태로 생존을 모색했다는 것이다.

한반도 분단이 일본 '제국'이 붕괴하면서 과거의 제국 질서가 새로

---

10) 남기정, 2003 <한국전쟁과 일본: '기지국가'의 전쟁과 평화> ≪동아시아 국제관계와 한국≫ (을유문화사)

운 냉전 질서에 편입되면서 남긴 負의 유산이라고 한다면, 일본의 한
국전쟁 관여와 '기지국가'의 출현은 일본이 그러한 냉전 질서에 적극
부응, 편승하면서 동아시아에서 나름의 전후질서를 만들어가는 과정
에 다름 아니었다. 이 시기에 한국과 일본은 직접적인 교류를 통해
관계를 형성하지는 않았지만, 새로운 관계 정립을 위해 탐색을 시도
했다. 그리고 한일 양국의 새로운 관계 정립을 위해서 양국은 과거
청산을 통해 전후 처리를 매듭지을 뿐 아니라 동아시아를 지배하던
냉전 질서 속에서 자신의 위상을 새로이 정립해야만 했다.

Ⅲ. 한일회담과 한일협정

한일회담은 1951년부터 1965년까지, 총 7차회담까지 약 14년 동안
계속되었고, 마침내 1965년 6월 한일 양국은 '한일협정'을 체결했다.
간헐적인 단절이 있었지만 14년이라는 장기간의 교섭 끝에 체결된
'한일협정'은 기본조약 1개와 4개의 부속조약으로 이루어졌다. <대
한민국과 일본국 간의 기본관계에 관한 조약>은 과거와 미래의 양국
관계를 포괄적으로 규정한 것이고, <대한민국과 일본국 간의 재산
및 청구권에 관한 문제의 해결과 경제협력에 관한 협정>은 이른바
청구권 문제에 관한 조항이며, <대한민국과 일본국 간의 일본국에
거주하는 대한민국 국민의 법적 지위와 대우에 관한 협정>은 이른바
재일교포의 법적 지위에 관한 조항이다. 이 외에도 <대한민국과 일
본국 간의 어업에 관한 협정>, <대한민국과 일본국 간의 문화재 및
문화협력에 관한 협정>이 있다.

한일협정의 각 조항은 그것이 반영하는 역사적 배경과 체결 당시
의 국제 정세나 한일 양국의 국내 정세와 관련해서 모두 연구의 논점
이 되었으며, 논란은 지금도 계속되고 있다. 하지만 이 글에서는 세부

적 논점에 치중하기보다 대체적인 연구동향을 개관하고, 한국 사회에서 현대 한일관계와 그것이 반영하는 역사인식의 연관성을 집중적으로 보여주는 한국 사회에서 한일회담 및 한일협정 체결 반대운동에 관한 연구성과를 비중 있게 살펴보고자 한다.[11]

학술적 논의의 대상으로서 한일회담이 한국에서 본격적으로 연구되기 시작한 것은 1980년대부터라고 할 수 있다. 물론 그 이전에도 관계자의 증언이나 저널리즘의 관련기사가 없지 않았으나 본격적인 연구는 찾아보기 힘든 것이 사실이다.[12] 1980년대에는 주로 한일회담을 통사적으로 다룬 연구성과들이 나왔고, 대표적 연구자로 성황용, 이정식을 들 수 있다. 그러나 이 저작들은 대부분 가장 중요한 사료인 한일회담의 회의록 등 1차 자료를 활용하지 못했다. 반면 1990년대 들어서는 한일회담 회의록 등 1차 자료와 미국의 외교문서를 적극적으로 활용한 연구들이 등장하였다. 대표적인 연구자로 이원덕, 이종원, 다카사키 소우지, 기미야 타다시 등을 들 수 있다.

이들의 연구를 연구 대상과 영역을 중심으로 다시 분류하면 대체로 다음과 같다. 먼저 한일회담의 전체적인 전개과정을 교섭사의 관점에서 다룬 연구들이 있다. 시기순으로 일별하면, 吉澤淸次郎 외,

---

11) 한일회담 및 한일협정에 대한 연구사 정리로는 장달중, 1994 <한일관계의 전개와 연구 패러다임의 변천> 최상용 외 공저, ≪일본·일본학≫ 오름 ; 이원덕, 1996 ≪한일 과거사 처리의 원점-일본의 전후처리 외교와 한일회담-≫ (서울대학교출판부) '서론' ; 다카사키 소우지 저, 김영진 역, 1998 ≪검증 한일회담≫ (청수서원) '머리말' 등을 참고할 수 있다.
12) 한국 측 증언으로는 이동원, 1992 ≪대통령을 그리며≫ (고려원) ; 김용식, 1987 ≪희망과 도전 : 외교회고록≫ (동아일보사) ; 김동조, 1986 ≪회상 30년 한일회담≫ (중앙일보사) ; 김형욱·박사월, 1987 ≪김형욱 회고록≫ 1, 2, 3 (문화광장) ; 배의환, 1992 ≪보리고개는 넘었지만 : 배의환 회고록≫ (코리아헤럴드 , 내외경제신문) ; 유진오, 1963 ≪민주정치의 길≫ (일조각) ; 임병직, 1964 ≪임정에서 인도까지 : 임병직 외교 회고록≫ (여원사) 등이 있다.

1973 ≪日本外交史≫ 28 (鹿島平和硏究所) ; 山本剛士, 1984 ≪戰後日
本外交史 2 : 動きだした日本外交≫ (三省堂) ; 성황용, 1981 ≪일본의
대한정책 1800~1965≫ (명지사) ; Chong-Sik Lee, *Japan and Korea : The
Political Dimension*, Stanford Hoover Institution Press, 1985(이정식, 1986 ≪한
국과 일본≫ 교보문고; 李庭植, 小此木政夫・古田博司 역, 1989 ≪戰
後日韓關係史≫ 中央公論社) ; 高崎宗司(다카사키 소우지), 1996 ≪檢
證 日韓會談≫ 岩波書店(≪검증 한일회담≫ 청수서원, 1998) 등을 들
수 있다.

  다음으로 한국의 한일회담 반대투쟁에 대한 연구들이 있다. 이재오,
1985 ≪한일관계사의 인식－한일회담과 그 반대운동≫ (학민사)와
Kwan-Bong Kim, *The Korea-Japan Treaty Crisis the Instability of the Korean Political
System*, Preager Publisher, 1971이 대표적이다. 또 한일관계에서 미국의 역
할에 주목하는 연구들로는 Hebert Bix, "Regional Intergration: Japan and
South Korea in America's Asian Policy," in Frank Baldwin, ed., *Without Parallel:
The American-Korean Relationship since 1945*, Random House, 1973 (<지역통합
전략－미국의 아시아정책에서의 한국과 일본－> ≪1960년대≫ (거름,
1984)와 이종원, 1996 ≪東アジア冷戰と韓美日關係≫ 東京大學出版會;
기미야 타다시(木宮正史), 1991 <한국의 내포적 공업화의 좌절－5·16군
사정부의 국가자율성의 구조적 한계> 고려대 정외과 박사학위논문 등
을 들 수 있다.

  이 가운데 이종원은 미국의 '불개입정책'이라는 정책적 측면에서
한일회담에 대한 미국의 태도와 정책을 분석했다. 기미야 타다시는
청구권 문제가 '경제협력'방식으로 타결된 것은 한·미·일 삼국의
냉전인식의 '타협의 산물'이었고, 그것이 한국정부의 수출지향형 공
업화 전략의 선택을 촉진했다고 주장한다. 이원덕은 일본의 대한정책
이라는 관점에서 한일회담을 분석했다.[13] 그는 대한정책에는 일관성

---

13) 이원덕, 1996 ≪한일 과거사 처리의 원점－일본의 전후처리 외교와 한일

과 변용의 측면이 존재한다고 지적하면서 한일회담 과정에서 청구권 문제와 기본관계 문제가 어떻게 타결되었는가를 분석했다. 그는 일본의 각 정권이 상이한 대한정책을 채용하게된 요인과 배경을 세가지 차원, 즉 일본국내의 정치적 조건 및 정치과정, 한일교섭의 동역학, 미국의 동아시아정책이라는 차원에서 분석했다. 오오타 오사무는 청구권문제에 과거의 역사문제가 반영되어 있다는 입장에서 한국 역대 정권의 '청구권' 문제에 대한 입장을 분석했다.14) 이외에도 한일회담에서 야츠기의 역할에 주목한 山本剛史의 연구,15) 일본 관서지방의 경제계와 '日韓經濟協會'가 한일회담 타결에 미친 역할에 주목한 木村昌人,16) 초기 한일회담에서 식민지화 책임 문제를 다룬 高崎宗司의 연구,17) 이승만라인 문제를 다룬 加藤晴子의 연구 등이 있다.18)

한일회담은 추진 당시부터 한일 양국에서 격렬한 반대에 봉착했고, 한일협정 체결 이후에도 한일 양국은 과거사 문제로 분쟁을 거듭했다. 즉 이렇게 한일관계 정상화의 출발점에서부터 시작된 반대와 비판이 해방 후 반세기가 훨씬 지나도록 계속되고 있는 것은 한일협정에 어떤 구조적 제한성이 있음을 의미한다. 이원덕은 그러한 현상의 원인을 단적으로 지적한다. 그것은 한일국교정상화가 졸속으로 처리된 때문이고, 그렇게 된 이유는 '냉전'과 '경제' 때문이라는 것이다.

회담-≫ (서울대학교출판부) ; 이원덕, 2003 <냉전과 한일관계: 한일국교 정상화 과정의 재해석> ≪동아시아 국제관계와 한국≫ (을유문화사)

14) 오오타 오사무(太田修), 2000 ≪韓日 請求權交涉 硏究≫ (고려대 사학과 박사학위논문)

15) 山本剛史, 1983.10 <日韓關係と矢次一夫> ≪國際政治≫ 75

16) 木村昌人, 1988 <日本の對韓民間經濟外交-國交正常化をめぐる關西財界の動ぎ> ≪國際政治≫ 92

17) 高崎宗司, 1985. 9 <日韓會談の經過と植民地化責任-1945～1952. 4> ≪歷史學硏究≫ 545

18) 加藤晴子, 1978 <戰後日韓關係史への一考察(上)-李ライン問題をめぐつで> ≪日本女子大學紀要≫ 28

1951년부터 1965년까지 14년간 파란과 격돌을 벌이면서 진행된 한일
회담의 핵심은 전후처리에 있었다. 그 과정에서 과거사에 대한 한국
과 일본의 입장 차이가 그토록 오랜 기간과 그 많은 파란과 격돌의
배경을 이루었다. 이원덕의 저서는 그러한 입장 차이와 그로 인한 파
란과 격돌을 상세하게 추적했다. 그의 주장에 의하면 그 이전의 파란
과 격돌에도 불구하고 1965년 타결된 한일협정은 전후처리라는 원래
의 성격을 잃고, '냉전'과 '경제'의 논리에 의해 지배되었다.

첫째, 일본의 전후처리의 골격을 정한 것은 동서 냉전과 그에 따른
미국의 대소봉쇄 전략이었다. 종전직후 미국은 일본에 대해 징벌적인
성격의 대규모 배상의무를 부과하려고 기도했으나 냉전이 파급됨에
따라 일본을 대소봉쇄의 거점으로 간주하여 배상의무를 최소화하고
경제부흥을 지원하는 정책으로 전환했다. 이러한 정책 전환의 와중에
서 일본은 전쟁 패자, 가해자의 입장이 아닌 냉전의 대미협조자라는
유리한 입장에서 전후처리에 임했던 것이다. 이처럼 전도된 일본의
입장은 한일회담의 과정에서도 그대로 적용되었다. 1950년대의 한일
회담에서 일본은 '역청구권 주장'과 '구보다 망언'으로 과거의 식민
지 지배를 정당화시키는 입장에서 한국의 청구권 요구를 묵살했다.
1960년대에 들어와 청구권 문제는 일본의 경제발전전략과 연계된 경
제협력 방식에 의해 타결을 보게 되었다.

둘째, 한국의 박정희 정권도 경제개발자금의 도입을 꾀하려는 당면
의 과제를 실현하기 위해서 이케다 정권이 제안하는 경제협력 방식
을 수용하였다. 그리하여 애초 식민지 지배의 유산을 처리하기 위해
서 제기된 청구권 문제가 경제의 논리에 의한 정치적 흥정으로 끝남
으로써 한일간의 전후처리는 미해결의 과제로 남게 되었다. 이러한
한일간의 왜곡된 전후처리는 국교정상화 이후에도 한일관계에 있어
서 과거사 문제가 끊임없이 재현되어 양국간 관계를 긴장과 갈등의
연속으로 몰아가는 배경이 되었다.

그렇다면 한일회담 당시 한국인들의 반대논리는 어떤 것이었나. 한일회담 반대운동을 다룬 기존 연구로는 이재오, 김삼연, 6·3동지회의 연구를 들 수 있다.[19] 이들은 모두 한일협정 반대운동에 직접 참여했던 사람들이다. 이들 연구는 한일조약 반대운동의 경위를 개관하고 운동의 성격을 '민족주의 운동'이며 '반군사독재 민주주의운동'으로 높이 평가했다. 반면 이종오, 조희연, 김동춘·박태순, 한국역사연구회 현대사연구반 등의 연구는 1964년의 '6·3항쟁'을 중심으로 한 반대운동의 주체, 조직, 성격, 한계를 치밀하게 분석했다.[20] 이들은 한일회담 반대운동을 '4·19의 계승', '학생운동의 조직화 시도', '박정희 정권의 반민족성, 반민중성의 파쇼화를 저지하는 데 큰 기여를 했다'고 평가하는 한편, 기본적으로 '반동과 냉전체제에 본질적인 비판이 없는 민족주의', '소박한 반일감정', '반제적 의식이 없는 소박한 민족주의적 감성' 등 한계를 지닌 민족주의운동이었다고 평했다.[21] 이 연구들은 한일회담 반대운동의 의의를 운동사적 입장에서 주로 박정희 정권에 대한 반독재운동의 일환으로 파악했다. 이들은 대체로 한일회담 반대운동 실패의 원인으로 야당과 학생의 괴리, 대중적 대변자의 부재 등 운동조직이나 전술에 관한 문제와 정치적 대안의 부재라는 논리적 문제를 거론했다. 그러나 이들 연구는 또 그럼에도 불구하고 그 역사적 의의를 강조했다.[22]

19) 이재오, ≪앞 책≫ ; 6·3동지회, 1994 ≪6·3학생운동사≫ ; 김삼연, 1996 ≪한·일굴욕회담 내막-6·3민족학생운동사≫ (도서출판 우삼)

20) 이종오, 1988 <반제 반일 민족주의와 6·3운동> ≪역사비평≫ 여름호 ; 조희연, 1989 <전후 한국사회운동의 발전과정에 관한 연구> ≪동향과 전망≫ 겨울호 ; 박태순·김동춘, 1991 <한일 국교정상화와 6·3운동> ≪1960년대의 사회운동≫ (까치) ; 한국역사연구회 현대사연구반, 1991 <한일협정과 굴욕외교 반대투쟁> ≪한국현대사≫ 3 (풀빛)

21) 오오타 오사무, 2001 <한국에서 한일조약 반대운동의 논리> ≪역사연구≫ 9, 164

22) 요시자와 후미토시(吉澤文壽), 2001 <한국에서의 한일회담반대운동의 전

한편 오오타 오사무는 기본조약과 청구권 문제를 중심으로 한국 지식인들의 한일조약 내용에 대한 반대 논리를 검토하였다. 먼저 오오타 오사무는 한국의 지식인, 학생들이 일본의 식민지지배에 대한 역사인식과 '신일본제국주의'에 대한 인식을 분석하면서 1964년과 1965년 한일조약 반대투쟁은 박정희정권의 '민족적 민주주의'와 민주화, 평화통일을 지향하는 세력의 민족주의를 가르는 분기점이었다는 점을 지적하고, 1964·65년에 전개된 반대투쟁의 의미는 첫째, '한일조약'과 그 배후에 있는 일본제국주의를 거부하려고 했던 '반제반일투쟁', 둘째, 민주주의와 민족통일을 역사의 전면으로 내세웠던 4·19를 짓밟고 성립된 박정희정권에 대한 전면적 부정의 측면이 있다는 점을 지적했다.

또 한국지식인들의 한일조약 반대논리를 분석하면서 첫째, 일본이 일제식민지배에 대해 전혀 반성하지 않고, 오히려 한국의 근대화에 공헌했다는 점에 대한 강력한 비판 의식, 둘째, 일본의 무상제공, 유상제공, 차관을 매개로 일본독점자본이 재차 침입해오는 것에 대한 경계, '신일본제국주의'에 대한 경계 의식이 작용했다고 지적한다. 결론적으로 그는 한국 지식인들의 인식의 갈래를 나누어 사상계 중심의 보수적인 한국지식인들은 반공이데올로기=분단이데올로기에 입각해 한일회담을 비판했으며, 미국을 올바르게 인식, 비판하지 못했고, 일본에 대한 추상적이고 감정적인 반대로 객관적, 과학적 인식을 결여했다고 지적한다. 또 조약체제에 대한 대안 제시도 미비했다는 것이다. 반면 민중을 기초로 세계에로 열린 한국민족주의를 제시한 흐름은 민족경제론에 입각해 있고, 월남파병을 반대했으며, 냉전체제에 대한 나름의 인식을 가지고 있었고, 한일민중 교류 등을 통한 문제해결을 제시했다고 지적한다. 그는 2가지 흐름의 동일성은 '신일본

제국주의'에 대한 경계 의식과 민족의 구체적 현실을 직시했다는 점, 타민족과의 관계설정을 위한 노력 등이었다고 평가한다.[23)]

Ⅳ. '일본군 위안부' 문제

'일본군위안부' 문제가 한국과 일본 간의 쟁점으로 떠오른 것은 1991년 피해자 김학순 씨를 비롯한 전 '일본군위안부' 3명이 일본 정부를 상대로 사죄와 개인보상을 요구하는 소동을 도쿄 지방재판소에 제소하고 한국과 일본의 시민단체가 이를 지원하면서부터이다. 이 무렵부터 한국과 일본의 시민단체들은 '일본군위안부' 문제와 강제연행, 전시 중 한국희생자 등에 대한 진상 규명과 피해 보상을 여론화하였다. 한국에서 '위안부' 문제를 조직적으로 제기하는 계기가 되었던 것은 1990년 11월 한국정신대문제대책협의회(정대협)의 결성이다. 한국의 37개 여성단체와 개인이 모여서 결성한 이 단체는 이후 '위안부' 강제연행에 대한 일본 정부의 공식 사죄와 배상을 요청하였다. 이들과 '위안부' 할머니들은 자신들의 요구를 관철시키기 위해 1992년 1월부터 서울에 있는 일본 대사관 앞에서 수요시위를 벌이기 시작했고, 이 시위는 오늘날도 계속되고 있다.

이러한 한국 내의 움직임에 호응하여 북한도 '종군위안부' 문제의 전면적 조사의 필요성을 제기하고, 정부 관계자들과 역사학자, 국제법학자, 인권문제 전문가, 변호사 등으로 구성된 '조선강점 피해 조사위원회'를 조직하였으며, '종군위안부 및 태평양전쟁 피해자 조사대책위원회'를 설치하였다. 이후 이 운동은 일본 시민단체와 연계를 통해 국제적 운동으로 발전해갔고, 정대협은 1993년 6월 비엔나 세계인

---

23) 오오타 오사무, <앞 논문>

권회의와 NGO 포럼에서 북한, 필리핀과 연대하여 아시아 여성인권
협의회(Asia Women Human Rights Council)와 함께 '일본군 성노예의
전쟁범죄: 해결되지 않은 아시아 '위안부' 문제' 포럼을 개최하였고
"유엔이 성노예 범죄를 조사하고 국제 상설재판소를 설치해 줄 것,
세계 인권회의가 현재의 여성인권문제 뿐 아니라 일본군 '위안부' 같
은 과거의 문제도 다룰 것, 일본은 범죄에 대한 법적 책임을 질 것"
등을 명시한 성명서를 채택하였다.

  일본사회에서는 1990년대에 전쟁책임, 전후책임, 전후보상 문제에
대한 관심이 고조되면서 직접적으로 제국일본의 아시아 침략, 식민지
지배의 실태를 밝히는 작업이 이루어졌다. 이와 관련해 강제연행, 강
제노동의 문제, 위안부 문제, 일본군 군속에 대한 급여 미지급 문제,
BC급 전범 문제 등 개별적 문제가 사회적 이슈가 되었다.24)

  진상규명과 사죄, 전쟁범죄의 인정과 전범자 처벌, 배상을 요구하
는 국제사회의 움직임은 구체적인 결실을 맺고 있다. 1996년 52차 유
엔 인권위원회에 제출된 '라디카 쿠마라스와미 특별조사관 보고서'는
"전쟁 중 군대 성노예 문제에 관한 조선민주주의인민공화국, 대한민
국, 일본에 대한 조사 보고서"라는 제목으로, 용어의 정의, 역사적 배
경 등과 함께 3개국 정부의 입장 및 도덕적 책임, 권고 등 문제 해결
의 중요한 원칙과 기준을 제시하였고, 특히 일본정부에게 제시한 마
지막 6개항의 권고문은 정대협의 입장을 전폭적으로 반영하였다. 또
1998년 8월 UN인권소위원회는 위안부문제에 대한 일본 정부의 배상
을 요구하는 게이 맥두걸 보고서를 채택하였다. "전시 조직적 강간,
성노예, 노예적 취급 관행에 관한 특별 보고서"라는 제목을 가진 이
보고서는 위안부 문제가 명백히 국제법 위반이라는 법적인 근거를
밝히고, 피해자 배상과 책임자처벌을 권고했다. 위안부 문제의 역사
적 해결을 위한 국제연대운동은 2000년 12월 동경에서 <2000년 여성

24) 야마구치 고이치(山口公一), <앞 논문>, 404

국제전범법정> 개최로 이어졌고, 이 자리에서는 위안부 문제를 포함한 전쟁 책임 문제에 대해 천황에게 직접 그 책임을 묻기에 이르렀다. 이제 '위안부' 문제는 단순히 한일 간의 과거사에 대한 문제가 아닌 인권 차원의 문제로 세계언이 주목하고 있다.

일본 정부는 이러한 국제사회의 움직임에 대응해서 1995년 6월 민간차원의 위로금인 '여성을 위한 아시아평화국민기금'(Asian Women Fund)의 발기인을 발표하였는데, 이것은 일본 정부의 공식 책임과 법적 배상을 회피하기 위한 방편이었다.

'위안부' 문제의 최대 쟁점은 연행의 강제성 여부 문제이다. 일본에서 극우세력의 역사관을 대표하는 이른바 '자유주의사가'의 주창자들은 이 문제에 대해 ≪諸君!≫, ≪正論≫ 등의 잡지를 통해 강제연행, 특히 국가가 강제연행을 주도한 증거가 없으며, '위안부'는 자발적인 매춘행위로서 합법적인 상행위였다는 논리를 꾸준히 선전하고 있다. 일본 정부는 위안부 피해자 보상 문제가 '한일청구권협정'으로 일단락 되었다는 전제 하에, 도덕적 책임은 인정하나 법적 책임은 없다는 입장에 서 있고, 강제연행에 대해서는 이를 부인한다.

이 문제는 증거 인멸과 자료 공개의 미비 등으로 사실상 증언에 크게 의존할 수밖에 없다. 앞으로 새로운 문서자료의 발굴이 절실한데, 그런 면에서 방선주의 연구는 주목할 만하다. 방선주는 미국의 National Archives에 소장된 미군이 인터셉트한 일본군 전신문을 통해 육군성, 총독부 등 일본 공권력이 위안부의 동원과 관리에 조직적으로 개입되었음을 증명하였다.[25]

참고로 최근 일본의 역사교과서 왜곡 파동에서 가장 커다란 문제가 되고 있는 것 중의 하나가 '위안부' 관련 서술 내용이다. '자유주의사가'들이 포진한 '새로운 역사교과서를 만드는 모임'의 교과서 서

---

25) 방선주, 1992 <미국자료에 나타난 한인 '종군위안부'의 고찰> ≪국사관논총≫ 37

술 내용 가운데 왜곡 사례를 들면, 전체적으로 이전의 역사서술을 '자학사관'이라 비판한 것에서 드러나듯 일제의 침략을 긍정하고, 찬란했던 일본 문명과 '일본적인 것'을 강조하며, 침략과 식민통치가 아시아 민중에게 끼친 고통을 부정하는 것이다. 이번 역사교과서 파동은 일본의 군사·정치 대국화와 아시아의 맹주로의 재부상, 일본 내 극우세력의 득세 및 사회의 전반적 우경화 경향, 미국의 '일본 때리기'에 대한 비판, 반발 등과 연결되어 있다. 1990년대에는 한반도만 구조 변동기에 있었던 것이 아니라 주변국도 탈냉전 이후 국가의 발전방향, 사회적 재조직 방향을 둘러싸고 변화의 와중에 있었다. 일본의 교과서 왜곡은 탈냉전 이후 정세 변화에 대한 일본 나름의 대응 양상을 보여준다.

'위안부' 문제의 성격을 둘러싸고는 학계에서 논쟁이 있다. 사실 위안부 문제는 민족문제, 성 문제, 계급, 인종차별(racism)이 복합적으로 관련되어 있다. 대부분의 논자들은 '위안부' 문제의 성격이 '일본의 천황제 파시즘과 군국주의적 국가 권력이 만들어낸 조직적이고 잔학한 범죄행위'라는 데에는 일치한다. 그러나 민족, 성, 계급, 인종 가운데 어느 것이 주요한 요인이고, 어느 것이 부차적 또는 보조적 요인인가에 대해서는 견해 차이가 있다. 우에노 치즈코는 젠더와 페미니즘의 시각으로 이 문제를 볼 것을 강조한데 반해 한국정신대문제대책협의회는 민족문제와 젠더 문제의 통일적 파악을 주장하면서도 민족문제의 해결을 주요한 측면으로 이해하고 있는 것으로 보인다.26)

위안부 문제는 다른 한일관계의 쟁점과 다른 몇 가지 특징을 가지고 있다. 무엇보다 문제 해결의 주체로 양국의 시민단체가 적극 나섰

---

26) 우에노 치즈코(上野千鶴子), 1999 ≪내셔널리즘과 젠더≫ (박종철 출판사) ; 한국정신대문제대책협의회 진상조사연구위원회, 1997 ≪일본군 '위안부' 문제의 진상≫ (역사비평사)

다는 점이다. 즉 문제 해결의 주체로 양국의 민중들이 자신의 힘으로 '역사에 대한 망각'을 불식시켜가고 있다는 것을 보여준다. 위안부 피해자들로 하여금 문제 해결에 적극적으로 나서도록 한 것을 비롯하여 진상 조사, 피해자 보상을 위한 소송의 제기, 각종 시위와 홍보 활동 등을 시민단체가 주도하였다. 위안부, 강제연행 등 피해자들이 적극 나섬으로써 위안부나 강제연행 문제를 정부 대 정부 차원이 아니라 정부 대 피해자 또는 정부 대 시민단체나 NGO의 문제로 확대해가고 있다. 나아가 위안부나 강제연행의 문제를 전쟁 피해 보상의 차원을 넘어서 성노예와 같은 여성·인권 문제로 발전시켰으며 이로인해 국제적인 관심사로 증폭시켰다. 즉 이들 문제가 단순한 도덕상의 책임 문제나 과거사에 대한 피해 보상의 차원이 아니라 인권침해와 같은 전인류적인 사안으로 발전했음을 보여준다.

'위안부' 문제의 희생자들이 이 문제를 망각의 저편에서 끄집어내어 공론화 하는 것은 결코 쉬운 작업이 아니었다. 왜냐하면 그들을 망각으로 몰아넣은 현실의 정치적, 사회적 억압구조가 사건 발생 이후 최근까지 계속되었고, 그런 상황에서 피해자들이 그들 속에 깊이 내면화된 피해의식을 극복하기란 매우 어려운 일이었기 때문이다. '위안부' 문제의 진상 규명은 현재로서는 피해자의 증언에 주로 의존하고 있고, 문서자료의 발굴과 가해자의 증언을 확보하기 위한 노력이 진행중이다.

위안부 문제는 피해자 하나 하나에게는 개인적 사건이었겠지만, 그 성격은 구조적인 것이었다. 피해자들은 개인적 보상보다 과거사 정리의 차원에서 해결을 요구하고 있고, 또 집단적인 운동의 형태로 자신의 요구를 관철시켜 가고 있다. 일본 정부는 자신의 주도로 아시아여성평화기금을 만들어 '위안부' 문제의 피해자들에게 개인적인 보상을 해주려 하고 있지만, '위안부'들은 이를 거부하고 있다. 그들의 경제사정의 절박성을 감안한다면 이들의 행동은 이상하게 보일 정도다.

희생자들은 가해자로서 일본의 국가 테러와 그 책임 문제를 강하게 제기하고 있다. 그런 면에서 희생자들은 민족문제의 틀 속에서 문제를 제기하고, 해결을 요구하고 있다. 또 그들은 진상규명과 명예회복과 같은 역사적 해결을 지향하면서 동시에 사과, 배상, 책임자 처벌 등 현실적 요구를 제기하였으며, 희생자들의 고통을 달래기 위한 제도적 장치들을 모색하고 있다.

이러한 역사 복권운동은 한국 내에 머물지 않고 동아시아민중연대라는 국제적인 연대운동으로 확대되었으며 또 세계인권운동의 한 부분으로 발전하고 있다. 한국의 시민, 학술 단체는 동아시아 평화 인권 국제학술회의라는 국제적 네트워크를 만들어서 지난 1997년부터 1년에 한번씩 회의를 개최하고 있다. 여기에는 오끼나와, 일본, 대만, 한국이 참여하고 있다. 1998년까지만 하더라도 한국 사회에서 국가 테러리즘state terrorism은 낯선 용어였고, 그것에 의한 희생자들의 명예를 회복해야 한다고 공공연하게 말하기도 어려웠다. 하지만 이제는 한국 사회의 전반적인 민주화와 국제 연대의 성과에 힘입어 이 용어는 동아시아의 현실을 지칭하는 중요한 개념으로 정착했다. 또 하나 특기할 것은 '위안부' 문제 해결을 위한 공동행동을 조직하는 과정에서 남과 북은 2000년 여성국제전범법정에 하나의 공동기소장을 제출하였다는 점이다. 이것은 과거사 정리를 위한 투쟁과정에서 남과 북의 민중이 민간차원의 남북협력 모델을 만드는 성과를 거두었음을 의미한다.

V. 21세기 한일관계의 역사인식

2003년 연말과 2004년 새해 벽두의 언론보도를 보고 있노라면 지금 동북아시아는 마치 역사전쟁을 치르고 있는 것 같다. 2003년 연말에 중국의 이른바 '東北工程'을 둘러싸고 한국 내 여론이 뜨겁더니, 2004년 새해 벽두에는 일본 고이즈미 수상의 야스쿠니신사 참배가 인접국인 한국, 북한, 중국을 자극하였다. 그리고 한국사회에서는 '친일반민족행위진상규명특별법' 등 과거사 진상규명 4대입법 처리에 관한 국회와 정부의 소극적 태도에 대해 여론의 눈총이 따갑다. 일본 정계 지도자들의 야스쿠니신사 참배는 어제오늘의 일이 아니고, 잊을 만하면 다시 반복되어서 한국인들의 민족감정을 자극하곤 한다.

고이즈미 준이치로(小泉純一郎) 일본총리가 2004년 새해 초하루에 야스쿠니(靖國)신사를 기습 참배해서 주변국의 비난을 샀다. 주지하다시피 야스쿠니신사는 2차대전 A급 전범들의 위패가 합사되어 있는, 일제 군국주의와 식민주의 '만행'의 역사를 상징하는 곳이다. 고이즈미 총리는 2001년 4월 취임이래 야스쿠니신사를 해마다 한차례씩 참배해 왔으며, 올해에는 새해 첫날 신사를 찾아 복을 기원하는 일본의 설 풍속을 내세워 교묘한 택일을 했다.

한국과 중국 정부는 고이즈미 총리의 야스쿠니신사 참배를 즉각적으로 비난하면서 외교경로를 통해 유감과 항의의 뜻을 전달했다. 중국 정부와 언론들은 중국인민의 감정을 무시한 행위라고 강하게 비난했으며, 청용화(程永華) 주일 중국임시대리대사는 즉시 일본외무성을 방문해 "양국 역사문제 중에서 가장 민감한 사안"이라며 "중국인의 민족감정에 상처를 입혔을 뿐만 아니라 그 상처에 소금을 뿌린격"이라고 격렬한 어조로 비난했다. 이러한 이례적인 강경 어조로 볼 때 2002년 고이즈미 총리의 두 번째 참배 이후 정상간 상호방문을 거절해 온 중국이 정상외교를 조기에 복원시킬 가능성은 더욱 멀어진 것으로 보인다. 한국의 윤영관 외교통상부장관도 2일 다카노 도시유키(高野紀元) 주한 일본대사를 불러 엄중 항의했다. 윤장관은 다카노 대사에게 "고이즈미 총리가 식민지배와 침략전쟁의 범죄자 위패가 있는 야스쿠니신사를 참배한 데 대해 깊은 유감을 표한다"며 "양국국

민의 관계를 고려할 때 야스쿠니신사 참배는 없어야 한다"고 촉구했
다.27)

　고이즈미 총리의 야스쿠니참배에 대해 일본의 평화유족회, 일본기
독교교회협의회(JNCC), 야스쿠니참배 위헌소송 원고단 등은 공동성
명에서 "헌법의 정교분리원칙에 위반되는 행위이자 일본의 침략전쟁
으로 피해를 입은 한국·중국 등 아시아태평양지역 국가와 사람들에
게 깊은 상처를 주는 것"이라고 비판했다. 일본의 ≪아사히신문≫도
1월 4일자 사설에서 새해 첫날 기습적으로 이뤄진 고이즈미 총리의
야스쿠니 참배를 강도 높게 비판했다. ≪아사히신문≫은 "독불장군
에 국익 없다"라는 제목의 사설에서 "일본은 국제사회에서 혼자 살고
있는 것도 아니고, 그렇게 살아서도 안 된다"며 "총리의 야스쿠니신
사 참배는 잘못"이라고 지적했다. 또 "야스쿠니신사 참배를 선거공약
으로 내세워 자민당 총재가 됐다고 해도, 총리라면 인접국과의 관계
에 신경을 써야 한다"고 충고했다. 사설은 "북한의 핵개발은 일본에
직접적인 위협이며, 이 문제해결을 위해 6자회담이 이르면 이 달중
열리게 된다"면서 "일본의 주장을 관철하려면 의장 역인 중국은 물론
한국과도 원활한 의사소통이 필요한데 양국과의 관계가 무너지면 기
뻐할 쪽은 북한밖에 없다"고 지적했다. ≪아사히신문≫은 특히 "한일
관계는 경제의 상호의존은 물론 문화교류의 토대까지 조성돼 더욱
발전할 가능성을 내재하고 있다"며 "이런 점을 생각한다면 참배는 수
지가 전혀 맞지 않는 것"이라고 비판했다.28)

　일본 내외의 비판에 대해 고이즈미 총리는 1월 5일 야스쿠니신사
참배는 일본의 독자적인 문화에 따른 것이라고 주장, 앞으로 참배를
계속하겠다는 뜻을 굽히지 않았다. 그는 "지난 1일의 참배는 정월도
되고 해서 참배하기에는 좋은 시기라고 생각했다"며 "앞으로도 (참배

---

27) ≪한국일보≫ 2004.1.3
28) ≪동아일보≫ 2004.1.5에서 재인용.

에 대해) 솔직히 이해를 구하는 노력이 필요하다고 생각한다"고 말해 야스쿠니신사 참배를 지속하겠다는 뜻을 분명히 했다.[29]

내외의 비판에도 불구하고 고이즈미 총리가 신사참배를 강행한 이유는 어디에 있는가. 일부에서는 2004년 7월 참의원선거에서 보수우익세력의 표를 의식했기 때문이라고 분석하지만 그의 참배는 단순한 정치적 계산 이상의 최근 일본사회의 변화가 그 밑바탕에 깔려 있다. 일본 우익세력은 그동안 군사대국화를 추구하는 과정에서 법률·군사·도덕 분야의 금기와 제동장치들을 차근차근 제거하거나 완화해 왔다. 고이즈미 총리의 잇따른 야스쿠니신사 참배도 역사교과서 왜곡처럼 군사대국화에 중요한 걸림돌이 되는 '일제의 전쟁범죄'에 대한 국민적 양심의 가책을 약화시키고 나아가 일제의 과거역사를 정당화하려는 의도가 숨어있다고 봐야 한다.[30]

일본총리의 신사참배나 과거사 청산을 둘러싼 일본지도자들의 망언은 어제오늘의 일이 아니다. 다만 반복주기가 점차 짧아지고, 발언의 수위가 강화되는 것은 최근 일본사회의 우경화경향을 반영한다 할 것이다. 일본총리의 신사참배에 대해 한국과 중국이 민감하게 반응하는 것은 그것이 과거사청산 문제와 직접 연결되어 있기 때문이다. 문제가 된 '신사참배의 역사인식'의 배경에는 일제의 동아시아 침략과 식민지배라는 엄연한 역사적 사실이 있다. 그러한 과거사문제가 현재 동북아시아의 정치·경제·군사 구조, 국제관계와 맞물리면서 현실에서 끊임없이 재생산되는 것이다.

일본 고이즈미 총리의 야스쿠니신사 참배에 나타난 역사의식은 자국의 국익에 포박되어 있다. ≪아사히신문≫이 사설에서 고이즈미 총리의 야스쿠니신사 참배를 비판하면서 "독불장군에 국익 없다"라는 제목을 단 것은 야스쿠니신사 참배를 둘러싼 국제적 논란의 성격과

---

29) ≪경향신문≫ 2004.1.6에서 재인용
30) ≪한겨레≫ 2004.1.3

그것을 바라보는 일본사회의 시각을 정확하고 적나라하게 드러낸 것
이다. ≪아사히신문≫의 논리를 다시 요약한다면 북한의 핵개발이라
는 일본에 직접적인 위협을 해결하기 위해서는 6자회담의 의장 역인
중국은 물론 한국과도 원활한 의사소통이 필요한데 양국과의 관계가
무너지면 기뻐할 쪽은 북한밖에 없다는 것이고, 특히 한일관계가 경
제의 상호의존은 물론 문화교류의 토대까지 조성돼 더욱 발전할 가
능성을 가지고 있는 상황에서 참배는 수지가 전혀 맞지 않는다는 것
이다. ≪아사히신문≫의 논리는 한국인의 입장에서 보면, 특히 남북
관계까지 염두에 둔다면 일본우익의 노골적인 군사대국화 주장보다
더 교묘한 것이다. 고이즈미 총리의 야스쿠니신사 참배가 일본의 군
사대국화를 지향하는 데 장애가 되는 심리적 장벽을 철폐하기 위한
것이라면 ≪아사히신문≫의 사설은 고이즈미 총리가 국익을 관철시
키는 방법이 세련되지 못했다는 것이지 고이즈미의 역사인식이 잘못
되었다는 것을 지적한 것은 아니고, 사실은 세련된 국익론이라고 할
수 있다. 특히 그 사설은 북핵문제에 대해 중국과 한국이 일본의 입
장을 편들도록 할 필요가 있음을 강조하였다.

　지난해 가을 '내셔널리즘: 과거와 현재'를 주제로 열린 한일역사가
회의에서 한 일본인학자가 토론과정에서 일본과 한국 군대의 이라크
파병을 예로 들면서 한국이 이제 '아류제국주의'의 단계로 접어든 것
이 아니냐는 지적을 했다. 한국의 이라크파병은 한국의 정치·경제적
발전으로 한국의 국제적 위상이 그만큼 높아졌음을 반영하는 것이고,
이제 한국민족주의도 국익을 앞세워 언제든지 아류제국주의로 전화
할 수 있음을 비판한 것이다. 이라크파병을 둘러싼 한국 내 논란이
주로 국익론의 범주에서 전개되었다는 점에서 그 학자의 비판은 부
분적으로 사실이고, 한국의 시민사회가 반전과 평화의 입장에서 일본
의 시민사회와 연대하여 일본과 한국의 이라크파병을 저지해야 한다
는 것이 그 학자의 입장이라면 그러한 입장에는 동의할 수 있다. 하

지만 한국군의 이라크파병만을 근거로 한국을 아류제국주의로 분류한다면 그 지적을 수긍하기는 힘들 것이다. 그 이유는 무엇보다 양국 군대의 이라크파병이 가져올 각국의 국익이 현시점에서 가지는 정치·사회적 의미와 내용이 전혀 다르기 때문이다.

　이라크파병을 둘러싼 일본과 한국 사회의 찬반논쟁은 언뜻 보기에 파병 찬성과 반대 어느 입장이 국익에 더 유익한지 다투는 듯한 외양을 띠고 있다. 그러나 그러한 논의는 부차적인 것이고, 현시점에서 그 실내용은 일본의 경우 자위대 해외파견을 성사시킴으로써 자위대의 해외파병을 금하고 있는 일본헌법의 제한을 돌파하고 군사대국화를 강화하는 데 초점이 맞추어져 있다. 반면 한국의 경우 북한 핵문제 해결에 미국이 미칠 수도 있는 악영향을 제어하기 위해 어쩔 수 없이 파병해야 한다는 것이고, 파병하지 않을 때 한미관계와 북미관계 그리고 남북관계에 초래될 부정적 영향이 그 핵심이다. 즉 한국과 일본의 시민사회는 국제적 연대를 통해 양국군대의 이라크파병에 반대해야 하지만 양국의 시민사회가 처한 현실에 적합한 싸움의 과제와 형식을 마련해야 하고, 양국의 민족적 이해관계를 철저히 관철하는 가운데 오히려 진정한 국제적 연대에 도달할 수 있을 것이다. 자위대의 해외파병이 동북아시아 평화에 끼칠지도 모를 악영향을 우려한다면 한국의 시민사회는 한국군의 이라크파병을 철회시킴으로써 일본자위대의 해외파병 반대를 위한 명분과 힘을 축적해야 할 것이다.

　대동아공영권이 붕괴된 뒤 동아시아지역을 지배한 것은 미국의 봉쇄전략과 소련의 진영외교였다. 한국의 민족주의는 두 강대국의 패권전략하에서 왜곡되었고, 한국과 일본의 경우 한·미·일지역통합(regional integration)이라는 수직적 분업구조 속에 포섭되었다. 또 최근 전세계적 경제침체 속에서 동아시아를 세계경제의 성장엔진으로 주목하고 있지만 한·중·일의 교류활성화는 '韓流' '漢流' 등의 표현에 보이듯이 자본과 문화상품의 역내교류에 의해 주도되고 있다. 동

아시아지역은 미국의 정치군사적 패권전략과 한·중·일 각국의 주
도권경쟁이 복잡하게 병존하면서 내부에서 길항과 제휴를 거듭하고
있는 것이다. 그렇다면 이 세계화의 시대에 동아시아연대는 어떤 형
태를 취해야 하고, 어떻게 세계사에 기여할 수 있을 것인가. 민중주도
의 동아시아연대의 달성을 위해서는 연대의 기준, 형식과 내용에 대
한 논의와 함께 戰前·냉전기·탈냉전 이후 한일관계의 전개과정으
로부터 어떤 역사적 교훈을 얻을 것인가에 대해 진지한 토론이 먼저
필요할 것이다. 그리고 그때에도 중국과 일본이 최근 탈민족론이나
동아시아공동체론을 매개로 국가주의를 고창하고 있다는 점을 주목
해야 할 것이다.[31] 나아가 민중연대에 입각한 동아시아 역사상이 정
체성의 다층성과 개방성을 획득해 가기 위해서는 동북아시아 지역의
패권구조가 가진 다층성과 다중성, 이 패권구조가 강요하는 위로부터
의 동아시아연대론을 극복할 수 있는 지향과 목표, 동력과 논리를 획
득하지 않으면 안 될 것이다.

VI. 맺음말

한일협정은 현대 한일관계를 정상화시키는 이정표였지만 체결 당
시부터 그 불완전성으로 인해 많은 비판을 받았다. 한일협정의 불완
전성을 단적으로 드러낸 것이 과거사 인식과 청구권 문제이다. 왜 과
거사 인식이 반복적으로 문제가 되느냐 하면 애초부터 이 문제가 순

---

31) 중국 정부의 '동북공정'의 밑바탕에 있는 중화주의와 최근 중국의 탈민
족논의나 동아시아연대론의 관계에 대해서는 졸고, 2004 <시민과 국사:
'고수'와 '해체' 사이> 참여사회연구소, ≪시민과세계≫ 5 참고. 또 일본
정부의 동아시아 공동체론과 시민단체의 동북아시아 공동체론의 차별성
에 대해서는 와다 하루키, <동북아공동체 미심쩍은 일본의 꿈> ≪한겨
레≫ 2004.1.20 참고.

수하게 과거 역사를 정리하는 문제가 아니었기 때문이다. 즉 한국과 일본 사이에는 과거사 인식을 현실의 문제로 만드는 구조가 존재한다. 예컨대 과거사 인식은 한일 양국 정부 당국자들과 시민사회의 한일관계에 임하는 태도와 그들의 과거 한일관계사에 대한 인식을 반영하고, 다른 한편으로 이는 과거사 청산 문제가 표출된 시점의 한일관계를 반영하는 것이다. 여기에는 망언을 낳은 현실의 구조, 즉 국제 정세, 한일관계, 일본과 한국의 국내 상황 등이 복잡하게 얽혀 있고, 과거사 인식은 그러한 복잡한 상황을 직·간접으로 반영한다. 이러한 사정을 현대 한일관계사의 영역으로 확장하면 현대 한일관계사의 역사인식은 해당 시기의 역사 인식과 과거사 청산의 문제, 현실에서 한일관계와 동북아 질서를 모두 반영하게 되는 것이다.

한일 양국에서 한일관계사 연구와 인식이 발전, 심화하는 과정은 학문과 운동의 상호연관성을 잘 보여준다. 한국의 경우 한일회담 반대투쟁은 막연한 반일민족정서의 차원에서만 전개된 것은 아니고, '신일본제국주의' 비판, 냉전체제에 대한 인식, 한일 민중교류의 제기 등의 목표와 지향점을 가지고 있었다. 또 탈냉전 이후에는 그동안의 민주화운동의 성과 위에서 한일 간의 과거사 청산과 재정립을 둘러싼 시민사회와 민중운동 영역의 본격적 문제 제기가 있었고, '일본군 위안부' 문제의 제기는 그러한 흐름을 대표하였다. 이러한 사정은 일본에서도 마찬가지였다. 일본 연구자들이 재일조선인 차별문제의 자각이라는 '타자에의 시선'을 고양시킨 데에는 4·19민중항쟁, 5·16군 사쿠데타, 1965년 한일조약 반대투쟁이라는 한국의 상황이 자극이 되었다. 또 1970년대 이후 1980년대에 걸쳐서는 각종 반차별 운동과 연동해서 연구에서도 차별 받는 소수파와 그것을 허용하는 일본 사회의 구조를 다루는 연구가 중시되었다. 거기에다 1982년의 교과서 문제는 경제대국 일본의 대아시아 관계에 경종을 울려, 전쟁책임 문제, 식민지 지배 같은 일본 침략의 가해성에 눈을 돌리게 했고, 찬부간에 국민적 논의를 불러일으킴으로써 일본 사회에서 '아시아로의 시각'을 정착시키는 계기가 되었다. 1990년대에는 냉전구조의 해체라는 세계 정세에도 영향을 받아 전후책임, 전쟁책임 등의 '과거 청산'이 정치과제, 즉 일본사회가 해결하지 않으면 안되는 문제로 정착되고 있다.[32] 전체적으로 양국에서 한일관계사에 대한 인식의 심화는 해당 사회의 민주화의 진전과 밀접한 관련성을 가진다.

사실 현대 한일관계의 저변에는 현대 한국 사회와 일본 사회의 구조적 문제가 자리하고 있고, 또 한·미·일 또는 동북아시아 전체를 관통하는 구조적 변동이 동시에 작동하고 있다. 예를 들어 한반도 분단은 일본제국주의 지배질서의 일환인 대동아공영권 체제가 냉전체제로 전환되는 과정에서 배태된 문제이고, 한일협정은 한·미·일 지역통합전략과 밀접한 관계를 가지고 있다. 또 최근 급물살을 타고 있는 일본 사회의 우경화 현상과 일본의 군사대국화는 탈냉전 이후 동북아시아 정세의 변화와 연동되어 있다. 즉 현대 한일관계는 단순한 관계사의 차원에서는 파악할 수 없고 한일관계의 구조를 총체적으로 시야에 넣을 수 있는 너른 안목과 투시를 요구한다.

따라서 앞으로 현대 한일관계사 연구의 발전을 위해서 양국 관계를 동아시아 국제질서 속에서 구조적으로 파악하려는 논의가 좀더 활성화되어야 할 것이다. 기존의 한·미·일 삼각관계에 대한 분석뿐만 아니라 일본의 대외정책에서 대한정책과 대북정책의 관련성 및 대한정책과 대중정책의 관련성이 분석되어야 하고, 역으로 한국의 대일정책과 남북관계, 대중정책의 관련성이 분석될 필요가 있다. 그리고 한일 양국 사회에서 한일관계의 역사인식이 배태되고 구조화되는 과정을 좀더 거시적이고 역사적으로 규명하는 가운데 양국의 시민사회가 미래의 한일관계에 대한 바람직한 발전 전망을 공유하려는 노력도 계속되어야 할 것이다.

---

32) 야마구치 고이치(山口公一), <앞 글>, 394

ABSTRACT

The Study of Japan and Korea Relations in the Post Liberation Period

Chung, Yong-wook

This paper examines existing scholarship on the history of modern Japanese and Korean relations in several categories: Korean War and Japan, Japan and Korea Talks, the Korea and Japan Agreement, and the Korean comfort women issue.

Underlying the core of this analysis is an examination of historical consciousness. Historical consciousness in modern Korea-Japan relations reflects its development in the corresponding periods, including problems of settling past historiography, and contemporary issues of order in East Asia. The study of both Korea-Japan relations and the development and consciousness in both nations illustrate the joint connection between this movement and scholarship. In general, the intensification of consciousness is closely linked with the democratization of that society. In the case of Korea, the campaign against Korea and Japan talks is not simply the product of vague anti-Japanese sentiment, but is informed by a variety of goals and other factors, such as resistance against "Japanese neo-imperialism," recognition of the Cold War system and proposal for a Korean and Japanese *minjung* exchange. Also, in the post-Cold War period, with past democratic movements, there was a serious proposal to settle past history between Korea and Japan in civil society. The issue of Korean "comfort women" exemplifies this.

On the basis of modern Korea-Japan relations, the structural problems and changes of modern societies impacts the entire East Asian region simultaneously. For example, the division of Korea is a byproduct of the process in which the joint management system as a component of Japanese imperialism switched into a Cold War system; the Korea and Japan agreement is closely linked with the regional unification strategy of Korea, the United States and Japan. Also, the tendency toward the political right in Japanese society, which became prevalent with the rapid militarization of Japan, is intertwined with shifts in international East Asian affairs in the post-Cold War period. Specifically, an analysis of modern East Asian relations demands a broad perspective that can comprehensively incorporate the structure and past history of Korea-Japan relations.

Keywords : Korea Japan Relation, Agreement of Korea and Japan, A Claim Right, Cold War, Korean War, Korean Comfort Women, Theory of East Asia Block

1945년 이후 한일양국의 상호인식

장 은 주*

I. 서 론

국가간의 교류 및 상호의존성을 결정짓는 데에는 다양한 요인들이 작용하고 있으나, 그 가운데에서도 지리적 근접성이 무엇보다도 결정적인 역할을 하고 있다.

한국과 일본은 이러한 점에서 지리적으로 지구상의 어떠한 국가들보다도 밀접한 관계를 유지할 수밖에 없는 지정학적 조건 하에 놓여 있으며 그 교류의 역사 또한 1500년 이상에 이르고 있다. 한국의 경

─────────────

* 게이오대학교 연구원

우 반도국가로 자연조건상으로는 대륙 국가들과의 교류 가능성을 지
니고 있으나, 남북한의 상이한 이데올로기로 인하여 대륙과의 교류가
지리적 조건과는 달리 제한적일 수 밖에 없다. 일본의 경우, 섬나라이
면서도 대양을 이웃함으로써 지리적 연관성으로 볼 때, 한반도와의
절대적인 관계를 외면하기 어려운 실정이다. 이러한 자연조건에 따른
양국의 상호관련성은 근대이전의 역사에서 명확히 드러나고 있다. 특
히 한국은 일본에 대한 아시아문화 및 대륙문화의 교두보로 역할하
면서 양국은 역사, 문화 등 사회전반에 있어 긴밀한 관계를 유지한
것이 사실이다.

  그러나 근대이후 일본의 한국침략으로 시작된 양국간의 불평등한
관계로 인하여 양국 간에는 역사 뿐만 아니라 사회 제반에 걸쳐 매우
부정적인 인식이 심화되었을 뿐만 아니라 양국간의 관계가 퇴화되어
지는 결과를 초래하기에 이르렀다. 1980년대 이후 세계화라는 전지구
적 차원의 환경변화는 자국중심의 가치관으로부터 다양한 가치관으
로의 확대를 요구하고 있으며, 이에 따라 세계사에서 과거 그 유래를
찾아볼 수 없을 만큼 국가간에 다양하고 밀접한 교류의 심화를 강요
하고 있다. 그럼에도 불구하고, 동북아시아 내에서 한국과 일본은 의
식적이든 무의식적이든 매우 불편한 관계를 지속하고 있을 뿐만 아
니라, 감정적 대립으로 인하여 교류의 필요성이라는 관점에서 볼 때,
상호관계는 축소되거나 퇴보되는 왜곡의 양상을 보이고 있다.

  한편, 국가 간의 관계는 정치, 경제, 사회, 문화 제반 분야에서 공식
적 혹은 비공식적으로 이루어지고 있으며, 이러한 제 분야에서 국가
간의 관계를 규정짓는 기반은 상호간의 인식이라고 할 수 있다. 인식
이라는 것은 단기간에 구축되는 것이 아닐 뿐만 아니라 과거의 역사,
현재의 관계 그리고 미래에의 비전이라는 제 조건들이 반영되어 형
성되어지는 것이다.

  따라서 한국과 일본이 내외적 환경변화에 따른 양국간의 발전적

관계가 가능하도록 하기 위한 토대를 마련하는 작업으로서 양국이 서로를 어떻게 인식하고 있는가를 확인하는 것이 필요하다. 상호인식에 대한 분석을 통해 상호간 인식의 정도를 확인함으로써 보다 정확하고 심도있는 상호이해가 가능하고 이러한 이해를 바탕으로 상호발전을 위한 공존의 방안들이 마련될 수 있기 때문이다.

본 연구에 한정된 1945년 이후 한일 양국관계는 한국에 대한 일제의 식민지배가 일본이 제2차 세계대전에서 패전함으로써 종식되었으나, 식민지배에 따른 과거 청산 문제의 해결이 양국을 둘러싼 국제적, 국내적 다양한 요인들로 인해 적절히 이루어지지 못함으로써 한일 양국의 왜곡된 관계는 현재까지 지속되고 있다. 1945년 이후 한일 양국의 인식은 일본의 식민통치와 패전이후 일본의 식민지배를 위한 정당화에서 그 대립과 갈등의 원인을 찾을 수 있다. 물론 한국과 일본 내부적 원인 및 양국을 둘러싼 주변국들간의 관계에서도 적지 않은 영향을 받아온 것이 사실이나, 가장 직접적인 원인은 일본의 식민지배와 이에 따른 과거청산이 이루어지지 않았기 때문임을 부정할 수 없다. 국가간의 관계란 상호 이해관계로서 전개된다는 단순한 명제에 입각할 때, 한일관계에 있어서는 이러한 합리성에 기초하기 보다는 정리되지 않은 과거의 그림자가 지속적으로 현재와 미래에 부정적인 영향을 미치면서 진행되어왔다고 할 수 있다.

따라서 양국이 서로를 어떻게 인식하는가하는 분석은 양국이 지리적으로 가까운 나라이고, 역사적으로 긴밀하게 연관되어 있다는 전제하에, 서로의 다양성이나 이질성을 인정하고, 한국적 기준이나 가치로 일본을 보는 시각이나, 일본적 가치관으로 한국을 바라보는 관점을 넘어서서 서로를 인정하고, 존중하는 성숙된 시각에서 '가깝고도 먼' 감정적인 관계가 아닌 '상호협력과 긴장'이라는 이성적인 관계로 진화하는데 그 목적이 있다. 즉, 누적된 현안문제들에 대하여 이성적 판단에 기반한 통찰력으로 상호 협력할 부분과 상호간에 긴장해야할 부분을 구분하여 이에 대해 능동적으로 대처하면서 이웃한 국가로서의 합리적 관계정립이 이루어질 수 있도록 양국 상호간의 인식에 대한 객관적인 접근이 무엇보다도 필요한 것이다.

본 연구는 '근현대 한일간의 상호인식'이라는 대주제 하에 '1945년 이후 일본의 한국인식'을 분석의 하부주제로 한다. 1945년은 일본이 제2차 세계대전에서 패함으로써 한반도는 일본의 지배로부터 벗어나게 되고 연합국에 의해 조선의 독립에 대한 기본방침이 정해진 원년이라고 할 수 있다. 이러한 역사적 의미를 지닌 1945년 이후 한국과 일본은 정치·경제·사회·문화 제 분야에서 상호 관련성을 맺지 않을 수 없게 되었으며, 특히 내외적인 환경변화에 따라 상호협력적 체제를 구축해나가게 되나, 그 과정이 그다지 순탄하지만은 않았다.

따라서 본 연구에서는 이러한 1945년 일본의 패전이후 한국이 독립된 국가로서 일본과 대등한 지위를 획득한 이후, 한일 양국간의 직접적인 관계 및 그러한 관계에 영향을 미친 역사적 사건들을 중심으로 한일 양국의 상호인식을 분석하고자 한다.

1945년 이후 한일 양국의 상호인식에 커다란 영향을 미쳤던 역사적인 사건들로 크게 6가지 정도를 선정할 수 있다. 첫째, 1950년 6월 25일 발생한 한국전쟁으로 이는 일본에 있어 한국인식의 전환점을 마련한 사건이라고 할 수 있다. 둘째, 1965년 한일국교정상화를 위한 교섭과정에 있어서의 다양한 대립과 갈등, 셋째, 1973년 김대중 납치사건, 이 사건은 김대중씨가 일본 동경에서 납치됨으로써 양국간 외교상 심각한 문제로 전개되었다. 넷째, 1974년 문세광사건, 이 사건은 재일한국인 2세인 문세광에 의해 박정희대통령 암살기도가 이루어짐에 따라 양국간의 심각한 정치, 사회적 문제로 비화되었다. 그리고 1982년 여름 일본 정부의 교과서 검정제도를 둘러싼 교과서논쟁으로 이 사건은 일본 내부적 논의가 국제적인 사건으로 전개되면서 한일 및 중일간의 심각한 외교적 문제로 확대되었다. 끝으로 2002년 한일 양국이 주최가 된 세계적 스포츠행사인 한일월드컵 공동개최를 들수 있는데, 이 이벤트는 이전 한일 양국관계를 대립과 갈등으로 이끌었던 사건들과 구별되는 특징을 지니고 있다. 이 외에도 1945년이후 한일 간에는 크고 작은 문제들이 발생되어왔으나, 본 고에서는 역사적으로 양국 상호인식에 결정적인 영향을 미친 것으로 판단되는 상기의 6대 역사적 사건을 중심으로 이러한 사건의 경과와 그를 둘러싼 일본 및 한국 측의 인식태도를 분석하고자 한다.

Ⅱ. 1950년 한국전쟁을 둘러싼 양국의 상호인식

한국전쟁이 일본에서는 조선전쟁이라고 불리우고 있는데, 이 역사적인 사건은 전후 일본의 진로에 커다란 영향을 미쳤다. 1950년(쇼와 25년) 6월 전쟁이 촉발되어, 7월 맛카사는 일본정부에 7만5천명에 이르는 경찰예비대의 창설을 지령하였다. 이 예비대는 후에 보안대, 그리고 자위대로 개조되어 일본 재군비의 기반이 되었다. 또한 이 전쟁에 관련한 미군의 거대한 수요(조선수요)는 전후 일본을 경제부흥으로 이끄는 강력한 캔플주사의 역할을 하였다.[1]

그러나 외교상의 관점에서 중요한 점으로는 이 전쟁을 통하여 미국의 시각에서 일본의 가치가 급상승했다는 것으로서 냉전의 진전과 함께, 미국정부는 일본의 대소련전략상의 가치를 인식하게 된 것이다. 일본에 대하여는 그 공업력, 인구, 지리적 위치에서 볼 때, 적의 손에 넘어가게 된다면 미국의 방위에 있어 위험할 수 있으나, 아군에 있어 이용될 경우 더없이 유효한 전략적 거점이 되리라는 인식이 그

---

1) 高岐宗司 編, 1989 <現代の日朝關係> 歷史學硏究會, ≪日朝關係を攷える≫ (靑木書店, 東京)

것이다. 그러한 인식은 조선전쟁발발까지는 아직 추상적인 것이었으나, 막상 동아시아의 전략상 요충지인 한반도에 전쟁에 시작되면서 일본의 군사전략적 가치는 구체적으로 실증되어진 것이다. 단적으로 말해서 만일 일본이라는 후방지원기지가 없었더라면 미국을 중심으로 하는 유엔군은 한반도에서 전선의 유지가 불가능했다고 할 수 있을 것이다.

또 하나의 중요한 점은, 중국이 조선전쟁에 개입하게 됨으로써 동아시아에 대한 국제정치지도의 이념적 분리가 명확히 되었다는 것이다. 미국정부는 이미 조선전쟁 이전에 일본을 서측진영의 우호국으로 육성하는 정책을 시작하였다. 그러나 한편 미국정부는 1950년 초까지는 모택동의 휘하에 있는 공산당지배하의 중국을 명백한 적으로 규정하지 않고 있었다. 모택동은 스탈린과 거리를 두고, 유고슬라비아의 치토와 같은 독자적 노선을 취한다는 기대를 버리지 않았기 때문이었다. 이러한 인식이 동년 2월 중소의 군사동맹이 성립되고, 10월 이후 한반도에 중국인민의용군과 미군이 대결하게 되면서 중국은 미국에 있어 불구대천의 적으로 급변하게 된 것이다. 이러한 인식상의 변화로 인해 동아시아의 제휴국으로 일본을 강화하고자하는 정책의 중요성이 증가하게 되었다.

일본의 전략적 가치의 상승은 일본외교에 있어 초미의 관심사가 되면서 일본강화독립의 실현에 유력한 환경을 만들게 되었다. 왜냐면 강화교섭의 최대 상대였던 미국정부가 이러한 가치를 지닌 일본을 서측 진영에 매어두기 위해서도 관대한 강화를 빠른 시일내에 실현할 필요가 있다는 판단을 확인하였기 때문이다.[2]

조선전쟁이라고 칭해지는 한국전쟁에 있어 사실 한일 양국간 인식을 직접적으로 자극할만한 요인은 없었다. 한국의 경우에는 일본이 한국전쟁으로 인하여 직·간접적으로 이익을 보았다는 후일의 평가

---

2) 五百旗頭, 1999 ≪戰後日本外交史≫ (有斐閣アルマ、東京) 66~71

가 있기는 하나, 이러한 평가가 대일의식 변화에 크게 영향을 미친 것으로 보기는 어렵다고 할 것이다.

　일본의 경우에는 소위 한국전쟁 특수를 경제적, 정치적으로 충분히 얻어내기는 하였으나, 일본과의 직접적인 원인에 의하여 발생한 전쟁이 아니었기 때문에 한일인식에 별다른 변화를 미치지는 못한 것으로 분석된다. 즉, 한국전쟁은 양국간에 인식변화에 직접적인 영향을 미치기 보다는 국제정치차원의 역학관계의 변화라고 하는 역사적 사건으로 해석된다. 냉전체제 하에서의 양국의 중요성이 부각되면서 미국의 영향력이 보다 강화되어 미국의 대동북아정책의 일환으로서 한국과 일본이 인식되는 동시에, 양국의 안보를 위해서는 상호 공존해야할 필요성을 인식하게 된 계기로서 작용했다고 분석될 수 있다.

Ⅲ. 한일국교정상화
―1965년 한일교섭체결까지의 갈등

1. 교섭의 발단

　일본의 패전 후, 연합국이 조선의 독립을 목표로 하여 최초의 기본방침을 표명한 것은 1945년 12월 모스크바에서 개최되었던 영·미·소 삼국외상회담의 좌상에서였다.[3] 모스크바협정에 기반한 미소공동

---

3) 당 회의에서는 ⅰ) 독립국으로서의 조선을 재건하고, 민주주의에 의한 발전에의 제조건을 설정하기 위해 임시조선정부를 수립하는 것, ⅱ) 임시정부수립을 지원하고, 여기에 해당하는 조치의 예비적 입안을 목적으로 하여 조선에 있는 미소 양군대표에 의한 공동위원회를 설치하는 것, ⅲ) 공동위원회는 조선의 민주적 제 정당·제 단체와 협력하고 조선의 민족적 독립을 원조하기 위한 조치를 실현하는 것, ⅳ) 공동위원회는 임시정부나 민주적 제 단체의 참가를 인정하여 기간 5년 이상 4개국에 있

위원회가 발족되었으나, 임시조선정부에 있어서 미소의 의견이 대립되어, 미국은 문제를 유엔에 제소하였다. 유엔에서도 의견의 조정되지 못하다가 결국 1948년 8월 남측에는 대한민국의 성립이 선언되어지고, 북측에서는 동년 9월, 조선민주주의인민공화국의 수립이 선언되었다.

문제는 양방에서 국호와 통치권은 법적으로 조선반도전역을 포괄한다고 주장한 것으로 2개의 독립국가가 성립되었던 것이라 할 수 있다. 당시까지 연합국과는 평화조약을 체결하지 않았던 일본에 있어서는 이런 상태의 추이를 관망할 수 밖에 없는 상황이었다. 그러나 1945년 10월 소련이 북한정권을 승인하고, 대사교환을 함으로써 동구제국을 필두로 하는 공산권에 속하는 국가들이 탄생되어지게 되어졌고, 다른 한편 미국정부는 1949년 1월 남측의 정권을 승인하고 대사를 교환하면서 자유주의진영 22개국가로서 이를 승인하는 태도를 보이게 되었다. 미국 점령 하에 있던 일본에 있어서는 한반도에 대한 자주적인 선택을 할 수 없었던 상황이었다.

이후 1949년 10월 한국정부와 연합국 총사령부 사이에 합의에 의한 주일한국외교대표부가 설치되어져, 무역협정·금융협정이 성립되었다. 그 후 발발된 한국전쟁은 미국의 태도를 더욱 강하게 만들면서 한국정부를 군사적으로, 정치적으로 강력하게 지지하고 일본정부에도 한국정부를 조선에 있어 정통정권으로 인정하도록 하는 입장을 취하도록 하였다.

1951년 9월 일본과 연합국간에 평화조약, 소위 샌프란시스코조약이 조인되었으나, 이 회의에 조선대표는 참가하지 않았다. 당 조약에는 조선의 독립, 재산처리, 어업협정의 체결, 무역, 해운, 통상협정체

어 조선신탁통치안을 준비하고, 사개국정부에 제출하는 것 등을 골자로 하는 모스크바협정이 성립되었다. 許圭, 1992 ≪前後の日韓關係と日韓協力委員會≫ (慶應大修士論文)

결의 교섭개시 등의 조항이 포함되어 있었으나, 일본의 일방적인 입장이 대체로 반영된 체 조약이 체결되었다. 그런데 당 조약에는 포함되지 않았던 재일조선인의 국적에 대한 문제가 발생하게 됨으로써, 일본은 한국정부와 교섭해야만 할 필요가 생겨났다.

2. 한일회담의 전개과정

1) 예비회담·제2차 회의

1951년 10월 연합국총사령부의 적극적인 개입에 의해 최초 한일회담이 동경에서 개최되었다. 익년 4월 평화조약에 발효되기 전에 재일조선인의 처리, 외교관계를 포함하는 기본관계의 수립, 선박, 어업 등을 중심으로 합의를 달성할 필요성이 있다는 연합국총사령부의 고려하에 예비회담이 개최되었다. 종전당시 재일조선인은 약 200만명으로 추산되었으나, 조국해방의 기쁨과 총사령부의 방침에 따라 조선으로 이주가 진행됨으로써 1946년 3월말 그 수는 130만명으로 축소되었다. 그러나 조선의 불안정한 상황, 남북분단, 더하여 한국전쟁의 발발은 귀환희망자를 감소시켜 약 60만명이 일본재주를 희망하게 되었는데, 이러한 재주희망의 재일조선인을 법적으로 어떻게 처리할 것인가가 한일회담의 중요함 문제로 부각된 것은 당연하다고 할 수 있었다.

그러나 예비회담은 결론을 이끌어내지 못하고, 1952년 2월부터 본회담으로 넘겨지게 되었다. 본 회담에서 쌍방의 의견이 기본적으로 대립된 부분은 청구권문제와 어업문제였다. 청구권문제는 평화조약에 규정된 '한일쌍방의 재산 및 청구권의 처리는 쌍방의 特別取極의 주제로 한다'는 조항에 근거하여 도출된 것으로 일본측이 대한청구권이 있다고 주장하는 데 대하여 특별취극의 주제가 되는 것은 한국의 대일청구권만이라는 한국 측과의 차이가 극명하게 대립되었다. 어업문제에 있어서는 전후 연합국총사령부 점령정책의 일환으로 일본어선의 조업구역을 지정한 소위 맛카사라인이 생겨났다. 한국 측은 1947년 이후 동 라인침범을 이유로 여러차례 일본어선을 납포하여왔는데, 평화조약의 발효에 따른 동 라인의 해소가 예상된 1952년 1월 18일 한국은 이승만대통령의 명으로 '근접해안에 대한 주권선언'을 시행하여, 한국의 주변 공해상에 일정의 선을 정하고 일본어선의 접근을 금지하는 소위 '이승만라인'을 설정하였다. 일본정부는 해양자유의 원칙, 국제어업협력에 대응하면서 항의했으나, 동 라인 내에서 조업하는 일본어선이 계속 납포되면서, 회담은 도중에 무산되고 말았다. 평화조약 발효 전에 한일간 합의에 대해 희망하던 미국의 바람은 실현되지 못했는데, 현실적으로 불가능하게 된 배경에는 33년간의 망명생활과 반일활동을 하다 대통령이 된 이승망대통령의 반일감정에 기인한 강경자세를 들 수 있겠다.[4]

2) 제2·3차 회담

이라인은 한국측에 있어서는 '평화라인'으로 칭해져 국방상의 목적을 포함하게 되면서, 일본어선의 조업금지조치는 더한층 강화되었다. 한일 관계의 악화를 염려한 미국의 중개로 1953년 1월 크라크미 연합군사령부가 이승만대통령을 개인적으로 초대, 내일한 이승만대통령이 吉田수상과의 회담을 통해 교섭재개가 이루어짐으로써 간신히 합의를 이루게 되었다. 제2차 회담이 개최되어진 것은 1953년 4월이었으나, 여전히 청구권, 어업문제에 대한 기본적 대립이 해소되지 않았으며, 더하여 독도(竹島)문제가 양국간의 분규를 심화시키게 되

---

4) 李元炯, 1988 ≪日韓外交交涉科程の 分析≫ (慶應大學 博士論文) 20∼40

었다.5) 이후 독도에 대한 한일 쌍방의 견해 차이에 대하여 일본측은
국제사법재판소에 제소할 것을 제안하였으나, 한국 측이 이를 거부함
에 따라 1965년 타결된 한일회담에서도 해결되지 못한 체 오늘날까
지 지속되는 문제점으로 남게 되었다.

제2차 회담이 7월에 휴회된 것에는 대립점의 존재와 함께 한국전
쟁의 휴정협정이 조인되는 시기적 중요성과 함께, 당분간 냉각기간을
가지는 것이 좋을 것으로 쌍방이 판단하였기 때문이다.

제3차 회담은 동년 10월부터 시작되었으나, 청구권위원회에서 일
본대표의 발언이 문제가 되어 결렬되면서 이후 한일회담은 4년 반 동
안 중지되었다. 소위 구보타발언6)이라고 하는 것으로 비공식적인 사
견이었으나, 일본의 통치시대를 거친 상대측에 양보를 구한다는 발언
으로 보기에는 오히려 한국 측의 반일감정을 자극한 내용이었다. 일
본 측은 한국 측에 전달과정에서 오해가 있었다면서 해명하였으나,
한국 측은 구보타발언의 철회를 요구하고, 이것을 거부한 일본측의
태도에 따라 회담을 결렬하였다. 이승만 정권 하의 극단적 반일교육,
그 밑바탕에 흐른 35년간의 일본 식민통치에의 울분이 일거에 폭발

---

5) 1905년 일본정부는 독도를 島根縣에 편입하여 그 이후 유효한 지배를 지
   속해왔으나, 전후 총사령부가 이 섬을 일본정부의 행정권정지구역에 포
   함, 일본어선의 조업허가구역에서 제외시켰다. 한국은 이승만라인설정
   당시 이 섬을 포함, 1953년부터 실력으로 지배하는 태도를 보임으로써
   일본이 항의해왔다. 양태진, 1996 <한일관계사로 본 독도문제> ≪한국
   논단≫ 7
6) "한국측이 일본통치하의 조선에 대하여 보상을 요구하고 있으나, 일본
   은 한국의 경제력을 배양했다는 사실을 지적할 수 있으므로, 일본의 조
   선통치는 반드시 나쁜 것만 있는 것이 아니라 좋은 면도 있다"라는 것
   으로서 종전 후 연합국이 在韓의 일본인재산을 군명령으로 몰수하고,
   한국에 인도한 것은 국제법위반이며, 조선의 철도, 항만의 건설, 농지조
   성 등, 일본의 대장성이 한국에 경제적 투자는 2천만엔 이상의 적지 않
   은 부분이며, 일본이 조선을 병합하지 않았더라면 다른 나라가 점령했
   을 것이라는 내용이었다.

한 것이다.[7]

구보타발언 이후 회담재개의 노력도 전혀 없었으며 결렬이후 한국의 태도는 더욱 경화되었고, 이라인에 의한 일본어선납포는 증가일로를 달렸으며, 더하여 억류된 일본인어부의 송환도 부정되어, 워싱톤에서 한일양국의 주미대사가 접촉하는 등 비공식적 통로를 통한 대화가 행해졌으나, 한국 측의 태도는 변하지 않았다. 더하여 吉田내각을 대신한 鳩山내각이 일소교섭을 추진하면서, 경제, 문화교류를 주창하는 북조선의 남일외상의 성명에 호응하는 국회답변을 함으로써, 한국은 한국인의 일본왕래금지, 대일무역정지를 발표하는 위에 이라인침범 일본어선에 대해 발포하겠다는 등 강경한 목소리를 냄으로써 한일관계는 가일층 악화되었다.

한편, 일본 내에서는 일소국교회복으로 퇴진한 鳩山내각에 이어 石橋내각이 탄생하였으나 수상의 건강상의 문제로 1957년 11월 岸내각이 발족하면서 미국의 권고에 부응하기 위해서 6월 예정되었던 미국 방문 전에 한일교섭을 제기하고자 하였다. 그러나 한국 측의 태도는 여전히 강하여, 역류자의 상호석방을 회담개최의 논의로 합의한 것은 그해 12월이 되어서야 가능하게 되었지만 한국이 그 代償에 있어 구보타발언의 철회와 재한일본인재산에 대한 청구권의 폐지를 내옴으로써 교섭은 다시금 중단되고 말았다.[8]

3) 제4차 회담

제4차 회담은 1958년 4월 제3차 회담이 결렬된 이래 4년만에 재개

---

7) 오오타 오사무, 1999 <한일회담에 관여한 한국 관료의 일본인식> ≪한국사학보≫ 7, 311~333
8) 五百旗頭, ≪앞 책≫, 80~90

되었다. 이때부터 의제를 구분하여, 기본관계·한국의 청구권·어업 등 평화라인·재일한국인의 법적지위 등 4개 분과위원회가 설치되어 회담이 진행되었다. 그러나 제4차 회담은 청구권문제·어업문제, 더하여 북조선에의 귀환문제 등을 둘러싸고 2회의 중단이 있었으나,[9] 1960년 한극 측은 한국쌀 30만톤을 일본측에 수출함으로써 억류일본인어부와 밀입국한국인의 상호교환에 응하겠다는 의향을 표시하였다. 이에 일본이 응함으로써 동년 4월 회담이 개최되었으나, 3월 행해진 이승만대통령의 부정선거에 대한 반발한 이승만 독재체제에의 불만이 4·19학생혁명으로 폭발됨으로써 제4차 회담은 한국의 내부적 상황에 따라 중단되고 말았다.

4) 제5차 회담

제5차 회담에 따른 한일교섭은 이승만정권에 이은 허정대통령대리, 윤보선대통령, 장면내각이라는 정권교체시기에 해당되면서 예비적 수준에 그치고 말았다. 그러나 이정권의 강경정책을 개선하려는 한극 측은 신내각의 기본방침으로 "대일관계개선을 꾀하고, 우선적으로 한국쌀의 수출을 포함, 대일무역을 개선한다"고 기술하면서, 일본 인기자단의 입국을 허가하는 방침을 발표하였다. 이 동안 신안보조약을 둘러싼 일본국내의 분규는 반공을 기치로 하는 한국에 동요를 일

---

9) 제1회의 중단은 북조선에 귀환을 희망하는 재일조선인에 대해 일본정부가 적십자국제위원회의 중개로 쥬네브에서 일본 북조선 적십자회담을 개최하였는데, 이에 대한 한국측은 태도를 강경히 하면서 대일통상단절이라는 강경조치를 취하였다. 거주지선택의 자유에 기초한 인도문제의 관점에서 재일조선인의 북조선귀환을 고려한 일본측과 북한에서 1960년부터 개시된 경제 7차계획에 필요한 인적자원을 위해 일본이 협력하는 것을 비우호적인 동시에 한국의 국가적 안전에 위배된다고 생각하는 한국측과는 너무나 큰 인식을 차이를 보이고 있었다.

으켰으나, 안보의 문제가 가라앉으면서 교체된 池田내각의 등장과, 한국에서도 장면내각의 성립으로 쌍방의 국내상황이 변화함으로써 일본에서는 대한친선사절단의 파견이 검토되었다. 그리고 일본통치의 종료 후 15년만에 공식사절로 小板외상이 서울을 방문하게 되었다.

이로써 10월 하순부터 제5차 회담의 예비회담을 개최하는 것에 합의를 보았다. 회담은 이승만시대와 다르게 우호적인 분위기로 진행되었으나, 일본측이 무엇보다도 중요시하는 어업문제에 대해서는 한국측의 태도가 여전히 강경함으로써, 일본측도 한국 측이 어업문제의 토의에 응하지 않으면 청구권의 실질적 토의에도 응할 수 없다는 입장을 표방함에 따라 1960년에도 한일교섭은 커다란 진전을 보이지는 않았다. 이 시기 일본의 재계는 池田내각의 고도성장정책의 일환으로 한일경제교섭에 적극적이면서, 한국경제시찰단이 방한을 계획하는 등 열의를 보이고 있었으나, 한국내부에 있어서 대일경계의 주장은 여전히 강하였다.[10]

한국 측이 제시한 회담 내용 가운데 제2항 이라인의 존중은 일본측의 주장과 상반되기 때문에 회의에서의 토의가 진행되지 못하면서, 예비회담의 진행방식에 대한 논의가 행해졌다. 당시 자민당도 한일관계의 조속한 정상화를 목표로 한국문제자문회를 결성하고, 방한의원

---

10) 그것은 1961년 2월 大韓民國 국회에서 가결된 <한일관계에 대한 결의안>으로 표현되었는데 구체적인 내용은 다음과 같다. ⅰ) 복잡한 국내외 정세에 비추어봐서 대일외교는 제한외교에서 점진적으로 전면외교로 진전시켜야한다, ⅱ) 평화라인은 국방 및 수산자원의 보전과 어민의 보호를 위해서 존중, 수호되어야한다, ⅲ) 정식외교는 양국간의 역사적인 현안문제의 해결, 특히 일본의 강점으로 인한 우리의 손해와 고통이 청산된 후에야 성립될 수 있다, ⅳ) 현행 통상이외의 한일경제협조는 어떠한 형식이든 간에 정식외교가 시작된 후에 국가통제하에서 우리의 경제발전계획과 대조하면서 국내산업이 잠식되지 않을 범위내에서만 실시되어야 한다. 정대성, 2000 <제2공화국 정부·국회의 일본관과 대일논조> ≪한국역사보≫ 8, 254~256

단이 서울을 방문하는 등 적극적인 자세를 보임에 따라 한일회담은 본궤도에 오르기 시작하였다. 또한 장면정권하에서 이승만정권에 의한 종래의 반일정책의 반동으로 일어난 일본 붐도 한일회담에 긍정적인 영향을 미친 것으로 보인다. 일본서적의 유입의 폭증, 일본문학 작품의 번역, 일본가요곡의 유행, 더하여 스포츠, 문화의 교류가 활발해졌다. 그러나 1961년 5월 15일 군부를 중심으로 하는 쿠테타가 발생, 장면정권이 붕괴함에 따라 한일회담도 도중에 그치게 되어버렸다.11)

5) 제6차 회담

쿠테타로 성립된 박정희 군사정권에 대해 일본정부는 초기에는 쿠테타이후의 사태를 주시하는 방침을 취하였으나, 미국정부가 박정권지지의 방침을 명확히 함으로써 박정권이 제 외국의 지지를 받게 되고, 더하여 일본의 힘을 한국경제 발전에 이용하겠다는 의향을 보이면서 한일회담에 적극적인 자세를 표현하였다. 일본측은 회담의 수석대표였던 종래의 외무성 관계자에서 杉道助 오사카 상공회의소회대표를 정하고 경제원조를 전면적으로 행할 자세를 보였다. 한국 측도 박의장 자신이 일본을 방문, 池田수상과 회담하고 정치적 견지에서의 교섭촉진을 도모하였다. 그리하여 최대의 현안이었던 청구권문제는 방일한 김종필 중앙정보부장과 大平외상이 절충하여 결과합의를 보게 되었다.12)

한편, 1963년에 들어서 한국의 군사정권내의 내분이 표면화되는 것과 국내의 식량사정악화 등에 따른 정권불안이 발생함으로써 한일회

---

11) 정대성, <위 논문>, 217~259
12) 오오타 오사무, <앞 논문>, 337~339

담도 진전을 보지 못하게 되었다. 그러나 1963년 10월 대통령선거가 행해져 박의장이 당선, 군사정권은 민정으로 이관되어, 군사독재의 색채를 제거한 박정권은 대일관계정상화에 더한층 적극적인 자세를 보이게 되었다. 사실 한일간 최대의 문제이던 어업문제도 양국 農相 사이에서 차제의 대화가 있어왔다. 그러나 한일회담의 타결에 반대한 한국의 야당은 대일굴욕외교반대전국투쟁위원회를 결성하고, 학생을 중심으로 하는 세력이 여기에 호응하여 반정부운동을 전개, 정부는 한일회담에 대한 적극적인 선전활동을 행함과 동시에 반대데모에 대한 강력한 태도를 취하였다.

이후 일본측도 동경올림픽의 안전에 대한 정계의 관심이 모아짐으로써 제6차 회담은 청구권문제에 합의하는 외에는 제7차 회담으로의 연결이 이어지지는 못하였다.

6) 제7차 회담

제7차 회담이 개최된 1965년 1월부터 양측은 한일회담의 조속한 타결에 열의를 확인하면서, 2월 12일 한일기본조약의 일본측 최종안이 기본관계위원회에 제시되어, 정치적 판단만을 남기고 있는 상태였다. 이러한 배경에는 1965년 2월 17일부터 20일까지 표면상으로는 친선을 목적으로 한국을 방문한 일본 외상이 기본관계조약안에 대해 가능한 가조인까지 추진하도록 하면서 일본의 정부대표로서 공식석상에서 일본의 조선통치에 대한 반성의 의지표현을 함에 따라 한국 내에서 이것이 크게 보도되면서 교섭의 분위기를 만드는 역할을 하였다.

기본조약의 교섭에서 문제가 된 것은 1910년의 한일합병조약 등 전전의 한일간 조약이라 할 수 있는 구조약의 무효를 어떠한 형태로 확인할 것인가와 북조선의 존재, 특히 한국정부의 관할권의 범위에 대한 규정 등이었다. 즉, 한일합병은 일본측의 부당한 압력에 의하여 일방적으로 행해진 것이므로 구조약은 무효인 것을 확인되어, 한국정부의 유효한 지배권은 조선반도와 부속의 섬 등 전 영토라고 주장하는 한국 측과 구조약에 유효하게 존재해있던 역사적 사실은 객관적으로 볼 때 부정될 수 없으며, 또한 휴전라인의 존재는 인정하지 않을 수 없으므로, 한국정부의 관할권은 여전히 그 라인의 이남에 한정된다는 일본측의 견해와 대립하였으나, 결국 타협안으로 ⅰ) 구조약에 대해서는 "이미 무효화된 것이 확인되었다"고 표현하고, ⅱ) 한국정부의 관할권의 범위에 대해서는 직접적으로 언급하지 않고 "유엔총회에 표현되어진 것처럼 유일한 합법정권이다"라고 함으로써 한국정권을 성격을 규정하였다.

3. 한일기본조약 · 현안해결

1) 한일기본조약

1965년 12월 12일 한일기본조약이 조인되었는데 그 내용은 ⅰ) 외교영사관계의 개설, ⅱ) 1910년 8월 22일 한일합병조약이전에 체결되었던 구조약이 이미 무효화된 것을 확인, ⅲ) 한국정부는 유엔총회결의 제195항을 참고하여 표현되어진 것과 같이 조선에 있어 유일한 합법정부임을 확인, ⅳ) 유엔헌장원칙의 존중과 그것에 기초한 협력, ⅴ) 통상관계협정 등 항공협정체결의 교섭을 빠르게 개최하는 것 등이었다.

일본정부측은 구조약이 무효화된 시기를 명시하지 않고, 또한 관할권에 있어서 유엔결의를 인용하는 것으로 쌍방의 주장을 확인하면서 협상하였다고 설명하고 있다. 한국측은 국회답변을 통하여 명확히 한 점으로는 관할권의 문제는 한국 헌법제3조에 의거하여 북을 포함한 조선반도 전체이고, 기본조약은 그러한 한국정부의 유일합법성을 인정하는 것으로 설명함으로써 일본과의 기본견해에 여전히 차이를 남기고 있었다.

2) 어업협정

어업협정을 체결하는 것과 관련된 문제점은 ⅰ) 한국이 독점적인 어업권을 행사하는 전관수역의 범위를 정하기 위하여 어느 정도의 라인을 유지할 것인가, ⅱ) 특히 호어장인 제주도주변의 경계를 어디까지 일본측으로 인정할 것인가, ⅲ) 자원보호를 위한 공동규제수역에 출어하는 일본어선의 수나 년간어획량을 어느 정도로 할 것인가, ⅳ) 공동규제수역 내에서의 협정위반어선의 단속과 재판관할권을 어느 정도로 정할 것인가 등이다. 그러나 채결된 어업협정에서는 ⅰ) 공해자유의 원칙을 확인하고, ⅱ) 전관수역 12해리 이외는 공해로 하는 것을 확인하고, ⅲ) 어업자원보호의 견지에서 전관수역 외에 공동규제수역을 설정하고, ⅳ) 공동규제수역 내의 취제와 재판관할권은 선적이 소속된 국가가 단속하는 소위 귀속주의의 원칙을 유지하고, ⅴ) 제주도주변은 일본어선에 대해서는 금지구역임을 잠정적으로 확인하고, ⅵ) 년간총어획량은 15만톤으로 하는 등으로 결정하였다. 문제가 되었던 이승만라인은 실질적으로 폐지되어졌으나, 한극측이 염려하는 한일 쌍방의 어업수준의 큰 차이를 채우기 위해, 일본이 만간차원에서 한국에 어업협력자금을 지원하고, 한국어업의 수준을 일본과 동일한 정도로 끌어올리는 것으로 논의가 이루어졌다.

3) 청구권의 결정

청구권과 경제협력이 문제에 있어서는 1965년 3월 28일에 최종적인 합의가 이루어졌다. 대일평화조약 제4조에 기초하여 재산청구권문제, 다시 말하면 재일일본인재산에 대한 일본측의 청구권이나 한국측의 대일청구권이 최종적으로 해결된 것으로, 일본측에서 한국측에 대해 10년간에 걸쳐 3억달러규모의 무상제공과 동일하게 10년간 년이율 3.5퍼센트의 7년거치 상환기간 20년의 2억달러의 장기저리차용을 규정하고 그 외에도 3억달러이상의 통상 민간신용공여를 약속하고, 한국측은 무역상의 채무를 10년간 상환하기로 하였다. 더하여 한국측의 종전당시 한국영해에 있던 선박의 반환·보장의 요구와 일본측의 이승만라인수역에 관한 선박보장요구는 청구권문제의 일환으로 해결되어 쌍방의 요구가 받아들여지게 되었다.

4) 법적 지위의 결정

문제가 되었던 재인한국인의 법적 지위문제도 1965년 3월 31일 외상회담에서 최종적으로 합의를 보았다. 이 문제는 전전부터 일본에 재유하는 조선인의 특수지위에 관한 것으로 역사적 배경뿐만 아니라 북측과의 관계, 한국과의 관계 그리고 대우문제까지를 포함한 복잡한 문제였다.

특히 재일한국인과 그 자손에게 부여된 영주권의 범위문제에는 여러 가지 난점이 존재하여 결국 ⅰ) 종전이전부터 일본에 거주하고 있던 재일한국인, ⅱ) 그 직계비속으로 협정발표 후 5년이내에 태어난 자, ⅲ) 또한 직계비속에게도 영주를 허가하고, ⅳ) 더하여 그 자식에 대해서는 25년이내에 재협의하고, ⅴ) 교육·생활보호·국민건

강보험에 대한 배려, 재산, 송금 등에 대한 고려를 규정하기로 합의
하였다.

4. 한일국교정상화에 대한 양국의 상호인식

먼저 한일국교정상화에 대한 주변국의 반응을 보면, 합의사항의 가
조인이 1965년 6월 22일 동경의 수상관저에서 행해졌을 때, 한일관계
정상화에 열의를 가진 미국은 라스크국무장관이 "한일양국의 상호이
익과 아시아 자유제국을 강화하는데 기여할 것으로 믿는다"라고 천
명하면서 한일관계의 친밀화를 환영하였으나, 소련·중국·북조선
등은 "아시아에 새로운 군사동맹을 만들기 위함에 그 목적이 있다"라
는 맹비난을 하였으며, 특히 북조선은 한일조약의 무효를 표현하는
동시에 "조선인민은 일본정부에 대해, 배상청구권을 시작으로 제반
의 권리를 보유하고, 금후 언제라도 이 당연한 권리를 행사한다"고
반발의 성명을 발표하였다.[13]

일본국내에서도 한국과의 사이에 국교정상화한 것은 조선반도의
분단을 고정화하는 것이라는 많은 비판이 일었는데, 국회에서 자민당
과 사민당이 한일국교정상화에 찬성한 것에 반하여, 사회당, 공명당,
공산당은 강력히 반대하였으며, 법안가결시 퇴장하는 사태를 빚었다.
세부적 사항과 관련하여서는 청구권과 재일한국인의 법적 지위 등과
관련한 구체적 사안들에 대한 반대도 상당하였다.

이에 반하여 메스컴이나 학생계층을 비롯한 일반국민들의 반대는
심하지 않았으며, 호의적인 인식을 보이기도 하였다. 양국이 국교정
상화함으로써 양국간 발전을 도모하고 상호교통의 장치를 마련함으
로써 정상적 국가관계가 가능하리라는 전망이 일반적이었던 것이다.

---

13) 姜尙中·水野直樹·李鐘元, 2003 ≪日朝交涉≫ (岩波書店, 東京)

일부 지식인과 조선사연구자 등이 한국의 반대운동을 이해하면서 이에 연계하여 반대운동을 펼쳤으나, 일본의 반대운동은 그다지 심하지 않은 것으로 기록되고 있으며, 반대의 이유도 일본제국주의의 조선재침략에 반대하는 것을 중심으로 식민지지배의 청산이 정리되지 않은 점에 대한 비판이 대다수였다.14) 이들은 한일회담 체결이후 진행된 각종 경제협력에 대해서도 일본과 한국간에 경제적인 지배관계가 형성되었다고 보았는데, 한일밀착에 의한 박정희정권과 결탁된 자들이 일본에서의 경제원조를 착복하면서 그 일부를 일본 정계에 정치자금으로 환류하였다는 사실을 그 예로 들고 있다.

구보타의 발언에 대해서는 그것이 당시 일반적인 일본인의 한국에 대한 인식이었다고 할 수 있는데, 구보타발언 다음날 아사히신문사설에는 정부가 천명한 것처럼 한국측의 태도에는 당연한 언사를 왜곡하여 회담전반을 일방적으로 파괴하고 있음이 유감스러운 일이라고 논평하고 있다. 요미우리신문에서도 억지를 부리고 있다고 한국측을 비난하는 시각을 고수하고 있었다.15)

사실 한일회담이 결렬됨에 따라 곤란한 쪽은 한국보다도 오히려 일본이기에 국내여론이 이와 같은 발언을 한 것으로 볼 수 있는데, 이라인의 문제로 일본인과 어선들이 억류됨에 따라 일본에서는 억류된 일본인과 선박의 빠른 송환을 희망하고 있었기 때문이다.

재일조선인의 북한이송문제 역시 거주지선택의 자유를 내세우고 있으나, 또 다른 측면에서는 당시 재일조선인에 대하여 일본정부가 년간 약 26억엔의 생활보호비를 지급하고 있었기 때문에 이러한 부담을 감소하기 위한 조치라는 견해도 보여지고 있다.16)

한편, 한국내부에서도 야당을 시작으로 금회의 조약은 이라인의 철

---

14) 高崎宗司, 1996 ≪檢證 日韓會談≫ (岩波新書479, 東京) 150~205
15) 姜尙中, 2003 ≪日韓關係の克服≫ (集英社, 東京)
16) 高崎宗司, 1989 ≪위 책≫, 157~179

폐를 시작으로한 대일굴욕외교라고 반대운동이 일어남에 따라, 박정
권은 비상계엄령을 선포하고 대학의 휴교, 군대에 있어 데모의 진압
등의 강경조치와 함께 한일공동의 이익·안전·번영을 위한 국민의
이해와 협력을 구하였다.

한일국교정상화에 따라 한일 양국은 서울과 동경에 대사관을 개설
하고, 한일무역도 확대하게 되었다. 예비교섭을 포함하여 14년의 세
월이 걸린, 1500회에 다다른 지난한 회담과정이 필요했던 것에는 한
국측의 대일불신의 뿌리가 깊었다는 점과 교섭결여와 함께 예상된
일본의 조선반도에의 재침략에 대한 한국인의 경계심이 강하게 남아
있었던 때문이다.

이 시기 한국의 정권에 따른 일본에 대한 인식을 정리한다면, 제1
공화국 이승만정부가 취한 반일정책에 비하여 장면정권에서는 반일
정책에서 탈피하고자 시도한 허정과도정부의 대일정책을 계승, 발전
시키고 있음을 볼 수 있다. 이에 따라 대일외교의 정상화문제와 재일
교포에 대한 관심의 정책화를 포함한 현실적·합리적 한일관계의 구
축을 도모하였다. 이 시기 한국사회에서는 종래의 배일정책에 대한
반동으로 일본붐이 일고 있었는데, 이에 대한 우려로서 또다른 반일
론이 공존하기도 하였다. 그러나 제1공화국의 반일과는 달리 지일적
인 입장이 보다 강화되었다고 평가될 수 있는데, 한일회담에 대한 정
부의 입장 역시 친일 혹은 반민족적인 자세가 아니라 민족정기에 입
각하여 한일 양국 나아가서는 전세계 자유진영에 이바지함을 목적으
로 하고 있다. 여전히 지속되는 반일감정에는 일본이 침략에 대한 진
심어린 사과가 전제되지 않았기 때문임과 동시에 한국전쟁을 통하여
일본의 안전과 한국의 안전이 분리될 수 없음에도 불구하고 일본이
이에 대한 적극적인 공조의 자세를 보이지 않았기 때문이었다. 이러
한 한계에도 불구하고 한국은 경제적 발전이라는 과제를 달성하기
위하여 일본으로부터의 자본과 기술을 유도하기 위한 한일관계의 정

상화가 현실적으로 필요함으로써 일본에 대한 객관적인 인식이 싹트기 시작한 시기라고 할 수 있다.

일본외상의 방문을 통한 유감발언은 한국의 경우, 오히려 국민감정을 악화하는 측면도 지닌 것으로 평가되는데, 일본의 조선침략에 대한 불법성에 대한 인식이 불분명하게 표현되었다고 볼 수 있기 때문이다. 그러나 한편에서는 한국이 과거의 감정에만 사로잡혀서는 안되며, 국교정상화를 추진하되 저자세 외교가 아닌 국가위신과 민족정기를 살리는 방향의 정책에 대한 바람이 자라고 있었다.[17]

통상관계를 볼 때, 이 시기 한국과 일본은 정상적 관계라고 보기는 어려운 상황에 처해 있었는데, 한국이 경제복구시기였다면 일본은 이미 경제적으로 우위를 차지하고 자본의 논리에 따라 한국에 대해 직접·간접적으로 시장을 요구하는 입장이었기 때문이다. 이러한 불균형관계는 한국의 대일의식에 있어 또 다른 경제적 침략에 대한 불안감과 동시에 현실적으로 경제회생을 이루어야한다는 필요성이 불안정하게 자리하면서 한국정부는 일본에 대해 정치·외교적인 압력을 가하면서 국익을 이끌어내어야만 이중적 부담으로 제2공화국 시기동안 일본 자본의 실질적인 진출은 지지부진하였다. 이 시기 한국의 대일인식을 간단히 표현한다면 '선사과 후정상론'으로 대변될 수 있으나, 보편주의적 근대주의입장과 국수주의적 민족주의 인식이 공존함을 볼 수 있다.

한일협정을 전반적으로 평가한다면, 한국과 일본간의 과거사가 완전히 해결되지 않은 채 국교가 정상화됨으로써, 특히 한국인들의 심한 반발을 초래하였다. 즉, 1965년 채결된 한일협정은 양국 국민간의 화해와 정서적 교감이 이루어지지 않은 상태에서 정부간 일방적으로 진행되었기 때문에 근본적인 한계를 지니게 되어, 협정이후 오늘날까

---

17) 池明觀·五十嵐正博·岡田正則·名古道功, 2001 ≪日韓相互理解と戰後補償≫ (日本評論社, 東京)

지 한국과 일본은 과거사 문제가 제기될 때마다 심한 갈등의 양상을
보이고 있으며, 특히 이러한 정서적 이질감은 일본인들보다는 한국인
들에게서 심각하게 표출되고 있었다.

　또한 한일협정은 정치, 경제적 측면에 중점을 둔 한일관계 형성이
었기 때문에, 협정이후 사회교류, 문화교류는 그 수에 있어 미약할 뿐
만 아니라 왜곡된 형태로 진행되었다고 할 수 있다. 공식적으로 허용
되지 않은 사회, 문화교류의 흐름에서 한일관계의 주체는 사업가, 유
학생이 주축을 이루었으며, 심지어 유흥업종사자와 밀수업자 등 음성
적인 활동주체들이 틈새에서 활약함으로써 왜곡된 사회, 문화교류는
서로에 대한 부정적인 이미지를 더욱 강하게 부각시키게 되었다고
하겠다.

Ⅳ. 김대중납치사건을 둘러싼 양국의 상호인식

　북조선과의 우호촉진을 도모하는 일본의 열의는 1973년 8월 동경
호텔에서의 김대중납치 및 1974년 8월의 재일한국인 문세광에 의한
박대통령암살미수로 인하여 한일관계 악화라는 것과는 커다란 대조
를 보이고 있다. 이러한 사건들이 한일관계를 극도로 긴장시키면서
양국 외교관계는 1974년 후반에는 실질적으로 단절되었다고 할 수
있다. 1975년 초반에 들어 양국정부가 간신히 사태를 수습하였으나,
김대중사건은 미해결인 체 남겨져 그 후로도 오랫동안 의혹을 지니
게 되었다.

　김대중사건은 1972년 10월 박정희 대통령이 계엄령을 선포하고 11
월 독재의 영속화를 확실히하는 신헌법을 채택한 시기에 일어났다.
박대통령은 국제환경에 대하여 독자의 인식을 가지고 있었는데, 그것
은 당시 일본이나 한국국민간에 넘치고 있던 행복감과는 별개의 것

이었다. 그에게 있어서 해빙무드는 비현실적인 것이었다. 한국의 정보기관에서는 북한으로부터 침략의 정보들이 유입되면서 정치지도부는 휴전선부근에 대해 극도로 긴장된 상태와 미중대탕트의 강한 한류사이에서 움직일 여지가 없어진 것이다. 만일 동아시아의 국제관계에 생겨나는 공연의 구조변화가 일본에 새로운 도전 및 기회를 부여하게 된다면, 새로운 유동적 환경은 한국에 커다란 위험을 가져오게 될 가능성이 있는 것으로 인식되었던 것이다. 즉, 한국의 정책적인 선택은 전통적으로 그리고 특이할만큼 대미의존과 반공정신에 있어서 커다란 제약을 받게 되는 것이다. 당시 고도의 동원체제로 구성된 북조선의 정치체제는 이러한 변화에도 적응이 가능했으나, 한국의 지도층은 자신들의 행동이 밀착되어있는 동맹국인 일미양국에 대응하는 것 외에는 어느 정도의 개방이 필요한가에 대한 자국 정치체제에 대한 영향을 신중히 계산하지 못하고 있었다. 박대통령은 1971년 12월에 국가비상사태를 선포하고 한국은 중대한 위기에 직면해있다고 천명하였는데, 어쨌든 이것은 당시 주변의 영향에 따른 행동이었다.

이러한 상황 하에서 박대통령에 대하여 몇 사람의 야당 정치가가 1972년 7월 역사적인 남북공동성명이전에 진행되어왔던 남북대화의 방법을 비판하였는데 서울과 평양간의 고관의 왕래에 대해 남북대화의 합헌성이나 합법성에 의문을 제기한 것이다. 1961년 7월 박정희를 지도자로 하는 군사혁명위원회가 제정한 반공법에서는 어떠한 형태의 공산주의자와의 접촉도 범죄로 간주하고 있었던 것이다. 이에 따라 박대통령은 국내적·국제적인 위기에서 국가를 구하기 위해서는 자신들이 절대적인 권력을 확보하지 않으면 안된다는 결의를 한 것이다.

이같은 분위기 하에 1971년 김대중은 대통령선거에 야당의 후보자로 출마하여 539만5천표를 획득, 634만2천표를 획득한 박대통령과는 근소한 차이로 패배하였다. 박대통령이 계엄령을 선포한 당시, 김대

중은 국외에 있었는데, 계엄령선포를 듣고 그는 박대통령의 행동을
맹렬 비난하고, 박대통령에 반대하는 일미양국의 정치가와 지식인을
규합하였다. 이에 대해, 한국 정부는 김대중이 대한민국의 정통성을
공격하기 위해 일본에서 임시정부를 수립하려고 획책하고 있다고 비
난하였다. 또한 한국고관은 김대중이 북조선정권과 결탁하여 일본국
내의 다양한 인물과 접촉하고 있다고 비난하였는데 김대중은 그러한
비난을 강력히 부인하였다.

이러한 일련의 과정 중, 1973년 8월 8일 김대중이 동경의 호텔에서
납치, 배에 실려 서울까지 운송되어 납치 5일 후 서울에서 석방되어
졌다. 후에 일본 경찰은 김대중이 납치된 동경의 호텔에서 한국대사
관의 일등서기관 김동운의 지문을 발견하였다.

이 사건은 커다란 파장을 일으키게 되는데, 일본정부가 당혹감을
가지게 되는 데에는 김대중이 한국인이나, 그가 납치된 곳이 일본영
토내였다는 점으로 이는 명확한 주권침해행위로 인식되었기 때문이
었다. 일본측은 김대중의 반환을 요구하였으나 성공하지 못하였다.
11월에는 한일양국정부가 정치적 결말에 도달하였는데 한국정부는
출국의 권리를 포함한 김대중의 자유를 보장하고 그의 일본체재 중
의 행위에 대해 법적으로 문제삼기 않기로 약속한 것이다. 또한, 일본
정부도 이 문제를 이 이상 추궁하지 않기로 동의하였다.

김대중사건은 일본에 있어서 한국의 이미지를 실추시키는 것에 그
치지 않고, 경이적인 경제성장을 통해 구축되어져온 박정권에 대한
호의적인 이미지를 무너뜨린 계기가 되었다. 이 사건에 의해서 한국
인을 비문명인이라고 여기게 된 다수의 일본인의 강한 반한국적 편
견이 강화되어졌다. 이에 따라 한일의 긴밀한 관계에 반대하고 있던
일본 지식인들의 신념이 강화되어졌으며, 더욱이 이 사건은 일본의
야당과 북조선의 지원을 받고 있던 조총련이 한국정부를 공격하고,
자민당정부를 비난하기 위한 절호의 기회를 제공하였다. 이 사건은

일본국내 한일관계의 반발세력에 힘을 실어주게 되었으며 김대중은 박정권에 의해 억압되는 한국국내의 반대세력의 상징이 되어졌다. 이러한 사건을 통하여 대통령과 한국내의 반대세력 간의 대립이 첨예화되면서 1973년 10월부터 한국의 학생, 기독교 지도자, 신문기자, 그리고 지식인은 정부의 강경한 반대조치에도 불구하고 활발하고 지속적인 반정부운동을 전개하고, 일본의 메스미디어들은 이러한 운동의 전개, 특히 김대중을 둘러싸고 추진되는 상황들에 깊은 주의와 관심을 기울였다. 이 당시 일본의 메스미디어에 의하면 한국의 암울한 이미지와 밝은 색채를 띄는 북조선의 이미지가 큰 대조를 보이는 것을 알 수 있다.

박정권은 한국의 신문에서만 아니라, 일미 유력지와도 투쟁을 벌이게 되었다. 정부에 반항적이라는 이유로 한국의 유력한 신문인 동아일보에는 광고를 실지 못하도록 광고주에게 압력을 가했다. 또한 최대의 발행부수를 지닌 일본의 국내지의 하나인 진보적 신문인 아사히신문은 1974년 2월 한국에서 추방되어졌다. 1972년 9월에는 북조선을 찬양하고 한국을 중상하는 특집을 발행했다는 이유로 일본의 유력지인 요미우리신문의 서울지국도 폐쇄되기에 이르렀다.

V. 문세광사건을 둘러싼 양국의 상호인식

1974년 8월 박대통령은 한국내외 다수의 동의를 얻어 일본에 대한 공격의 기반을 획득하게 되었는데, 일본에 거주하는 한국인 2세 문세광이 광복절 축사를 전하는 박대통령의 암살을 기획한 사건을 통해서이다. 박대통령은 무사했으나 문세광의 탄환으로 영부인 육영수가 살해된 것이다. 한국정부는 일본에 영주하는 문세광이 위조되어진 일본여권으로 한국에 입국하고, 일본인을 위장하여 일본에서 암살을 준

비하고 일본의 오사카 출장소에서 훔친 권총으로 박대통령부인을 살
해했으므로, 문세광의 범행책임은 일본정부에 있다는 주장을 전개하
였다. 그러나 일본의 고관은 문세광의 행동에 대하여 도의적 또는 법
적인 책임을 부인함으로써 한국 측의 분노를 사게 되었다. 일본 측은
문세광은 한국인이고, 한국에서 범죄를 저질렀다고 주장하였으며, 또
한 그는 한국영사가 발행한 비자를 가지고 입국하였으며 공항만이
아니라 범행현장인 국립극장에서도 삼엄한 보안조사를 통과한 점 등
을 근거로 제시하였다.

이 사건에 대해 일본의 신문사설이 자유에 대한 억압이 초래한 자
업자득이라고 박정권을 비난한 것이 서울을 더욱 분노하게 하였다.
또한 북조선의 남에 대한 위협을 최소한으로 축소하면서 한국정부의
한반도에 있어 유일합법성을 부정하였는데 이러한 일련의 행위들이
사태를 더욱 악화시켰다. 이러한 과정 상에서 한국인의 대규모테러대
가 서울 일본대사관에 난입하는 사건이 발생하였는데, 일본측은 이
대사관공격을 한국정부의 암묵적 승인 하에 이루어진 것으로 해석하
였다.

박정권은 일본이 사건에 관하여 사죄하고 한국정부에 대한 일본국
내의 반한작전의 사령부로 보여지는 조총련의 규제를 요구하였다. 일
본정부는 진행된 사건에 대하여서는 유감의 뜻을 표명하고 타나카수
상이 개인적으로 박대통령부인 장례에 출석하였으나 국가적 사죄의
명분이나 이유는 인정하지 않았으며, 조총련에 대해서도 일본의 법률
을 위반하는 한에서만 처리하겠다고 밝혔다. 교섭의 과정에서 국교단
절이 가능성이 논의되었으나 미국의 중재로 다시 양국의 관계는 유
지되면서 일본 정부 자민당 총재가 서울에 파견되어 문서 및 구두로
유감의 뜻을 표명하였다. 문서화된 천명은 일본의 입장을 고집하고
있으나, 구두의 천명은 한국정부가 요구한 것에 가까웠다.[18]

---

18) Lee, Chong-sik, 1985. *Japan and Korea: The Political Dimension* (Stanford: Hoover

Ⅵ. 교과서논쟁 – 일본우익화와 역사의 왜곡

1. 교과서논쟁의 전개과정

일본 역사교과서의 역사왜곡이 국제사회에서 큰 문제로 된 것은 1982년, 1986년 그리고 2001년 모두 세차례였다. 교과서논쟁이라 함은 일본정부의 교과서검정제도를 둘러싼 논의가 국제적인 사건으로 발전된 것을 의미하는데, 검정제도란 일본교과서의 군국주의적인 경향에 대한 보호수단으로 1947년 미군정부에 의해 설치되었으며, 1949년부터 검정교과서가 사용되었다. 1903년부터 1945년까지는 문부성이 단일의 국정교과서를 발행, 교육내용을 완전히 관리하여 왔으나, 검정제도라는 신제도 하에서는 누구라도 교과서를 써서 출판하는 것이 가능하게 되었다. 다만, 문부성이 인정한 것만이 학교에서의 사용이 허용되고, 문부성은 검정을 유보하거나, 인가를 전제로 수정을 요구하거나 권고하는 것이 가능하다.

제도적인 발전에 따라 각각의 고등학교에 인가되어진 교과서를 채택하는 자유가 부여되어 소·중학교의 교과서채택은 지역의 관할구역의 규모가 상이한 '교과서선정지역'의 係官에 위임된다. 이러한 검정제도는 특히 좌익적인 일본교직원조합과 체제지향적인 문부성 간의 장기적으로 진행된 논쟁의 주제로서 대부분의 교과서는 당연 검정제도를 일종의 검열로 인식한 체 대학교수들에 의해 집필되어졌다.

일본의 역사왜곡은 비단 1980년대 들어 시작된 것은 아니며 이미 1950년대 중반 일본내 재군비론 등장을 계기로 우익진영이 당시 교과서의 '침략' 기술을 문제삼아 대대적인 반격을 가했던 이른바 우익의 '제1차 교과서 공격'으로 불리우는 것을 시작으로 반세기가 넘는 역사왜곡이 있어왔다.

다만 국제사회 그 중에서도 한국과 중국 등에서 문제가 되지 않았을 뿐이었다. 1982년의 역사왜곡파동은 세계적인 관심사였는데, 1980년대 이후 아시아국가들에서 일본의 역사왜곡을 비판하는 문제제기가 일기 시작하였기 때문이다. 이는 일본 교과서의 역사왜곡에 대한 대립이 일본내에서 전개되는 것과는 별개로 관련 아시아국가들의 경제적 성장과 진전된 민주화를 바탕으로 일본과의 관계를 새롭게 바라보기 시작하는 입장의 변화에 따른 것이라고 할 수 있다.19)

본고에서는 전후 3차례에 걸친 일본의 교과서 역사왜곡문제를 일본내 우익에 의한 교과서 공격을 중심으로 하여 그 역사적 전개과정을 살펴보도록 하며, 특히 국제적으로 문제화된 제2차 교과서 공격의 전개과정을 상세히 기술하고자 한다.

1) 1950년대 제1차 교과서 공격

일본의 교과서 역사 왜곡은 반세기 이전으로 거슬러 올라갈 수 있는데, 1950년대 중반 일본내 재군비론 등장을 계기로 우익 진영이 당시 교과서의 '침략'기술을 문제삼아 대대적인 반격을 가한 것이 그 시발점으로 이른바 우익의 '제1차 교과서 공격'이다.

전후 일본 교과서의 역사 기술이 처음부터 왜곡된 것은 아니었는데 패전 직후 일본교과서에는 비록 그 내용은 충분하지 않지만 일본군이 난징에서 자행했던 잔학 행위에 대한 기술 등이 있었다. 예를 들어 당시의 한 '고교 일본사'는 "난징 폭행사건을 비롯한 당시 일본군대의 약탈, 폭행은 세계적인 악명을 남겼다"고 기록하고 있다. 우익

---

19) T. W. カン, 2002 ≪日韓同盟 vs 中國 ≫ (ビジネス社, 東京)

의 1차 교과서 공격은 바로 여기서 시작되었다. 일본의 재군비와 자위대 창설을 낳은 1953년의 '이케다－로버트슨'회담이 공격의 구실로 이용되었는데, 재군비 정당화를 위한 사전 정지작업을 위해 우익 정치인들이 당시의 교과서 기술을 문제삼기 시작했던 것이다. 1955년 민주당[20]이 '우려스러운 교과서 문제'라는 책자를 발행, '교과서가 대륙침략사로 점철되었다'고 교과서의 역사 편향 기술에 대한 공격의 본격적인 포문을 연 것이다. 1955년, 56년에 집중적으로 전개되었던 1차 공격의 결과는 교과서 검정 강화로 나타났다. 현재처럼 교과서 검정을 담당하는 문부성 교과서 조사관 제도가 신설된 것이 바로 1956년인 것이다. 이러한 우익의 움직임에 대응하여 소위 일본의 양심세력으로 불리우는 호헌파 진영의 반격이 시작된 것은 60년대 중반으로 이에나가 사부로(도쿄 교육대 교수)가 자신이 집필한 교과서에 대한 문부성의 검정이 부당하다며 문부성에 검정 불합격 처분 취소 등을 요구하는 1, 2차 소송을 1965년과 1967년에 제기하였다. 이에나가 소송을 계기로 교사, 학부모, 시민, 연구자, 문화인, 출판 노조 등을 중심으로 교과서의 역사 왜곡 시정 등을 위한 운동이 전국적으로 전개되면서 1970년 이에나가 교수의 소송이 승소하게 되었다. 이 판결에 의하여 문부성의 교과서 검정에 대한 제동이 걸렸으며, 침략 전쟁 등 일본의 가해 사실이 교과서에 등장하게 되었다.

2) 1980년대 제2차 교과서 공격

이에나가 소송에 의한 교과서 검정 완화에 대한 우익의 반격은 난징 학살 사건 등에 대한 기술이 중·고 교과서에 등장하게 된 1970년대 후반부터 일기 시작하였다. 특히, 교과서 왜곡 논쟁에 대하여 제자

---

20) 당시 자유당과 함께 현재의 자민당으로 통합

리 걸음만하던 보수적인 자민당이 1980년 6월 중참더블선거에서 부활한 후,[21] 1980년부터 1981년 동안 이 문제에 열의를 보였다. 7월 奧野誠법무부대신이 교과서에서 애국심이라는 용어가 사라지고 있는 것은 중대한 문제라고 지적하면서, 시정할 필요가 있음을 언급하였다. 10월에는 국회의 문교위원회에 대하여 사회과학교과서가 좌익적인 편향을 보이고 있다는 불만을 표명하였다. 12월에는 자민당의 문교부회가 교과서문제소위원회를 설치하고 그 후 ≪우려되는 교과서 문제≫라는 백서를 발행하면서 보수주의자들의 행동을 자극하기 시작하였다. 메스미디어에서도 장기간 전전의 국수주의와 동일시되어져왔던 애국심의 의미를 논하는 기사나 서적을 발행하기 시작하면서, 교과서검정관에게 압력을 가하였다.

1981년 문부성은 더욱 적극적으로 현대사회의 교과서는 평화헌법, 자위대, 북방영토, 미국과의 군사관계 등의 문제에 대해 정부의 입장을 보다 반영할 필요가 있음을 감지하면서, 국민의 권리와 복지에 대한 논의는 종전보다 약화시키고, 자본주의에 대한 비판은 사회주의에 대한 비판과 발란스를 유지하는 입장을 보이기 시작하였다. 역사교과서 집필자들에게도 과거의 확장전쟁에 대한 일본의 책임 설명은 은폐하도록 종용하였으며, 1982년 6월 고교 교과서 검정에서는 중국침략이라는 용어를 진출로 대체하도록 지시하였다.

이러한 논쟁은 1982년 6월 26일 공개되기에 이르렀는데, 정부의 검정관이 1983년도판의 고교교과서를 출판하는 업자들에게 1935년부터 1937년에 이르는 일본의 화북으로의 움직임을 침략보다는 진출로 하라고 요청한 것이 보도됨에 따른 것이었다.

이때부터 검정관의 태도나 이데올로기, 더욱이 검정제도에 대한 엄격한 비판이 계속되었다. 메스미디어에서도 狂想曲을 조작적으로 풍

---

21) 자민당은 일반투표에서 그간의 하락선을 역전하고 중의원에 289의석을 획득, 그 결과 보수파의 정치가들에게 자신감을 회복시켜주었다.

자하여 狂騷曲이라고 평가하였으며, 신문, 라디오에서는 비판과 관련한 논설, 평론, 교과서집필자들과의 인터뷰 등이 연일 보도되었다.

일본 국내의 이러한 반향은 당연 중국과 한극의 메스미디어의 주목을 받으면서, 역사를 미화하고 부정하는 일본의 문교관계자들을 비난하는 사설이나 평론이 쇄쇄했는데, 중국에서는 공산당기관지 인민일보가 7월 20일 이 문제에 관한 최초의 사설을 작성했으며, 한국에서는 서울의 주요지가 7월초부터 사설이나 평론을 작성하기 시작했다. 7월 22일 한국 문교부는 이미 5종의 일본교과서의 카피를 검토하고 사실을 왜곡한 부분이 포함되어있는 것을 발견했다고 발표하였으며, 항의에 앞서 10종의 교과서를 입수, 검토하고자 계획하였다. 일본이 침략이라는 단어를 변경했다는 사실은 한국정부에 있어 중대한 문제로 인식되었는데, 왜냐면 한국정부는 장기간 일본에 대하여 한국침략에 관한 회개의 태도를 요구해왔기 때문이다.

일본정부가 문제의 중요성을 인식하고, 철저한 재검토를 약속했다면 이 논쟁은 이러한 단계에 머물고 말았을 것이나, 7월 23일 각료회의의 결과, 일본정부는 강경방침을 채용하기로 결정하였다. 검정과정은 공정히 이루어졌으므로 변경의 필요성은 없다는 입장을 취한 것이었다. 이것만이 아니라 松野幸泰국토청장관은 각의 후 기자단에 한국의 역사서에도 오류가 있다는 의견을 피력하였는데 "예로 한일합병에 대해서도 한국에서는 일본이 침략했다고 하고 있으나, 한국의 당시 국내정세 등에서도 보이듯이 어느 쪽이 바른지는 알 수 없다. 일본에서 이에 대한 보다 정확히 조사와 연구가 필요하다고 생각된다"라고 기술한 것이 보도되었다. 松野는 또한 한국이 일본의 새로운 교과서의 내용을 문제로 삼는 것은 내정간섭이라고 표현함에 따라, 다음날 한국의 각 신문에서는 일본각료의 폭언에 국민분노라는 톱기사의 전단지를 배포하였다. 松野발언은 양극 상호인식의 차이점을 또 한번 확인하게 한 것으로 이러한 일련의 사건들을 통하여 교과서논쟁은 확대되어졌다.

한국정부는 松野발언에 깊은 관심을 표명하면서 일본외무성에 해명을 요구하였으나, 7월 26일에 공식적으로 항의했던 중국정부보다는 진중했다. 한국 정부계의 영자지 코리아헤럴드도 7월 30일 일본의 외무성고관의 역사적 사실에 대한 의견이 실은 오해에 따른 기술임이 확인되었다고 서술하면서 향후 만족할만한 해결책이 모색 될 것이라는 낙관론을 피력하였다. 기실 한국정부는 무엇보다도 이 논쟁이 차관교섭에 미칠 영향을 우려하고 있었던 것이다. 27일에는 한국의 외무부고관이 한국정부는 교과서문제를 차관교섭과는 연관시키지 않겠다는 입장을 공식적으로 보도하였으며, 7월 30일 코리아헤럴드지에도 일본이 9월까지 차관교섭을 마칠 수 있기를 희망한다는 일본관리의 말을 인용하기도 했다.

그러나 7월 30일 일본의 문부성에서 교과서정책에 변경은 없을 것이라는 발표가 있고, 8월 1일 중국정부가 일본에 대한 방중초청을 취소함에 따라 한국정부도 더 이상 미온한 자세를 유지할 수 없는 상황이 전개되었다. 즉, 한국의 전두환정부는 일본의 비협력적인 태도와 중국의 강경한 반응에 무언가 대책을 강구하지 않으면 안되게 되었던 것이다. 이리하여 8월 3일 한국외무부장관은 교과서문제에 관한 신속하고도 구체적인 조치를 강력히 요구한다는 각서를 주한일본대사관에 전달하였다.

일본의 신문이 묘사한 것처럼 수정의 전반적인 취지는 일본이 과거에 저지른 행동의 과오를 아무 것도 아닌 것처럼 축소하여 피하려는 태도와 관련한 것이었다. 교과서 왜곡의 내용은 후에 밝혀진 바와 같이 대부분의 고교교과서 집필자는 검정관의 압력에 효과적으로 저항하여, 원래의 용어를 남겼으나, 그것에 굴복한 소수의 예나 전년도에 교과서를 출판했던 집필자들의 신청분에 대하여 정부의 검정관이 일본의 책임을 경감하기 위하여 교과서의 용어 수정을 기도했던 것이다. 일본의 신문은 또한 1981년이래 사용 중인 모든 중학교교과서에서 침략이라는 단어가 삭제되어졌다는 것도 확인하였다. 검정관은 또한 16세기후반의 토요토미 히데요시의 조선침략의 기술에서도 같은 의미에서 사용된 단어들을 삭제할 것을 지시하였던 것이 확인되었다. 한국정부는 역사상 처음으로 일본과 중국의 메스미디어의 강력한 지원을 받아 당당하게 문제를 제기할 수 있게 된 것이었다.

한국의 이러한 대응으로 인하여 鈴木(스즈키)내각은 곤란한 입장에 처하게 되었다. 즉, 문부성 고관과 자민당 지도자들은 8월 4일 회합을 통해 일본정부는 이같은 압력에 굴복해서는 안된다고 결의했다. 교과서문제소위원회의 위원장을 포함한 자민당 지도부는 문부성이 10년 이상 지속해온 정책을 외부의 압력에 의해 급속히 변경하는 것은 일본 교육행정 전체의 정통성을 부정하는 것이라고 주장했으며, 자민당은 또한 문부성이 한번 외국의 압력에 굴복하게 되면, 일교조 및 그 외로부터의 홍수와 같은 요구가 문부성을 압도하게 될 것이라고 했다.

鈴木내각은 또한, 해외에서의 강력한 반발을 완화하고자 하는 외무성의 조언을 받아들일 수가 없었는데, 이러한 결정이 자신들의 정치적 장래에 악영향을 미칠 것으로 판단되었기 때문이었다. 스즈키는 이미 총재재선의 가능성을 시사해 오면서 9월 후반에 중일국교수립 10주년기념을 축하하기 위해 중국을 방문하기로 계획되어있는 등 정치적 경력을 쌓아오는 중이었는데, 중국과 한국의 요구에 양보를 하게 되면, 연약한 정치가라는 비판을 받고 재선의 미래도 어두워질 것으로 전망되었기 때문이었다. 사실 이 논쟁의 조기해결만이 스즈키수상을 궁지로부터 구출하는 길이었으나, 명백하게 시간이 부족했다. 문부성은 7월 29일과 30일 검정제도에 대한 설명을 통하여 중국과 한국을 달래려고 했으나 성과는 없었으며, 8월 6일 일본정부와 자민당이 이에 대한 설명을 위해 고급사절단을 서울에 파견하려고 하였으나, 거부당하고 말았다. 한편, 중국과 한국에서는 반일감정이 고조되

기 시작하였는데, 한국에서는 과거 일본의 잔혹행위에 관한 장문의
기사를 연재하기도 하고 일본을 비난하는 집회나 성명을 보도하는
등 메스미디어가 대규모의 캠페인을 개최하였다. 통상 일본의 여행자
를 환영하는 택시, 음식점, 기타 업자가 서비스제공을 거부하는 외,
지방에서는 일본상품의 불매운동이 일어났다. 한국정부는 8월 12일
일본에 두 번째 공식적 항의를 하였으며, 또한 8월 12일 대한체육회
는 8월 21일부터 23일에 개최예정이던 한일쥬니어 교류경기회의 연
기결정을 일본측에 통보하였다.

　한국에서의 반일감정은 39회 광복절이 가까워지면서 정점에 달했
다. 8월 15일 광복절 식사를 통해 전두환대통령은 일본의 패전후의
조선분단을 포함한 일본의 조선식민지통치의 영향에 대해 자세히 언
급했다. 독재정권이라고 해도 한국국민내의 격앙된 강력한 감정을 통
제할 수는 없었다. 이에 대해 한국이 신경질, 즉 과민한 반응이라고
언급한 8월 9일 松野장관의 2번째의 언명도 사태 수습에는 도움이 되
지 못했다.

　중국과 한국에서의 용서없는 압력은 북조선, 대만, 동남아시아제국
으로부터 엄중한 비판과 함께 일본국내에 외교당국과 문교당국간의
갈등을 초래하였다. 8월 12일 櫻內외상은 교과서를 수정함에 있어서
외국의 감정을 무마시킬 필요성을 강조하는 공개의 성명을 발표했다.
이 성명의 발표에 앞서 櫻內외상은 스즈키수상 및 관방장관과 회담
하였으나, 관방장관은 성명발표 직후에 외상과 견해가 다르다고 밝히
는 등 미묘한 정치정세를 엿보는 태도를 보였다. 한편, 문부성은 여전
히 정책의 변경은 없다고 주장하였으며, 이에 스즈끼수상은 지적으로
도 도의적으로 어떠한 선택도 하지 않았다. 어떠한 쪽으로 결정하더
라도 불이익을 받을 것이었기 때문에 수상은 쌍방이 상이점을 해소
하고 타협을 달성되는 것을 방관하는 방안을 선택한 것이었다.

　8월 14일 외무성은 정부로부터 부당한 취급을 받은 국가들에게 반

성의 뜻을 표명하고 1년 이내에 교과서를 수정하도록 하는 약속을 제
안하였다. 문부성과 자민당지도자는 이러한 입장에 동의하지 않음으
로써 갈등을 보였으나, 8월 17일 정부와 자민당이 협상에 도달했다.
즉, 3년의 검정기간을 2년으로 단축하도록 하고 2년 후에는 교과서
왜곡 부분을 수정하는 것으로 합의하였다. 문부성과 자민당 문교관계
자는 어떠한 수정도 절대 반대한다는 당초의 태도에서 후퇴한 것이다.

일본과 한국의 지도자는 이 논쟁이 양국관계만이 아니라, 한국의
내정에 미칠 영향에 대하여 우려하고 있었다. 일본의 신문은 한국국
내의 강한 반일감정이 반전두환운동으로 전환하여 그것에 의해 국내
정치체제가 다시 불안정화될 것에 대한 스즈끼수상의 염려를 보도하
였다. 만일 교과서논쟁이 지속되어 이 상태로 9월 신학기를 맞이하게
된다면, 캠페인에 참여하는 한국학생들은 반드시 반일 및 반정부운동
에 불을 지피게 될 것으로 판단되었기 때문이다. 한편, 일본 국내의
대립이 해결되지 않음에 따라, 스즈키수상은 자민당의 교과서문제소
위원회위원장 등 문교부회 부회장의 2인을 서울에 파견하기로 결정
하였으나, 문부성은 8월21일 단계적으로 여전히 3년주기의 검정을 고
집하여왔다.

8월 23일 스즈키수상은 교과서논쟁에 관한 최초의 기자회견을 행
하였는데, 일본이 과거에 많은 국가들에게 피해를 입힌 책임을 인정
하고, 교과서에 반성의 뜻을 반영하도록 하기 위해 가능한 노력할 것
을 약속했다. 스즈키는 이러한 문제의 미해결이 방중이전에 해결되지
않으면 안된다고 강조하면서 수정은 현행의 검정제도의 틀 내에 시
행하지 않으면 안되나, 교과서가 다시 제외국의 비판의 대상이 되지
않도록 할 것을 언급했다. 그러나 수상은 일본이 중국에 침략했다는
것인가 그렇지 않으면 진출했다는 것인가 하는 결정적인 문제에 대
해서는 언급을 회피했다. 이와 관련하여 수상의 견해를 요구하자 수
상은 "전전의 일본국의 행위에 대한 평가는 후세의 역사가의 판단에

맡겨야만 하나, 중국을 포함하여 국제적으로는 침략이라는 엄격한 평가, 비판, 인식이 있다는 것도 사실이며, 이를 정부도 충분히 인식할 필요가 있다"라는 애매한 입장을 취한 것이다.

수상의 발언은 26일 미야자와 기이치 관방장관의 발언에 의해 보완되었다. 장관은 다음의 검정은 1985년에 사용이 개시되어질 교과서에 관하여 2년 후에 행해질 것이라고 발표하면서 1983년 및 1984년의 교과서에 대해서는 문부성이 각지의 교육위원회에 의해 현안문제에 대한 정부의 새로운 입장을 반영하도록 지시할 것이라고 발표하고 이러한 내용은 각서와 함께 한국과 중국에 전달되었다.

한국정부는 교과서 논쟁을 가능하면 빠르게 해결하고자하는 입장이었다. 정부대변인은 수정의 시기가 기대에 어긋난다고 논평하였으나, 일본정부의 그러한 약속은 한국정부와 여론에서 반복되었던 정정 요구에 대한 긍정적인 회답으로 보인다고 발표하였다. 그러나 정부의 이러한 반응에 대해 한국 메스미디어는 격분하였으며, 중국은 조급한 발표를 하지 않았는데, 중국정부는 8월 28일 일본의 8월 26일의 주장에 의견이 있다고 통고하였다. 중국은 일본의 중국침략에 대한 애매한 판단에 대응하지 않으면서 스즈키수상이 일본의 과거의 행동에 대한 판단을 후세의 역사가에 위임한다고 하는 것에 만족하지 않았다. 스즈키가 방중이 취소되는 것을 염려하여 일본의 입장을 설명하는 임무를 북경주재일본대사관에게 위임하였다. 중국이 일본이 주장하는 방중 목적과 필요성을 받아들임으로써 9월 9일 스즈키수상은 중국을 방문하게 되었는데, 이러한 와중에 중국의 방향전환에 자극되어 한국정부는 8월 31일 급히 교과서 정정을 개선하는 요구를 하였으나, 일본의 입장이 변경될 이유는 없었다.22)

---

22) 下條正男, 1999 ≪日韓·歷史克服への道≫ (文昇堂, 東京)

3) 2000년대 제3차 교과서 공격

'새로운 역사교과서를 만드는 모임'을 대표로 한 일본 우익의 제3차 교과서 공격은 1996년 중반부터 본격적으로 개시되었는데, '종군위안부'기술 삭제요구로 시작된 이번 공격에서는 근린제국 조항이라는 국제 공약을 제시할 수 밖에 없었던 교과서 파동 굴복에 대한 반격인 동시에 총공세의 성격을 지니고 있다.

구체적인 경과를 살펴보면, 1993년 8월 고노 요헤이 관방장관이 군대위안부 동원에 대한 일본군의 관여를 인정하는 담화를 발표하면서 이것이 1996년 6월 중학교 역사 교과서에 군위안부 기술로 일제히 등장함에 따라 1997년 1월 군위안부 기술 등의 삭제를 요구하는 '새 역사 교과서를 만드는 모임'이 발족되었다. 2000년 4월 기존 7종 중학교 역사 교과서 및 우익성향의 새로운 역사교과서를 만드는 모임 측의 교과서(후소샤) 등 총 8종의 교과서가 문부과학성에 검정을 신청하면서 8월 이 신청본의 역사 왜곡 문제가 언론에 보도되어 사회적 문제화되기 시작하였다. 이에 9월 한국의 외교부장관이 방일하면서 일본 정부에 이를 신중히 대응하기를 촉구함으로써 12월 일본 문부과학성이 1차 검정의견을 각 출판사에 통보하면서 2001년 2월 8개 출판사에서 문부성 검정 의견에 따른 최종 수정본을 제출하고 후소샤 교과서의 137곳을 수정하였다. 이에 대해 한국에서는 외교부장관이 강력한 유감을 표명하게 되고, 주일대사가 일본 외무성 사무차관에게 우리 정부의 강력한 유감과 국민적 분노를 전달하면서 주일대사를 소환하는 조치를 취하였다. 동년 4월과 5월 한국과 중국에서 일본의 왜곡 부분에 대한 수정요구자료를 전달하면서 7월 및 8월 후소샤 측이 9개 항목의 자체 수정을 발표하였는데, 이 가운데에서 5개 항목은 우리 정부가 수정을 요구한 항목에 해당한다. 일본 고교 교과서의 채택과정이 마감되면서 일본의 아시아 제국 침략을 미화하는 등 황국 사관 중심의 중학교용 '새 역사 교과서를 만드는 모임' 측의 교과서는 0.03%의 낮은 채택률을 보이는 것으로 조사되었다.

2. 교과서논쟁에 대한 양국의 인식

일본의 역사 교과서 왜곡에 대하여 대립하는 두가지 견해는 결국 역사적 이해에 대한 차이에서 출발한다고 할 수 있다. 즉, 역사교과서는 국가의 과거의 고통을 중심으로 해야하는가, 영광을 중심으로 해야하는가, 통치자의 행위를 강조해야하는가, 피통치자의 행위를 강조해야만 하는가, 애국심이나 국가발전에의 공헌의 가치를 가르쳐주어야하는가, 권위에의 저항이나 개인의 권리의 확립의 가치를 가르쳐주어야하는가 등과 관련된 것으로 논쟁은 명백히 정치적인 의미를 지니고 있다.

일교조는 야당을 지지하면서 기존의 정부에 대하여 비판적인 태도를 가르치는 교육에 호의를 가지고, 문부성은 다른 성청과 함께 1948년이래 권력을 쥐고 있는 자민당의 정치적 방침을 따르고 있다. 즉, 일본 역사학계는 보수적 사학자들이 주도적 역할을 하면서 일본 역사교과서는 주로 이들이 집필하고 이와 견해를 같이 하는 관료에 의해 검정되는 특징을 지니고 있다. 이들의 기본적 주장은 일본인의 입장에서 자국의 역사를 생각할 필요가 있다는 것으로 기존의 역사교과서가 일본의 국익을 더 이상 지켜주지 못한다는 입장으로 일본정부의 침략에 대한 사과와 반성을 자학사관이라고 명명하면서 불만을 표현하고 있다. 자민당의 야스쿠니신사 관련단체는 1993년 '역사검토위원회'를 설립하였으며 '종전50주년국회의원연맹'에서도 '도쿄재판에 오염된 역사관'을 타파하고자 하는 등 역사인식에서 우익세력의 발언권이 커져가고 있는 경향을 보이는 것도 사실이다. 일본 보수파는 군부가 행한 것은 범죄라고 볼 수 없으며, 일본의 대륙진출은 대동아공영권을 건설하기 위한 기본적 관념에 입각한 것으로 이에 대해 사죄할 필요가 없다고 주장하고 있다. 국가주의의 부활과 관련하여 일본내 극우세력의 배후에는 일본정부가 주요한 역할을 하고 있는 것이다.

3차례에 걸친 일본 내 우익의 교과서 공격 가운데 특히 1982년 여름 교과서논쟁은 일본, 중국, 한국 그 주변의 아시아제국들의 관계에 커다란 영향을 미친 사건으로 인식된다. 특히 2차 교과서 파동에서는 일본 국내 세력간의 논쟁보다는 한국, 중국 등 역사 당사자들이 앞장서서 우익의 역사 왜곡에 대해 반격한 것이 특징이다. 당시 이로 인해 스즈키수상의 중국방문은 과거 타나카수상이 받았던 일본국 수상으로서의 대우나 환영은 전혀 기대할 수 없었으며, 스즈키수상은 일본의 최고지도자로서 여러 문제를 안고 중국을 방문하였음에도 불구하고, 교과서논쟁은 스즈키에게 무엇보다도 치명적인 문제였던 것이다. 그가 돌연 사임을 표명한 것도 중국으로부터 귀국한 12일 후인 10월 12일이었다.

일본의 역사 교과서 왜곡 논쟁의 또 다른 한 줄기는 저널리즘의 문제로도 확대되었는데, 사실 일본내의 논의는 고교교과서 내에 실제로 침략이라는 용어의 진출로의 수정이 있었는가에 집중되었다. 교과서의 집필자들은 9월 4일 회합을 가지고 1983년도판 교과서의 정오표를 내어줄 것을 요청하였으나, 문부성은 동월 17일 거절하는 정책을 발표하였다. 출판노연은 9월 17일 침략이라는 단어에의 수정의 강요는 국사교과서만이 아니라 현대사회교과서에도 해당되었다고 발표하였는데, 문부성 검정관에게 누군가가 압력을 행사하여 침략이라는 단어가 모두 삭제되었다는 것으로 알려졌다. 그러나 실제 20권의 역사교과서에서 당초 침략이라는 단어를 진출로 변경한 것은 1권도 없었

으며, 4권에서 침입, 침공으로 수정되었을 뿐이었다. 문부성기자클럽
은 실제의 교과서를 세밀히 조사하지 않고 검정관의 주장에 따라(의
해) 침략이 진출로 바뀌었다는 것을 보도하였으며, 이에 10월 18일의
산케이신문의 철회기사에 일본국민들은 커다란 당혹감에 휩싸였다.
'중앙공론', '주간문추', '제군!' 등과 같이 명망있는 인기잡지에서 신
문들의 오보를 보도하면서 그것을 알면서도 정정하지 않은 우편향적
신문을 공격하는 기사가 폭주하였다. 저널리스트와 발행자의 윤리가
추궁되어졌는데, 그러나 실제 평론가가 비난한 것처럼 일본신문들이
실제로 아무것도 아닌 것을 국제적인 파장이 일어날 일로 만든 것은
아니었다. 단어의 변경이 아니라 일본교과서 내에서 일본은 여러 역
사적 사실들을 일본의 잔혹행위를 축소하기 위하여 제외하거나 일본
에게 유리한 편으로 고치고 있던 것이 사실이었기 때문이다. 일본에
존재하고 있는 체제지향적인 역사관이 국내외의 뜨거운 정치적 대립
의 맥락에서 의문시되면서 수정되어야할 필요가 있었던 것이며 이로
인하여 일본 지도자와 대중들은 처음으로 주변인들의 뿌리깊은 반일
감정에 전면적으로 맞부딪힌 경험을 하게 되었다.[23] 이와 동시에 정
치관료와는 달리 일반적인 일본인 내에는 한국·중국 그 외의 나라
들에 격정적으로 깊이 동조하고 있었다.

　요미우리신문에 의한 여론조사를 보면, 50.2%가 "정부는 교과서문
제가 국제적으로 되기 전에 정정했어야만 한다."라는 답변을 하고 있
으며, 69.4%가 "교과서의 수정은 필요하다"라고 동감하고 있다. 적지
만 일시적으로는 많은 일본인이 일본의 역사관은 개선되어야한다는
신문의 주장에 동의하고 있었던 것이다. 교과서 논쟁이 주변 국가들
의 반일 감정을 높이는 것이 일본에 있어서는 유감스러운 일이지만
이같은 현상은 일본의 주변국 인식에 대한 새로운 시각을 제공하는

---

23) 日韓歷史教科書研究會, 1993 ≪教科書を日韓協力で考える≫ (大月書店,
　　東京)

데 있어 지대한 영향을 미친 것으로 평가되는데, 일본이 이 지역을 무대로 하여 적극적인 역할을 하도록 하기 위해서는 먼저 주변에 대한 새로운 이해가 필요하다는 것을 인지하게 된 것이다. 이와 같이 일본 우익에 대항하는 시민단체들은 일본의 또 하나의 의식흐름을 형성하고 있는데, '일본교직원조합'과 같은 왜곡교과서 반대 입장에 선 단체들은 왜곡된 교과서의 채택반대운동을 전개하고 있다. 아사히 신문이 제3차 우익의 공격에 관련하여 작성한 사설을 보면 '새로운 역사교과서를 만드는 모임'의 교과서는 전쟁을 일본에 유리하게 해석하는 등 교실에서 사용하기에 부적절하고 마치 패전 이전의 검정교과서를 방불케한다면서 21세기를 개척할 어린이들을 위해 교육위원회에 일임하지 말고, 현장교사, 학부모, 주민이 관심을 갖고 목소리를 낼 필요성을 강조하고 있다.24)

결국 일본 교과서 역사왜곡문제는 각각 3차례에 걸친 우익진영의 공격과 이에 맞선 일본내 양심세력 및 한국, 중국의 공동 방어로 전개되면서 상호 반격의 연장선상에 있다고 할 수 있다.

Ⅶ. 한일월드컵 공동개최

2002년 개최된 월드컵은 21세기 들어 처음으로 개최된 지구촌 축제로, 유럽과 아메리카 이외의 대륙에서 최초로 월드컵이 개최되었다는 점, 그리고 월드컵 사상 최초로 한국과 일본 두 나라에서 공동개최 되었다는 점에서 그 의미가 각별한 행사였다.25)

지난 1세기간 한일관계는 침략과 저항, 화해와 대립이 반복된 역사

---

24) ≪朝日新聞≫ 2001.4.4
25) 한영주·노영순, 2002 <세계화시대, 동북아지역통합의 조건: 2002년 월드컵 공동개회와 한일교류의 활성화> ≪지역연구≫ 4

로 국민들간의 정서적 간극은 쉽게 좁혀지지 않았던 바, 이는 앞서
지적하였듯이 양국간의 과거사에서 야기된 문제가 여전히 해결되지
않은데 기인하며, 또한 민간차원의 인적, 문화적 교류가 활발하지 않
아, 상호 정서적 이해가 부족한 데에서도 그 원인을 찾을 수 있다. 이
런 관점에서 2002년 월드컵개최는 그 동안 닫혀있던 한일교류, 특히
민간차원의 인적교류와 문화교류의 시발점이 되면서, 한일관계 재정
립을 통하여 역사적 갈등관계가 해소될 수 있는 의미있는 계기로 작
용했다고 평가될 수 있다.

한일 월드컵 공동개회는 1965년 한일국교정상화 이후 한일관계의
일대 전환을 의미한다고 평가될 수 있는데, 2002월드컵 공동개회는
활발한 인적, 문화적 교류를 통하여 가깝고도 먼 이웃에서 미래지향
적 동반자 관계가 될 수 있는 발판을 마련하였으며, 이를 계기로 정
부, 지방자치단체, 그리고 민간에서 한일교류 활성화를 위해 노력하
는 양상들이 보여지고 있는데, 대표적으로는 2002 한일국민교류의 해
가 지정되면서 정부 뿐만 아니라 폭넓은 분야의 국민적 교류사업을
추진하여 양국 국민간의 이해관계를 증진하고 21세기를 향한 파트너
쉽을 구축하는 목적을 설정하고 있다.[26]

월드컵의 추진 주체로 한국측은 외교통상부와 관련 5개 정부부처에
서, 일본측은 외무성이 주축이 되어 5개 정부부처에서 공동으로 참여
하면서 1999년 설립된 한일문화교류회의가 전체 문화교류의 성격과
내용에 관한 구체적인 협의를 진행하였으며, 한국측의 한국국제교류
재단과 일본측의 일한문화교류기금에서 행재정적 지원을 담당하였다.

2002년 한일국민교류의 해 기간 중 한국과 일본에서는 문화, 학술,
스포츠 교류 및 청소년교류, 지역교류 등 다채로운 문화, 인적교류가
전개되었다.

현대사에서 한일관계가 식민지시대의 역사 청산을 둘러싸고, 자국

---

26) 黃順姬, 2003 ≪W杯サッカーの熱狂と遺產≫ (世界思想社, 東京)

의 이익 및 주변국가 간의 관계 속에서 왜곡되어온 가운데에 한일 월드컵공동개최는 비제도적 차원에서, 그리고 비정부적 차원에서 양국 교류의 장을 마련함으로써 상호간에 대한 관심의 확대를 통한 긍정적 인식의 발판을 마련한 것으로 평가할 수 있다. 이후 일본에 있어서는 특히 한국의 문화에 관련한 일반인들의 관심이 확대되면서 메스컴을 비롯한 사회 각 분야에서 한국관련 정보들이 급속히 증가되고 있음을 볼 수 있다. 한일 월드컵 공동개최는 국가간의 관계 및 상호인식이 정치적·경제적 차원에서만 머무는 것이 아니라 문화를 비롯한 비제도적 차원에서의 가능성을 일깨운 사건으로 평가할 수 있으며, 관심에서 출발한 상호인식은 정부차원의 문제들을 해결하는데에도 긍정적인 역할을 할 것으로 기대된다.

Ⅷ. 결 론

한국과 일본은 지정학적 위치라는 조건 그리고 대내외적 변화에 의하여 상호관계개선의 필요성과 상호의존성이 증대함에도 불구하고 쌍방에 대한 부정적 인식이 이를 가로막고 있다. 식민지지배이후 패전에 따른 전후책임문제에서 시작되어, 최근의 교과서문제에 이르기까지 일본의 한국에 대한 인식은 일본인의 약한 가해의식 즉, 가해자이면서도 스스로 피해의식을 가진 시각에서의 접근에 따른 결과라고 해석될 수 있다. 본 고에서는 1945년 이후 한일 상호인식을 분석하기 위하여 역사적으로 양국에 큰 영향을 미친 사건을 중심으로 살펴보았는데, 구체적인 분석대상이 된 역사적 사건들로는 한국전쟁, 한일 국교정상화, 김대중납치사건, 문세광의 박대통령암살기도 그리고 일본 역사교과서문제를 선발하였다. 이러한 역사적으로 영향력있는 사건들을 중심으로 바라본 일본의 한국인식 그리고 부분적으로 다루어진 한국의 일본인식의 분석 결과, 일본과 한국간의 근본적인 인식의 차이는 일본이 침략전쟁에 대하여 사죄, 보상 그리고 역사교육에 그다지 철저하지 않았기 때문에 발생되어져 왔으며, 이로 인해 인접국가와 국민들로부터 여전히 비판을 받고 있음을 확인할 수 있었다. 더하여 1945년 이후 한일간 중요한 사건들을 보면, 대개 상호인식에 부정적인 소재의 사건들이 중심을 이루고 있음을 알 수 있다. 이는 한국의 전제적인 정치체제 및 급속한 발전을 목표로 한 경제적 상황과 이에 상응되는 일본의 조건이 상호 의존적인 부분보다는 오히려 주변강대국의 영향으로 인하여 부정적으로 전개되고 있는 측면과 함께, 일본이 전쟁의 침략성과 가해성을 충분히 인식하지 못하였음에서 그 원인을 찾을 수 있다. 일본이 가해자로서의 반성이 충분하지 못한데는 다음과 같은 몇 가지의 이유를 들 수 있다.[27]

첫째, 15년간의 아시아태평양전쟁이 확대되다가 종전을 맞는 과정이 국민생활의 궁핍화과정이 전시동원체제의 강화과정과 맞물림으로써 일본인은 당시를 통제와 동원만이 이루어진 어두운 시대라는 인식이 지배적이다. 둘째, 당시 전시동원체제를 강화하는 과정은 독자적인 정치세력으로 변신한 군부가 독주하는 과정이었다. 따라서 전후처리과정에서는 육군 특히 군부의 일부 책임자에게만 전쟁책임이 집중적으로 추궁되면서 일본인 사이에 책임의식의 분리, 괴리현상이 발생될 여지가 생겨난 것이다. 셋째, 일본인들은 미국의 거대한 군사력, 특히 원자폭탄 때문에 일본의 전력이 파괴되고 전쟁이 끝났다고 생각하고 있으며, 아시아 여러 민족의 다양한 저항이나 중국의 항일전쟁이 일본의 패망요인이라고 생각하지 않는다는 것이다. 넷째, 일본은 15년간의 전쟁이 끝남과 동시에 한국과 대만 등 모든 식민지를 잃게 됨으로써 식민지청산이 심각한 문제로 자각되지 않는다는 점이다.

---

27) 신주백, 2002 <남북한·일·중·대만의 역사교과서속에 표현된 '전후 실상'과 역사교육> ≪한일민족문제연구≫ 89~97

다음으로 유럽에서는 전후처리가 연합국에 의해 이루어진 것에 반해 일본은 미국의 단독적 판단에 의해 냉전질서에 일본을 편입하기 위한 필요성으로 철저한 전범처리가 이루어지지 않았을 뿐만 아니라 아시아 피해국들의 국제적 지위가 상대적으로 매우 낮았다는 것도 미국의 상대적 우위에 철저히 무시당한 측면이 있다.28)

다음으로 일본국민이 경험한 전쟁양상이라는 것이 전선과 멀리 떨어진 본토에 거주함으로써 전쟁의 참상을 직접 체험할 기회가 제한되었으며, 이에 반해 원폭의 피해는 일본인들로 하여금 가해의식보다는 피해의식을 지니게 하는데 커다란 원인이 되었다.

이러한 다양한 이유들로 1945년 이후 일본의 한국인식은 사실을 객관적으로 바라보기 보다는 일본의 편의에 입각한 접근이 이루어진 것이 사실이다. 특히 불철저한 전범처리과정에서 풀려난 전범들이 다시 정치권력을 장악하게 됨으로써 일본의 우익화나 보수화로 한국과의 관계를 바라보는 일본의 공식적인 정부의 한국에 대한 인식 역시 합리적이고 이성적이기에는 한계를 가지고 있다.

그러나 이런 한편, 1945년 이후 한국과 일본사이의 커다란 역사적 사건에 대응하는 메스미디어나 일본의 지식층 그리고 일반국민들의 한국에 대한 의식은 부정적이지만은 않다. 일부의 지식층을 중심으로는 자국의 침략행위에 대한 반성과 주변 피해국에 대한 사죄를 역사연구 중심으로 실천하면서 한국에 대한 인식들을 긍정적으로 확대하려는 노력들을 기울이고 있다. 메스미디어의 경우에도, 여론을 선도하면서 진실을 밝혀내고 정부의 정책이나 방향에 대해 비판하는 기능을 수행하는 모습을 찾아볼 수 있다.

일반국민의 경우, 사실 한국에 대한 인식을 보면, 정부가 조사한 여론조사 결과 쇼와 53년부터 헤이세이 14년까지 미국에 대한 친밀도가 70%에서 80%사이를 안정적으로 매년 오가는데 비하여 한국에 대

---

28) 김호섭, 1992 <냉전종결과 한일관계> ≪국제정치논총≫ 32-2

한 친밀도는 매년 조사 결과가 매우 불안정적이며 친밀감도 30%에서 55%까지의 구간에서 심한 편차를 보이고 있으며 친밀함을 느끼는 정도와 그렇지 않은 정도를 전체적으로 볼 때에는 친밀하지 않음이 조사 전년도에 걸쳐 우위로 나타나고 있으나, 최근 90년도 후반부터는 친밀도가 친밀하지 않음을 지속적으로 상회하는 결과를 보이고 있다.29) 이러한 선호의 결과를 볼 때에도 사실 한국에 대한 일본의 일반 국민 인식의 수준은 지정학적 근접성을 감안할 때 전반적으로는 그다지 높다고 하기 어려우나, 최근 활발해지는 비정치부문의 교류들을 통해 일본의 한국인식이 긍정적으로 확산되는 것을 기대해볼 수 있다.30) 또한 시민사회를 지향하는 양국의 시민운동단체들의 다양한 접촉과 상호이해증진을 위한 교류 역시 활성화되고 있음을 볼 때, 탈냉전 이후 한일관계를 규정할 한일 양국의 상호인식이 과거의 제약을 극복할 가능성 및 그에 대한 제한적이나마 노력들이 보여지고 있다.

다만 현재 제기되고 있는 한일간의 현안인 식민지지배의 사과와 과거청산문제, 일북한 국교정상화 교섭에 관련한 문제, 일본의 군국주의화 가능성에 대한 문제, 양국간의 경제부문과 관련한 한국의 대일무역 역조 문제와 산업기술 협력31)에 대한 문제 등에 대한 해결이 전제되지 않고서는 한일 양국의 건전하고 이성적인 관계를 형성하는 데는 한계가 있을 것이다. 이러한 문제를 해결하기 위해서는 양국간에 형성된 역사적 상호불신감이 해소될 수 있도록 공히 노력해야 할 것이나 이는 매우 시간을 요하는 작업으로서 양국은 현실적으로 사안별로 상호 교류의 증진이 상호이익의 확대에 기여함을 이해하면서 서로의 입장을 수용하고자 하는 노력이 필요할 것이다.

---

29) 內閣府, 2003 ≪月刊世論調査≫ 6, 5~21
30) 金龍瑞, 1995 ≪日韓關係の再構築とアジア≫ (九州大學出版會, 九州)
31) 김영춘, 1992 <현실과 전망: 미야자와 방한과 한일관계 현안들> ≪사회평론≫ 3, 16~21

ABSTRACT

Japan's Perception of Korea After 1945

Jang, Eun-joo

In the modern era, along with Japan's invasion of Korea and their unequal relationships in the past, mutually negative perspectives between the two nations have become intensified. In examining the current relationship between these countries, this paper, for analysis, chose six historical events that have impacted their relations since the defeat of Japan in 1945. This encompasses the Korean War, negotiations for the normalization of diplomatic relations in 1965, the abduction of Kim Dae-jung in 1973, the Mun Se-gwang Incident in 1974, the controversy over the Japanese government's authorization of revisionist textbooks, and the co-sponsorship of an international sporting event, the Korea-Japan World Cup of 2002.

After 1945, the self-perception of the Japanese position in Korea was that of both as an assailant and a victim. Also, despite the end of colonial rule by 1945, the relationship between Korea and Japan was still in flux because of an inability to settle issues of colonial historiography due to various problems, both international and domestic. This distorted their relationship and severed consciousness between the two countries.

Recently, in both Japan and Korea, various civic organizations have been promoting civil society and cultural exchanges to promote mutual understanding. This kind of movement can be considered as an attempt to overcome past animosity and limitations in the development of a conscious "mutual cooperation and tension." Yet, problems between both countries encompass Japan's lack of apology for colonial rule, issues of settling past history, issues of diplomatic negotiations between North Korea and Japan, the possibility of Japanese remilitarization, and adverse trade relations and competition in industry and technology. Even though cooperation to resolve mutual distrust is a given, it is also a lengthy process. Both countries need to understand that increasing these mutual exchanges will contribute to the development of an understanding and acceptance of each other's situations.

Keywords : Mutual Perception, Negotiations for the Normalization of Diplomatic Relations, the Abduction of Kim Dae-jung, History Textbook Controversy, Distortion of History

한일기본조약 및 청구권협정의
내용과 성격

-법적 관점에서의 접근-

김 창 록*

Ⅰ. 머리말

1910년부터 1945년까지 이어진 일제의 한반도 강점이라고 하는 과거에 대한 청산은, 강점이 끝난 지 60년이 가까워오는 지금도 여전히 해결되지 않은 과제로 남아 있다. 21세기의 초두인 2003년의 시점에도, 한편에서는, 당시의 한국인들이 "총의로 일본을 선택했다"라고 하는 '망언'이 공공연히 거듭되고 있고,[1] 다른 한편에서는, 한국 정부의 무위에 지친 한국인 피해자들이 국적포기라고 하는 '절규'를 쏟아

---

* 건국대학교 법과대학 교수

1) <石原都知事 : 日韓併合發言 '總意で' 識者は否定> ≪毎日新聞≫ (인터넷판) 2003.11.4

내고 있다.[2] 한일간의 과거청산은 '망언'과 '절규' 속에서 여전히 현재진행형의 과제로 남아 있는 것이다.

　물론 청산이 시도된 적이 없는 것은 아니다. 1965년 한일 양국은, 14년간에 걸친 회담을 거듭한 끝에, "양국 국민 관계의 역사적 배경과, 선린 관계와 주권 상호 존중의 원칙에 입각한 양국 관계의 정상화에 대한 상호 희망을 고려"하여 <기본조약>(=<대한민국과 일본국간의 기본관계에 관한 조약>)을 체결하고, "양국 및 양국 국민의 재산과 양국 및 양국 국민간의 청구권에 관한 문제를 해결할 것을 희망"하여 <청구권협정>(=<대한민국과 일본국간의 재산 및 청구권에 관한 문제의 경제협력에 관한 협정>)을 체결했다. 하지만, 그럼에도 불구하고 한일간의 역사인식과 피해자 구제에 관한 논란은 끊임없이 이어지고 있다. 이것은 곧 1965년의 청산 시도가 충분하지 못했다는 것을 의미하는 것에 다름아니다.

　그렇다면 무엇이 문제인가? 핵심적인 쟁점은 두 가지이다. 하나는 <기본조약> 제2조와 관련된 1900년대 초 한일간 조약들의 효력의 문제이며, 다른 하나는 <청구권협정> 제2조 및 제3조와 관련된 개인의 권리의 문제이다. 이 글에서는, 이 두 가지 쟁점이 구체적으로 어떤 내용을 가지고 있으며, 그에 관해 어떤 상황이 전개되어 왔으며, 그 상황이 의미하는 것은 무엇인지를 살펴봄으로써, 한일간 과거청산의 현재를 점검해 보고, 그 점검에 기초하여, 한일간 과거청산이라는 과제의 해결을 위해 지금 무엇을 해야 할 것인지를 짚어 보기로 한다.

---

2) <태평양전쟁 희생자들 "집단 국적포기> (2003.7.31) ; <우린 이미 나라로부터 국적포기 당했다>−8·15 광복절 앞두고 국적 포기 선언한 태평양전쟁 피해자들> (2003.8.1) ; <백성취급도 안하더니 국적포기도 막나> (2003.8.12) ; <일제 강제연행피해자, "국가가 먼저 우리를 버렸다" − 집단 국적포기, 무능한 한국정부와 국회에 항의 뜻 담겨> (2003.8.13) ; <태평양전쟁 피해자, 유엔에 국적포기서 제출 − "정부와 국회에 대한 모든 기대를 버렸다"> (2003.10.13), ≪OhmyNews≫ (http://www.ohmynews.com/)

Ⅱ. 1900년대 초 한일간 조약들의 효력

1. 문제의 소재

1904년부터 1910년까지의 한일간 조약들3)(이하 '조약들'로 줄여 씀)이 불법적인 강박에 의해 강요된 것인가 아니면 합법적인 절차에 따라 합의된 것인가라는 문제와 관련하여, <기본조약>은, 그 제2조 에서 "1910년 8월 22일 및 그 이전에 대한제국과 대일본제국간에 체 결된 모든 조약 및 협정"이 "already null and void"임을 확인했다.4)

그런데 이 조문에 관한 양국의 해석은 조약 체결 때부터 선명하게 대립되었다. 한국측은, "해당되는 조약 및 협정에 관하여는 1910년 8 월 22일의 소위 한·일합병조약과 그 이전에 대한제국과 일본제국간 에 체결된 모든 조약 협정 의정서 등 명칭여하를 불문하고 국가간 합 의문서는 모두 무효이며 또한 정부간 체결된 것이건 황제간 체결된 것이건 무효이다. 무효의 시기에 관하여는 '무효'라는 용어 자체가 별 단의 표현이 부대되지 않는 한 원칙적으로 '당초부터' 효력이 발생되 지 않는 것이며 '이미'라고 강조되어 있는 이상 소급해서 무효(Null and Void)이다"5)라고 해석했다. 이러한 해석의 근거는 그 조약들이

---

3) 구체적으로는 1904년 2월 23일의 <의정서>, 1904년 8월 22일의 <협정 서>, 1905년 11월 17일의 이른바 <을사조약>, 1907년 7월 24일의 <한 일협약>, 1910년 8월 22일의 이른바 <합병조약>이 이에 해당한다.

4) "already null and void"는 영어 조약문에 나오는 문구이다. 이 문구의 해석 에서 한국측과 일본측이 각각 "이미 무효"와 "이제는 무효(もはや無效)" 로 갈리며, 그것이 본문의 아래 부분에서 제시되는 해석의 차이로 이어 지고 있다. 그러한 점을 고려하여 여기에서는 영문을 제시한다. 한국어 및 영어 조약문은 http://www.mofat.go.kr/main/top.html — 조약·국제법 — 대한민국 양자조약 정보 참조. 일어 조약문은 http://list.room.ne.jp/~ lawtext/1965T025.html 참조.

"과거 일본의 침략주의의 소산"[6]이라는 것이었다. 이에 대해 일본측
은 "'이제는 무효'라고 하는 것은, 현재의 시점에서 이미 무효가 되어
있다고 하는 객관적인 사실을 서술한 것에 지나지 않는다. … 또한,
무효가 된 시기에 관해서는, 병합조약 이전의 조약들은 각각의 조약
에 규정된 조건의 성취 또는 병합조약의 발효와 함께 실효했고, 병합
조약은 한국의 독립이 이루어진 시기 즉 1948년 8월 15일에 실효했
다"[7]라고 해석했다. 이러한 해석의 근거는 "정당한 절차를 거쳐 체결
되었다"[8]라는 것, 다시 말해 "대등한 입장에서 또 자유의사에 따라
이 조약이 체결되었다"[9]라는 것이었다. 그리고 강박에 의해 체결되었
기 때문에 무효라는 주장에 대해서는 "국력을 배경으로 해서 강한 설
득을 해도, 그것에 의해 조약의 효력에 영향이 있는 것은 아니다"[10]
라고 반박했다.

이러한 해석의 대립은, 사실은 당시의 양국 정부가 이 문제를 얼버
무리기 위해, 각기 다른 해석을 하리라는 것을 서로 충분히 인식한
가운데, "already"라는 애매한 용어를 의식적으로 사용하기로 '담합'한
결과이다.[11] 그리고 그 대립은 기본적으로는 지금 이 순간까지 이어

---

5) 대한민국정부, 1965 ≪한일회담백서≫, 19
6) 1965년 8월 8일, 한일간 조약과 제협정비준동의안 심사특별위원회에서
   의 이동원 외무부장관의 발언. 高麗大學校 亞細亞問題硏究所 日本硏究
   室編, 1976 ≪韓日關係資料集＜第一輯＞≫－高麗大學校出版部－, 252
7) 谷田正躬他編, 1966 ≪日韓條約と國內法の解説≫ (≪時の法令≫別冊)
   (大藏省印刷局) 14
8) ≪위 책≫, 14
9)) 1965년 11월 5일, 일본 중의원 日韓特別委員會에서의 사토오(佐藤榮作)
   총리의 발언. 1965.11.5 ≪第五十回國會衆議院日本國と大韓民國との間
   の條約及び協定等に關する特別委員會議錄第十號≫, 2
10) 1965년 12월 3일, 일본 참의원 日韓特別委員會에서의 후지사키(藤崎萬
    里) 조약국장의 발언. 1965.12.3 ≪第五十回國會參議院日韓條約等特別委
    員會會議錄第九號≫, 32
11) 이 '담합'은, 보다 정확하게는, 당시 본격화되어 가던 냉전체제 속에서

지고 있으므로, 양국 정부의 '담합'은 현재진행형인 셈이다. 하지만, 말할 것도 없이, 1910년부터 1945년까지 35년간에 걸친 일제의 한반도 지배가 유효한 조약에 근거한 것이었는가 아닌가라는 문제, 다시 말해 그것이 합법적인 지배였는가 아니면 불법적인 강점이었는가라는 문제는, "양국이 과거의 불행한 역사를 극복하고 화해와 선린우호 협력에 입각한 미래지향적인 관계를 발전시키기 위하여 서로 노력하는 것이 시대적 요청"[12]인 지금, 하루빨리 해결되지 않으면 안될 '기본'문제이다. 그런 의미에서 그것은 한일간의 '현안'인 것이다.

또한 그 문제는 북일간의 현안이기도 하다. 1991년 1월에 개시되어 2000년 10월말까지 11차에 걸친 본회담을 진행한 북일 관계정상화 교섭의 최대의 쟁점이며, 그 결과 협상타결의 최대의 걸림돌이 되고 있는 것이, 다름아닌 조약들의 '불법성' 문제이다. 1992년 11월에 결렬되어 2000년 4월에 재개될 때까지 7년반이라는 장기간에 걸쳐 교섭이 교착상태에 빠지게 된 중요한 원인이, 북한측은 1905년조약이 체결 당초부터 무효이며 그것에 기초하여 체결된 1907년 및 1910년 조약도 당연히 무효라고 주장한 데 대해, 일본측은 조약의 합법성을 주장하여 대립한 것이었다. 이후 지금까지 이어지는 북한측의 '식민

일본을 중심축으로 하고 한국을 포섭하여 동아시아에서의 대사회주의권 방파제를 구축하고자 했던 미국, 한편으로 과거의 잘못은 극력 부인하면서 다른 한편으로 미국의 반공정책에 편승하여 한국에 대한 경제적 진출을 꾀하고 있던 일본, 그리고 쿠데타로 정권을 잡은 까닭에 부족했던 정당성을 보완하기 위해 사활을 걸고 매달린 경제개발에 필요한 자금을 일본으로부터 끌어들이려고 했던 박정희 정권, 이 3자의 이해가 결합된 결과 도출된 것이었다. 이에 관해서는 石本泰雄, 1965.12 <日韓條約への重大な疑問-その法的構造を檢討する-> ≪世界≫ ; 이원덕, 1996 ≪한일과거사 처리의 원점≫ (서울대학교출판부 ; 高崎宗司, 1996 ≪檢證 日韓會談≫ (岩波書店) 참조.

12) <21세기의 새로운 한·일 파트너쉽 공동선언> (1998.10.8.), http://www. mofat.go.kr/main/top.html-지역국별관계-아태지역-관련자료

지 지배에 대한 사죄와 배상' 요구와 일본측의 '경제협력'방식의 해
결 사이의 대립은,13) 다름아닌 조약들의 '불법성'을 둘러싼 견해의 대
립에 기인하는 것이다. 따라서 조약들의 '불법성'의 문제는 북일간의
관계'정상화'를 위해 해결되지 않으면 안될 긴급한 '현안'인 것이
다.14)

2. '불법성'의 근거

조약들의 '불법성'에 관한 기존의 연구들에 의해, 당시 국제사회에
는, 강박에 의한 조약의 법적 효력에 관해, 국가에 대해 강박이 가해
진 경우에는 조약의 효력에 영향이 없지만, 국가의 대표자에 대해 강
박이 가해진 경우에는 조약은 당연히 무효가 된다는 국제관습법이
성립되어 있었다라는 사실이 밝혀졌다.15) 그리고 전자의 경우에는,
正戰論의 입장에서, 무력과 협박을 가한 당사국에게 '불법행위에 대
한 구제' 혹은 '권리보장'의 입증이 요구되었지만, 후자의 경우에는,
조약은 진정한 동의 없이는 구속력을 결여한다라는 입장에서, 폭력이
나 강박의 존재의 증명만이 요구되었다라는 사실도 밝혀졌다.16)
이러한 당시의 국제법에 비추어 볼 때, 1905년 조약은 당연히 무효
라고 하지 않으면 안된다. 우선 그것을 국가에 대한 강박의 관점에서

---

13) ≪한겨레≫ 2000.10.18, <[북일회담]북일 수교 교섭 30-31일 베이징서 개
    최>
14) 북일 관계정상화 교섭과 조약들의 '불법성' 문제의 관계에 관한 보다 상
    세한 분석은 김창록, 2001.5 <한일협정은 조일협정을 제약할 수 없다>
    ≪민족 21≫ 참조.
15) 坂元茂樹, 1995.1 <日韓保護條約の效力-强制による條約の觀點から->
    ≪法學論集≫-關西大學- 44卷 4·5合號 참조.
16) 笹川紀勝, 1999 .7 <日韓における法的な≪對話≫をめざして> ≪世界≫
    참조.

접근하는 것은 불가능하다. 당시의 일제에게는 대한제국과의 관계에서 구제받아야 할 불법행위도 보장받아야 할 권리도 없었기 때문이다.

따라서 문제는 국가의 대표자에 대한 강박인데, 이에 대해서는 강박이 있었다는 것을 증명해 주는 다수의 사실이 밝혀져 있다. 한국의 대신들에 대한 일제 헌병과 경찰의 감시나 이토오 히로부미(伊藤博文) 등의 위압적인 태도도 그에 해당하지만,[17] 가장 대표적인 것은 다음 두가지이다. 즉 1905년 11월 15일 이토오가 조약의 초안을 한국 황제에게 제시하면서, "(이 안은) 결코 움직일 수 없는 제국 정부의 확정된 방침이므로 금일 중요한 것은 단지 폐하의 결심 여하이다. 이것을 승낙하든지 혹은 거부하든지 마음대로지만, 만약 거부하면 제국 정부는 이미 결심한 바 있다. 그 결과는 과연 어떻게 될 것인가. 생각컨대 귀국의 지위는 이 조약을 체결하는 것 이상으로 곤란한 처지에 처하게 될 것이며, 한층 불이익한 결과를 각오하지 않으면 안될 것이다"라고 한 것[18]과, 11월 17일의 회의에서 이토오의 강박에도 불구하고 마지막까지 반대한 한규설 참정대신이 별실로 끌려 나갈 때, "이토오 候는 다른 사람들을 염두에 두고 '계속 떼를 쓰면 죽여 버려'라고 큰 소리로 말했다. 그런데 마침내 황제의 재가가 나서 조인의 단계가 되어도 참정대신은 여전히 모습을 보이지 않았다. 그 때 누군가가 이것을 의아해하자 이토오 후는 중얼거리듯이 '죽여 버렸겠지'라고 시치미를 뗐다. 列席한 각료 중에는 일본어를 이해하는 자가 두세 명 있어서 이 말을 듣고는 곧 그 옆사람에게 다시 그 옆사람에게 이 일을 전하여 조인은 어려움 없이 일사천리로 끝나 버렸다"라고 하는 것[19]이 그것이다.

---

17) 이에 관해서는 윤병석, 1995 <"을사5조약"의 신고찰>, 이태진 편저, ≪일본의 대한제국 강점≫ (까치) 참조.

18) 1964 <伊藤大使內謁見始末>, 神川彦松監修/金正明編, ≪日韓外交資料集成≫ 六卷上 (巖南堂書店) 25

19) 西四辻公堯, 1930 ≪韓末外交秘話≫, 47~48. 이 자료는 칸사이(關西)대학

위와 같은 사실들은 1905년 조약의 체결과정에서 대한제국의 대표 자에 대해 강박이 가해져, 그 조약이 진정한 동의 없이 체결되었다는 것을 입증해 준다. 따라서 1905년 조약은 당시의 국제법에 따라 당연 히 무효라고 하지 않으면 안된다. 그리고 1905년 조약이 무효이므로, 그 논리적 연장선상에 위치하는 1907년 및 1910년 조약 역시 무효라 고 하지 않으면 안되는 것이다.

뿐만아니라, 강박에 의해 체결되었기 때문에 무효라고 하는 논증은 1910년 조약 자체와 관련해서도 가능하다. 그간 1905년 조약의 체결 과 관련된 강박의 사실이 주로 주목되어 왔으나, 최근 일련의 연구에 의해 1910년 조약 또한 강박에 의해 체결되었다는 것을 입증해 주는 사실들이 새롭게 발견되었다.

첫째, 대한제국의 마지막 황제인 순종이 1926년 4월 26일 숨지기 직전에, 자신의 곁을 지키고 있던 궁내대신 조정구에게 구술하여, 강 박을 당했음을 명확하게 밝힌 아래와 같은 遺詔를 남겼다. 즉, "一命 을 겨우 보존한 짐은 / 병합 인준의 사건을 파기하기 위하여 조칙하 노니 / 지난 날의 병합 인준은 强隣이 / 역신의 무리와 더불어 / 제멋 대로 해서 제멋대로 선포한 것이요 다 나의 한 바가 아니라. / 오직 나를 유폐하고 나를 脅制하여 / 나로 하여금 명백히 말을 할 수 없게 한 것으로 내가 한 것이 아니니 / 고금에 어찌 이런 도리가 있으리요. / 나 ― 구차히 살며 죽지 못한 지가 지금에 17년이라, / 宗社의 죄인 이 되고 2천만 生民의 죄인이 되었으니, / 한 목숨이 꺼지지 않는 한 잠시도 이를 잊을 수 없는지라. / 幽囚에 困하여 말할 자유가 없이 금 일에까지 이르렀으니 / 지금 한 병이 沈重하니 일언을 하지 않고 죽

의 사카모토 시게키(坂元茂樹)교수로부터 구했다. 이 자리를 빌어 사카모 토 교수에게 감사드린다. 다만 이 자료와 관련해서는 그 사료적 가치를 높이 평가하지 않는 견해도 있다. 이에 관해서는 海野福壽, 1999 <日本 の韓國≪保護≫から倂合へ> ≪明治大學人文科學研究所紀要≫ 45, 48 참조.

으면 / 짐이 죽어서도 눈을 감지 못하리라. / 지금 나 — 경에게 위탁하노니 경은 이 조칙을 中外에 선포하여 / 내가 最愛最敬하는 백성으로 하여금 병합이 내가 한 것이 아닌 것을 / 曉然히 알게 하면 이전의 소위 병합 인준과 讓國의 조칙은 / 스스로 파기에 돌아가고 말 것이리라. / 여러분들이여 노력하여 광복하라. / 짐의 혼백이 冥冥한 가운데 여러분을 도우리라. / 조정구에게 조칙을 나리우심(詔付)"[20]이라는 것이 그것이다.

둘째, 당시의 일본인들이 스스로 강박을 가했다는 사실을 인정하는 기록을 남겼다. 1910년 조약 체결시의 한국통감으로서 조약문에 서명한 테라우찌 마사타케(寺內正毅)는, 조선총독의 자격으로 조약체결에 관해 작성한 보고문인 ≪조선총독보고한국병합시말≫의 부록 <한국병합과 군사상의 관계>에서, "군대, 경찰의 위력과 끊임없는 경비가 간접적으로 다대한 효력을 나타냈다는 것 역시 다툴 수 없는 사실이라 하겠다"[21]라고 밝혔다. 그리고 당시 용산에 주둔했던 기병연대의 대위 요시다(吉田源治郎)는 ≪일한병합시말≫이라는 책에서 "원래 기병연대를 용산에 초치한 이유는 병합을 위해 위력을 필요로 한다는 것을 예기한 때문인 것은 명백하다. 그리고 그 목적을 위해 기병은 실로 적당한 兵種이었다. 왜냐하면 미개한 인민을 鎭撫하기 위해서는 실력을 가지는 보병보다도 오히려 외관상 위엄을 갖춘 기병을 필요로 하기 때문이다"[22]라고 밝혔다.

위와같은 사실들은 1910년 조약의 체결과 관련하여, 일제가 군대와 경찰을 동원하여 강박하였으며, 그 강박이 대한제국의 조약체결권자인 황제에게까지 미쳤다는 것을 입증해 준다고 할 것이다. 따라서

---

20) ≪新韓民報≫ 1926.7.8. 이태진, 1999.12 <약식조약으로 어떻게 국권을 이양하는가?> ≪전통과 현대≫ 10, 298~299에서 재인용.
21) 李鍾學編著, 2000 ≪1910年韓國强占資料集≫ (史芸研究所) 40
22) 1911 ≪日韓倂合始末≫ 1. 이 자료는 사운연구소 이종학 소장으로부터 구했다. 이 자리를 빌어 이 소장에게 감사드린다.

1910년 조약은, 1905년 조약의 유무효와 관련없이, 그 자체가 당시의 국제법에 따라 당연히 무효라고 하지 않으면 안되는 것이다.

또한 서울대학교 이태진 교수의 일련의 연구23)에 의해 조약들은 그 체결과정에서의 절차상의 하자 때문에도 효력을 인정할 수 없다는 것이 밝혀졌다. 이태진 교수의 일련의 연구는, 조약들과 관련한 전권위임의 임명이나 비준 과정에 심각한 절차상의 하자를 있었으며, 게다가 그 하자가 러일전쟁 이전의 한일간의 조약들과 당대의 세계 각국의 조약들의 예에 비추어 보더라도 "파격"이라는 사실을 제시해 주고 있다. 이러한 절차상의 하자는, 그것이 강박과 그에 대한 저항의 산물이라고 할 수 있다는 점에서 강박의 존재에 대한 증명을 보강하는 것일 뿐만아니라, 그 자체가 조약의 '불법성'을 입증하는 중요한 논거가 될 수 있다는 점에서 크게 주목되어야 할 것이다.

3. '늑대의 국제법' vs '양들의 국제법'

위에서 살펴 본 것처럼, 조약들은 당시의 제국주의국가들에 의해 형성되고 운용된 '늑대의 국제법'에 비추어 볼 때도 무효이다. 다만 이에 대해서는 최근 다음과 같은 반론이 제기되고 있다. 즉, 조약을 무효로 만드는 강박을, "교섭당사자, 체결자 개인에 대한, 신체에 대한 강박 혹은 위하"24) 또는 "국가대표자에 대해 과거의 비리를 폭로한다든가 권총을 들이대는 등의 협박"25)으로 극히 좁게 해석하여, 그

---

23) 이태진 편저, 주 17) ; 李泰鎭, 1995 <일본의 대한제국 國權 침탈과 조약 강제> ≪한국사시민강좌≫ 19 (일조각) ; 같은 이, 1999.9 <한국침략 관련 협정들만 격식을 어겼다> ≪전통과 현대≫ 9 ; 같은 이, 주 20).

24) 1995년 10월 13일, 일본 중의원 예산위원회에서의 하야시(林暘) 조약국 장의 발언. ≪第百三十四回國會衆議院豫算委員會議錄第四號≫, 1995. 10.13, 15

러한 의미에서의 강박은 없었으니까 무효가 아니다라고 하는 주장이 그것이다.

이러한 주장은, 그동안 강박의 역사적 사실들이 하나하나 밝혀짐으로써, '정당한 절차를 거쳐 체결되었다'라든가 '대등한 입장에서 또 자유의사에 따라 체결되었다'라는 일본측의 종래의 주장이 더 이상 유지될 수 없게 된 상황에서, 말하자면 '고육지책'으로 고안된 것으로 보인다. 하지만, 우선 그것은 당시의 '제국주의 국제법'조차도 지나치게 좁게 해석하는 것이어서 문제가 있는 것이라고 하지 않을 수 없다.

게다가, 설사 그 해석에 따른다 하더라도, 무장한 헌병과 경찰로 에워싼 채 "죽여버려" "죽여 버렸겠지"라고 한 것은, "교섭당사자, 체결자 개인에 대한, 신체에 대한 강박"에 해당하는 것은 물론이고, "권총을 들이대는 등의 협박"에도 해당하는 것이라고 보아야 할 것이다. 따라서 위의 극히 좁은 해석에 따르더라도 적어도 1905년 조약은 무효라고 하지 않으면 안되는 것이다.

또한, 다시 한 걸음 더 물러나 강박을 위와 같이 극히 좁은 의미로 해석하여, 그러한 의미에서의 강박은 없었다고 하더라도, 그것이 곧 조약의 유효성을 담보해 주는 것은 아니다. 왜냐하면 지금의 우리가 반드시 당시의 '제국주의 국제법'에 따라, 보다 정확하게는 그것에 대한 극히 좁은 해석에 따라 문제를 해결해야만 하는 것은 아니기 때문이다.

강박에 의한 조약의 효력이라는 우리의 문제와 관련해서는, 당시에 '늑대의 국제법'만이 존재한 것이 아니라는 사실에 주목하지 않으면 안된다. 강박을 보다 넓게 해석하여, 전쟁을 일으키겠다고 위협하거나 병력을 동원하는 것 자체를 강박으로 보는 '양들의 국제법'도 또한 당시에 이미 존재하고 있었다. 그 하나의 예로서 미국 국무장관

---

25) 坂元茂樹, 1998.9 <舊條約問題の落とし穴に陷ってはならない> ≪世界≫, 198

스팀슨(Henry L. Stimson)이, 1928년의 <파리부전조약>을 근거로, 군사적인 협박에 의해 강제된 조약은 모두 무효라는 입장에서 1930년대의 일본의 대중국정책을 일관되게 비판했다는 것을 들 수 있다. 이러한 '스팀슨주의(Stimson Doctrine)'가 조약의 "국제법상의 무효에 관한 국제법상의 원칙으로서 주장되기에 이른 것"은 "1889년의 제1회 범아메리카회의에서, 전쟁의 위협 또는 병력의 現存에 의해 생긴 결과는 이를 무효로 한다는 취지의 권고가 이루어지고, 또 1925년의 범아메리카 국제법전안에서, 전쟁에 의해 행해지거나 전쟁의 위협 아래 행해지는 일체의 병합 및 영토획득과 강제력, 협박 또는 사기에 의한 일체의 압수 및 誅求를 무효로 한다는 취지의 제안이 이루어"지는 등 "강제력 행사의 결과를 국제법상 당연히 무효로 보는 사상이 배경에 있었"기 때문에 다름아닙니다.26) 이 "사상" 역시 '당시의 국제법'인 것은 말할 것도 없다. 그렇다면, 우리가 과거의 행위의 유효·무효는 그 당시의 국제법에 의해 판단해야 한다라는 '時際法의 원리'에 따라 이 문제에 접근할 때, '당시의 국제법'으로서 어느 것을 택할 것인가는 우리의 선택에 맡겨진 문제가 되는 것이다.

일본 정부가 '늑대의 국제법'을 선택하든 '양들의 국제법'을 선택하든 그것을 방해하는 법적인 제약은 없다. 하지만 그 선택의 의미는 완전히 다르다. 일본 정부가 지금처럼 '늑대의 국제법'에 매달려 있는 것은, 곧 그것을 떠받히고 있던 제국주의를 지금도 옹호하고 있다는 것, 침략과 강점을 정당한 것이었다고 보고 있다는 것을 의미한다. 그러한 일본 정부가, 바로 그 제국주의에 의해 피해를 입은 한국인들에게, "금세기의 한일 양국관계를 돌이켜 보고, 일본이 과거 한 때 식민

---

26) 立作太郎, ≪現實國際法諸問題≫ (岩波書店) 51~52. 伊藤成彦, 1998 <日韓基本條約を見直す好機だ> ≪論座≫ 11月號, 19~20에서 재인용. 또한 이에 관해서는 荒井信一, 2000 <歷史における合法論, 不法論を考える> ≪世界≫ 11月號도 참조.

지 지배로 인하여 한국 국민에게 커다란 손해와 고통을 안겨주었다
는 역사적 사실을 겸허히 받아들이면서, 이에 대하여 통절한 반성과
마음으로부터의 사죄"[27]를 표명해도 그것이 '진심'으로 받아들여질
수는 없는 것이다.

4. '합법부당론'의 한계

일본의 이러한 애매성은 "법적으로 유효"였지만,[28] "식민지 지배의
현실이라는 것을 직시하고, 엄한 반성을 하여 사과할 것은 사과해야
한다"[29]라는 무라야마(村山)류의 '합법부당론'으로는 해결될 수 없다.
물론 '합법부당론'은, '합법정당론'에 입각하고 있던 기존의 일본
정부의 입장을 수정함으로써, '합법론'으로부터 식민지 지배를 정당
화하는 기능을 박탈하고 있다는 점에서 일정한 진전인 것은 분명하
다. 뿐만아니라, '합법부당론' 속에는 주목할만한 통찰이 담겨 있기도
하다. 예를 들면 운노 후쿠쥬(海野福壽) 교수는, '불법론'은 "만약 조
약 무효 = 식민지 지배 불법이면 사죄·배상을 하지 않으면 안되지
만, 만약 조약 유효 = 식민지 지배 합법이면 사죄·배상을 하지 않아
도 좋다는 排中律的 논리"로서, 그 논리에 따르면 예를 들어 "유효·
합법적으로 식민지화한 대만에 대해 일본은 사죄도 배상도 할 필요
가 없다"라는 결과가 되게 되어, "오늘날 세계적인 규모로 우리들에
게 요구되고 있고 제2차대전의 전후 처리가 외면해버린, 식민지주의

---

27) <21세기의 새로운 한·일 파트너쉽 공동선언>, 주 12).
28) 1995년 10월 5일, 일본 참의원 본회의에서의 무라야마(村山富市) 총리의
   발언. ≪第百三十四回國會參議院會議錄第四號≫, 1995.10.5., 19면.
29) 1995년 10월 17일, 일본 참의원 예산위원회에서의 무라야마 총리의 발
   언. ≪第百三十四回國會參議院豫算委員會會議錄第三號≫ 1995.10.17, 34
   면.

의 청산과 극복이라는 과제에 화답"할 수 없다라고 주장한다.[30] 또한 사카모토 시게키(坂元茂樹) 교수는, "역사의 문제를 구조약의 효력 문제, 즉 유효인가 무효인가라는 이분법 속에 가두는 것"은 "日韓의 과거에 일어난 다른 많은 역사적 사실들을 사상하고, 효력 문제에 관련된 요건사실(조약의 무효라고 하는 법효과의 발생에 필요한 사실)만으로 양국의 과거를 이야기하게 하는 것에 다름"아니며, 오히려 "양국의 국민 사이에 공유되어야 할 것은 이러한 좁은 법적 사실로부터 도출되는 효력 문제에 대한 대답이 아니라, 식민지 지배의 가혹한 실상과 그러한 역사를 어떻게 청산할 것인가라는 보다 넓은 과제이다"라고 주장한다.[31]

이들 주장은 제국주의시대의 식민지 지배, 그리고 그 하나로서의 일제의 한반도 지배에 대한 보다 근원적인 청산의 필요성을 제시하고 있다는 점에서 한일간 과거청산이 지향해야 할 하나의 방향을 가리키고 있는 것은 분명하다.

하지만, 이들 주장은 한일간 과거청산이 지금까지 현안으로 남아 있게 된 맥락을 고려할 때는 표적을 벗어난 것이라고 하지 않을 수 없다. 애당초 한국인들은 '일제가 한반도를 강점하여 억압하고 약탈했으니 그에 대해 책임을 지라'라고 요구했을 뿐이다. 한국인들은 "조약 유효 = 식민지 지배 합법이면 사죄·배상을 하지 않아도 좋다"라고 생각한 적도 없으며 주장한 적도 없다. 한국인들의 요구는 결코 "효력 문제에 관련된 요건사실"에만 주목한 결과도 아니며 그것에만 입각한 것도 아니었다. 그것은 바로 "식민지 지배의 가혹한 실상과 그러한 역사를 어떻게 청산할 것인가라는 보다 넓은 과제"를 해

---

30) 운노 후쿠쥬, 1999.9<한국병합의 역사인식>, ≪전통과 현대≫ 9, 143. 다만 이 글에서 인용을 함에 있어서는, 원문(海野福壽, 1999 <李敎授≪韓國倂合不成立論≫を再檢討する> ≪世界≫ 10月號, 261~262)을 참조하여 번역문에 다소의 수정을 가했다.
31) 坂元茂樹, <앞 글> 205

결하자고 하는 요청이었다. 그런데 그것을 일본 정부가 '합법이었으
니까 책임질 것이 없다'라며 완강히 거부했다. 그래서 그 거부에 대
응하기 위해 한국인들은 '게다가 불법이었다'라고 거듭 추궁하게 된
것이다. 그럼에도 불구하고 일본 정부는 '합법'이라는 "좁은" 주장을
여전히 철회하지 않은 채 책임을 회피하고 있다. 그 결과 한일간 과
거청산이 지금 이 순간에도 현안으로 남아 있게 된 것이다. 이렇게
볼 때, 위의 주장들은 이러한 맥락에서 벗어난 것, 따라서 '공허한 이
상론'에 불과한 것이라는 비판으로부터 자유로울 수 없는 것이다.

　항상 그러하듯이 '공허한 이상론'은 그것이 주장하는 '이상'과는
정반대의 현실을 초래하게 된다. 이것은, '합법부당론'이 그 애매성
때문에 일본인들의 의식 속에 '부당성'에 대한 인식을 뿌리내리게 하
기보다는, 스스로를 "천황을 중심으로 하는 신의 나라"[32]의 국민으로
자리매김하고 그래서 '三國人'[33]을 경계해야 한다며 대대적인 도심군
사훈련을 감행하는 국민으로 자리매김하며 '자학'하는 물구나무선
'자유주의'사관[34]을 더욱 확산시키는 결과를 낳고 말았다는 사실에
의해서 입증된다. '반역사적인 역사교과서'는 바로 그 연장선상에 위
치하는 것이다. '새로운 역사교과서를 만드는 모임'이 당초에는 포함
시켰다가 한국 등의 반발을 고려해서 '이번에는' 삭제했다고 하는

---

32) 일본 전 총리 모리 요시로오(森喜朗)의 발언. <森首相, ≪日本は神の國≫
　　≪天皇中心≫ 神道政治連盟議員懇談會で>, ≪朝日新聞≫ 2000.5.16.

33) 일본 토오쿄오(東京) 도지사 이시하라 신타로오(石原愼太郎)의 발언. ≪朝
　　日新聞≫ 2000.4.10, <石原東京都知事 陸自式典で發言　三國人ら凶惡犯
　　罪 … 治安維持を>

34) '자유주의'사관에 관해서는 藤岡信勝, 1996 ≪汚辱の近現代史≫ (德間書
　　店) ; 같은 이, 1997 ≪<自虐史觀>の病理≫ (文藝春秋社) 참조. 그리고
　　'자유주의'사관에 대한 비판으로는 G. 매코맥, 1997 <일본 '자유주의사
　　관'의 정체> ≪창작과 비평≫ 겨울호 ; 藤原彰·森田俊男 編, 1996 ≪近
　　現代史の眞實は何か≫ (大月書店) ; 松島榮一·城丸章夫 編, 1997 ≪<自
　　由主義史觀>の病理≫ (大月書店) 참조.

"한국병합은 … 합법적으로 이루어졌다"라는 표현은, 사실은 일본 정부가 일관되게 취해 오고 있는 공식 입장에 다름 아닌 것이다.[35] 그 점에서 '합법부당론'은 앞으로도 '역사 전쟁'을 거듭 불러일으킬 수밖에 없는 것이다.

결국 일본의 애매성은 과거의 잘못을 전면적으로 시인함으로써만 해결될 수 있다. 그리고 그 시인은 조약들이 불법적인 강박에 의해 강제된 것이기 때문에 당초부터 무효였다고 하는 것을 확인하는 데서 출발하지 않으면 안된다. 위에서 제시한 '양들의 국제법'은 바로 그 출발을 가능하게 해 주는 것에 다름 아닌 것이다.

5. 소 결

이 문제와 관련하여 지금 요구되고 있는 것은, 한일간의 완전한 과거청산을 위해, 우선 '당시의 국제법'에 따라 조약들이 무효였다는 점을 명확하게 하는 것이며, 그럼으로써 35년간의 일제의 지배가 강점이었다는 점을 명확하게 하는 것이다.

이것은 우선 일본에게 요구된다. 이 문제에 관한 한 일본이 가해자, 다시 말해 문제를 야기한 자이기 때문이다. 하지만, 일본의 입장에서 볼 때, 그것은 동시에, 자신의 잘못된 과거와의 단절을 성취하는 것이며, 아시아에 대한 '반성과 사죄'에 실체를 부여하는 것이며, 그럼으로써 아시아의 국가들 속에서 '좋은 이웃'이 되는 것이기도 하다.

물론 새로운 출발은 일본으로서는 쉽지 않은 일일 수도 있다. 모든 과거청산 문제가 그러하듯이, 일본의 과거청산 문제 또한 단지 돈의 문제가 아니라 아이덴티티에 직결되는 문제이기 때문이다. 일본의 과

---

35) 바로 그 때문에 문부과학성이 공모했다고 하는 주장은 설득력을 가지게 되는 것이다.

거청산 문제에 관해 파고들면, 잔존하고 있는 "제국의식"[36]과, 그 핵심으로서의 '무규범의 규범'인 천황제·'무사상의 사상'인 천황제 이데올로기에 막닥뜨릴 수 밖에 없다.[37] 그 점에서 일본의 입장에서는 그것은 "판도라의 상자를 여는 것"[38]일 수 있다. 하지만 일본이 가지고 있는 상자 속에는, 탐욕·중상·허영 등의 惡이 담겨 있는 것이 아니라, 침략과 강점에 의해 고통받은 원혼들이 지금도 갇힌 채 신음하고 있다. 원혼의 상자를 영원히 닫아 둘 수는 없다. 가해자는 잊을 수 있지만 피해자는 언제까지나 결코 잊지 않기 때문이다. 따라서 어서 빨리 상자를 열어 그 원혼들을 자유롭게 하지 않으면 안되는 것이다. 그리고 그것은 "평화를 유지하고, 전제와 예종, 압박과 편협을 지상으로부터 영원히 제거하려고 노력하고 있는 국제사회에서, 명예로운 지위를 차지하는"[39] 국가가 되기 위해서는, 결코 피해갈 수 없는 것이다.

이와 관련하여 최근 일본에 대한 밖으로부터의 압력이 점점 더 커지고 있다는 사실을 염두에 두지 않으면 안된다. 유엔을 중심으로 한 국제사회에서는, 1992년 이후 <국제법률가위원회 보고서>,[40] <라디카 쿠마라스와미(Radhika Coomaraswamy) 보고서>,[41] <게이 맥두걸(Gay McDougal) 보고서>[42] 등을 통해, '위안부'를 강요한 행위가 명백

---

36)) 아라이 신이찌(荒井信一), <한일합방조약에서 한일기본조약까지>, 韓日文化交流政策諮問委員會, ≪「過去淸算」과 21世紀의 韓日關係≫ (2000 韓日文化SYMPOSIUM 자료집), 2000.11.4., 52

37) 과거청산과 천황제의 관계에 관해서는 김창록, 2000.2 <한국에서 바라본 천황제> ≪역사비평≫ 봄호 ; 高橋哲哉, 1999 ≪戰後責任論≫ (講談社) 참조.

38) 坂元茂樹, 주 15), 375

39) <日本國憲法> 前文 제2단

40) 國際法律家委員會(ICJ)著 / 自由人權協會(JCLU)·日本の戰爭責任資料セン タ-譯, ≪國際法からみた<從軍慰安婦>問題≫ (원제목 Comfort Women : an unfinished ordeal) (明石書店) 1995.

41) U.N. Doc. E/CN.4/1996/53/Add.1

한 국제법 위반의 범죄행위라는 것이 거듭 선언되고 있다. 특히 <게이 맥두걸 보고서>는 "일본 정부 자신이 행한 조사에서 확정된 사실만에 기초하여", 일본 정부는, "노예제, 인도에 대한 죄, 전쟁범죄라고 하는 중대한 국제범죄"에 해당하는 "'위안부'에게 가해진 잔학행위에 대해, 구제조치를 강구하지 않으면 안된다", 그 "구제는, 일본 정부에 의한 前 '위안부'에 대한 개인배상의 형태를 취해야 한다", 또한 "이에 더하여" "위법행위를 한 일본군 장병 개개인"은 물론이고, 그들에 대한 지휘책임이 있는 "장교와 관료" 그리고 널리 "강간소의 설치·감독에 책임이 있는 정부·군관계자를 소추하지 않으면 안된다"라고 선언했다. 그리고 이러한 국제사회의 '법적 상식'은, 2000년 12월 8일부터 12일까지 토오쿄오(東京)에서, 피해국인 한국·북한·중국·대만·필리핀·싱가프르 등과 가해국인 일본의 시민단체들이 개최한 '일본군성노예제도를 심판하는 국제여성전범법정'이, "천황 히로히토는 … 유죄이다. 일본 정부는 … 국가책임을 진다"라고 선고함으로써,[43] 다시 한번 세계시민의 이름으로 선언되었다.

한편 1996년 12월 3일 제2차 세계대전 중에 비인도적 행위를 했다는 이유로, '위안부' 및 731부대 관련 일본인 16명의 입국을 금지시킴으로써, 그 행위가 국제법 위반의 비인도적 행위라는 사실을 지지한 바 있는 미국[44]에서는, 1998년에 제정된 <나찌 전쟁범죄 규명법>(Nazi War Crimes Disclosure Act)[45]에 따라, 1999년 1월부터 합동조사단이 구성되어 나찌와 그 동맹국들의 전쟁범죄 기록에 대한 3년 예정의 조사를 개시했다. 그리고 2000년 12월에는 <일본 제국주의 정부 전쟁범죄 규명법>(Japanese Imperial Government Disclosure Act)[46]이 미국의 의회

---

42) U.N. Doc. E/CN.4/Sub.w/1998/13
43) 전문은 http://home.att.ne.jp/star/tribunal/ 참조.
44) 이에 관해서는 戶塚悅朗, 1999 ≪日本が知らない戰爭責任≫ (大學圖書) 270~273 참조.
45) 전문은 http://thomas.loc.gov/cgi-bin/query/z?c105:S.1379.ENR: 참조.

를 통과함으로써, 합동조사단의 활동기간이 2003년 12월까지로 연장
되고, 일본의 전쟁범죄에 관한 미국 정부 기록의 기밀취급 해제가 합
동조사단의 임무라는 것이 공식적으로 인정되게 됨으로써, 일제의 전
쟁범죄 기록 조사에 더욱 박차가 가해지게 되었다.47)

또한 1999년 7월 캘리포니아주에서 나찌와 나찌의 동맹국에 의해
강제노동을 당한 피해자들과 그 유족들이 2010년까지 소송을 제기할
수 있게 하는 법률48)이 성립되고, 다른 주들도 유사한 입법을 하거나
추진 중인 가운데, 아시아의 피해자들에 의해 일본기업을 상대로 한
다수의 소송이 제기되어 현재 진행 중이다. 그리고 2000년 9월 18일
에는 한국과 중국·대만·필리핀 네 나라 출신 '위안부'피해자 15명
에 의해 워싱턴의 연방지방법원에 일본국을 상대로 한 집단소송이
제기되어 현재 진행 중이다.49)

한편 한국에서도, 2000년 5월 1일 한국인 징용피해자 6명이 부산에
연락사무소를 두고 있는 미쯔비시중공업을 상대로 미불임금지급과
손해배상을 청구하는 소송을 제기하여 2001년 4월 20일 현재 6차공
판까지 진행되었다.50) 그리고 한국과 미국에서의 소송에 의해 촉발되
어, 2000년 8월부터 일제 강제동원의 진상을 규명하고 그것을 통해
일본의 책임을 묻고자 연대활동을 펼쳐 온 '일제강점기강제동원진상
규명연대'에 의해 <일제하강제동원피해진상규명에 관한 특별법>의
제정이 추진되고 있다.51)

---

46) 전문은 http://www.nara.gov/iwg/title8.html 참조.

47) 이에 관해서는 합동조사단의 홈페이지(http://www.nara.gov/iwg/) 참조.

48) 전문은 http://info.sen.ca.gov/pub/bill/sen/sb_1201-1250/sb_1245_bill_19990728_
chaptered.html 참조.

49) 미국에서의 소송에 관해서는 한우성, 2000 <끝나지 않은 전쟁 - 미국에
서 진행중인 '일본군위안부' 및 징용 소송에 대한 보고서-> ≪당대비
평≫ 13 참조.

50) 이 소송에 관해서는 '미쯔비시중공업한국인징용자재판지원회' 홈페이
지(http://www.freechal.com/antimitsubishi/) 참조.

이러한 상황에서 일본이 국제사회의 외침을 계속 거부할 경우, 그것은 국제사회에서의 일본의 '소외'를 초래하게 될 것이다. 한국과 미국에서 일본의 전쟁책임을 입증하는 더많은 자료가 발굴되고, 그것을 토대로 한국과 미국의 법원이 원고 승소의 배상 판결을 내릴 경우, 그것은 일본의 '치욕'이 되게 될 것이다. 그러한 '소외'와 '치욕'을 피하기 위해서라도 일본은 지금 당장 적극적으로 나서지 않으면 안되는 것이다.

때마침 일본이, 한반도에 대해 그리고 아시아의 국가들에 대해, '좋은 이웃'이라는 사실을 입증해 보일 수 있는 좋은 기회도 마련되어 있다. 현재 진행 중인 북일교섭이 그것이다. 북한에 대해 과거의 '불법'을 솔직하게 인정하고 그에 합당한 배상을 하는 것, 그리고 그에 맞추어 한국과의 관계를 재정리하는 것이 지금 요구되고 있는 것이다.

한편, 조약들의 '불법성'을 명확하게 하는 것은 단지 일본에게만 요구되는 것은 아니다. 그것은 동시에 1965년의 '담합'을 통해 그 문제를 애매하게 얼버무린 또 하나의 당사자, 따라서 그에 대해 마찬가지로 책임이 있는 또 하나의 당사자인 한국 정부의 과제이기도 하다. 한국 정부는 이 과제의 해결을 위해 일본 정부에 대해 적어도 '해석의 통일'을 요구하지 않으면 안되며, 그것을 위해 필요할 경우 조약과 협정의 개정 내지 재체결도 추진하지 않으면 안될 것이다.

끝으로 그것은 또한 한일 양국 시민들의 과제이기도 하다. 정부가 올바르게 작동하지 않을 경우 과제의 해결은 시민들의 몫일 수 밖에 없다. 그 점에서, 함께 사실을 확인하고 그 사실에 기초한 이론적 추궁을 함께 해나감으로써 사태를 올바른 방향으로 이끌어가는 한일 양국 시민들의 지속적인 노력이 절실하게 요망된다. 한반도 내외의 정세가 급격하게 변하고 있는 상황 속에서 그 어느 때보다 한반도와

---

51) 이에 관해 지난 4월 24일 국회에서 개최된 공청회의 내용은 '태평양전쟁
피해자보상추진협의회' 홈페이지(http://victim.peacenet.or.kr/) 참조.

일본의 관계를 올바르게 자리매김하는 것이 긴요한 지금, 특히 그러하다고 할 것이다.

Ⅲ. 〈청구권협정〉과 개인의 권리

1. 문제의 소재

한일 양국은, 〈청구권협정〉 제2조 1에서 "양 체약국은 양 체약국 및 그 국민(법인을 포함함)의 재산, 권리 및 이익과 양 체약국 및 그 국민간의 청구권에 관한 문제가 … 완전히 그리고 최종적으로 해결된 것이 된다는 것을 확인한다"라고 선언하고, 제2조 3에서 "일방 체약국 및 그 국민의 재산, 권리 및 이익으로서 본 협정의 서명일에 타방 체약국의 관할하에 있는 것에 대한 조치와 일방 체약국 및 그 국민의 타방 체약국 및 그 국민에 대한 모든 청구권으로서 동일자 이전에 발생한 사유에 기인하는 것에 관하여는 어떠한 주장도 할 수 없는 것으로 한다"라고 선언했다. 그리고 〈합의의사록〉(=〈대한민국과 일본국간의 재산 및 청구권에 관한 문제의 해결과 경제협력에 관한 협정에 대한 합의의사록(Ⅰ)〉)의 2에서, 협정 제2조에 관하여 "(a) '재산, 권리 및 이익'이라 함은 법률상의 근거에 의거하여 재산적 가치가 인정되는 모든 종류의 실체적 권리를 말하는 것으로 양해되었다. … (e) 동조 3에 의하여 취하여질 '조치'는 동조 1에서 말하는 양국 및 그 국민의 재산, 권리 및 이익과 양국 및 그 국민간의 청구권에 관한 문제를 해결하기 위하여 취하여질 각국의 국내조치를 말하는 것으로 의견의 일치를 보았다"라고 규정했다.

그런데 현재 이 조문들의 해석을 둘러싸고 한국인 피해자들과 일본 정부·기업 사이에 심각한 대립이 이어지고 있다. 한국인 피해자들은, 한국과 일본과 미국에서 일본 정부와 기업을 상대로 진행 중인 소송[52]에서, 위의 조문들은 국가간의 관계를 규정한 것일 뿐이며 개인의 권리에 대해서는 아무런 영향이 없다고 주장하고 있는 데 반해, 일본 정부와 기업측은 위의 조문들은 한국인 개인의 권리에도 미친다고 주장하고 있다. 즉 <청구권협정>에 의해 '한국의 외교적 보호권 이외에 한국인 개인의 '재산, 권리 및 이익'과 '청구권'이 소멸되었는가'가 다투어지고 있는 것이다. 그런데 현재의 상황이, 한국인 피해자들이 이미 70세가 넘은 고령의 나이로 60년 가까이 지난 과거의 아픔을 치유해달라고 마지막 호소를 하고 있는 상황임을 고려할 때, 이 문제에 대한 해답을 찾는 것 또한 시급한 과제라고 하지 않을 수 없는 것이다.

2. 해석의 필요성

이 문제와 관련하여 우선 주목해야 할 것은, 위의 <청구권협정> 및 그 부속문서의 어디에도 '청구권'에 관한 정의 규정이 없다는 사실이다. 그 결과 '청구권'이 무엇을 의미하는지 명확하지 않다. 그리고 무엇보다 <청구권협정> 및 그 부속문서의 조문만으로는, 우리의 문제, 즉 '한국의 외교적 보호권만 소멸된 것인가 아니면 한국인 개인의 재산, 권리 및 이익과 청구권까지 소멸된 것인가'에 관한 명확

---

52) 한국에서의 소송에 관해서는, http://home.freechal.com/antimitsubishi/ 참조. 일본에서의 소송에 관해서는, 岡田正則, <戰後補償裁判の動向と立法的 解決>, 池明觀 外3編著, 2002 ≪日韓の相互理解と戰後補償≫ (日本評論 社) ; 金昌祿, <日本軍'慰安婦'訴訟と日本の裁判所の課題> ≪위 책≫ 참조. 미국에서의 소송에 관해서는, 한우성, 2000 <끝나지 않은 전쟁 - 미국에서 진행중인 '일본군위안부' 및 징용 소송에 대한 보고서> ≪당대비평≫ 13 참조.

한 해답을 찾을 수 없다. 따라서 해석이 필요하게 된다.

그런데 조약의 해석에 관한 국제법으로는 1969년에 체결된 <조약법에 관한 비엔나협약> (Vienna Convention on the Law of Treaties. 이하 <비엔나협약>이라 함)이 있다. <청구권협정>의 해석과 관련되는 <비엔나협약>의 조문들은 아래와 같다.

제31조(해석의 일반규칙)
1. 조약은 조약문의 문맥 및 조약의 대상과 목적으로 보아 그 조약의 문맥에 부여되는 통상적 의미에 따라 성실하게 해석되어야 한다. …
3. 문맥과 함께 다음의 것이 참작되어야 한다. …
   (b) 조약의 해석에 관한 당사국의 합의를 확정하는 그 조약 적용에 있어서의 추후의 관행 …

제32조(해석의 보충적 수단) :
제31조의 적용으로부터 나오는 의미를 확인하기 위하여 또는 제31조에 따라 해석하면 다음과 같이 되는 경우에 그 의미를 결정하기 위하여 조약의 교섭 기록 및 그 체결시의 사정을 포함한 해석의 보충적 수단에 의존할 수 있다.
   (a) 의미가 모호해지거나 또는 애매하게 되는 경우 …

다만, 이 조문들을 우리의 문제의 해결을 위해 동원하기 위해서는 時際法의 문제(the problem of intertemporal law)를 우선 검토하는 것이 필요하다. <비엔나협약>은, 한국에 대해서는 1980년 1월 27일에, 그리고 일본에 대해서는 1981년 8월 1일에 각각 발효하였기 때문에, 1965년에 성립된 <청구권협정>의 해석에 동원하는 것이 가능한가가 다투어질 수 있는 것이다.

'행위 또는 법상태의 유효성은 그 시점에서 유효한 법에 따라 판단되지 않으면 안된다'고 하는 시제법의 원칙을 고려한다면, <비엔나협약>을 <청구권협정>의 해석을 위해 동원하기 위해서는, 우선 <청구권협정>이 체결된 1965년의 시점의 조약의 해석에 관한 국제법이 <비엔나

협약>과 일치한다는 사실을 확인하는 것이 필요하다. 1965년의 시점에 조약의 해석에 관해 어떠한 국제법이 존재했는지는 반드시 명확하지는 않지만, 당시의 대표적인 국제법 저서들을 살펴보면, 조약은 조약의 목적과 의도에 따라, 조약 문언의 의미를 밝힘으로써 당사자의 의사를 확인하는 방식으로 해석되어야 하며, 조약의 해석에 있어서는 조약 체결시의 역사적 상황이 고려되어야 하며, 조약 문언의 해석이 의심스러운 경우에는 조약의 준비문서도 해석을 위해 이용되어야 한다라는 관습국제법이 형성되어 있었다고 할 수 있다.[53] 그런데 이러한 관습국제법의 내용은 아래의 <비엔나협약>의 관련 조문들의 내용과 일치한다. 따라서 <청구권협정>의 해석과 관련하여서도 <비엔나협약>의 관련 조문들은 기본적으로 동원될 수 있는 것이다.

이러한 입장에서, <청구권협정>을 <비엔나협약>에 따라 살펴보면, 위에서 밝힌 것처럼 우리의 문제에 관한 조문의 내용이 명확하지 않기 때문에, 우리의 문제는 <비엔나협약> 제31조의 "조약의 문맥에 부여되는 통상적 의미"에 의해서는 해결할 수 없다. 우리의 문제는 "제31조에 따라 해석하면 … 의미가 모호해지거나 또는 애매하게 되는 경우"에 해당하며, 따라서 "조약의 교섭 기록 및 그 체결시의 사정을 포함한 해석의 보충적 수단에 의존"하여 해결하여야 하는 것이다.

3. 조약의 교섭 기록

그런데 그 "해석의 보충적 수단"과 관련해서 우선 주목되는 것은, 그 일부를 구성하는 "조약의 교섭 기록"이라고 할 수 있는 '쿠보타 발언'[54]이다.

---

53) 朴培根, 2000 <1965년 '한일청구권협정'과 개인의 청구권> ≪국제법평론≫ 2000-Ⅱ (통권 제14호) 참조.

한일회담 제3차 회담에서 일본측 대표 쿠보타(久保田貫一郞)는, 1) 일본도 한국에 대해 청구권을 가지고 있다, 2) "일본은 동남아 국가들에서 전쟁동안 야기하였을지도 모르는 약탈과 파괴에 대해서는 보상하겠지만, 그런 일은 한국에서는 일어나지 않았다. 따라서 보상해야 할 것은 아무것도 없다. 하지만, 만일 그런 일이 있었다면 우리는 그에 대해 보상하겠다"라는 취지의 발언을 했다. 이러한 '쿠보타 발언'은 곧 일본측이 조약의 교섭 과정에서 한국 및 한국인에 대해 배상할 것이 없다는 입장을 취했다는 사실을 드러내주는 것이다.

그런데, 이 '쿠보타 발언'은 그 후 철회되었다. 하지만, 철회된 것은 그 전부가 아니라, 그 일부, 즉 위의 1)에 해당하는 부분만이다. 그런데 이와 관련해서는, 일본은 <대일강화조약 (Treaty of Peace with Japan : 샌프란시스코강화조약)> 제2조 (a),[55] 제4조 (b)[56] 및 미군정법령 제33호 제2조[57]에 따라 애당초 한국에 대해 청구권을 주장할 수 없는 입장이었다. 따라서 '쿠보타 발언'의 '일부' 철회는, 일본측이 한국측의 청구권 요구를 봉쇄하고자 애당초 주장할 수 없는 청구권을

---

54) '쿠보타 발언'에 관해서는 이원덕, 1996 ≪한일 과거사 처리의 원점≫ (서울대학교출판부) 65~77 ; 高崎宗司, 1996 ≪檢證 日韓會談≫ (岩波書店) 48~71 참조.

55) 일본국은, 한국의 독립을 승인하고, 제주도, 거문도 및 울릉도를 포함하는 한국에 대한 일체의 권리, 권원 및 청구권을 포기한다.

56) 일본국은, 제2조 및 제3조에 열거하는 지역의 합중국군 정부에 의해, 또는 그 지령에 따라 행해진 일본국 및 그 국민의 재산의 처리의 효력을 승인한다.

57) 1945년 8월 9일에 또는 그 이후에, 직접적으로든 간접적으로든, 전부든 일부든, 일본 정부 또는 그 기관에 의해, 혹은 그 국민·회사·단체·조합·그 정부의 또는 그 정부에 의해 조직 또는 통제된 단체에 의해 소유 또는 관리된 금·은·백금·통화·증권·은행감정·채권·유가증권 또는 본 군정청의 관할 내에 존재하는 기타의 모든 종류의 재산 및 그 수입에 대한 소유권은, 1945년 9월 25일부로 남한의 군사정부에게 귀속되며, 남한의 군사정부가 그 모든 재산을 소유한다.

주장했다가 그것이 여의치 않자 물러섰다는 것을 의미하는 것이다.

우리의 문제와 관련하여 중요한 것은, '쿠보타 발언'의 나머지 부분, 즉 위의 2)에 해당하는 부분은 사실상 철회되지 않았다는 것이다. 그것은, 그 발언이 철회되는 과정에서 그리고 그 이후에도, 일본 정부가 그 발언의 내용과 같이 한국에 대해 배상을 할 것이 없다는 입장을 계속해서 관철했다는 사실을 통해 확인된다. 이 점은, 무엇보다 <청구권협정>의 제1조와 제2조가 아무런 관계가 없다는, 일본 정부의 일관된 주장을 통해 확인할 수 있다. 그 대표적인 것은 아래와 같다.

1965년 11월 5일 중의원 <일본국과 대한민국 사이의 조약 및 협정 등에 관한 특별위원회>에서, 시이나(椎名悅三郞) 외무대신은 5억달러와 대일청구권 사이에 "법률상의 관계는 없습니다"[58]라고 명언했다. 1966년에 3월에 발간된 ≪日韓條約と國內法の解說≫[59]도, "경제협력의 증진과 청구권문제의 해결은, 동일한 협정의 내용이 되어 있지만, … 양자 사이에는 어떠한 법률적인 상호관계도 존재하지 않는 것이다,"[60] "제1조에 규정하는 5억달러의 자금 공여는, … 어디까지

---

58) ≪第50國會 衆議院 日本國と大韓民國との間の條約及び協定等に關する 特別委員會議錄 第10號≫ 1965.11.5, 19. 이 글에서의 일본 국회회의록의 인용은, '國會會議錄檢索システム' (http://kokkai.ndl.go.jp/)에서 검색한 결과에 따른다. 인용면수 또한 검색 결과에서 나타난 분할면의 숫자로 표기한다.

59) 이 책은, 그 머리말에서 "해설 중 의견에 관련된 부분은 모두 필자의 사견이다"[谷田正躬 外2, 19866 ≪日韓條約と國內法の解說≫ (≪時の法令≫ 別冊 (大藏省印刷局) 5]라고 하고 있지만, 그 편자가 외무성 외무사무관·법무성 입국관리국 참사관·농림성 농림사무관 세 사람으로 되어 있는 점과, 그러한 특수한 직위에 있는 자들이 1965년의 <조약> 및 <청구권협정>에 대해 "가능한 한 정확한 이해를 하는 데 도움이 되기 위해, 개괄적인 해설을 시도한"(위의 책, 같은 면) 것이라고 하고 있는 점을 고려할 때, 당시의 일본 정부의 입장이 반영되어 있는 것이라고 보아 틀림이 없다고 할 것이다.

60) 1966 ≪위 책≫, 62

나 경제협력으로서 이루어지는 것에 다름아니다"[61]라고 명언했다. 그리고 1993년 5월 26일 중의원 <예산위원회>에서, 탄바(丹波實) 외무성 조약국장은 협정의 "제1조와 제2조 사이에는 법적인 직접적 연관은 없습니다"[62]라고 재확인했다.

이와같이 일본 정부는 <청구권협정>의 제1조와 제2조의 법적 관계를 일관되게 부정해 오고 있다. 그런데 이것은 곧 <청구권협정>에 의해 일본이 한국에 배상금을 지불하지 않았다는 것을 의미한다. 그리고 이것은 다시 일본 정부가 배상금을 지불할 필요가 없다고 생각하고 있었다는 것을 의미한다. 요컨대, 일본 정부는, '쿠보타 발언'에 나오는 "그런 일(약탈과 파괴)은 한국에서는 일어나지 않았다"라는 입장을, <청구권협정> 체결의 전 과정에서 일관되게 가지고 있었던 것이다.

이와같이 <청구권협정>의 체결과정에서 일본 정부가 일관되게 가지고 있었던 입장이 "조약의 교섭 기록"에 해당한다는 것은 말할 것도 없다. 그리고 그 입장에 따르면, 적어도 일본의 "약탈과 파괴"에 대한 한국인의 청구권은 <청구권협정>에 의해 소멸되지 않은 것이 되는 것이다.

요컨대, 우리는 <청구권협정>의 '교섭 기록'에 따라, <청구권협정>에 의해서 적어도 일본의 '약탈과 파괴'에 대한 한국인 개인의 청구권은 소멸되지 않았다라고 해석하지 않으면 안되는 것이다.

4. 한일 양국 정부의 해석

'해석의 보충적 수단'과 관련하여, 다음으로 주목되는 것은 한일

---

61) ≪위 책≫, 63
62) ≪第126回國會 衆議院 豫算委員會議錄 第26號≫ 1993.5.26, 36

양국 정부의 해석이다. 우리의 문제와 관련된 한일 양국 정부의 해석은, 그 두 정부가 <청구권협정>의 체결 및 집행의 당사자라는 점에서, 당연히 '해석의 보충적 수단'에 해당한다고 보아야 할 것이다.

1) 일본 정부의 해석

이 문제에 관한 일본 정부의 해석은 명확하며 또한 일관되어 있다. 그것은 아래와 같이 요약할 수 있다. 1) <청구권협정>에 의해 소멸된 것은 양국이 국가로서 가지고 있는 외교적 보호권만이다. 2) <청구권협정> 제2조 1의 "완전히 그리고 최종적으로 해결된다"는 것은 국가와 국가 사이에서 해결된다는 것을 의미한다. 3) 개인의 재산, 권리 및 이익과 개인의 청구권은 <청구권협정>에 의해 소멸되지 않았다.

이러한 일본 정부의 해석은 아래와 같은 일본 정부 관계자들의 발언을 통해 확인할 수 있다. 1965년 11월 5일 중의원 <일본국과 대한민국 사이의 조약 및 협정 등에 관한 특별위원회>에서, 시이나 외무대신은 <청구권협정>에 의해 "외교보호권만을 포기한 것이다"라고 수차례 확인했다.[63] 1966년 3월에 발간된 ≪日韓條約と國內法の解說≫도 "협정 제2조 3의 규정의 의미는, … 국가가 국제법상 가지는 외교보호권을 행사하지 않는다는 것을 약속하는 것이다"[64]라고 명언했다. 1991년 8월 27일 참의원 <예산위원회>에서, 야나이(柳井俊二) 외무성 조약국장은 "일한 양국이 국가로서 가지고 있는 외교보호권을 상호 포기한 것이라는 것입니다. 따라서, 소위 개인의 청구권 그 자체를 국내법적인 의미에서 소멸시킨 것은 아닙니다. 일한 양국간에 정부의 입장에서 이것을 외교보호권의 행사로서 문제삼을 수는 없다 이러한 의

---

63) ≪第50回國會 衆議院 日本國と大韓民國との間の條約及び協定等に關す
る特別委員會議錄 第10號≫ 1965.11.5, 16 이하.
64) 谷田正躬 外2, ≪위 책≫, 64

미입니다"[65]라고 명언했다. 1991년 8월 27일 참의원 <예산위원회>에서, 타니노(谷野作太郎) 외무성 아시아국장은 "65년의 일한간의 교섭으로 이들 문제는 국가와 국가 사이에서는 완전히 그리고 최종적으로 결착되어 있다"[66]라고 명언했다. 1993년 5월 26일 중의원 <예산위원회>에서, 탄바 외무성 조약국장은 "청구권에 대해서는, 그 외교적 보호의 포기에 머무르고 있다. 개인의 소위 청구권이라는 것이 있다고 한다면, 그것은 그 외교적 보호의 대상은 되지 않지만, 그러한 형태로는 존재할 수 있는 것"[67]이라고 명언했다. 그리고 1994년 3월 25일 중의원 <내각위원회>에서, 타케우찌(竹內行夫) 外務大臣官房 審議官은, "일한 양국민의 재산청구권 문제에 관해서는, 양국이 국가로서 가지고 있는 외교보호권을 서로 포기한 것입니다. 협정상의 취급으로서는, 일한협정의 규정 그 자체에 의해 개인의 재산 내지 청구권을 국내법적인 의미에서 직접 소멸시켰다는 것은 아니라는 점은, 종래부터 말씀드리고 있는 바입니다"[68]라고 명언했다.

위와 같은 일본 정부의 해석은 <일소공동선언>의 청구권포기 조항(제6항)[69]에 대한 해석에서도 그대로 관철되어 있다. 1991년 3월 26일 참의원 <내각위원회>에서, 타카시마(高島有終) 外務大臣官房 審議官은 "저희들이 반복해서 말씀드리고 있는 점은, 일소공동선언 제6항의 청구권 포기라는 점은, 국가 자신의 청구권 및 국가가 자동적으로 가지고 있다고 생각되고 있는 외교보호권의 포기라는 것입니다.

---

65) ≪第121回國會 參議院 豫算委員會議錄 第3號≫ 1991.8.27, 9
66) ≪第121回國會 參議院 豫算委員會議錄 第3號≫ 1991.8.27, 9
67) ≪第126回國會 衆議院 豫算委員會議錄 第26號≫ 1993.5.26, 37
68) ≪第129回國會 衆議院 內閣委員會議錄 第1號≫ 1994.3.25, 8
69) 소비에트사회주의공화국연방은, 일본국에 대해 일체의 배상청구권을 포기한다. 일본국 및 소비에트사회주의공화국연방은, 1945년 8월 9일(소련의 대일참전일) 이래의 전쟁의 결과로서 발생한 일방의 국가, 그 단체 및 국민의 타방의 국가, 그 단체 및 국민에 대한 모든 청구권을 상호 포기한다.

따라서, … 우리나라 국민 개인의 소련 또는 그 국민에 대한 청구권까지 포기한 것은 아닙니다"[70]라고 명언했다. 1994년 3월 25일 중의원 <내각위원회>에서, 니시다(西田恒夫) 外務省 歐亞局 러시아課長은 "일소공동선언 제6항에서 국가가 청구권을 포기하고 있습니다만, 이것은 국가 자신의 청구권을 제외하면, 소위 외교보호권을 포기하고 있기 때문에, 국민이 러시아 혹은 그 국민에 대한 청구권 자체를 포기한 것은 아닙니다"[71]라고 명언했다. 그리고 1997년 3월 4일 중의원 <예산위원회 제1분과회>에서, 토오고오(東鄉和彦) 外務大臣官房 審議官은 "국가로서는, 이 일소공동선언 제6항 제2단락에 의해, 모든 청구권을 포기하고 있지만, 이것은 개인으로서의 청구가 이루어지는 것을 방해한다는 취지는 아닙니다"[72]라고 명언했다.

2) 한국 정부의 해석

우리의 문제에 관한 한국 정부의 해석도 일본 정부의 해석과 동일하다. 이 점은 아래와 같은 한국 정부 관계자들의 발언을 통해 확인할 수 있다.

1991년 7월 10일 국회에서, 이상옥 외무장관은 "정부레벨에서는, 1965년의 한일국교정상화 당시에 체결된, 청구권 및 경제협력협정을 통해 이 문제가 일단락되었"[73]다라고 발언했다. 1995년 9월 20일 국

---

70) ≪第120回國會 參議院 內閣委員會議錄 第3號≫ 1991.3.26, 12
71) ≪第129回國會 衆議院 內閣委員會議錄 第1號≫ 1994.3.25, 5
72) ≪第140回國會 衆議院 豫算委員會第一分科會議錄 第2號(皇室費, 國會, 裁判所, 會計檢查院, 內閣及び總理付所管並びに他の分科會の所管以外の事項)≫ 1997.3.4, 19
73) ≪第121回國會 參議院 豫算委員會議錄 第3號≫ 1991.8.27, 9. 타니노(谷野作太郎) 외무성 아시아국장은 이상옥 외무장관의 발언을 언급하면서 "한국 정부도 (일본 정부와) … 같은 입장을 취하고 있는 것입니다"라고

회 통일외무위원회에서, 공노명 외무장관은 "우리 정부는 1965년 韓·日協定締結로 일단 일본에 대해서 정부차원에서의 금전적 보상은 일단락된 것으로 이렇게 보고"[74]라며 정부 차원의 문제 해결, 다시 말해 외교적 보호권의 포기를 인정하는 한편으로, "개인적인 請求權에 대해서는 정부가 그것을 인정을 하고 있고"[75]라고 하여 개인의 청구권은 소멸되지 않았음을 확인했다. 그리고 2000년 10월 9일 김원웅 국회의원이 "우리 정부는 일본 정부가 주장하는 바처럼 65년 한일협정으로 모든 배상이 끝났다고 보는지? 만약 정부가 배상이 끝났다고 본다면 그 이유는 무엇이며? 그것이 국가간의 배상이 끝났다는 것인지? 아니면 개인의 배상까지 끝났다고 보는지? 정부의 공식 입장을 밝혀 주시기 바랍니다"라고 서면질의한 데 대해, 2000년 10월 25일 이정빈 외교통상부장관은 서면답변[76]을 통해, "한·일 양국 정부는 피징병·징용자의 배상 등 양국간 청구권에 관한 문제를 해결하기 위하여 1965년 <대한민국과 일본국간의 재산 및 청구권에 관한 문제의 해결과 경제협력에 관한 협정>을 체결하여 양국 정부간에 청구권 문제를 일단락 지은 바 있습니다. 다만, … 정부로서는 <청구권협정>이 개인의 청구권 소송 등 재판을 제기할 권리에는 영향을 미치지 않는다는 입장입니다"라고 재확인했다.

5. '추후의 관행'의 형성

위에서 살펴 본 것처럼, 우리의 문제와 관련하여 한일 양국 정부는, <청구권협정>에 의해 소멸된 것은 국가의 외교적 보호권만이며 개

언명하고 있다.
74) ≪第177回國會 統一外務委員會會議錄 第3號≫ 1995.9.20, 64
75) ≪第177回國會 統一外務委員會會議錄 第3號≫ 1995.9.20, 65
76) 국회 문서번호 의안제2981호.

인의 재산, 권리 및 이익과 청구권은 소멸되지 않았다라는, 다시 말해 그대로 남아 있다라는 명확한 입장을 공유하고 있으며, 그 입장은 여러 차례 일관되게 밝혀져 있다. 따라서 우리의 문제와 관련해서는, 위와 같은 내용의 "조약의 해석에 관한 당사국의 합의를 확정하는 그 조약 적용에 있어서의 추후의 관행"(<비엔나협약> 제31조 3. (b))이 성립되어 있다고 할 수 있다. 그런데, <비엔나협약> 제31조 3에 따르면, 그 "추후의 관행"은 "문맥과 함께 참작되어야 한다." 그렇다면, 우리의 문제와 관련된 <청구권협정>의 올바른 해석은, '<청구권협정>에 의해 한국의 외교적 보호권은 소멸되었지만, 한국인 개인의 재산, 권리 및 이익과 청구권은 소멸되지 않았다'라는 것이어야 하는 것이다.

6. 일본의 국내조치

1) 재산, 권리 및 이익

가) 법률 제144호

<청구권협정> 제2조 3의 "일방 체약국 및 그 국민의 재산, 권리 및 이익으로서 본 협정의 서명일에 타방 체약국의 관할하에 있는 것에 대한 조치"와 '관련하여', 일본은 1965년 12월 17일에 아래와 같은 법률 제144호를 제정했다.

> <재산 및 청구권에 관한 문제의 해결 및 경제협력에 관한 일본국과 대한민국간의 협정 제2조의 실시에 수반되는 대한민국 등의 재산권에 관한 조치에 관한 법률>
> 1. 아래에 열거하는 대한민국 또는 그 국민(법인을 포함한다. 이하 같다.)의 재산권이고, 재산 및 청구권에 관한 문제의 해결 및 경제협력에 관

한 일본국과 대한민국간의 협정(이하 <청구권협정>이라 한다.) 제2
조 3의 재산, 권리 및 이익에 해당하는 것은, 다음 항의 규정의 적용
이 있는 것을 제외하고, 쇼오와(昭和) 40년(1965년) 6월 22일에 소멸된
것으로 한다. 다만, 동일에 제3자의 권리(동조 3의 재산, 권리 및 이익
에 해당하는 것을 제외한다.)의 목적이 되어 있었던 것은, 그 권리의
행사에 필요한 한에 있어서 소멸되지 않는 것으로 한다.

一. 일본국 또는 그 국민에 대한 채권.

二. 담보권이고, 일본국 또는 그 국민이 가지는 물건(증권에 화체되는
   권리를 포함한다. 다음 항에서도 같다.) 또는 채권을 목적으로 하
   는 것.

2. 일본국 또는 그 국민이 쇼오와 40년 6월 22일에 보관하고 있는 대한민
   국 또는 그 국민의 물건이고, 협정 제2조 3의 재산, 권리 및 이익에 해
   당하는 것은, 동일에 그 보관자에게 귀속된 것으로 한다. 그 경우, 주
   권이 발행되어 있지 않은 주식에 대해서는, 그 발행회사가 그 주권을
   보관하는 것으로 간주한다.

3. 대한민국 또는 그 국민이 가지는 증권에 화체되는 권리이고, 협정 제2
   조 3의 재산, 권리 및 이익에 해당하는 것에 대해서는, 전 2항의 규정
   이 적용되는 것을 제외하고, 대한민국 또는 동조 3의 규정에 해당하
   는 그 국민은, 쇼오와 40년 6월 22일 이후 그 권리에 기초하는 주장을
   할 수 없게 된 것으로 한다.

부칙 이 법률은, 협정의 효력발생일부터 시행한다.

나) <청구권협정>과 법률 제144호의 관계

일본 정부는 이 법률 제144호의 제정이유를 아래와 같이 제시했다.
즉 1965년 11월 19일 참의원 <본회의>에서, 시이나 외무대신은 "재
산 및 청구권에 관한 문제의 해결과 경제협력에 관한 협정은, 그 제2
조에서 일한 양국간의 재산 및 청구권에 관한 문제가 완전히 그리고
최종적으로 해결된 것이 된다는 것을 확인하고, 일본국에 있는 한국
및 한국민의 재산에 대해 취해지는 조치에 관해서는, 한국은 어떠한
주장도 할 수 없는 것으로 한다는 취지를 규정하고 있습니다. 이 규
정상, 이들 재산권에 대해 구체적으로 어떠한 국내적 조치를 취할 것

인가는, 우리나라(일본-필자)가 규정하는 데에 맡겨져 있으며, 따라서, 이 협정의 발효에 수반하여 이들 재산권에 대해 취할 조치를 정하는 것이 필요하게 되었기 때문에, 이 법률안을 작성한 것입니다"77)라고 주장했다. 그리고 시이나 외무대신은, 1965년 11월 22일 참의원 <일한조약 등 특별위원회>에서도 동일한 취지의 주장을 했다.78)

또한 일본정부의 이러한 주장은 일본의 국회에 의해서도 그대로 답습되었다. 이것은 1965년 12월 11일 참의원 <본회의>에서, <일한조약 등 특별위원회>의 심의 경과 및 결과를 보고한 쿠사바(草葉隆圓) 의원이, 위 법률안을 "협정의 규정에 기초하여, 우리나라(일본: 필자)에 있는 한국 또는 한국민의 재산 등에 대해 취해야 할 조치"라고 자리매김하고 있는 데서 확인할 수 있다.79)

그런데 일본 정부의 이러한 주장에서 주목되는 것은, 법률 제144호를 <청구권협정>의 당연한 결과로 보고 있다는 것이다. 즉 일본 정부에 따르면, 법률 제144호는 <청구권협정> 제2조가 "정하는 것이 필요하게" 하였기 때문에 제정한 것이며, 일본은 <청구권협정>에 따라 "어떠한 국내적 조치"도 취할 수 있다라는 것이다. 하지만, <청구권협정> 제2조는, 단지 일본이 조치를 취할 경우 한국은 그에 대해 "어떠한 주장도 할 수 없"다고 규정하고 있을 뿐, 일본에 대해 조치를 취하도록 요구하고 있는 것은 아니며, 하물며 일본이 어떠한 조치든 취할 수 있도록 허용해 주고 있는 것은 더더구나 아니다. 따라서 일본의 조치인 법률 제144호의 타당성은, <청구권협정>에 의해 당연히 부여되는 것이 아니라, <청구권협정>과는 분리하여 독립적으로 검토되지 않으면 안되는 것이다.

77) ≪第50回國會 參議院會議錄 第8號≫ 1965.11.19, 4
78) ≪第50回國會 參議院 日韓條約等特別委員會議錄 第2號≫ 1965.11.22, 2면 참조. ≪日韓條約と國內法の解說≫도 완전히 동일한 주장을 하고 있다. 谷田正躬 外2, ≪위 책≫, 108 참조.
79) ≪第50回國會 參議院會議錄 第14號≫ 1965.12.11, 2

다) 법률 제144호의 불법성

법률 제144호는 일본에 있는 한국인 개인의 채권, 담보권, 소유권, 유가증권상의 권리 등을 박탈하는 것을 내용으로 하고 있다. 그런데 <일본국헌법>에 제29조에 따르면, "財産權은, 이를 侵害해서는 안된다. … (3) 私有財産은, 正當한 補償아래, 이를 公共을 위해 使用할 수 있다." 법률 제144호는 바로 이 <일본국헌법> 제29조에서 보장된 재산권을 침해하는 것이다. 또한 그것은 사유재산을 "공공을 위해" 사용하는 것과는 관계가 없으며, 어떠한 "정당한 보상"에 대해서도 규정하고 있지 않다. 일본 정부가 "정당한 보상"을 위해 어떠한 별도의 조치를 취한 것도 아니다. <청구권협정>에 의해 한국 정부에 5억 달러를 주었지만, 위 4-3에서 살펴 본 것처럼, 일본 정부에 따르면, 이것은 어디까지나 "경제협력을 증진"시키기 위해 지급한 것이며, 따라서 "정당한 보상"과는 관련이 없는 것이다. 뿐만 아니라, 법률 제144호는 외국인 재산의 수용에 관한 관습국제법을 위반한 것이다. 외국인의 재산을 수용할 때는, 수용이 공공목적을 위한 것일 것, 적절한 보상을 지급할 것 등의 요건을 충족해야 한다.[80] 하지만, 법률 제144호는 이들 요건을 전혀 충족시키지 못하고 있다.

요컨대, 법률 제144호는 <일본국헌법> 제29조와 관습국제법을 위반한 법률로서, 효력을 인정할 수 없는 것이라고 보아야 하는 것이다.

라) 법률 제144호의 범위

한걸음 물러나, 설령 법률 제144호의 효력을 인정한다고 하더라도, 그것에 의해 소멸된 것은 '일정한 재산, 권리 및 이익'만이다.

우선 법률 제144호는 오로지 재산, 권리 및 이익만에 관한 것이며

---

80) 김대순, 2003 ≪國際法論≫ -제8판- (삼영사) 468~474. 외국인 재산의 수용에 관한 국제법에 대해서는 필자의 동료인 박배근 교수로부터 조언을 얻었다. 이 자리를 빌어 감사드린다.

청구권과는 아무런 관련이 없다. 이것은 <청구권협정> 제2조 3의 문언상 그리고 법률 제144호의 문언상 명확하다.

다음으로 여기에서의 재산, 권리 및 이익은, <합의의사록(Ⅰ)> 2의 (e)에 따르면, "법률상의 근거에 의거하여 재산적 가치가 인정되는 모든 종류의 실체적 권리"를 의미한다. 1993년 5월 26일 중의원 <예산위원회>에서의 탄바 외무성 조약국장의 발언에 따르면, 그것은 "이미 실체적으로 존재하고 있는 재산, 권리 및 이익만이다." 그리고 이러한 재산, 권리 및 이익은 청구권과는 아래와 같이 구별된다. 즉, "예를 들면 A와 B 사이에 다툼이 있어서, A가 B에게 맞았다, 그래서 A가 B에 대해 배상해라라고 말하고 있다. 이러한 사이에서는, 그것은 A의 B에 대한 청구권일 것이라고 생각하는 것이다. 그러나, 이윽고 재판소에 가서, 재판소의 판결로서, 역시 B는 A에 대해 채무를 지고 있다라는 확정판결이 나왔을 때, 그 청구권은 비로소 실체적인 권리가 된다."[81]

요컨대, 법률 제144호의 효력을 인정한다고 하더라도, 그것에 의해 소멸된 재산, 권리 및 이익은, 재판소의 확정판결과 같이 누가 보아도 권리가 존재하고 있다는 것을 확인할 수 있는 확고한 증거가 있는 권리만이며, 그러한 확고한 증거가 없는 권리, 당사자 사이에 다툼이 있는 권리는 소멸되지 않은 것이다.

2) 청구권

"청구권"에 관해서는 일본은 어떠한 국내조치도 취할 수 없었으며, 취하지도 않았다.

위에서도 인용한, 1993년 5월 26일 중의원 <예산위원회>에서의

---

81) ≪第126回國會 衆議院 豫算委員會議錄 第26號≫ 1993.5.26, 36

탄바 외무성 조약국장의 발언에 따르면, 일본 정부는 "청구권에 대해서는, 그 외교적 보호의 포기에 머무르고 있다. 개인의 소위 청구권이라는 것이 있다고 한다면, 그것은 그 외교적 보호의 대상은 되지 않지만, 그러한 형태로는 존재할 수 있는 것"이다.[82] 그리고 역시 탄바 조약국장의 발언에 따르면, 청구권은 "'재산, 권리 및 이익'에 해당하지 않는, 법률적 근거의 유무 자체가 문제가 되고 있다고 하는 크레임을 제기하는 지위를 의미한다."[83]

따라서, 일본 정부의 주장에 따른다고 하더라도, 확정되지 않은 한국인 개인의 모든 청구권은 여전히 존재하는 것이며, 그것을 행사하는 데 아무런 문제가 없는 것이다. 이 점은, 1994년 3월 25일 중의원 <내각위원회>에서 타케시타 外務大臣官房 審議官이 "개인으로서의 청구를 예를 들면 재판소에 제기한다고 하는 권리까지 빼앗겼다라는 것은 아닙니다"[84]라고 명언한 데서도 확인된다.

요컨대 일본 및 일본국민(법인을 포함한다)에 대한 한국인 개인의 청구권은 지금도 존재하고 있으며, 그것을 재판소에 제기하는 데 아무런 문제가 없는 것이다.

7. 소 결

위에서 검토한 내용에 기초할 때, 다음과 같은 결론을 도출하는 것이 가능하다.

'<청구권협정>에 의해 한국의 외교적 보호권 이외에 한국인 개인의 재산, 권리 및 이익과 청구권이 소멸되었는가 아닌가'는 <청구권

---

82) ≪第126回國會 衆議院 豫算委員會議錄 第26號≫ 1993.5.26, 37
83) ≪第126回國會 衆議院 豫算委員會議錄 第26號≫ 1993.5.26, 36
84) ≪第129回國會 衆議院 內閣委員會議錄 第1號≫ 1994.3.25, 8

협정> 및 그 부속문서의 문언만으로는 명확하지 않다.

<비엔나협약> 제32조의 "조약의 교섭 기록"에 해당하는 일본 정부 관계자의 발언에 따를 때, <청구권협정>에 의해서 적어도 일본의 "약탈과 파괴"에 대한 한국인 개인의 청구권은 소멸되지 않았다.

<비엔나협약> 제32조의 "해석의 보충적 수단"에 해당하며, 또한 그 명확성과 일관성으로 인해, <비엔나협약> 제31조의 "조약의 해석에 관한 당사국의 합의를 확정하는 그 조약 적용에 있어서의 추후의 관행"에 해당하는 한일 양국 정부의 해석에 따를 때, <청구권협정>에 의해 소멸된 것은 한일 양국의 외교적 보호권만이며, 한국인 개인의 재산, 권리 및 이익과 청구권은 소멸되지 않았다.

한국인 개인의 재산, 권리 및 이익을 소멸시킨 일본의 법률 제144호는 <일본국헌법>과 관습국제법을 위반한 무효인 법률이므로, 법률 제144호에 의해서도 한국인 개인의 재산, 권리 및 이익은 소멸되지 않았다.

설사 일본의 법률 제144호의 효력을 인정한다고 하더라도, 재판소의 확정판결과 같이 누가 보아도 권리가 존재하고 있다는 것을 확인할 수 있는 확고한 증거가 있는 권리에 해당하는 한국인 개인의 재산, 권리 및 이익만이 소멸된 것이다.

한국인 개인의 청구권은 <청구권협정>에 의해서도 일본의 국내 조치에 의해서도 소멸되지 않았다.

따라서, 일본의 법률 제144호가 효력을 인정받을 수 없기 때문에, 한국인 개인의 청구권은 물론 법률 제144호에 의해 소멸되었다고 주장되는 한국인 개인의 재산, 권리 및 이익에 관해서도 소송을 제기하는 것이 가능하며, 설사 법률 제144호의 효력이 인정된다고 하더라도, 그것에 의해서도 소멸되지 않은 한국인 개인의 모든 청구권에 관해 소송을 제기하는 것은 가능한 것이다.

8. 일본 정부와 한국 정부의 '변신'

위에서 살펴 본 것처럼, 1990년대말까지 <청구권협정>과 한국인 피해자 개인의 권리에 관한 일본 정부와 한국 정부의 해석은, <청구권협정>에도 불구하고 개인의 권리는 소멸되지 않았다는 것이었다. 그런데 2000년대에 들어와 그 해석에는 적지 않은 변화가 발견된다.

우선 일본 정부는 이제는 한국인들이 청구권을 주장해도 "일본국 및 그 국민은 이에 응할 법적 의무가 없다"라고 주장하고 나섰다. 예를 들어, 일본 정부는 2003년 9월 19일 히로시마(廣島) 고등재판소에 제출한 준비서면[85]에서, "<재산, 권리 및 이익>에 대한 조치 및 기타의 <청구권>에 관해서, 어떠한 주장도 할 수 없고, 완전히 그리고 최종적으로 해결되었다는 것은, 한국 및 그 국민은 어떠한 근거에 기초하여 일본국 및 그 국민에게 청구하더라도, 일본국 및 그 국민은 이에 응할 법적 의무는 없다라는 것을 의미한다. … 따라서 한국국민이 이 <청구권>에 기초하여, 우리나라에 청구를 했다 하더라도, 우리나라는 그것에 응할 법적 의무가 없게 된다"라고 주장했다. 이것은 "외교보호권만을 소멸시킨 것이다"라는 1965년 이래의 주장이나, 한국인 피해자들이 "청구를 예를 들면 재판소에 제기한다고 하는 권리"는 존재한다라는 1990년대의 주장과는 분명히 다른 것이다.

무엇이 일본 정부로 하여금 그러한 '변신'을 감행하게 하였을까? 이 의문을 풀기 위해서는 각 시기에 있어서 한일간 과거청산을 둘러싼 역사적 배경을 살펴보는 것이 필요하다.

외교보호권만이 소멸되었고 개인의 권리는 소멸되지 않았다라는 일본 정부의 해석은, 애당초 국가와 개인이 별개의 권리주체인 이상,

---

85) <平成11年(ネ)第206号 損害賠償請求控訴事件 第12準備書面> (공소인 朴昌煥 외 39명 ; 피공소인 일본국 외 2명), 2003.9.19.

국가는 개인의 권리를 소멸시킬 수 없다고 하는 자명한 법논리에 따른 것이기도 했겠지만, 다른 한편으로 위의 해석을 처음으로 제시한 1965년 당시에는 일본인의 이른바 '대한청구권문제'가 일본 국내적으로는 충분히 정리되지 않은 상태였기 때문에, "국가가 한반도에서의 나의 권리를 소멸시켰으니, 그에 대해 보상하라"라고 하는 일본인들의 잠재적 요구에 대해 사전에 대비한다는 의미도 가지고 있었다. 뿐만아니라, 1965년 당시에는, 일본 정부가 한국인들의 권리를 인정한다고 해도, 여러 가지 정황상 한국인 피해자들이 일본에 대해 권리를 행사하는 것이 사실상 불가능하기도 했다.

그런데 1980년대말 현실 사회주의국가들이 몰락하고, 냉전이 종식되면서 환경이 변했다. 1990년대에 들어오면서, 냉전의 무게에 눌려 있던 각종 권리 주장은 봇물을 이루며 터져 나왔으며, 그 일부로서 일본군'위안부' 피해자를 비롯한 한국인 피해자들의 피해 구제 요구도 강력하게 제기되었고, 국제사회도 그 요구에 호응하여 일본 정부를 압박했다. 1990년대에 들어와 일본 정부가 위의 기본입장을 거듭 확인하면서, 한걸음 더 나아가 청구권을 "개인으로서의 청구를 예를 들면 재판소에 제기한다고 하는 권리"라고 적극적으로 자리매김하기에까지 이른 것은 그러한 새로운 환경에 대한 대응에 다름아니었다. 한편 동시에, 그것은 '시효'와 '국가무답책의 원칙'이라고 하는 법기술적인 장벽에 부딪혀, 한국인 피해자들이 일본 정부와 기업을 상대로 일본에서 진행 중이던 소송에서 원고 승소의 판결이 선고된 경우가 전무했다고 하는, 소송과 관련한 일본 정부와 기업에 유리한 상황을 염두에 둔 것이기도 했다.

하지만, 2000년대에 들어오면서 환경이 또 한번 변했다. 한국인 개인의 청구권과 관련하여, 1990년대를 통해 유엔인권위원회 및 인권소위원회를 중심으로 일본의 배상책임을 인정하는 보고서들이 거듭 채택되면서 그것이 국제사회의 상식으로 자리잡게 된 것을 배경으로,

1990년대말 이래 일본의 재판소에서 '시효'와 '국가무답책의 원칙'을 배제하는 진전된 판결들이 나오게 되었고, 2000년부터는 '시효'와 '국가무답책의 원칙'으로부터 자유로운 미국의 법정에 일본국과 일본기업을 상대로 한 소송이 제기됨으로써, '권리는 인정하지만 그에 상응하는 의무는 이행할 수 없다'라고 하는 일본 정부의 입장이 더 이상 관철되기 어렵게 된 것이다. 일본 정부가 2000년대에 들어와 <청구권협정>에 관한 '새로운 해석'을 제시하게 된 것은 그러한 환경변화에 대한 대응인 셈이다.

요컨대 일본 정부는, 한국인 개인의 청구권과 관련하여 그것이 실현될 현실적인 가능성이 없거나 적은 상황에서는 '권리가 있다'라고 하다가, 그것이 실현될 가능성이 생기자 '권리를 주장해도 소용이 없다'라고 주장을 바꾼 것이다. 하지만, 이러한 일본 정부의 태도는 '금반언의 원칙'상 인정될 수 없는 것이다. 뿐만아니라, 만일 "법적 의무가 없다"라는 것이 일본 정부의 입장이라면, 일본 정부는 그러한 입장이면서도 "청구를 예를 들면 재판소에 제기한다고 하는 권리"는 존재한다라고 국회에서 답변함으로써, 다수의 고령의 한국인 피해자들로 하여금 대한해협을 오가면서 힘겨운 소송을 하도록 만든 데 대해, 비난을 면치 못할 것이다.

한편 대일 과거청산의 요구가 강력하게 제기된 1990년대 초에는, 국회 답변을 통해 거듭거듭 한국인 개인의 청구권은 소멸되지 않았다는 입장을 밝혔던 한국 정부도, 2003년에 들어와서는 "일제 강점기 피해자들에 대한 보상을 종료"했다면서, 청구권의 소멸을 주장하고 나섰다.[86] 하지만, 한국 정부의 이러한 '변신'도 '금반언의 원칙'상 인정될 수 없는 것이다. 뿐만아니라, 피징용사망자를 제외한 모든 피해자(징용·징병·BC급 전범·일본군'위안부' 피해자 등)에 대해 일본

---

[86] <서울행정법원 2002구합 33943 정보공개거부처분취소 답변서> (원고 신천수외 99인 ; 피고 외교통상부장관), 2003.5.14

정부는 물론이고 한국 정부도 어떠한 보상조치도 취한 적이 없기 때문에, "보상을 종료"했다는 한국 정부의 주장은 애당초 사실관계에 반하는 것이다.

Ⅳ. 맺음말

지금까지 살펴 본 한일간 과거청산의 경험으로부터, 다음과 같은, 과거와 미래를 연결하는 현재적 과제들이 부각되게 된다.

첫째는, 과거의 역사적 사실을 직시해야 한다는 것이다. 한국의 황제와 대신들에 대한 강박이 있었음에도 불구하고, 그것이 없었다고 강변하거나, 없었던 것처럼 주장을 늘어놓는 것은 명백한 잘못이다. 엄연히 존재한 역사적 사실을 부정하고서는, 과거에 대한 어떠한 논의도 시작될 수 없는 것이다.

둘째는, 현재와 미래에 기초하여 과거를 해석해야 한다는 것이다. 과거란 존재하는 것일 뿐만아니라, 해석되는 것이기도 하다. 그리고 그 해석은 때로 여러 가지일 수 있다. 특히 힘관계가 지배하는 국가간의 관계를 규범적으로 해석하는 작업은 흔히 복수의 결론으로 이어지기 쉽다. 하지만, 해석을 하는 주체들이 현재와 미래에 있어서의 공통의 가치에 합의할 수 있다면, 해석은 결국 그 가치에로 수렴되기 마련이다. 한일간에는, 강점이라고 하는 하나의 과거에 대해 서로 다른 해석이 충돌하고 있다. 그것은, 강점의 과거를 극복하고 선린우호관계를 확립하고자 하는 가치지향과 강점을 정당화하고자 하는 가치지향 사이의 충돌의 또 다른 표현에 다름아니다. 한일간 과거청산의 완전한 실현을 위해서는, 그 충돌하는 가치를 접근시킴으로써, 과거에 대한 합의된 해석을 도출해 내어야 할 것이다.

셋째는, 국가가 아니라 개인을 중심에 놓고 문제에 접근해야 한다는 것이다. 지금까지의 한일간 과거청산은 철저히 국가의 논리에 따른 것이었다. 한일 양국 정부는 '국가간에는 법적으로 해결이 끝났다'라는 합의만으로 문제가 완전히 해결될 수 있으리라고 생각했다. 그리고 그 생각은 국가가 개인 위에 군림한 시대에는 통할 수 있었다. 하지만, 한일간 과거청산의 경험은 그것이 결코 상처에 대한 근원적인 치료가 될 수 없다는 사실을 입증해 주었다. 한국인 개인의 상처는 국가의 방치 속에서 더욱 깊어져 갔으며, 국가의 말바꿈 속에서 새롭게 덧나기까지 했다. 뿐만아니라, 더 이상 국가가 개인 위에 군림할 수 없게 된 상황에서, 개인의 상처는 '해결이 끝났다'라고 주장되어 온 국가간의 관계에 주기적으로 '역사전쟁'을 불러오기에까지 이르렀다. 국가의 핵심요소인 개인이 과거의 상처 때문에 시달리고 있는 상황이 이어지는 이상, 그 과거는 국가간에도 결코 해결이 끝난 문제일 수 없는 것이다.

ABSTRACT

Contents and Characteristics of the Korea—Japan Basic Treaty and Claims Agreement in 1965

Kim. Chang-rok

This paper examines two major points of contention concerning historical settlements between Korea and Japan. One involves the debate over article two of the 'Korea - Japan Basic Treaty' and other related Korea-Japan treaties concluded in the early 1900s that question their validity, and the other deals with article two and article three of the 'Claims Agreements' concerning issues of individual rights. By looking into the specific points of debate, the situation that has developed over these issues, the significance of such a situation, and based upon a review of the current situation in the matter of historical settlement between Korea and Japan, this paper attempts to outline what is presently needed in order to resolve the project of historical settlement between Korea and Japan.

As for the former debate over the efficacy of previous treaties, according to recent studies in international law and research findings by historians, evidence has shown that from the outset these treaties were actually invalid. However, the Japanese government and the proponents of the theory of legal invalidity have argued that the contracts were indeed legally binding according to the imperialistic international law of early 1900s, but they have been proven wrong. As for the latter debate over the Claims Agreement, based on the negotiations records and explanations from both countries, even though there are claims of agreement, it has been proven true that Korean victims' individual rights were not nullified (by these claims), even though both the Korean and Japanese states have, since 2000, upheld arguments opposing such a fact.

Compared to previous studies on the actual content and development of these two issues that have considered the historical, political, and diplomatic perspectives, this analysis manifests, first, how the legal matters and characteristics were decided upon in the process of establishing the Korea-Japan Basic Treaty and the Claims Agreement. Second, after the treaty and agreement were concluded, this paper examines what problems surfaced concerning its legal contents and characteristics, and manifests how they were dealt with in response. Third, the paper surveys the debates from a legal perspective and attempts to lead the debates toward a possible resolution. In this manner, this paper contributes to the content and characteristics of these two matters through a legal analysis of the issues.

Keywords : Korea-Japan Basic Treaty in 1965, Korea-Japan Claims Agreement, historical understanding, Korea-Japan relations

한일협정 이후 한일과거사 문제의 개선방향
-조약개정 가능성의 검토-

이 원 덕*

Ⅰ. 머리말

한일기본조약으로 한국과 일본이 국교를 정상화한지도 40년 가까이 경과되었다.그 간 양국은 자유와 민주주의 그리고 자본주의 가치를 공유하는 기본적인 입장에서 정치, 안보, 경제의 각 영역에 걸쳐 협력관계를 유지하며 우호와 친선의 기반을 착실하게 구축해 왔다. 그러나 전후 한일관계를 돌이켜보건대 양국이 진정으로 우호협력의 친선 관계를 유지, 발전시켜 왔다고 말할 수 없는 또 하나의 측면이

---

* 국민대학교 국제학부 교수

존재한다.

다름 아닌 과거사청산 문제를 둘러싼 심각한 갈등과 대립의 역사가 그것이다. 전후 한일관계는 이른바 '과거사 논쟁'의 연속으로 점철되었다고 해도 과언이 아니다. 기본적으로 한일과거사 갈등의 연원은 일본의 조선식민지 지배에 대한 역사인식의 괴리에 그 뿌리를 두고 있다고 할 수 있다. 이렇게 볼 때 이른바 한일관계의 '65년 체제'를 형성시킨 한일조약이 과거사 청산 문제를 어떻게 다루었는가의 문제가 하나의 의문으로 떠오른다.

끊임없는 한일 간 역사논쟁의 기본적인 원점은 한일조약에서 과거사 쟁점이 충분히 해결되지 못하고 편의적이고 미봉적인 타협만을 추구했다는 데서 찾을 수 있다. 본고에서는 이러한 관점에 서서 한일회담과 그것의 귀결인 1965년 한일조약이 지닌 문제점을 살펴보고 조약개정의 가능성과 한계를 고찰하고자 한다.

우선 제2장에서는 한일회담이 본질적인 의제인 과거사 처리의 해결에 집중되지 못하고 냉전과 연계된 안보논리와 경제논리에 의해 압도된 나머지 본래의 모습과는 괴리된, 일그러진 형태로 귀결되었다는 점을 밝히고자 한다. 제3장에서는 한일조약의 핵심적인 문제조항이라고 할 수 있는 기본조약의 전문과 제2조 그리고 청구권 협정의 제2조의 설치 경위를 심층적으로 고찰하고 그 개정방향을 논의한다. 마지막으로 제4장에서는 조약개정론의 제기현황과 그 배경을 검토하고 그 한계를 살펴보기로 한다.

Ⅱ. 한일조약 타결논리의 근본문제

1951년 10월 교섭개시로부터 1965년 6월 조약의 체결에 이르기까지 14년이라는 세월이 소요된 한일회담은 세계 외교사에서도 그 유래를 볼 수 없는 난항과 파란으로 점철된 마라톤 교섭이었다. 이 교섭의 본래 목적은 일본의 조선 식민통치가 남긴 유산을 청산하고 양국 간의 정상적인 새로운 정치, 경제관계를 수립한다는데 있었다. 그러나 과거 일본의 조선통치에 대한 역사적 평가를 둘러싼 한일 양국의 현격한 인식 차로 말미암아 이 교섭은 심각한 갈등과 대립을 겪은 후에야 타결될 수밖에 없었다.

14년간의 회담 전개과정에는 다음의 두 가지의 상반된 힘이 지속적으로 작용하였다는 사실을 지적할 수 있다. 첫째, 회담을 타결로 이끌어 가는 힘은 안보 논리와 경제 논리에 의해 주어졌다. 다시 말해 안보 논리와 경제 논리가 한일관계의 구심력으로 작용하여 교섭의 타결을 촉진시켰다. 둘째, 과거사 청산 논리는 회담을 대립과 갈등으로 끌고 가는 힘으로 작용하였다. 교섭을 결렬의 방향으로 끌고 가는 원심적인 힘의 원천은 과거사 청산의 논리에 의해 주어졌다. 이하에서는 한일조약의 체결에 이르기까지의 교섭을 냉전논리와 경제논리가 과거사 청산논리를 압도하는 과정이라는 관점에서 고찰하고자 한다.

1. 냉전과 안보의 논리

일본의 패전과 한국의 해방이라는 새로운 상황 속에서 한일관계가 당면한 제일의 과제는 식민지 시대가 만들어낸 과거의 유산을 처리하고 이를 바탕으로 새로운 관계를 설정한다는 데 있었다. 따라서 기본적으로 한일회담은 과거사의 처리와 청산이라는 중심문제를 다루기 위한 양국 간 교섭으로서의 의미를 지닌 것이었다. 그러나 한일회담의 전 과정을 통해 과거사 청산의 과제는 냉전논리와 경제논리에 의해 밀려나 그 해결이 유보될 수밖에 없었다. 이 결과 한일조약은 굴곡과 모순으로 귀결되고 만 것이다.

한일회담의 타결을 촉진시킨 냉전논리의 첫 번째 힘은 전후 국제체제의 냉전구조와 이와 연계된 미국의 아시아 전략이라는 형태로 작용해 왔다고 볼 수 있다. 미국은 회담의 개시 단계에부터 타결 시점에 이르기까지 한일교섭을 타결시키고자 끊임없이 다양한 형태의 노력을 기울여왔다. 애당초 한일 양국을 회담의 테이블에 앉힌 것이 다름 아닌 미국이었으며 나아가 반복되는 회담의 중단과 결렬사태를 회담재개와 타결로 이끌어가기 위해 때로는 배후에서, 때로는 표면적인 압력을 가한 것도 미국이었다.

미국이 이 처럼 한일회담의 타결을 위한 노력을 기울이게 된 것은 기본적으로 전후 국제체제를 지배한 동서 냉전구조 하에서 공산권에 대한 봉쇄정책을 효과적으로 수행하기 위해서였다. 즉, 미국은 서방진영에 위치한 일본과 한국을 정치경제적으로 결속시킴으로써 중국, 소련 북한으로 이어지는 공산권에 대항하는 동아시아의 반공전선을 확고히 구축하고자 의도한 것이다. 제2차 대전의 종결 직후 패전국 일본에 대해서 징벌적인 성격이 농후한 대규모의 배상을 요구하려던 애초의 정책적 입장을 180도 선회하여 일본의 정치적 안정과 경제부흥을 적극적으로 후원했던 것도 따지고 보면 미국의 이러한 대 공산권 봉쇄전략의 산물이었다.

1960년대에 이르면 미국의 한일회담 타결에의 압력은 50년대의 수준을 뛰어넘어 더욱 고조된 형태로 나타나게 되는데 이러한 배경에는 동아시아의 안보정세가 그 이전보다 긴박의 도를 더해 가는 것과 함수관계를 지니고 있었다. 베트남의 정세가 악화되는 속에서 미국은 베트남에 대한 군사적 개입에 정책의 우선순위를 두는 방향으로 아시아 정책을 실시함에 따라 동아시아의 안보 공약은 상대적인 약화를 초래하였다. 그 결과 동아시아 냉전의 전초기지인 한국의 안보문제가 중요한 현안으로 떠오르게 되었다. 더욱이 한국의 베트남 파병 결정은 미국으로 하여금 한국의 안보를 보장할 수 있는 강력한 수단을 강구하도록 촉진시키는 변수로 작용하였다.

또한 1964년 가을에는 중국이 핵 실험에 성공함으로써 동아시아의 안보정세가 서방진영에 상대적으로 불리한 방향으로 기울어갔다. 이러한 긴박한 안보상황에 대처하기 위해 미국은 한일회담 타결을 조속히 서둘렀던 것이다. 즉, 미국으로서는 한일관계의 수복을 통하여 일본이 한국의 정치적 안정과 경제발전에 일정한 기여를 할 수 있도록 하는 것이야말로 동아시아 반공진영의 안전보장을 강화시키는 핵심적인 요소라고 판단하였다. 미국은 이러한 전략적 이해를 바탕으로 1964년 한국국내의 반대운동에 의해 중단된 한일회담을 재개시켜 조속한 타결을 달성하도록 한국과 일본에 강력한 압력을 행사하였다.

냉전논리와 안보논리에 기반을 둔 미국의 회담타결에의 끈질긴 노력이 1965년 한일회담의 타결을 가능케 한 중요한 요소임은 아무리 강조해도 지나침이 없을 것이다. 미국의 전략적 이해를 앞세운 타결 압력 속에서 한일회담의 본제인 과거사 청산문제는 뒷전에 밀릴 수밖에 없었다. 이러한 결과는 한일관계 속에 내재하는 민족적 갈등요인 보다는 자국의 정치, 안보적 이해관계를 우선하는 미국의 동아시아 정책 속에서 나온 당연한 귀결이었는지도 모른다.

한편 일본 측의 입장에서 볼 때에도 회담타결론의 중요한 근거를 제공한 것은 안보적 고려였다. 역사적으로 보아도 "조선은 일본의 심장을 겨누고 있는 비수"라는 인식은 명치유신 이래 일본의 한반도 정책에 흐르고 있는 일관된 사고방식이라고 할 수 있다. 일본 외무성 문서에는 "일본은 한국의 방위에 있어서 불가결한 기지이며 일본의 안전보장에 극히 중요하다"라는 표현이 반복되고 있다는 사실만 보아도 일본의 대한정책의 핵심이 안보문제에 있음을 알 수 있다. 재직 당시 한일회담에 극히 소극적인 입장을 견지했던 요시다 수상조차도 그의 저서에서 "한일관계가 조정된다면 아시아의 반공체제를 스스로

보강하는 결과가 되며 이로써 미국이 얻는 수확도 크다"고 서술할 정도였다.[1]

대한정책을 둘러싼 일본 내 논쟁구도에서 한일회담의 조기 타결론의 입장에 서있던 정치세력이 조기 타결론의 제일의 논거로 채용했던 논리도 다름 아닌 안보논리였다. 그들은 이른바 '부산 赤旗論'을 제창하며 만약 한국이 공산세력의 지배하에 떨어진다면 일본의 안보는 치명적인 위협에 노출될 것이라고 판단하여 어떻게 해서라도 한국의 반공 정권을 공고하게 유지시켜야 한다고 주장하였던 것이다. 그들에게 있어서 한국의 박 정권은 아시아 반공전선의 최후의 보루에 다름 아니었다. 이러한 일본 측의 안보논리에 입각한 대한정책은 냉전 하에서 미국이 추진했던 대 공산권 봉쇄전략과 이해관계가 일치했다고 볼 수 있다.

회담타결의 국면에서 일본이 박 정권에 대한 정치경제적 지원을 아끼지 않았던 것도 따지고 보면 박 정권이야말로 일본 최대의 안보적 위협요소인 한반도 공산화를 방지해 줄 수 있는 방파제라고 생각했기 때문이었다. 조기 타결론의 정책적 입장에 한일관계를 과거사 청산의 관점에서 접근하는 자세가 완전히 결여되어 있었음은 말할 필요도 없을 것이다.

일본 내 정책논쟁의 구도 속에서 반대론의 입장을 내세웠던 혁신적 정치 사회세력의 반대론의 주요논거도 안보적 고려가 그 중심을 이루었다는 점은 주목을 요하는 대목이다. 즉, 그들은 한일회담이 타결될 경우 일본은 미국이 주도하는 동아시아의 군사안보망에 편입되어, 의도하지 않는 동서진영 간의 전쟁에 휘말려들지도 모른다는 고려에서 한일관계의 수복에 결사반대 했다. 적어도 한일회담이 진행되던 시기에 한정하여 볼 경우, 그들의 비판논리 속에서 일본의 전향적

---

[1] 安江良介, <日韓條約の本質; 日韓關係の基本問題>, 日韓シンポジウム: 敗戰50年と解放50年 臨時增刊, 1995.8 ≪世界≫, 35~36

인 역사인식과 적극적인 과거사 처리를 촉구하는 자세는 발견할 수
없었다.

2. 경제의 논리

한일회담의 타결을 촉진시킨 제일의 원동력이 냉전과 안보논리였
다면 회담타결을 추동시킨 두 번째의 에너지 공급원은 경제논리였다
고 생각된다. 경제논리가 회담타결의 주요한 추진력으로 작용했다는
점은 1950년대에 답보를 면치 못하던 한일교섭이 1960년대 들어서
급격하게 타협을 모색하는 방향으로 선회했다는 사실을 보아도 명백
하다. 사실 1950년대까지만 하더라도 한일 경제관계는 미국을 매개로
한 간접적인 것에 불과했으며 상대를 경제적 필요성이라는 관점에서
바라볼 만큼 긴요하지 않았다.

1950년대의 일본은 패전으로 말미암아 파괴된 산업시설과 약체화
된 경제력을 복구하고 부흥시키는데 여념이 없었기 때문에 상대적으
로 해외로의 경제 진출을 본격화할 수 있는 채비를 갖추지 못하고 있
었다. 더욱이 한국에 대해서는 이승만 정권의 강경한 대일 정책이라
는 장벽도 만만치 않아 최소한의 무역관계 만이 유지되는 수준에 머
물러 있었다. 50년대의 한국 역시 일본으로부터 자본이나 기술의 도
입을 기대하는 단계에 있지 않았다. 이 정권하의 한국경제는 거의 전
적으로 미국의 원조에 의존하고 있는 상황이었기 때문에 일본과의
경제적 단절상태가 그다지 불편한 것으로 느껴지지 않았던 것도 당
연한 일이었다.

그러나 1960년대에 접어들면서 양국의 경제적 여건은 크게 달라졌
다. 특히 한국의 경우 50년대 말부터 미국으로부터의 원조가 양적으
로 크게 삭감되는 한편 질적으로도 많은 변화를 겪게 되면서 그로 인

한 경제적 침체와 불황이 심각하게 나타나게 되었다. 미국은 전후 대소전략의 일환으로 천문학적인 숫자의 경제 원조를 서유럽을 비롯한 동맹국에 쏟아 넣은 결과 달러의 과도한 방출로 인한 후유증에 직면하게 되었다. 이러한 상황에 이르자 미국은 50년대 말부터 달러방위라는 명목 하에 동맹국에 대한 경제 원조를 대폭으로 감축하는 정책을 추진하게 되었는데 한국에 대한 경제원조도 그 예외는 아니었다. 또 케네디 정권이 들어선 이후부터는 원조의 성격이 소비재 위주의 무상 원조방식에서 개발을 지원하는 차관 형 원조로 전환되었다.

이렇게 되자 한국으로서는 대미 의존 형 경제체질을 탈피하여 자립적인 산업화의 기반을 구축하여 본격적인 경제개발정책을 추진하지 않으면 안 된다는 인식을 갖게 되었다. 때마침 1961년 5월 군사정변으로 정권을 장악한 박 정희는 정권의 제일목표로서 조국의 근대화와 경제개발을 내걸고 야심찬 경제개발 5개년 계획을 수립하기에 이르렀다.

그러나 박정희 군사정권은 경제개발계획의 추진에 필수적으로 요구되는 자본과 기술의 부족에 직면하여 고뇌하지 않을 수 없었다. 이러한 곤경에서 탈출하기 위해서 박 정권이 구상한 것이 다름 아닌 대일 관계의 타결노선이었다. 박 정권은 만약 대일회담이 타결된다면 상당한 액수의 청구권 자금이 들어올 것이고 더 나아가 일본과의 경제관계가 정상화된다면 다량의 자본과 기술을 도입하여 경제개발에 활용할 수 있다고 계산한 것이다.

박 정권이 국내의 치열한 반대운동에도 불구하고 정권의 운명을 걸고 대일회담의 타결에 나서게 된 것도 따지고 보면 이러한 경제적 요구 때문이었다고 해도 과언이 아니다. 물론 이러한 박 정권의 선택을 가능케 했던 또 하나의 요인을 제공한 것은 미국의 동아시아 정책이었다. 60년대에 접어들어 미국은 더 이상 한국의 경제를 전적으로 떠맡을 수 있는 위치에 있지 않았다. 즉, 미국은 박 정권에게 장기적인 관점에서 스스로의 경제개발 계획을 추진하도록 권유하는 한편, 대일회담의 타결을 통해 경제개발에 필요한 자본과 기술을 일본으로부터 도입하도록 강력한 압력을 행사하였던 것이다. 미국은 박 정권이 대일회담의 타결에 나서지 않을 경우 경제 원조를 중단 내지 삭감할 것이라는 압박을 가했다.

한편 일본의 경우도 회담타결의 기운이 무르익기 시작한 60년대로 접어들면서 한일관계를 경제적인 각도에서 바라보기 시작했다는 점에서는 한국과 미국의 입장과 다를 바가 없었다. 안보투쟁의 소용돌이 속에서 물러난 기시 정권의 뒤를 이어 등장한 이케다 정권은 될 수 있으면 국내의 혼란을 야기 시킬 수 있는 안보 정치적 쟁점을 회피하고 그 대신 정치의 중심축을 경제로 옮겨놓는 쪽으로 정치노선을 설정했다. 이케다 수상이 야심적인 정책으로 내놓은 '소득배증계획' 이야말로 이케다 정치노선의 성격을 단적으로 보여주는 것이었다.

한일회담의 최대 난제였던 재산청구권 문제가 이케다 정권하에서 경제협력방식에 의해 타결되었다는 점은 결코 우연한 일이 아니었다. 이케다 수상은 한일회담의 본질을 경제문제라고 인식하고 대한관계를 경제외교의 일환으로 풀어 나가려고 시도하였다.

즉, 이케다 정권은 청구권 문제의 본질이 과거사의 청산에 있음에도 불구하고 이를 경제적 이해의 관점에서 접근하였다.

이케다 정권이 청구권의 해결방안으로 고안해낸 것이 경제협력 방식이었다. 경제협력방식은 다음의 두 가지 측면으로 구성되어 있다. 첫째, 한국의 청구권 요구를 명목과 지불의 둘로 나누어 지불 액수에서는 한국의 요구에 최대한 접근하고 명목에 관해서는 사죄와 보상의 의미를 배제하는 대신 경제협력의 의미를 부여한다. 둘째, 한국에 일본의 공업제품과 역무를 제공함으로써 이를 장래 한국에 대한 경제 진출의 토대로 활용한다는 것이다.

경제협력방식의 요체는 지불의 방식을 자본이 아닌 공업제품과 용

역으로 한다는데 있었다. 경제협력방식은 전후 일본이 인도네시아,
버마, 필리핀, 베트남 등의 동남아시아 국가들과의 전후처리에도 적
용했던 방식이었다. 일본은 이러한 전후처리의 방식을 오히려 동남아
지역에 대한 경제 진출을 적극화하는 토대로 활용해 왔다. 일본은 한
국에게도 이 방식을 적용시키고자 의도했던 것이다. 경제협력방식이
채용된다면 일본으로서도 결코 경제적으로 손해 볼 것이 없으며 오
히려 득이 될 수 있다는 것이 일본의 계산이었다.[2]

경제협력을 앞세운 한일회담의 타결논리는 한국에 경제 진출을 본
격화하려는 경제계의 요구에 의해서도 강력하게 뒷받침되었다. 일본
의 재계는 1960년대 들어 회담타결의 분위기가 고조됨과 때를 같이
하여 타결을 촉진시키기 위한 적극적인 활동을 개시하였다. 재계인들
은 정부의 교섭당국은 물론 자민당의 실력자들에게 하루빨리 한국과
의 국교 정상화에 나서도록 정치적 압력을 행사하는 한편 재계 스스
로도 민간차원의 대한 경제외교를 추진할 목적으로 '일한경제협의'를
조직하였다.

'일한경제협회'는 한국경제 사정에 대한 조사활동을 전개하여 그
결과를 일본의 경제계에 배포함으로써 기업들의 한국에 대한 관심을
촉진시키는데 큰 역할을 수행하였다. 또 양국 경제인의 인적 교류에
도 힘써 한국에 대규모의 재계 사절단을 파견하거나 한국인 경제인
들을 일본에 초청하여 경제교류의 필요성을 환기시키는 사업을 정력

---

2) 경제협력방식의 창안자로 알려진 나카가와 조약국장의 다음과 같은 증
언은 주목할 만하다. "나는 일본의 돈이 아니고 일본의 물품, 기계 혹은
일본인의 서비스, 역무로 지불된다면 이것은 장래 일본의 경제발전에
오히려 플러스가 된다고 생각하였다. 상대국에 공장이 생겨나고 기계가
간다면 수선을 위해서 일본으로부터 부품이 수출된다. 공장을 확장할
때는 같은 종류의 기계가 일본에서 수출되게 된다. 따라서 경제협력의
형태라면 그것은 결코 일본의 손해가 되지 않는다고 생각하였다." NHK
調査報告, ≪アジアからの訴え; 問われる日本の戰後≫ (1992.8 放送)

적으로 전개하였다. 이러한 활동은 일본의 경제계에 한국 붐을 일으키는데 기여하였으며 한일회담의 조기타결 분위기를 고조시키는 촉매역할을 하였다.

이상 살펴보았듯이 한일회담의 타결은 냉전적 상황과 그에 기반을 둔 안보논리 및 경제논리에 의해서 촉진되었을 뿐 정작 회담의 본질이라고 할 수 있는 과거사 청산의 논리는 뒷전으로 밀려났다. 한일회담의 타결과 한일조약의 체결에도 불구하고 과거사 문제가 여전히 정상적인 한일관계를 가로막는 걸림돌로 남아있는 것은 회담타결에 있어서 과거사 처리문제가 유보된 채 안보와 경제논리에 입각한 편의적인 해결만이 도모되었기 때문에 다름 아니다.

Ⅲ. 한일조약의 핵심적 문제조항

1965년 6월 22일 체결, 조인된 한일조약은 1개 조약과 4개의 협정, 2개의 의정서, 5개의 합의의사록, 9개의 교환공문, 2개의 왕복서간, 2개의 토의기록으로 이루어진 매우 방대한 문서들로 구성되어 있다. 이 중 가장 핵심을 이루는 것이 양국관계의 국교수립과 기본관계의 수립을 규정한 한일기본조약이며 재일한국인의 법적지위에 관한 협정, 어업협정, 재산청구권 및 경제협력에 관한 협정, 문화재 및 문화협력에 관한 협정의 4개 협정도 각 분야별 대립현안의 해결방식을 법률적으로 규정한 중요한 문서이다. 여기서는 한일조약의 문제점을 과거사 청산문제의 핵심을 이루는 기본관계 수립과 재산, 청구권 문제에 한정하여 고찰하기로 한다. 구체적으로는 한일조약의 최대의 문제점으로 볼 수 있는 한일기본조약의 전문과 제2조 그리고 청구권 경제협력에 관한 협정의 제2조를 중점적으로 다루어 보겠다.

1. 한일기본조약의 전문

일반적으로 조약의 전문은 조약의 목적과 기본성격을 표명하는 문구가 들어가는 것이 보통이다. 한일조약은 불법적인 침략과 지배의 역사를 종식시키고 평화와 우호의 기반에서 새로운 한일관계를 설정하는 것을 목적으로 하는 조약이었다고 할 수 있다. 과거를 청산하고 그 바탕 위에서 새로운 양국관계의 구축을 꾀한다는 조약 본래의 취지를 생각한다면, 그 전문에는 조선에 대한 강압적인 주권박탈과 가혹한 식민통치의 역사를 일본이 시인하고 그에 대한 사죄표명과 더불어 그 과정에서 한국인이 입은 피해와 손실에 대해 보상, 배상할 일본의 의무가 명시되었어야 할 것이다.

그러나 한일기본조약의 전문에는 일반적인 이국 간 통상, 우호조약에서 흔히 볼 수 있는 내용만이 서술되어 있을 뿐, 과거사 청산에 관한 내용이 일체 포함되어 있지 않다. 즉, 전문에는 일반적인 조약체결의 목적에 대해서 선린우호, 주권의 상호존중, 복지 및 이익의 상호증진 그리고 국제평화와 안전등을 열거한 후, 역사적 경위에 대해서는 "1951년 9월 8일 샌프란시스코에서 체결된 일본국과의 평화조약의 관계규정 및 1948년 12월 12일 유엔총회에서 채택된 결의 제 195호(3)을 상기하여"라고 설명하고 있을 뿐이다.

한일기본조약의 기본성격에 대한 양국 간의 인식 차는 이미 한일회담의 초기단계에서부터 명확한 형태로 드러나고 있었다. 제1차 회담의 기본관계위원회에서 일본대표단은 '일한우호조약 초안'을 제시하였는데 이 초안의 전문에서 조약체결의 목적을 "상호의 정치적 독립과 영토보전을 중시하고 양국의 영속적인 우호와 경제관계를 유지할 필요가 있으며", "양국 간의 신 관계 발생에서 유래하는 각종현안을 화해와 정의와 형평의 원칙에 따라 신속하게 해결하는 것"으로 규

정하고 있다.[3]

일본은 이처럼 새로운 양국관계의 수립을 위해 각종의 현안문제의 해결을 기하는 것을 조약체결의 목표로 삼았기 때문에 조약의 명칭도 '우호조약'이라고 할 것을 제안하였던 것이다. 요컨대 일본은 조약의 내용에 외교, 영사관계의 수립과 통상, 해운, 통상의 최혜국 대우 등의 규정을 포함시킴으로써 이 조약을 보통의 '통상, 항해조약'으로서 성격지우고자 의도하였다고 생각된다.

반면 한국은 그 명칭에서부터 '우호조약'이 아닌 '기본조약'을 주장하였다. 한국은 새로운 관계를 수립함에 있어서 지배 피지배의 관계로부터 유래된 문제들을 청산하기 위한 사실상의 '평화조약' 체결을 기본적인 목적으로 생각하고 있었던 것이다. 즉, 한국은 이 조약을 통해 일본의 한국지배가 불법적인 강압에 의해 이루어졌다는 점을 확인하고 그에 따르는 보상과 배상의무 규정을 의도하고 있었다.

명칭문제를 둘러싼 양국의 대립은 결국 일본 측의 양보에 의해 '기본조약'으로 낙착되었지만 일본이 기본조약의 성격을 사실상의 평화조약으로 양해한 것은 결코 아니었다. 즉, 후술하겠지만 일본은 명칭의 양보에도 불구하고 기본조약의 명문화 과정에서 일본의 조선지배 무효 시점을 한국의 독립 이후라고 일관되게 주장하여 일본의 조선지배가 합법적이며 정당한 것이었다는 스스로의 입장을 포기하지 않았다.

---

3) 일본측이 제1차회담에서 한국측에 제출한 '日本國と大韓民國との間の友好條約草案'의 원문은 ≪한일회담약기≫의 219~227에 수록되어 있다. 이 초안과 더불어 일본측은 '日韓友好條約の締結方法を提案する理由'라는 문서를 추가로 제출하였는데 여기서 일본측은 그 이유를 첫째, 새출발을 하는 이 기회에 견고하고 영속적인 우호관계를 유지하는 부동의 기본원칙을 약속하기 위해 둘째, 대한민국의 독립에 의해 발생한 한국인의 국적변경에 관한 협정을 맺을 필요성 셋째, 재산권 및 청구권의 처리와 해저 전선의 분할, 어업협정 교섭의 개시 등을 논의하기 위해라고 들고 있다.

이승만 정권은 본격적인 대일회담에 돌입하기 이전부터 일본과의 평화조약 체결을 염두에 두고, 샌프란시스코 강화회의에 참석하기 위해 다방면의 외교적 노력을 기울여 왔다. 결국 이러한 노력은 샌프란시스코 대일 강화조약의 초안 작성을 위한 영미협의 과정에서 한국 참가 배제 방침이 결정됨에 따라 최종적으로 좌절되었다.[4]대일 강화회의의 참가 좌절에도 불구하고 이승만 정권이 대일회담을 사실상의 대일강화회담으로 인식하고 일본으로부터 과거에 대한 사죄와 응분의 배상과 보상을 획득하고자 노력했다는 것은 주지의 사실이다. 한일기본조약의 기본성격에 대한 양국의 근본적인 인식 차는 14년간의 한일회담 전 과정을 통해 조금도 좁혀지지 않았다. 따라서 한일기본조약의 전문에 조약의 성격 및 목적을 양국의 합의에 입각한 형태로 기술될 가능성은 애초부터 존재하지 않았다고 해도 과언이 아니다.

그러면 만약 한일기본조약이 개정된다면 개정조약의 전문에는 어떠한 내용이 표기되어야 하는가? 이 부분에 관해서는 1996년 6월 '과거청산 국민운동 본부'가 발표한 '한일협정의 개정안' 속에 이미 논의된 바 있다. 한일기본조약의 개정안을 작성한 한상범 교수는 한일기본조약의 전문에 다음의 네 가지 사항이 명시되어야 한다고 주장하였다.[5]

첫째, 한국 군사정부의 졸속체결, 고의적 과실 및 과실에 의한 누락사항에 대한 시정, 지난 30여 년간의 새로운 사실의 제기 및 사정변경 등의 이유로 조약개정의 필요성에 대한 합의에 따라 새로운 조약 체결이 이루어지게 된 경위를 기술한다. 둘째, 일본의 무력침략에 의한 주권침해와 가해행위에 대한 사과와 사죄 그리고 이에 따른 보상

---

4) 이원덕, 1996 ≪한일 과거사 처리의 원점- 일본의 전후처리외교와 한일회담≫ (서울대학교 출판부) 26∼38에 이승만 정권의 대일 강화회의 참가를 위한 외교적 노력이 실패로 귀결되는 과정을 분석하고 있다.
5) 한상범 199.6 <한일기본조약 개폐에 따른 요강과 이유>, 과거청산 국민운동 본부, ≪한일협정 개정안 요강발표≫

과 배상의 책임을 확인한다. 셋째, 1946년 동경군사재판에서 한국침
략에 대한 거론이 누락된 점과 1951년 샌프란시스코 조약에서 한국
이 배제, 처리된 것에 대한 사죄가 표명되어야 한다. 넷째, 일본정부
당국의 잘못된 과거 청산의 의지가 명시되고 양국이 우호를 증진하
기 위해 공동으로 노력할 것을 선언한다.

한편 일본 내에서도 한일조약의 잘못을 북한과의 국교정상화 교섭
에서 다시금 반복해서는 안 된다는 문제의식 하에 국민서명 운동을
벌여온 소수의 지식인 그룹이 있는데 이들 또한 '일조기본조약안'을
작성 발표함으로써 한일기본조약의 수정방향을 제시하였다. 1991년
7월 '조선 식민지지배의 사죄, 청산과 새로운 일조, 일한관계를 요구
하는 국민운동'의 명의로 발표된 이들의 '일조기본조약안' 전문에는
"일본국과 조선민주주의 공화국은 과거 일본국이 조선민족의 의지에
반하여 식민지지배를 강요하고 고통과 손해를 준 역사를 인식하여,
이 사실에 대한 일본국의 사죄가 양국민간에 선린관계의 출발점이
된다는 사실을 공유하고"라는 문구가 포함되어 있다.[6]

한일 양국의 대표적인 개정론자들의 주장을 검토해 볼 때 새롭게
개정될 기본조약에는 적어도 일본의 강압적인 조선 식민지 지배와
그 속에서 한민족인 입은 피해와 손실에 대한 인정과 일본정부의 성
의 있는 사죄표명이 전문에서 명시되어야 한다는 것이 최대공약수임
을 알 수 있다.

2. 한일기본조약 제2조

일본의 한국 통치를 법률적으로 규정한 일련의 구 조약에 관해서

---

6) 朝鮮植民地支配の謝罪, 淸算と新しい日朝, 日韓關係を求める國民署名
   運動, 1991 ≪日朝基本條約(案)と解說≫

한일기본조약의 제2조는 "1910년 8월 22일 및 그 이전에 대한제국과 일본제국간에 체결된 모든 조약 및 협정이 이미 무효임을 확인 한다"고 되어있는데 문제는 "이미 무효(already null and void)"의 구체적인 시점이 언제인가를 둘러싸고 한일 간에 명백한 합의가 존재하지 않는다는 데에 있다.

일본정부의 공식적인 해석은 1965년 대장성인쇄국에서 발간해낸 책자 ≪일한조약과 국내법해설≫에 잘 나타나 있다. 즉, 이 책자에서 표명된 일본정부의 공식해석은 다음과 같다.

> "이미 무효라는 것은 현재의 시점에 있어서 이미 무효가 되었다는 객관적인 사실을 서술한 것에 지나지 않으며 이로 인해 일한 양국간의 법률관계의 변동이나 설정을 의도한 것은 결코 아니다. 또한 무효가 된 시기에 관해서는 병합조약 이전의 모든 조약은 각각 조약이 규정한 조건의 성취 또는 병합조약의 발효와 더불어 실효하였으며 병합조약에 관해서는 한국의 독립이 이루어진 시기 즉, 1948년 8월 15일에 실효했다고 해석하는 것이 옳다. 병합조약에 관해서 무효를 확인했다는 것은, 당초부터 무효, 즉 부 존재했다는 것을 인정한 것은 아닌가라는 설도 있지만 구 조약 및 협정이 대일본제국과 대한제국간에 정당한 절차를 밟아 체결된 것으로서 이것이 당시 유효하게 성립, 실시된 것이라는 점은 의심의 여지가 없다."[7]

이미 무효의 "이미"라는 시점이 대한민국 정부의 수립부터라는 해석은 한일조약 체결 이래 현재에 이르기까지 일본정부가 일관되게 유지해온 공식입장이다. 1965년 11월 참의원 한일조약 특별위간회에서 우시로쿠 아시아국장은 "한국병합조약이 이전에는 일시적으로 유효했던 시기가 있었다는 것을 명시하기 위해 이미라는 자구를 넣었고 그럼으로써 적어도 일시적으로 유효했던 시기가 있었다는 일본의

---

7) 大藏省印刷局, 1965 ≪日韓條約と國內法の解說≫ (時の法令, 別冊) 62~63

입장을 표명한 것"이라고 설명한 바 있으며, 사토수상도 "1910년의 한국병합조약은 양자의 완전한 의사, 평등한 입장에서 체결된 것으로 효력을 발생하였다"고 강변하였다.

1995년 10월 5일, 무라야마 수상이 참의원 본회의에서 일본공산당의 요시오카 의원의 질문에 대한 답변에서 "일한 병합조약은 당시의 국제관계 등의 역사적 사정 가운데에서 법적으로 유효하게 체결되어 실시되었다"고 발언한 데에서도 알 수 있듯이 일본정부의 일관된 공식입장은 조약체결 후 30여년이 경과한 오늘의 시점에서도 여전히 변화하지 않고 있다.

무라야마 수상은 이 발언에 대한 한국의 반발을 의식하여 일주일 후 중의원 예산위원회에서 "일한 병합조약은 형식적으로는 합의로서 성립하였지만 당시의 상황에 대해서는 우리로서 깊이 반성해야 할 것이 있으며 조약체결에 있어서는 쌍방의 입장이 평등했다고는 생각하지 않는다"고 한발 물러선 발언을 하였다. 이어서 무라야마 수상은 11월 14일 김영삼 대통령에게 보낸 친서에서 "19세기 후반부터 급속하게 생겨난 큰 힘의 차이를 배경으로 하는 쌍방의 불평등한 관계 속에서 한국병합조약과 그에 앞선 몇몇 조약이 체결되었다. 이 조약들은 민족의 자결과 존엄을 인정하지 않는 제국주의시대의 조약임은 의심의 여지가 없다"는 인식을 표명하였다.

사토 수상의 "평등하고도 합법적으로 이루어진" 조약이라는 발언에 비하면 무라야마 수상이 "큰 힘의 차이를 배경으로 하여 불평등한 관계 속에서" 한국에 강요한 조약이라는 역사인식을 표명한 자체가 지난 30년간의 일본의 역사의식의 진보를 보여주는 변화상이라고도 볼 수 있다. 그러나 주의해야 할 것은 무라야마 수상의 이러한 의사표명에도 불구하고 일본정부는 여전히 한국병합조약이 당시에는 합법이며 유효했다는 입장에서 한 치도 물러서지 않고 있다는 점이다.

한편 이미 무효라는 "이미"의 시점에 관한 한국정부의 해석은 일본

정부의 해석과는 완전히 배치된다. 즉, 한국은 병합조약의 체결 자체가 원천적으로 불법에 의해 강요된 것이므로 애초부터 이미 무효였다고 해석하고 있다. 한국정부의 이 문제에 대한 공식적인 입장은 한일회담 백서에 잘 나타나 있다. 한일회담 백서는 "1910년의 한일병합조약과 그 이전의 대한제국과 일본제국간에 체결된 모든 조약, 협정, 의정서 등의 명칭 여하를 불문하고 국가간의 합의문서는 전부 무효이다. 무효의 시기에 관해서는 무효라는 용어자체가 별단의 표현이 부대되지 않는 한, 원칙적으로 당초부터 효력이 발생하지 않으며 '이미'라고 강조되어 있는 이상, 소급하여 무효(null and void)이다."라고 서술하고 있다.

한국정부의 이러한 입장은 한일조약의 비준국회에서도 명확하게 표명되고 있다. 1965년 8월8일 이동원 외무장관은 한일기본조약의 제2조 병합조약의 무효조항에 관해서 다음과 같이 설명하였다.

"병합조약과 그 이전에 대한제국과 일본제국간에 체결된 모든 조약과 협정은, 과거 일본 침략주의의 소산으로 당연히 무효이다. 여기서 새삼 효력의 유무를 운운할 여지조차 없다. 그러나 일본과의 기본조약 체결 시 민족감정의 입장에서 구 조약은 무효라는 것을 확인해야 했고 그 상징적인 의미에서 제2조의 규정을 두었던 것이다. null and void라는 어구는 당초부터 소급하여 무효라는 것을 가장 강하게 표시하는 법률적인 용어이며 already는 무효의 시점에 관해서 어떤 영향도 미치지 못한다는 것은 조약해석상의 상식에서 보아도 명백하다"

한일기본조약 제2조 구 조약 무효확인 조항을 둘러싼 양국의 이와 같은 상반된 해석은 한일회담 14년간의 교섭경위와 타결과정을 통해서 볼 때 충분히 예견될 수 있는 당연한 귀결이었다. 구 조약의 무효확인 문제는 이미 제1차 회담의 개시 벽두부터 양국의 첨예한 대립축으로 등장했던 사안이었으며 제7차 회담의 조문작성의 단계에서도 가장 심각한 갈등을 빚어낸 이슈였다.

1952년 2월에 개최된 제1차 한일회담의 기본관계위원회에 최초로 제출된 한국의 '한일 간 기본조약안'의 제3조에는 구 조약 무효확인 조항이 설치되어 있었다. 즉, 제3조는 "대한민국과 일본국은 1910년 8월 20일 이전에 구대한민국과 일본국간에 체결된 모든 조약이 무효임을 확인 한다"라고 되어 있었다. 한국은 이 조항을 설치함으로써 조약상으로라도 굴욕의 피 식민지배 역사를 청산하고자 의도하였던 것이다. 이 조항의 설치경위와 관련하여 제1차 회담의 대표로 대일회담에 참석하였던 유진오는 "우리가 한일합방조약의 무효 확인을 기본조약에 굳이 명문화시키고자 했던 것은 실리 때문이라기보다는 그것이 국민의 자존심을 응축하고 있기 때문이었다. 일본 제국주의에 의해 병합이라는 국민적 치욕을 받았지만 양국관계를 새롭게 수립함에 있어 문서상이라도 그러한 굴욕의 역사를 불식하고자 하는 의지를 표한 것이었다"라고 회고하고 있다.[8]

이 조항의 설치는 이승만 대통령의 강력한 특별지시에 의해 각국의 선례를 검토한 후에 성안된 것이었다. 한국이 이 조항을 어떤 경우에 있어서도 양보할 수 없는 사항으로 고려한데 반해서 일본은 굳이 이 조항을 설치할 필요가 있느냐는 의문을 제기하였다. 일본은 구 조약 효확인 조항을 설치하려는 한국의 주장을 마치 한국이 승전국의 입장에서 일본과의 평화조약을 체결하려는 태도를 취한 것으로 보고 내심 못 마땅하게 생각하였다. 일본은 기본관계위원회 회담석상에서 "이 조항이 없다고 해서 한일합방조약이 아직 효력이 있다고 생각하는 사람은 단 한 사람도 없을 것이다. 다만 이 조항이 있음으로해서 일본국민의 심리적인 면을 불필요하게 자극할 염려가 있다"는 이유를 들어 제3조의 설치를 반대하고 삭제를 주장하였다.[9]

---

8) 유진오, <남기고 싶은 이야기: 한일회담> ≪중앙일보≫ 1983.10.27
9) 외무부 정무국, ≪한일회담약기≫ 48

한국은, 이러한 일본의 항변에 대해서 "오히려 이 조항을 삽입함으로써 일본국민의 감정을 자극한다고 한다면 그것은 아직도 일본인이 과거 제국주의적인 침략행위의 과오를 청산하고 있지 못하다는 사실을 입증하는 것이다. 일본국민은 이 조항을 수락함으로써 대오각성하고 진정한 민주주의 일본의 재출발을 선언해야한다"고 반박하였다.

일본은 한국의 이러한 강경한 입장을 고려하여 "1910년 당시부터 무효라는 문구는 받아들일 수 없지만 장래에 있어서 무효 다시 말해 국교정상화 이후부터 무효"라고 규정한다면 이는 인정할 수 있다고 수정제안을 제출하였다. 그러나 한국은 "병합조약은 일본의 침략적 불법행위의 소산이기 때문에 애초부터 무효라는 점을 확인하는 것이 당연하다"고 주장하였다. 이러한 대립 끝에 일본이 기본조약의 최종적인 수정안으로 제출한 '일한 간 기본적인 관계를 설정하는 조약'의 전문에는 한국의 요구를 반영한 문구가 삽입되었다. 즉, 이 조약안의 전문에는 "일본국과 구 대한민국 간에 체결된 모든 조약 및 협정이 일본국과 대한민국과의 관계에 있어서 효력을 갖지 않음을 확인 한다"는 문장이 삽입되었다.[10]

일본은 이 문장을 삽입함으로써 구조약이 당시에는 유효했으나 독립 후의 한국에 대해서는 그 효력을 상실했다는 점을 확인시키고자 의도했던 것이다. 그러나 한국은 병합조약이 최초부터 원천적으로 무효라는 입장을 양보하지 않았다. 결국, 일본 측의 역청구권 주장에 의해 제1차 회담이 결렬될 때까지 구 조약 무효확인 조항을 둘러싼 양국의 대립은 해소되지 못한 채 유보상태로 남겨지게 되었다.

1차 회담에서 구 조약 무효 확인조항의 설치문제로 양국이 격돌한 이후, 2차부터 6차에 이르기까지의 다섯 차례에 걸친 회담에서는 주로 재산청구권 문제에 토의가 집중된 나머지 이 문제가 중심현안으로 등장하지 못하였다. 그러다가 6차 회담에서 재산청구권 문제가 김

---

10) ≪한일회담약기≫, 275

-오오히라 메모에 의해 타결의 가닥이 잡히고 난후 회담이 마무리 단계로 접어들 즈음인 제7차 회담에서 비로소 이 문제가 다시금 논쟁의 대상으로   부상하였다.

1965년 1월 22일부터 2월 13일까지 13회에 걸쳐서 진행된 제7차 회담의 기본관계 위원회에서 한국은 구 조약의 원천적 무효를 규정한 '한일기본조약안'을 일본 측에 제출하였다. 즉, 한국은 이 조약안에 "구조약이 무효임을 확인 한다"는 내용을 영문으로 삽입시켜 놓고 무효라는 용어에 국제법상 최강 표현인 "null and void" 를 사용하였다.[11] 그러나 일본은 구조약이 샌프란시스코 강화조약에 의해 무효화되었다는 자신의 입장을 내세우며 한국의 조약안에 이의를 제기하였다. 이에 대해 한국은 "일본이 이러한 주장을 계속해서 주장한다면 회담은 진전되지 않는다. 한국이 前文에 일제의 잘못을 삽입해야 한다는 주장에서 양보했음에도 불구하고 일본이 이 문제에 관한 주장을 철회하지 않는다면 회담을 계속할 의사가 없는 것으로 밖에 볼 수 없다"고 일본의 양보를 요구하였다.

이 결과 일본이 제시한 타협안은 null and void 라는 표현은 사용하되 술어부분에 have become 을 사용하여 have become null and void 으로 한다는 것이었다. 즉, 일본은 현재완료의 시제를 사용함으로써 구조약의 무효시점을 최초부터가 아닌 특정의 어느 시점부터라고 하는 의미를 내포한 서술로 할 것을 주장한 것이었다. 그러나 한국은 이

---

11) 한국 외무부는 제7차 회담 기본관계위원회의 토의에 참가했던 문철순 기획실장에게 구 조약 무효 확인 조항과 관련하여 다음과 같은 훈령을 내렸다. "과거의 관계청산에 관하여, 본문 또는 전문에서 간단히 언급하는 것으로 한다. 그 방법의 하나로서 '새로운 관계 수립' 앞에 적절한 문구를 삽입하는 방법을 고려할 수 있다. 구 조약 및 협약의 무효 확인에 관해서는 '당초부터'라는 문구는 반드시 들어가지 않아도 좋으나 내용적으로는 이를 견지하고 구조약이 무효라는 것의 확인 조항(예를 들면 are null and void) 을 두어야 한다. <기본관계문제에 관한 훈령>, 1965.1. 25 ≪한국정부 미공간 외교문서≫)

타협안을 받아들이지 않아 결국 기본관계 위원회에서의 교섭은 교착
상태에 빠졌다.

사무레벨에서의 이러한 교착상태는 2월 19일 이동원 외무장관과
시이나 외상과의 단독 외상회담의 장으로 넘어가 결국 둘 사이의 정
치적 담판에 의해 타결을 모색하게 되었다. 여기서 이동원 장관은 시
이나 외상에게 "이미 무효(are already null and void)"라는 어구를 제안
하여 시이나의 동의를 얻어내었다. 외상간의 합의는 각각 양국의 최
고 정책결정권자로부터의 최종적인 승인을 얻어 조약문으로 확정되
게 되었다.12)

여기서 합의된 "이미 무효"라는 표현은 양국의 팽팽한 견해 차이를
근본적으로 해결했다기보다는 도저히 좁혀질 수 없는 양국의 입장을
그대로 둔 채, 양국이 각각 자국의 국내정치 상황 속에서 편의에 따
라 이를 자의적으로 해석할 수 있는 여지를 최대한 남겨놓으려는 교
섭당국의 의도에 의해 성안된 것이었다. 한일기본조약 제2조의 구 조
약 무효 확인조항은 애초부터 양국의 진정한 의사의 합의에 의해서
이루어진 규정이 아니고 태생적인 모순을 내포한 채 성안된 것이었
다. 한일양국이 조약의 비준국회에서 상호 모순된 해석을 하게 된 것
은 이미 예정된 시나리오였다고 해도 과언이 아니다.

제2조를 둘러싼 논란이 "이미 무효"라는 어구의 "이미"라는 시점에
있는 만큼 그것의 해결방법은 "이미"라는 용어 자체를 삭제(자구개
정)하든가 아니면 제2조에 대한 일본정부의 공식해석을 변경하는 것
(해석변경)에서 찾을 수밖에 없다. 그러나 현재 일본정부의 역사인식
수준을 볼 때 일본정부가 제2조의 개정작업에 나설 가능성은 매우 희
박해 보이며 한국정부도 공식적으로 제2조의 개정요구를 제기하고

---

12) 기본관계타결을 둘러싼 이동원-시이나 회담의 구체적인 내용에 대해서
는 다음의 문헌에 자세히 기록되어 있다. 이동원, ≪대통령을 그리며≫,
225~231 ; 椎名悅三郎追悼錄刊行會, ≪記錄 椎名悅三郎 下≫, 74~76

있지 않은 상황이다.

한국 측 '과거청산 운동본부'의 한일조약의 개정안에 따르면 제2조에서 구조약이 강요된 것이므로 그것이 원천적으로 무효라는 조항을 새롭게 신설해야 한다고 주장하고 있다.13) 또한 일본 측의 개정론이라고 할 수 있는 '조선 식민지지배의 사죄, 청산과 새로운 일조, 일한 관계를 요구하는 국민운동'의 명의로 발표된 '일조기본조약안'에서는 현재의 제2조 원문을 그대로 살린 채 "이미"라는 부사만을 삭제할 것을 주장하였다. 이들은 제2조에서 "이미"를 삭제하면 "당시에는 유효했으나 그 후 무효가 되었다는 일본정부의 해석은 그 기반을 상실하게 되며 그 결과 일본정부도 한국정부의 "원천 무효"의 해석을 채용할 수 있다고 보고 있다.14)

3. 청구권 협정 제2조

한일기본조약 제2조와 더불어 한일조약의 최대 문제점으로 지적될 수 있는 것이 청구권협정의 제2조이다. 한일기본조약의 부속조약으로 체결된 '재산 및 청구권에 관한 문제의 해결 및 경제협력에 관한 한일 간 협정'의 제2조 제1항은 "양국은 양국 및 그 국민의 재산, 권리와 이익 그리고 청구권에 관한 문제가, 1951년 9월 8일의 샌프란시스코 평화조약 제4조(a)에 규정된 것을 포함하여 완전하고도 최종적으로 해결되었다는 것을 확인 한다"고 되어 있다. 제2조에서 재산, 청구권 문제가 완전하고도 최종적으로 해결되었다고 규정하게 된 것은, 일본이 10년간에 걸쳐 한국에 무상 2억 달러, 유상 3억 달러를 한국

---

13) 한상범, <앞 논문> 참조.
14) 朝鮮植民地支配の謝罪, 清算と新しい日朝, 日韓關係を求める國民署名運動, 1991 ≪日朝基本條約(案)と解説≫

에 제공하기로 약속한 제1조의 규정과 긴밀한 상관관계를 지니고 있음은 말할 나위도 없다. 즉, 청구권협정의 제2조는 일본이 유상, 무상의 자금을 한국에 제공함으로써 한일 간 재산 청구권 문제의 해결이 완료되었다는 것을 규정한 것이다.

일본정부는 이 규정을 바탕으로 식민지 지배와 관련된 한국으로부터의 일체의 물질적 보상 및 배상요구가 최종적으로 해결되었다는 점을 일관되게 주장해 왔다. 90년대 들어서 본격적으로 제기되어 온, 이른바 '종군위안부의 보상요구'에 대해서 일본이 정부차원의 대응을 단호하게 거부하고 있는 것도 이 조항의 규정에 논리적인 근거를 두고 있는 것이다.

그러나 청구권협정 제2조를 근거로 일체의 한일간 물질적 과거청산이 종료되었다고 주장하는 일본정부의 태도에는 논리적 결함이 존재한다. 일본정부 스스로도 인정했듯이[15] 청구권 협정에 의해 최종적으로 소멸된 것은 국가의 외교적 보호권이며 국가가 개인의 청구권까지를 포기할 수 있는 것은 아니다. 따라서 청구권 협정과 관계없이 개인차원의 청구권은 여전히 유효할 수밖에 없는 것이다. 국가가 포기할 수 있는 권리는 어디까지나 국가 스스로의 권리일 뿐 국민의 권리까지를 포함하는 것은 아니다. 따라서 이 조항에서 국가가 포기한 것은 엄격히 말하자면 국민의 권리추구에 대한 외교적 보호권이다. 이렇게 볼 때 종군위안부의 개인 차원의 보상요구는 청구권 협정의 제2조에 직접 구속받지 않는다는 해석이 타당성을 갖는다.

---

15) 1991년 12월 5일 일본 참의원 PKO 특별국회에서 야나기 조약국장은 "청구권협정에 의해서 소멸된 것은 국가의 외교적 보호권이며 개인의 청구권이 포기된 것은 아니다"라는 견해를 공식 표명하였다. 그러나 이 발언은, 일본정부가 개인차원의 청구권에 대해 보상할 의사를 있음을 밝힌 것이라기보다는 개인의 절차적인 소송권이 청구권협정 제2조에 의해 소멸되지 않고 여전히 유효하다는 것을 표명한 것에 불과한 것이었다.

청구권 협정이 지닌 최대의 모순은 일본의 한국강점과 식민지배가 합법적으로 이루어졌다는 암묵적인 전제를 바탕으로 체결된 것이라는 데에 있다. 이 협정에서 다루어진 내용은 식민지배 당시의 실정법 하에서 발생한 피해에 대한 보상 내지 재산청구권의 처리에 한정되었다. 즉, 청구권협정은 불법행위로 인해 입은 손해배상의 문제는 논외로 하고 식민지 지배의 종료 후 미해결상태로 남아있던 미지불 임금, 각종 채권증서, 우편저금 등의 변제를 어떻게 처리할 것인가의 문제를 규정한 것에 불과한 것으로 이해된다. 실제로 한국정부가 한일회담에서 제기한 '청구권 8개 항목의 요구내용'도 주로 한국이 일본의 식민지로부터 독립되어 두 개의 국가로 분리됨으로써 일본정부가 한국에 돌려주어야 할 재산의 반환이나 한국인에게 미변제한 채무의 변제가 그 중심을 이루고 있음에 유의할 필요가 있다.

일본에 의한 한국지배 자체가 불법적인 강제에 의한 것으로 원천적으로 무효라고 판정이 될 경우, 식민지 지배 하에서 한국인이 입은 손해는 법률상 보상의 범주를 넘어선 배상의 범주로 새로이 다루어져야 함이 마땅하다 할 것이다. 이렇게 보면 청구권협정의 제2조의 문제점은 태생적으로 한일기본조약 제2조의 구조약 무효시점의 애매한 규정에 그 뿌리를 두고 있는 것이다. 일본정부의 입장에서 보면, 과거 식민지지배가 합법이고 유효했으므로 일본이 한국에 물질적인 과거 청산을 해야 한다면 그것은 합법적인 통치가 종료됨과 더불어 채 변제되지 못한 채무적 성격의 손해에 대한 보상에 한정되는 것이 당연하다는 논리가 성립되는 것이다.

청구권 협정의 두 번째 모순은, 한국정부가 식민지배의 불법여부를 묻기에 앞서 최소한의 당연한 요구로 제기한 재산청구권의 8개 항목마저도 그에 대한 구체적인 처리방침에 대해서 일언반구의 언급이 없이 유상, 무상의 자금제공에 의해 완전하고도 최종적으로 해결되었다고 규정한데에 있다. 실제로 5억 달러의 자금제공을 규정한 제1조

와 재산청구권 문제의 완전하고도 최종적인 해결을 규정한 제2조가
어떠한 관계에 있는지에 관해서 청구권 협정은 일체의 규정을 두고
있지 않다. 역설적이게도 5억 달러의 자금공여가 재산청구권의 변제
라고 주장한 것은 일본정부가 아닌 한국정부였다.[16] 일본정부는 유
무상 5억 달러의 제공은 청구권의 변제가 아니라 어디까지나 한국에
의 경제협력 내지 한국의 독립을 축하하기 위한 명목으로 이루어진
것임을 역설하였던 것이다.[17]

　그렇다면 이처럼 명백한 모순을 내포한 청구권협정의 제2조가 어
떠한 교섭경위를 거쳐 성안되었는가? 우선 먼저 한일 간의 물질적인
과거사 청산문제가 교섭과정에서 왜 국제법상의 '전쟁배상'이나 '보
상'의 범주가 아닌 재산청구권의 범주로 다루어지게 되었는가를 고
찰해보자.

　이승만 정권이 애초 일본에게 요구하려고 했던 것은 재산청구권이
라기 보다는 식민지지배의 피해와 손실에 대한 포괄적인 보상 내지
배상이었다. 1949년 한일회담이 개시되기 이전부터 이승만 정권은 포

---

16) 한일조약의 비준국회에서 장기영 경제기획원 장관은 "협정 제1조의 무
　상 3억 유상 2억 달러는 경제협력이 아니고 청구권이 주가 된 것이며
　실질적으로 배상이라는 견해를 가지고 있다"고 정부의 공식입장을 밝
　힌 바 있다. 또 이동원 외무장관도 "청구권협정은 청구권의 해결을 주
　로하고 경제협력을 종으로 결정한 것이다. 무상공여는 어디까지나 우리
　가 청구한 결과 일본이 지불한 것이다"라고 주장하였다. 이처럼 한국정
　부의 공식견해는 5억불의 자금 제공은 청구권의 변제 혹은 일본의 식민
　지배에 대한 보상이라는 것이다. 　고려대학교 아세아문제연구소, ≪한
　일관계자료집≫, 252
17) 일본의 한일조약 비준국회에서 5억달러의 자금과 제2조의 관계에 대해
　서 묻는 의원들의 질문에 대해 시이나 외상은 반복해서 "청구권 문제와
　경제협력은 어떠한 법률적인 관계도 없다. 5억달러는 한국정부가 새롭
　게 발족함에 따라 경제건설이 필요하다고 생각하여 경제협력 하는 것이
　다"라고 답변하였다. 衆議院外務委員會調査室, ≪日本國と大韓民國と
　の間の條約及び協定等に關する特別委員會審議要綱≫, 30~36

괄적인 대일배상을 청구할 목적으로 기획처의 산하에 '대일배상청구
위원회'를 설치하고 비밀리에 대일배상 청구 자료를 수집, 정리 하는
작업을 진행하고 있었다. 이는 일본과 연합국 사이에 이루어질 것으
로 기대되는 배상문제에 관한 협의에 한국이 적극적으로 참가하여
일본에게 전쟁배상을 요구한다는 방침에 따른 것이었다.[18]

 '대일배상 청구위원회'의 작업결과로 이루어진 것이 '대일배상요구
조서'였다. 1949년 9월에 최종적으로 완성된 이 조서는 서문에서 "대
한민국의 대일배상의 타당성은 의문의 여지가 없으며, 이미 포츠담
선언과 연합국의 일본관리 정책 그리고 폴리 배상사절단의 보고에도
명시되어 있는 바이다"라고 하여 대일배상 요구의 정당성을 주장하
고 있다.[19]

 이 조서에서 제기하고 있는 대일배상 요구의 항목은 크게 4가지의
범주로 나뉘어져 있다. 첫째, 현물의 반환요구로서 식민지 시대에 일
본으로 유출된 地金, 地銀, 서적, 미술품, 선박, 골동품을 돌려줄 것을
요구하고 있다. 둘째, 확정채권으로서 일본계 통화, 유가증권, 보험금,
은급, 그 외의 미수금 등의 채권을 변제받을 권리를 주장하고 있다.
셋째, 중일전쟁과 태평양전쟁에서 기인된 인적 물적 피해의 보상을
요구하고 있다. 넷째는 일본정부의 저가수탈에 의한 피해로서 주로
강제공출에 의한 손해의 배상을 요구하고 있다.

 이상의 요구액으로서 동조서는 제1의 범주인 현물의 반환을 별도
로 하여 확정채권의 명목으로 약 174억 엔, 전쟁에 의한 피해로서 약
120억 엔 그리고 공출에 의한 피해 명목으로 약 18억 엔을 책정하였
다.[20] 현물을 제외하고 약 314억 엔에 달하는 이 청구액은, 제6차 한
일회담 시 한국 측이 요구한 바와 같은 종전직후의 엔화 대 달러화의

---

18) 유진오, <남기고 싶은 이야기: 한일회담> ≪중앙일보≫ 1983.8.30
19) 외무부, ≪대일배상요구조서≫, 1~2
20) ≪대일배상요구조서≫, 523

환율(15대 1)로 산정할 경우, 약 21억 달러에 이르는 금액이 된다. 이 대일배상 요구의 내용은 당시 일본을 점령통치하고 있는 미국의 점령당국에게도 전달되었다. 그러나 미 점령당국은 한일 간의 배상문제는 장차 양국이 직접 해결해야 될 문제라는 입장만을 제시하고 더 이상의 개입을 회피하였다.

이승만 정권의 이상과 같은 대일 배상요구는 한국이 향후에 체결될 대일강화조약에 연합국의 일원으로서 참가할 것이라는 기대를 전제로 하여 제기된 것임에 틀림없었다. 이승만 정권은 일본의 한반도 지배에도 불구하고 1919년 이래 대한민국의 망명 임시정부가 사실상 존재하였고 연합국의 대일전쟁에도 선전포고를 한 바 있으며 실제로 대일전선에 많은 독립군이 참전했다는 사실을 들어 한국의 대일강화 참가는 당연한 권리라고 인식하고 있었다.

그러나 주지하다시피 이승만 정권의 당초 기대와는 달리 한국의 대일강화조약에의 참가는 결과적으로 실현되지 못했다. 이 정권은 강화조약의 초안 작성 단계에서 수차례에 걸쳐 한국의 강화조약 참가를 실현시키기 위한 외교적 노력을 경주하였으나 결국 허사로 돌아가고 말았던 것이다. 한국은 연합국의 일원으로서 대일 강화조약에 참가하는 데는 실패함으로써 연합국의 대일배상 권리를 규정한 제14조의 수혜국으로부터는 제외되었다. 다만 그 대신 한국은 일본과의 미결 재산청구권 문제를 직접 일본과 협의하여 해결하도록 규정한 제4조의 규정을 원용하여 물질적 과거청산 문제를 일본에 제기할 수 있는 최소한의 권리는 보장받을 수 있었다.

대일 강화조약에의 한국참가가 좌절되자 이승만 정권의 대일 배상요구는 사실상 그 법적 근거를 상실한 결과가 되고 말았다. 즉, 애초 이 정권이 구상했던 전쟁배상의 요구는 한국이 연합국의 일원으로서 대일강화조약에 참가를 예정하고 있는 상황에서 검토되었던 것이었으나 한국이 대일 강화조약에 정식 참가국에서 제외됨에 따라 한국

은 이제 대일 전쟁배상을 요구할 수 있는 법적 권리를 상실한 것이었
다. 제1차 한일회담에서 한국이 물질적 요구로서 전쟁배상이 아닌 재
산청구권 요구를 일본에 제출하게 된 것은 이러한 경위 때문이었다.

한일 간의 물질적 과거청산 문제가 배상이나 보상의 범주가 아닌
재산청구권의 범주로 논의될 수밖에 없었던 이유는 단적으로 말하자
면 샌프란시스코 강화조약의 제약 때문이었다. 이 경우 떠오르는 또
하나의 의문은 강화조약의 규정대로라면 한일 간의 물질적 청산문제
가 재산청구권의 범주로 다루어졌어야 함에도 불구하고 왜 청구권
협정에 물질적 청산의 구체적 명목이 규정되지 못했는가하는 점이다.
위에서 이미 서술했듯이 일본 측은 무상 유상의 5억 달러 자금공여가
재산청구권의 해결과는 무관하며 경제협력의 일환으로 이루어진 것
으로 주장해 왔다. 이 문제에 대한 해답은 결국 한일 간의 재산청구
권 문제를 둘러싼 교섭이 장기화되면서 점차 본질로부터 벗어나 왜
곡된 형태로 귀결되었다는 점에서 찾을 수 있다고 생각된다.

1952년 2월 20일 제1차 회담의 재산청구권 위원회에서 한국 측은
한일 간 재산 및 청구권 협정요강을 제출하여 다음과 같은 8개 항목
의 재산청구권 요구를 일본에 제기하였다. 그 8개 항목이란 1) 한국에
서 가져간 고서적, 미술품, 골동품 기타 국보 지도원판 및 지금, 지은
을 반환할 것. 2) 1945년 8월 9일 현재 일본정부의 대조선 총독부 채
무를 변제할 것 3) 1945년 8월 9일 이후 한국에서 이체 또는 송금된
금액을 반환할 것 4) 1945년 8월 9일 현재 한국에 본사 또는 주사무소
가 있는 법인의 재일재산을 반환할 것 5) 한국법인 또는 자연인의 일
본 및 일본국민에 대한 일본국채, 공채, 일본은행권, 피징용 한국인의
미수금 기타 청구권을 변제할 것. 6) 한국법인 또는 한국 자연인 소유
의 일본법인 주식 또는 기타증권을 법적으로 인정할 것 7) 前期 재산
또는 청구권에서 발생한 과실을 반환할 것. 8) 전기 반환 및 결제는
협정 성립 후 즉시 개시하여 늦어도 6개월 이내에 종료할 것 등으로

구성되어 있다.[21]

한국 측의 청구권 8개 항목은 기본적으로 1949년 작성된 대일배상 요구조서의 내용을 계승하여 배상적 요구의 성격을 최소한도로 가미 하면서도 그 중심은 민사상 채권적 주장을 담은 재산청구권의 요구로 이루어졌다는 특징을 지니고 있었다.[22] 그러나 일본 측은 한국의 8개 항목의 재산청구권 요구를 정면에서 반박하는 한편, 한국이 청구권을 지니고 있다면 일본으로서도 재한 일본인의 재산에 대해서 청구권을 주장할 권리를 가지고 있다고 강변하였다. 이른바 역 청구권의 주장 이었다. 재산청구권의 범위의 설정문제를 둘러싼 양측의 근본적인 대 립은 결국 제1차 회담의 결렬을 초래하는 제1의 원인이 되었다.

1차 회담의 결렬 이후에도 일본은 1957년까지 한국의 대일청구권 은 일본의 역청구권과 함께 논의되어야 할 성격의 문제라는 근본적 인 입장을 버리지 않았다. 일본 측의 역청구권 주장 철회방침이 공 식적으로 규정된 것은 1957년 12월 31일 성립된 합의문서에서였다. 일본 측의 역청구권의 철회결정이 나오기 전까지 한일회담에서는 재 산청구권에 관한 일체의 구체적인 토의가 유보된 채 원칙적인 차원 의 법리논쟁 만이 지속되었음은 말할 나위도 없다. 일본의 한국지배 를 정당화하려는 1953년의 이른바 '구보다 발언'도 따지고 보면 한국 의 재산청구권 요구 자체를 인정할 수 없다는 일본정부의 본심을 드 러낸 정책적 표명에 다름 아니었던 것이다.

한국이 제출한 청구권 8개 항목에 대한 구체적인 항목별 토의가 비 로소 본 궤도에 진입하게 된 것은 1960년 한국과 일본에서 각각 장면

---

21) ≪한일회담약기≫, 377~378
22) 대일배상 요구조서의 제1부 현물의 반환요구는 8개 항목의 제1항으로 그 대로 도입되었다. 제2부의 확정채권 부분은 8개 항목의 2), 3), 4), 5), 6)의 강 항목으로 계승, 반영되었다. 제3부의 전쟁피해의 배상은 상당부분 제 외되었고 그 일부가 8개 항목의 5)항목에 반영되었다. 제4부 공출에 의한 손해 배상은 8개 항목의 청구권 요구에서는 완전히 제외되었다.

정권과 이케다 정권이 수립된 직후 제5차 한일회담이 개시된 이후의 일이었다. 그러나 여기서도 양국의 입장은 첨예하게 대립되었다. 첫째, 일본은 한국이 제기한 8개 항목의 대부분을 법률적인 근거가 없는 정치적인 요구로 간주하여 전면적인 거부의 태도를 보여 한국의 주장에 맞섰다. 둘째, 일단 법률적인 근거가 있다고 인정한 제2항목의 일부와 제5항목의 일부에 대해서도 그 범위를 최소한으로 인정하였으며 그것도 철저한 물증으로 뒷받침되는 청구권에 한정하여 대응하겠다는 입장을 보였다.[23]

철저한 법률론과 증거론에 기반 하여 최소한의 재산청구권 만을 인정하려는 일본의 주장은, 일본의 한국지배가 불법에 기초한 강점에 의해 이루어진 것으로 그에 상응하는 보상을 재산청구권의 형태로 요구하고 있는 한국의 주장과 정면으로 배치될 수밖에 없었다. 이러한 양국의 팽팽한 대립은 박정희 군사정권의 수립 후에 재개된 제6차 회담에서도 여전히 지속되었다. 대일 재산청구권의 해당범위에 대한 양국의 현격한 인식차이는 양국이 산정하고 있는 청구권 금액의 차이로도 표출되었음은 물론이었다.

박 정권은 한국이 청구권 금액으로 받아내야 할 액수가 아무리 적어도 최소한 5억달러 이상은 되어야 한다고 생각하고 있었던 데 반해서 일본의 대장성은 기껏해야 1,700만 달러, 외무성은 7,000만 달러를 청구권 지불액수로 추정하고 있었던 것이다. 이러한 엄청난 금액차를 해소하는 방안으로서 일본 측이 제시한 것이 이른바 경제협력방식이었다. 경제협력방식이란 일본이 경제협력의 명목으로 한국이 요구하는 액수에 최대한 접근하는 대신 한국의 대일 재산청구권 요구자체를 포기시킨다는 말하자면 우회적 해결방식이었다.

박 정권 등장 이후 전개된 한일회담에서 청구권 교섭의 초점은 정치적인 일괄타결의 방향으로 선회하게 되었다. 박 정권은 사무적인

---

23) 大藏省理財局, ≪日韓請求權問題參考資料(未定稿)≫ 第2卷 2〜6

레벨에서의 청구권 토의가 양측의 원칙적인 입장의 팽팽한 대립과 증거논쟁으로 흘러 답보상태에 머물자, 더 이상의 실무적 교섭을 통한 청구권 문제의 해결은 기대하기가 어렵다고 판단한 것이다. 따라서 박 정권은 청구권 문제를 총액과 명목의 두 가지로 좁혀서 일괄적으로 해결하는 방식을 모색하였다. 박 정권의 이러한 방침은, 청구권에 대한 구체적인 토의를 유보상태에 묶어 둔 채 경제협력자금을 제공함으로써 한국의 청구권 요구를 사실상 포기시키려는 이케다 정권의 구상과 상당부분 타협할 수 있는 여지를 제공하였다.

청구권 문제의 최종적인 해결은 1962년 11월 김종필 – 오히라 합의에 의해 이루어졌는데 이 합의에서는 일본이 무상 3억 달러, 유상 2억 달러, 수출입은행 차관 1억달러 이상을 한국에 제공한다는 내용만이 규정되었다. 즉, 이 합의에는 일본의 한국에의 자금공여가 어떤 명목으로 이루어지는가의 문제에 대해서는 일언반구의 언급도 없다. 명목이 유보된 채 총액의 액수만을 합의한 것은 이 자금의 명목을 양국이 국내정치의 필요에 따라 편의적으로 해석할 수 있는 여지를 남기기 위함이었다. 즉, 실제적으로 나중에 이 자금에 대해서 일본정부는 경제협력자금 혹은 독립 축하금이라고 해석하였으며 반면 한국정부는 보상 내지 청구권자금이라고 해석하였다.

김 – 오히라 합의는 청구권 협정의 제1조에 그대로 계승되었다. 일본이 제1조의 자금제공을 대가로 청구권이 완전하고도 최종적인 해결을 보았다는 것을 한국이 인정하도록 하는 제2조의 설치를 요구했음은 말할 나위도 없다. 한국은 제2조의 설치요구를 받아들이되 제2조의 청구권해결을 위해 제1조의 자금제공이 이루어졌다는 해석을 취함으로써 일본으로부터 청구권자금을 받아내었다고 주장한 것이다. 일본은 1조의 경제협력의 수반적인 결과로서 제2조의 청구권이 완전한 해결이 이루어졌음은 인정하되 제1조와 제2조의 법률적인 인과관계는 부인하는 입장을 취하고 있다.

이상에서 살펴보았듯이 청구권협정 제2조의 일체의 청구권에 관한 사항이 "완전하고도 최종적으로 해결되었음을 확인 한다"는 규정은 기본적으로 양국의 편의에 따른 정치적 타협에 불과한 것이지 실질적인 의미의 물질적 과거청산과는 거리가 먼 것이었다.[24] 즉, 청구권협정의 제2조는 다음의 단계별 모순을 안고 있다.

첫째로 청구권협정의 전제를 이루고 있는 기본 틀 자체가 잘못된 것이다. 청구권 협정에서 다루고 있는 물질적 청산은 기본적으로 일본의 한국지배가 합법이라는 전제하에서 민사상 채권채무의 처리에 초점을 맞추고 있다. 그러나 만약 일본의 식민통치 자체가 불법이고 원인무효라는 사실이 인정된다면 물질적 청산문제는 재산청구권의 범주가 아닌 배상의 범주로 논의되어야 마땅할 것이다. 즉, 일본의 불법행위로 인해 국가나 개인이 입은 손실과 피해는 배상의 범주로 새롭게 다루어져야 할 것이다.

둘째로, 위의 입장에서 후퇴하여 만약 샌프란시스코 대일 강화조약의 규정대로 재산청구권의 범주에서 한일 간의 물질적 과거청산을 다루었다는 사실을 인정한다 하더라도 제2조의 "완전하고도 최종적인 해결" 규정은 교섭의 경위를 볼 때 문제를 지니고 있다. 왜냐하면 청구권의 타결방식 자체가 청구권의 각 항목에 대해 실증적인 자료의 철저한 대조를 바탕으로 한 세밀한 검토의 결과가 아닌 정치적인 흥정의 성격을 띤 총액결정 방식으로 이루어졌기 때문이다. 더욱이 종군위안부의 보상 문제에서 알 수 있듯이 당시 교섭에서 토의의 대상이 되지 않았다고 해서 책임이 최종적으로 면제된 것으로는 볼 수 없다.

---

24) 청구권 협정의 개정방향에 관한 자세한 법학적인 검토는 이장희 교수의 <한일청구권 협정의 개폐의 요강과 그 이유> 과거청산 국민운동 본부, ≪한일협정개정안 요강발표≫를 참고할 것.

Ⅳ. 조약개정론의 이상과 현실

1. 조약개정론의 제기배경

1965년 한일조약의 체결 이래 한일 간에는 과거사 처리의 시비와 관련한 쟁점이 반복적으로 제기되어 왔다. 식민지 지배의 정당성을 강변하는 일본지도자의 역사왜곡 발언이 줄을 이었으며 일제하 강제 징용되었던 조선인의 보상 문제, 사할린 동포에 대한 보상과 귀환문제, 조선인 BC급 전범의 보상 문제, 종군위안부의 보상 문제 등 수많은 쟁점들이 지속적으로 한일관계를 대립과 갈등으로 몰아갔다. 그런데 이러한 과거사 관련 쟁점들은 날이 갈수록 수그러들기는커녕 오히려 증대하고 있는데 문제의 심각성이 있다.

이처럼 과거사 문제가 한일 간에 끊임없이 제기되어 온 근본적인 이유는 한일조약이 과거사 처리의 현안들을 철저하게 다루지 못하고 유보상태로 방치해 놓은 채, 편의주의적 정치타결의 도모로 귀결되었다는데 있을 것이다. 이렇게 볼 때 과거사 청산 문제의 궁극적인 해결을 위해서는 무엇보다도 한일조약의 개정이 요구된다고 하겠다. 돌이켜보건대 한일조약의 개정문제는 어제 오늘에 제기된 것이 아니다. 조약체결과 비준의 단계에서부터 한일조약은 국내의 엄청난 비난과 저항에 부딪쳤으며 그 후 이 조약의 운영과정에서도 많은 문제점이 노출되었다는 것은 주지의 사실이다.

한일조약의 문제점과 개정의 필요성에 대한 인식은 그 이전부터 광범위하게 형성되어 있었지만 실제로 개정론에 관한 구체적인 논의가 활발하게 진행된 것은 비교적 최근의 일로 생각된다. 이점과 관련하여 특히 주목을 요하는 것은 한일국교 정상화 30주년이었던 1995년을 기점으로 한국의 민간과 국회에서 제기되었던 일련의 조약개정 주장의 흐름이다.

1995년 10월 25일 국회에서 김원웅 의원 등 여야의원 106명이 한일조약을 폐기하고 새로 조약을 체결할 것을 촉구하는 내용의 결의안을 국회에 제출하였다. 이들은 '대한민국과 일본국과의 조약 및 협정 폐기 및 재 채결 촉구결의안'을 통해 "65년 체결한 한일조약은 일본의 한반도에 대한 강압적 식민지 지배에 대해 면죄부를 준 굴욕적이고 불평등한 조약인 만큼 폐기하고 재협상을 통해 새로 한일조약을 체결해야 한다"고 주장하였다. 또 이들은 결의안에서 "한일기본조약이 과거 일본이 저지른 한국침략과 식민통치에 대한 사죄와 반성의 뜻을 밝혀야 하며 한일합방이 원천적 무효임을 명시해야 한다"고 제안하였다.[25]

다음 해인 1996년 2월에는 한일과거청산 범국민운동본부와 6.3동지회의 공동명의로 '한일협정 개정안 요강'이 기자회견을 통해 발표되었으며 동 본부는 8월 한일기본조약을 비롯한 부속 4협정의 개정안의 구체적인 내용을 중심으로 세종문화회관에서 공청회를 개최하기도 하였다. 또 동 본부는 조약개정 실현을 위한 국민운동의 한 형태로 '100만인 서명운동을 전개하고 있다. 동 본부는 '한일조약 개정안 요강'의 발안 취지문에서 "한일협정은 한반도 강점 및 침략전쟁의 책임을 명확히 하지 못한 채 일본에 면죄부를 준 굴욕적인 매국협정으로써 즉각 개정하지 않으면 안 된다고 주장하고 있다.[26]

조약개정을 주장하는 이러한 흐름이 어떠한 결과를 초래할지 현재로서는 예측할 수 없으나 향후 한일조약의 모순이 빈발하면서 점차 개정론의 열기는 더해갈 것으로 보인다. 아직까지는 조약개정 논의가 민간중심의 운동수준이나 국회에서의 문제제기수준에 머물고 있

---

25) ≪경향신문≫ 1995.10.26
26) 한일 과거청산 범국민운동본부, 1996.2.28 ≪한일협정 개정안 요강발표 및 기자회견 보도자료≫

을 뿐 정부의 정책차원에서 검토되고 있지는 않다. 이는 한국정부가 만약 과거사 청산을 위한 조약개정을 일본에 제안한다 하더라도 일본정부가 개정요구를 긍정적으로 검토할 가능성이 거의 없다는 현실적인 판단에 따른 것으로 보인다. 또한 한국정부로서는 조약개정의 주장이 초래할 대일관계 전반의 외교적 득실을 고려하여 신중한 입장을 보이고 있는 것으로 생각된다.

단기적으로 조약개정이 이루어질 가능성은 별로 없다 할지라도 장기적으로 볼 때 한일과거사 문제는 점차 해결의 가닥을 잡는 방향으로 진행될 것으로 전망된다. 90년대 이래 벌어지고 있는 국내외 정세의 변화는 한일 과거사 청산문제의 해결을 촉진시키는 변수로 작용할 것으로 기대된다. 물론 이러한 변화가 한일조약의 개정으로 직결될 지는 두고 볼 문제이지만 어쨌든 간 개정의 필요성을 제고시키는 방향으로 작용할 것이라는 점은 틀림없는 일이다.

첫째, 한일조약의 졸속 체결을 추동시켰던 냉전체제가 종결됨에 따라 그간 잠복되어 있던 한일 과거사 문제가 본격적으로 제기되는 계기를 맞고 있다. 한일조약은 대 공산권 봉쇄전략의 일환으로 마련된 샌프란시스코 강화체제의 산물이라고 볼 수 있는데 샌프란시스코 체제는 이미 냉전의 종언으로 그 수명을 다했다고 볼 수 있다. 탈냉전의 새로운 국제환경은 냉전체제하에서 이루어진 긴급피난적인 방식의 일본의 전후처리 전반에 대한 재검토를 요구하고 있는 것이다.

둘째, 북일 간 진행되고 있는 국교교섭이 과거청산 문제에 대한 재성찰을 촉구하는 압력으로 작용할 것으로 보인다. 이 교섭에서 북한은 수교의 전제조건으로 일본에게 식민지배에 대한 철저한 사죄와 배상과 보상을 요구하고 있다. 물론 일본정부는 현재 한일조약에서 규정된 과거청산의 수준을 넘지 않는 선에서 대북교섭을 마무리 짓겠다는 자세를 보이고 있으나 한국정부의 태도 여하에 따라서는 한일조약의 개정과 북일 교섭을 연계시킬 수 있는 가능성도 배제하기

어렵다. 만약 한국과 북한이 일본과의 역사청산 문제에 관해서 민족
차원의 전략적인 공조를 이루어낼 수만 있다면 과거사 문제의 해결
에 소극적인 일본정부의 태도를 다소 변경시킬 수도 있을 것으로 기
대된다.

셋째, 일본의 한국지배를 규정한 1900년대의 일련의 조약과 협정들
이 무력과 강박에 의해서 이루어진 것은 물론 국제법상 절차적인 결
함과 하자로 체결된 것이라는 사실을 명백히 밝혀주는 사실과 해석
이 학문적인 차원에서 속속 축적되어 가고 있는 것도 문제해결의 전
망을 밝게 해주는 요소이다.27) 1996년 4월 19일에는 유엔의 인권위원
회가 종군위안부 문제에 대해 "일본이 사죄와 국가배상을 할 것과 가
해자의 전원처벌"을 권고함으로써 일본의 과거사 청산에 대한 국제
적 여론을 환기시킨 바 있다.

2. 현실적인 난관들

한일 조약의 개정이 실현되기 위해서는 무엇보다도 일본 측의 태
도변화가 선행되지 않으면 안 된다. 한국정부가 만약 과거사 청산을
위한 조약개정의 요구를 외교적인 차원에서 제기한다 하더라도 일본
정부가 기존의 자세를 고수한다면 아무런 성과를 거둘 수 없음은 자
명하다. 조약의 개정은 외교적 교섭을 통해 실현될 수밖에 없으며 어
차피 외교란 상대방과의 상호작용의 과정 속에서 이루어지는 것이라
는 것을 인정한다면 조약개정의 최종적인 관건은 일본정부의 태도
여하에 달려있다고 해도 과언이 아닐 것이다.

일본정부는 조약체결 이래 현재에 이르기까지 한일 간의 과거사

---

27) 이와 관련된 상세한 학술적인 분석에 관해서는 이태진 편저, 1995 ≪일
　　본의 대한제국강점; 보호조약에서 병합조약까지≫를 참조할 것.

문제는 1965년 한일기본조약과 부속협정에 의해 완전하고도 최종적으로 해결되었으므로 한국의 추가적인 대일 과거청산 요구에는 일체 응할 수 없다는 입장을 일관되게 유지하고 있다. 그러나 일본정부의 완고한 원칙적 입장은 어디까지나 과거사 문제에 대한 정부차원의 법률적인 추가조치를 고려하고 있지 않다는 정책의 표명이지 결코 일본정부의 역사인식 자체가 불변이라는 사실을 의미하는 것은 아니다.

한일조약의 체결 이래 일본정부가 표명해온 식민지배에 관련한 공식발언의 추이를 살펴보면 일정한 한계 속에서도 역사인식의 전진이 이루어지고 있다는 사실이 주목된다. 즉, 나카소네 정권 이래 한일 간 수뇌회담에서 일본정부는 천황이나 수상의 공식발언을 통해 과거 식민지배에 대한 일종의 사죄성 발언을 지속적으로 표명해왔다. 1984년 昭和천황은 "금세기 일시기에 있어서 양국 간에 불행한 과거가 있었던 것은 실로 유감이며 다시는 반복되어서는 안 된다고 생각 한다"고 발언하였으며 平成 천황도 "우리나라에 의해 초래된 이 불행한 시기에 귀국의 국민들이 맛본 고통을 생각하니 통석의 념을 금할 수 없다"고 발언하였다.

천황의 반성표명과 더불어 일본의 역대 수상들도 간헐적으로 일본의 조선지배에 대한 일종의 사죄 내지 반성을 함축하는 의사표명을 반복해왔다. 결국 1980년대 중반 이래 자민당 정권은 수뇌회담 등 한국과의 중요한 외교 이벤트가 있을 때마다 식민통치를 반성하는 내용을 담은 수사적 표현을 발표하는 것을 일종의 외교관례로서 정착시켜 왔다. 나카소네 정권 이후 확립된 이러한 기조는 다케시다, 우노, 카이후, 미야자와 등으로 이어지는 정권의 잦은 교체에도 불구하고 자민당 정권의 대한정책의 기본노선으로 계속 유지되었다.[28]

자민당 정권의 의례적인 식민지 반성표명의 흐름을 한단계 끌어올

---

28) 이원덕, 1996 <일본외교와 역사인식; 일본지도층의 역사인식관련 발언의 배경 및 정치과정 분석> (1996년 국제정치학회 호남지회발표논문)

린 것은 1993년 비자민 연립정권의 수상으로 등장한 호소카와의 발언이었다. 호소카와 수상은 취임직후의 기자회견에서 과거 일본의 행위를 "나 자신은 침략전쟁이었다, 잘못된 전쟁이었다"고 명쾌한 역사인식을 제시하는 한편 시정방침 연설을 통해 처음으로 식민통치를 '식민지지배'라고 표현하고 사죄의 뜻을 표명하였다. 또한 호소카와 수상은 김영삼 대통령과의 경주 수뇌회담에서 일본어의 강제사용, 창씨개명, 위안부, 강제연행 등의 사실을 구체적으로 열거하며 "일본의 식민지지배에 의해 참기 어려운 고통과 슬픔을 경험한 것에 대해서 가해자로서 진심으로 반성하며 깊이 진사하고 싶다"고 표명하여 전후 사죄발언의 절정을 보여주었다.

또한 1995년 6월 일본의 중의원에서는 '역사를 교훈으로 평화에의 결의를 새롭게 하는 결의'가 채택되어 '식민지 지배'와 '침략적 행위'에의 반성이 표명되기도 하였다. 이 국회결의문에는 자민당과 신진당 우파의원 그룹의 철저한 저항에 부딪쳐 애초 기대되었던 철저한 반성과 사죄의 의미가 상당히 후퇴한 '타협의 문구'로 전락되긴 하였지만 일본 최고의 국권기관인 의회가 식민지 지배에 대한 반성의 의사를 공식적으로 표명했다는 점에서 분명 의미 있는 역사인식의 전진을 보여준 것으로 평가되었다.

국회결의가 이처럼 애매하게 종결되자 무라야마 수상은 8월 15일의 특별담화에서 과거 일본의 행위를 '국책의 잘못', '침략'으로 명언하고 거듭하여 명백한 사죄와 반성의 뜻을 표명하였다.[29]

이상에서 살펴보았듯이 80년대 중반 이래 식민통치에 대한 일본정부의 역사인식의 수준은 그 이전과 비교할 때 진일보한 측면이 엿보인다. 적어도 공식적인 차원에서의 일본의 역사인식은 반성의 자세로 정리된 것으로 이해되며 이런 의미에서 사죄론이 일본의 국론으로 자리를 잡았다고 해도 과언은 아니다. 그러나 일본정부의 이와 같

---

29) <위 논문> 참조.

은 역사인식의 전진이 곧바로 한일조약의 개정 실현으로 이어질 것
으로 보는 것은 환상에 불과하다.

첫째, 일본정부의 사죄성 의사표명은 어디까지나 정치적이고 도의
적인 차원의 사죄이며 반성일 따름이지 식민통치의 불법성과 원천적
인 무효를 인정한다는 의미는 결코 아님에 주의할 필요가 있다. 거듭
되는 반성의 표명에도 불구하고 일본정부는 식민통치가 적법한 절차
를 거쳐서 유효하게 이루어졌다는 기존의 입장을 철저하게 고수하고
있다. 즉, 일본정부는 식민지배에 대해 한편으로는 '도의적 사죄론'을
주장하면서도 또 한편으로는 '법률적 합법론'을 철저하게 고수하고
있는 것이다.

일본정부의 이러한 이중적 태도가 불식되지 않는 한, 한일 간 역사
청산 문제의 원만한 해결은 거의 기대하기 어렵다고 해도 과언이 아
니다. 일본정부는 종군위안부의 동원에 관헌의 개입이 있었음을 인정
하고 거듭된 사죄의사를 표명했음에도 불구하고 이들에 대한 정부차
원의 보상을 단호하게 거절하고 민간레벨의 기금으로 위로금을 전달
하려고 시도하고 있다. 결국 이러한 모순 된 행동은 과거청산에 대한
일본정부의 이중적 자세에서 나온 불가피한 귀결이다.

둘째, 일본정부의 식민통치에 대한 공식입장이 반성론 내지 사죄론
으로 정리되었다고 해서 그것이 일본국민의 역사인식에 대한 합의를
바탕으로 이루어진 것으로 볼 수 없다는 점이다. 80년대 중반 이래
정부의 반성입장 표명과 더불어 주목되는 또 하나의 흐름은 보수우
파 정치가 및 각료에 의해서 이루어진 역사왜곡 발언(이른바 "망언")
으로 나타났다. 정부의 반성입장의 표명이 빈도와 심도를 더해가자
우파 정치사회세력은 점차 심각한 위기의식을 갖게 되었다. 이들은
일본의 근대사가 송두리 채 부정되고 단죄되는 상황에 대해 경계심
을 갖게 되었고 이에 대한 집단적인 반발을 시도하는 과정에서 문제
발언의 표출이 빈발하게 된 것이다.[30]

후지오 발언, 오쿠노 발언, 와타나베 발언, 에토 발언 등으로 이어지는 80년대 중반이래 일련의 역사왜곡 발언은 한국병합 정당성론과 식민지 시혜론을 축으로 하는 일본의 민족파 보수세력의 역사인식을 있는 그대로 보여준 것에 다름 아니다. 이들은 일본정부의 반성입장 표명에 반발하는 데 그치지 않고 야스쿠니 신사참배, 종군위안부에 대한 일체의 보상거부, 일본의 근대사를 정당화하는 역사교육의 실시를 주장하며 집단적인 행동에 나서고 있다. 또 이들은 보수적인 정당 내에 정치적 결사를 조직하는 한편, 일본유족회를 비롯한 우익적 사회조직과 연대를 형성하여 대대적인 정치공세를 펼치고 있다.

그렇다고 해서 일본전체가 이러한 보수 우파의 역사인식에 함몰되어 있다고 말할 수는 없다. 이들과는 별도로, 진보적인 입장에서 일본의 식민지배와 침략의 역사를 반성, 사죄하고 적극적인 보상에 나서야 한다고 주장하는 일군의 정치사회 세력이 만만치 않게 존재하는 것 또한 일본의 현실이다. 이것이 역사인식의 다원화 과정을 겪고 있는 일본의 현주소이다. 사죄표명과 역사왜곡발언의 표출이 상호교차하면서 동시에 진행되고 있는 일본의 모순된 모습은 역사진보파와 민족우파의 역사인식을 둘러싼 투쟁의 필연적인 산물인 것이다.

일본의 이와 같은 역사인식 수준을 고려할 때, 일본정부의 거듭되는 사죄표명을 한일 간의 과거사 청산을 실현하겠다는 실천의지로 보는 것에는 무리가 따른다. 오히려 그보다는 과거사문제로 한일관계가 더 이상 심각하게 악화되는 것을 막을 필요성에서 나온 편의주의적인 修辭이며, 심하게 말하면 립 서비스에 불과한 것이다. 따라서 일본정부가 한일조약 개정론에 응할 가능성은 현재로서는 기대하기 어렵다고 보아도 무방할 것이다.

---

30) <위 논문> 참조.

V. 맺음말

일본의 조선 식민통치에 대한 한일양국의 대립된 역사인식은 전후 한일관계를 갈등으로 치닫게 한 주요원인이 되어왔다. 양국의 근본적인 역사관의 괴리는 14년간의 마라톤회담을 통해서도 해결되지 못한 채 1965년 한일조약과 부속협정에 의해 그대로 화석화되었다. 한일기본조약 체제는 역사청산문제를 여전히 미해결의 문제로 방치해 둔 불완전한 전후처리였다. 그런 의미에서 한일관계의 과거사 분쟁은 한일조약의 출범당시부터 이미 예견되었던 것이다.

한일관계가 과거문제를 둘러싼 대립의 악순환 고리에서 탈피하기 위해서는 과거사 처리의 원점인 한일기본조약 체제가 재고되어야 함은 말할 나위도 없다. 한일조약의 최대 모순은 일본의 식민통치를 정당화한 한일기본조약 제2조와 보상과 배상문제를 유보시킨 청구권협정의 제2조에 집중적으로 표현되고 있다. 한일조약의 개정은 최소한 이 조항의 재검토로부터 출발되어야 할 것이다.

그러나 조약의 개정은 어느 일방의 주장과 요구에 의해서만 이루어질 수 있는 성질의 사안이 아니라는 데 문제의 복잡성이 있다. 도의적인 차원의 거듭된 과거사 반성입장의 표명에도 불구하고 일본정부는 여전히 1910년의 한국병합조약이 적법한 절차를 밟아서 체결되었으며 35년의 식민지배가 합법적이며 유효하게 이루어졌다는 법해석을 버리지 않고 있다. 조약개정론의 주장은 궁극적으로 일본정부의 이러한 공식입장과 정면으로 충돌할 수밖에 없다.

한국정부가 조약개정을 요구하는 국내의 압력에도 불구하고 선뜻 일본정부에게 외교적 차원의 조약개정 주장을 내놓지 못하고 있는 것도 따지고 보면 일본정부의 원칙적 자세가 변경될 가능성이 없다고 판단하고 있기 때문으로 생각된다. 즉, 실현가능성이 별로 없는 조

약개정 문제의 제기로 한일 간의 전반적인 관계를 악화시킬 필요가
없다는 나름의 계산에서 소극적 태도를 보이고 있는 것으로 보인다.

뭐니 뭐니 해도 궁극적으로 조약개정 여부의 관건은 일본 측의 태
도 여하에 달려있다고 할 것이다. 이 점과 관련하여 주목되는 것이
일본국내의 역사인식의 다원화 현상이다. 현재 일본정부는 일본의 과
거 침략행위와 식민지 지배의 역사를 반성, 사죄하고 미해결의 전후
처리에 본격적으로 나서야 한다고 주장하는 역사진보 그룹-이들이
한일조약의 개정에 전적으로 동의하고 있다는 의미는 물론 아니다-
과 과거 일본의 침략사를 정당화하며 일체의 추가적 전후처리 조치
에 결사반대하는 보수우파 그룹의 양대 세력으로부터 동시에 압력을
받고 있는 형편이다.

향후 일본의 역사인식이 어느 방향으로 나아갈 것인가는 예측을
불허하는 상황이므로 조약개정의 실현여부를 점치기는 쉽지 않다. 다
만 조약개정 실현을 위한 효과적인 실천전략으로서 고려해야 할 요
소들을 지적해두면 다음과 같다.

첫째, 장기적으로는 근대 한일관계사에 대한 자료의 집대성과 체계
적인 연구축적을 통해 학문적인 역량을 강화시켜 나가야 할 것이다.
객관적인 사실과 체계적 연구에 의해 뒷받침되지 않는 일방적인 주장
이나 감정적 대응은 대일관계의 개선에 아무런 도움이 되지 않는다.

둘째, 일본국내 역사인식의 다원화 현상을 염두에 둔 대일 대응을
추진해 나갈 필요가 있다고 생각된다. 역사청산 논쟁을 지나치게 한
일 양국 간 대립구도로 몰고 가는 것은 객관적인 사실과도 부합하지
않으며 전략적으로도 효율성이 떨어진다. 따라서 일본 내의 보수우파
의 제국주의적 역사인식에는 철저하고도 단호한 대응으로 맞서되 역
사진보 그룹과는 국경을 뛰어넘는 연대를 모색하여 합리적인 해결방
안을 추구할 필요가 있다. 한일관계가 양국의 국수주의적 감정대결로
치달을 경우 과거사 문제의 청산은 기대하기 어렵기 때문이다.

셋째, 일본의 침략과 식민통치로부터 공통으로 피해를 받은 아시아 제국과의 국제적 연대를 구축하여 일본의 잘못된 역사인식을 시정해 나가는 방안을 검토할 필요가 있다. 종군위안부 문제에서 보듯이 과거사의 청산과제는 단지 한일관계에 국한된 사안이 아니고 일본의 침략을 받았던 아시아 인민 전체의 문제이기도 한 것이다. 이렇게 볼 때 일차적인 관심사로 떠오르는 것이 북일 교섭의 진행상황이다. 사실 북일 교섭에서 다루어지고 있는 과거사 청산 의제는 한국과 북한이 공통적으로 당면하고 있는 대일외교의 과제이기도 한 것이다. 대일 과거사문제에 한정해 볼 경우, 북한과의 전략적인 공조체제를 통하여 한일조약의 개정문제를 북일 회담의 타결과 연계시킴으로써 일본에게 역사청산을 촉구하는 방안도 신중히 검토해 볼 필요가 있다고 생각된다.

ABSTRACT

Direction for Reform on Disputes concerning Korean–Japanese Historical Affairs after the Normalization Treaty: Examination of the Possibility for Treaty Reform

Lee, Won-deog

It is evident that in order to steer away from the tautological arguments presented by opposing opinions surrounding the historical understanding of Korean–Japanese relations, the ROK-Japan Normalization Treaty system must be reconsidered as it is the beginning point to any resolution of the historical debates. The greatest irony of the normalization treaty is manifested specifically with article two of the Korea Japan Basic Treaty in 1965 that rationalized Japan's colonial rule and with article two of the Claims Agreement that held over compensation and reparation issues. Reform in the ROK-Japan Normalization Treaty must begin with a reexamination of these items. Despite expressing a self-reflective stance concerning historical affairs taken up within a moral frame, Japan still continues to explain legally how the 1910 Korean annexation treaty was concluded within legal confines and that the 35 years of colonial control was realized in a lawful manner. The treaty reform theory argues that it has to confront positively this official position of the Japanese government.

Despite heavy domestic pressure for the Korean government to demand a reform of the treaty, the reason why it does not even broach the issue of treaty reform within a diplomatic sphere is because it has already decided that there is no possibility that Japan would ever consider changing their official position. That is, the Korean government seems to have made a judgment through its passive attitude that there is no need to take up the issue of treaty reform that has no possibility of actual realization, especially when they could worsen the overall relations between Korea and Japan. The important point to remember is that any latitude for positive treaty reform likely lies within change made from the Japanese side.

An important issue related to this is the phenomena of pluralism in historical understanding within Japan. After 1990, the Japanese government was simultaneously under heavy pressure from two fronts. On the one hand, the progressive history group argued that Japan must reflect upon its history of imperialistic invasions and colonial control, apologize and take a full-scale lead to deal with the unresolved issues from the past. On the other, the conservative right-wing group rationalizes Japan's past encroachments and is adamantly against any compensatory measure for past actions. Henceforth, while paying attention to changes within Japan, we must put our energy toward building up historical scholarship and at the same time seize any opportunity to actively introduce theories of treaty reform when favorable international circumstances present themselves.

Keywords : South Korea-Japan negotiations, Korea-Japan Basic Treaty in 1965, Claims, method of economic cooperation, Reparations, Compensations, Korean Annexation Treaty, Korea-Japan Historical Affairs, absurd remarks, historical understanding

한일경제관계의 쟁점, 과제, 전망

─정치·경제적 관점─

손 열*

1. 서 론

한국과 일본은 긴밀한 교역파트너이다. 한국에게 일본은 제3의 교역상대국이며 일본에게 한국은 제4의 교역상대국이다. 일본은 한국에 투자하는 제2의 국가이며, 양국은 기술이전의 차원에서도 긴밀한 관계를 유지하고 있다. 이러한 관계는 19세기말 양국간의 개항과 함께 시작되었지만, 본격적 관계의 형성은 1965년 한일국교정상화 이후가 된다.

그렇다면 우리는 지난 반세기 양국간 경제관계를 어떻게 이해할

---

* 중앙대학교 교수

수 있는가? 즉, 양국간 관계의 특징은 무엇이며 이는 어떻게 지속 혹은 변화되고 있는가? 이 글은 이 시기를 하나의 역사틀 속에 위치시키고, 그 속에 내재된 "구조"를 찾아내어 이 구조가 21세기 양국관계에 어떻게 투영되어 작동하고 있는지를 밝히려 한다. 이를 위해 이 글은 정치경제적 접근을 취한다. 다시 말해서 정치가 경제관계에 내장되어 있다는 점에서 이 글은 한일경제관계가 국제정치 및 국내정치의 맥락속에서 형성, 변화해 가는 모습을 잡아낼 것이다. 구체적으로 이 글은 냉전의 정치경제 속에서 한일관계를 파악한 후, 냉전종식 및 세계화(globalization), 그리고 지역주의(regionalism)의 도전 속에서 한일 양국이 서로간의 관계를 어떻게 모색해 가는 지를 분석한 후, 그 21세기적, 정책적 함의를 도출해 내고자 한다.

Ⅱ. 20세기 후반의 한일경제관계
－냉전과 중상주의

1. 냉전체제

1945년 일본의 패전과 식민지체제의 종식은 한국과 일본에게 새로운 관계를 예정하는 일대사건이었다. 한일 양국은 단순한 전승국이 아닌 세계패권국(global hegemon)으로 등장한 미국의 글로벌전략(global strategy) 그리고 이의 하위체계로서 지역전략(regional strategy)에 강한 영향을 받게 된 것이다. 즉, 동북아지역 혹은 한일관계는 한일 양국의 자율적 판단에 기반하지 않고 미국의 구조적 권력에 영향받아 구성될 성질의 것이 되었다. 여기서 미국의 글로벌 전략은 냉전전략이고 지역전략은 반공/반소련의 핵심교두보로서 일본의 부활이었다.

애당초 미국은 대일점령정책의 기본목표로 일본의 비무장화와 민주화를 내걸었고, 동아시아 지역경제권에서 일본의 패권을 철저히 파괴하였다. 그러나 1947년 가을과 겨울, 미국은 동아시아에서 소련의 대두 즉, 공산주의의 침투 저지를 최우선 정책으로 삼게 되었고, 그간의 적대적 대일경제정책은 극적인 전환을 보이게 되었다. 이른바 역코스(reverse course)는 미국의 거대한 산업력, 군사력을 바탕으로 한 일방주의적 권력 행사로 전환됨을 표상하는 것이었고, 이는 단순히 미국의 대일정책이 아니라 그들의 세계전략의 결과였던 것이다.

역코스의 전략적 목표는 일본의 산업/경제의 부활을 통한 소련(공산권)의 확산 저지와 자본주의 세계체제의 발전이었다. 냉전의 건설자(architect) 애치슨(Dean Acheson)과 케난(George Kennan) 등은 일본을 세계경제의 부흥을 위한 엔진으로 기능하는 지역경제강국 그리고 소련에 대한 방어벽 역할을 수행하는 일본을 구상하였다.[1] 이는 미국이란 세계패권에 억제되는 동시에 주어진 지역적 영역(regional realm)내에서 패권을 행사하는 일본을 구성해 내는 것이었다. 여기서 일본의 周圍는 그들의 역사적 영역 즉, 동북아시아 대륙(한반도, 만주, 북중국)을 포괄하는 지역경제권(즉, 대동아 공영권)이 되며 일본은 이 지역을 수출시장 그리고 원료수입시장으로 삼아 지역경제 부활의 선구가 된다는 것이었다.[2]

미 중앙정보국(CIA)은 지역강국으로서 일본의 부활을 위해 구체적으로 미국은 일본의 자연적 무역패턴(natural trade pattern) 즉, 동북아지역의 수출시장화와 원료공급지화를 왜곡시키지 않도록 방책을 마련하여야 하며, 만일 이것이 불가능할 경우 – 즉, 소련의 동북아대륙

---

1) Cumings, Bruce, 1993. "Japan's Position in the World System." in Andrew Gordon, ed., *Postwar Japan as History*(Berkeley: University of California Press) 39

2) Schaller, Michael. 1985. *The American Occupation of Japan*. (Oxford: Oxford Univ. Press) 83-93

석권에 의해 좌절될 경우 — 미국은 일본의 회복을 위해 지속적으로 상당한 수준의 무역역조를 감수하여야 할 것이라는 전망을 조심스레 내어놓게 된다.[3] 중국의 공산화에 대항하여 일본과 동남아지역을 경제적으로 통합시키려는 — 즉, 동남아를 일본의 수출시장 및 원료공급시장으로 삼는 — 애치슨의 "Great Crescent" 전략과 NSC-48 역시 일본중심의 동아시아권역을 구상한 것이었다.[4]

그러나, 과거 전전 일본의 최대수출시장인 중국의 공산화, 제2의 시장이었던 한국과의 국교단절상태의 지속은 일본에게 시장상실을 의미했고, 따라서 냉전초기 미국정책기획자들이 구상했던 일본중심 자연경제권을 미완으로 남겨놓게 하였다. 앞서 미 중앙정보국의 우려대로 미국은 일본의 수출시장이 되어주어야 했고, 실제로 1960년 미국은 일본수출의 무려 36.5%를 흡수해야 했다. 이는 장차 미국의 대일수입규제 등 양자간 무역마찰을 예정하는 것이었다. 이에 반해서 개발도상국으로의 수출의 중심은 동남아였다. 그러나 이 지역의 시장의 협소성 및 외화사정의 악화 때문에 일본의 중화학공업 중심 성장전략은 실효를 거둘 수 없었다. 이를 해결하는 궁극적 전략은 동북아 대륙 시장을 일본에 편입시키는 길이었다. 이일은 1960년대 케네디(JFK)가 떠맡게 된다.

2. 냉전의 정치경제와 한일관계

"냉전의 정치경제 논리"란 공산권에 대한 대항세력으로서 동북아의 일본이 중심이 되고, 일본의 부흥 및 지역패권으로의 부상을 위해 한국(남한)이 경제적으로 기능해야 한다는 것이다. 즉, 한국이 일본의

---

3) *Ibid.*, 41
4) *Ibid.*, 104, 205

시장이 되어준다는 것이다. 케네디는 이러한 논리에 근거하여 한일간 연계를 이끌려했다.5) 미국은 한일 양국을 정치, 경제적으로 결속시킴으로써 동아시아 냉전의 전선을 견고히 하려 했으며, 1960년대에 들면서부터는 더욱 강하게 양국간 수교를 재촉하였다.6) 이와 함께 미국은 50년대 말 소비재 위주의 무상원조방식에서 개발을 지원하는 차관형 원조로 전환하면서, 당시 주요 원조수혜국인 한국의 개발에 일본이 주요한 역할을 하도록 유도하였다. 물론 그 이면에는 한국이 일본의 자본재 수출시장으로 편입, 기능하게 한다는 고려가 개입되었다.

이러한 국제적(즉, 냉전적) 환경 하에서 박정희정권과 이케다(池田勇人)정권은 경제주의적 접근방식으로 한일국교정상화를 이루어내었다. 양국간 청구권문제가 결국 경제협력방식으로 해결된 것은 이를 상징하였다. 여기서 협력은 외화의 형태가 아닌 자본재나 용역의 형태였는데, 이는 일본의 대한경제진출을 의미하는 것이었다. 경제적 차원에서 일본과 미국에게 한일국교정상화는 일본의 수출시장으로서 한국의 재등장을 의미했던 것이다. 한국에게 이는 근대경제 건설을 위한 자금과 기술 마련의 계기였음은 물론이다.

미국에게 일본은 동아시아 지역에서 경제적으로 미국의 패권을 분점하는 즉, 미국과의 역할분담을 통해 동아시아 냉전의 한쪽을 안정화하는 역할을 하는 행위자가 되었고, 한국에게 일본은 미국과 함께 일종의 이중패권(dual hegemony)의 한 축이 되었다. 즉, 미국의존 일변도의 상황에서 일본으로부터의 기술과 무역의 급팽창으로 한국은 미국과 일본 양국에게 경제적으로 의존하는 구조를 맞이한 것이다.

적어도 전략이 현실 경제관계로 전화되었다면 이는 한국에게 대일

---

5) 이원덕, 1996 ≪한일 과거사처리의 원점≫ (서울대학교 출판부) 190~215
6) 미국으로부터 압력의 고조는 당시 베트남정세의 악화에 따라 한국의 안보가 중요현안으로 떠오르게 된 점, 또한 중국이 핵실험에 성공함으로써 야기된 긴박한 안보상황 등이 그 원인이었다. 이원덕, 2001 <한일관계 65년체제의 기본성격 및 문제점> ≪국제지역연구≫ 9-4, 42

무역역조를 의미할 수 밖에 없었다. 다시 말해서 한국은 일본의 중상주의적 수출시장이었기 때문이다. 실제로 한국은 만성적인 대일수지 적자에 시달리게 되었다. 이를 해결하는 방법은 한국이 대일수출을 증진하여 확대균형을 이루는 것이다. 그리고 여기에는 한국상품의 경쟁력이란 측면과 함께 일본시장의 개방이란 측면이 함께 고려되어야 했다.

3. 일본의 폐쇄적 시장구조

일본시장의 개방은 1960년대 본격적으로 이루어졌다. 전후 일본은 냉전구조 속에서 전전의 중상주의적 경제정책을 지속할 수 있었다. 즉, 일본경제의 부활을 위해 미국은 전후 자유주의적 무역질서 속에서 일본의 일탈 (혹은 무임승차)을 용인해 주었던 것이다. 그러나 미국은 1960년대 들면서 일본의 개방 즉, "자유화(liberalization)"를 강력히 요구하기 시작하였다. 미국은 일본이 경제적 자립과 성장을 이룩한 이상 냉전체제 속에서의 무임승차 위치를 더 이상 인정하지 않겠다는 의사를 표명하였다.[7] 일본은 1964년 GATT 11조국(국제수지상의 이유로 무역제한이 허락되지 않는 국가)로 승격되었고 곧이어 1964년에는 IMF 8조국으로 이행하면서 OECD에 가맹, 자본자유화의 의무를 이행하여야 했다.

그러나 무역 및 자본자유화는 일본시장의 자유로운 진입을 그대로 의미하는 것은 아니었다. 관세장벽의 축소에도 불구하고 비관세장벽

---

7) 1958년경부터 미국은 국제수지 역조를 기록하게 되고 특히 일본등 아시아 국가로부터 섬유산업등 일부 제조업의 국제경쟁력을 잃게 되면서 국내적으로 보호주의 역풍을 맞게 된다. 특히 1959년 GATT 도쿄회의에서 미국대표는 일본의 수입제한 조치를 강력하게 비난하면서 보복조치의 강구를 내비치기도 하였다.

이 유지되고 있다면 시장진입은 여전히 어려울 수 밖에 없기 때문이다. 그리고 비관세장벽은 정책적 의도 뿐만 아니라 경제시스템 자체에도 기인한다. 차별적 정부조달, 정부주도 카르텔, 표준(규격)정책 등이 전자라면 관계계약(relational contracting) 등은 후자라 하겠다.[8]

　자유화에 대한 일본의 대응은 여전히 중상주의적인 것이었다. 일본의 통상산업성은 국경의 공식적 통제수단(보호관세 및 투자제한)의 상실을 비공식적, 비관세적 수단으로 대치하여 국내산업을 보호하려 했다. 통산성은 자유화에 따른 핵심권한의 축소(즉, 外國爲替及び外國貿易管理法의 축소)에 대응하여 관민협조방식에 의한 카르텔 강화, 인허가 등 비공식적 수단에 의해 산업구조를 재편성하여 국제경쟁력을 강화하려 했다. 예컨대, 영세한 국내석유회사를 외국자본의 매수로부터 보호하기 위해 일본은 통산성과 업계대표로 구성된 "에너지간담회"를 설치, 국내산업 보호를 위한 비공식적 비관세장벽을 고안하였고, 유사기구인 "석유화학협조간담회" 역시 국내 유화업계를 보호하기 위해 신규진입의 규제, 생산량 규제 등 카르텔 운영을 도입하

---

8) 일본의 경제시스템은 경제주체간의 장기적이고 밀착적인 관계를 그 특징으로 한다. 연공서열과 장기고용이란 노사관계제도 하에서 기업집단(혹은 系列)이란 기업간 관계, 메인뱅크제도란 기업과 은행간 관계, 행정지도와 규제를 매개로 한 정부-기업간 관계 등이 그것이다. 이는 외국에게는 비관세장벽으로 작동하게 되었다. 지난 20년여년간 미일통상마찰에 관한 연구들은 일본의 경제구조 자체가 비관세장벽(nontariff barriers)으로 작동하고 있음을 보여주고 있다. 예컨대, Edward Lincoln, 1989, *Japan's Unequal Trade*(DC: Brookings Institution Press); Laura D'Andrea Tyson, 1993, *Who's Bashing Whom?* (DC: Institute of International Economics); Dennis Encarnation, 1992, *Rivals Beyond Trade* (Ithaca: Cornell University Press); Fred Bergsten and Marcus Noland, 1993, *Reconcilable Differences?* (DC: Institute of International Economics); Mark Tilton, 1996, *Restrained Trade* (Ithaca: Cornell University Press); Lonny Carlile and Mark Tilton, 1998, Is *Japan Really Changing Its Ways?* (DC: Brookings Institution Press; 그리고 Richard Katz, 1998, *Japan: System that Soured*(NY: M.E. Sharpe).

였다. 조선업계의 경우 1950년경 15%였던 수입관세는 70년도 9% 정도로, 75년에는 無稅가 되는 과정에서 수차례의 造船業法에 근거한 직접규제와 간접적 자금원조 등으로 국제경쟁력을 향상시키려 하였다. 요컨대, 자유화의 과정에서 일본은 관세에 의존하지 않는 보다 비공식적이고 세련된 방식으로 국내산업을 보호, 육성하려 했던 것이다.[9]

그러나 이러한 보호육성책은 해당산업이 유치단계(infant stage)일 때 성공전략이 되는 것이 일반적이다. 전략산업으로 지정되어 보호육성된 기업이 일정 시점에서 국제경쟁력을 갖추게 되면 국가개입은 더 이상 필요하지 않게 된다. 그러나 경쟁력을 갖추지 못한 경우 이 산업은 퇴출의 길을 걸을 수 밖에 없다. 일본의 정책당국은 사양산업을 점진적, 단계적으로 퇴출시킨다는 명분 하에 다양한 산업정책 수단을 동원하였으나, 실제로는 해당 업계와 이를 대변하는 정치가(소위 族議員)에 의해 구제의 수단으로 전화되었고, 결과적으로 약자(즉, 경쟁력없는 기업)를 보호하고 소비자의 희생을 강요하는 합법적 제도로 작용하게 된 것이다.[10]

이러한 성격의 산업부문들은 비공식적 규제장벽에 의해 보호되고 있고, 공교롭게도 한국이 대일경쟁력을 갖고 있는 부문이다. 이시영·전성희의 연구(2003)는 전통적인 수출상품인 직물, 섬유, 피혁 등과 함께 석유화학제품, 비철금속(알루미늄), 철강, 시멘트 등이 대일경쟁력을 갖고 있음을 보여주고 있다. 이 연구는 RCA를 활용하여 한일 FTA가 체결될 경우 어떤 산업이 양국간 경쟁력을 갖게 되는가를 계산한다.[11] 이 작업은 먼저 자국의 RCA를 통하여 어떤 산업이 경쟁력

---

9) 손열, 2002 <비관세장벽의 정치경제> ≪국제정치논총≫

10) Vestal, James., 1992, *Planning For Change* (Oxford: Oxford University Press)

11) Balassa(1967)에 의하여 정의된 현시비교우위지수(RCA: Revealed Comparative Advantage Index)의 공식은 다음과 같다.

있는 산업인지를 분석한 다음, 상대국의 RCA를 활용하여 FTA가 체결
될 경우 양국의 각 산업별 수혜 및 경쟁 그리고 피해 산업의 여부를
분석하는 것이다. 여기에다 피해산업의 보호정도 즉, 해당산업의 관
세율과 비관세장벽 적용율을 계산하여 이 연구는 양국이 공히 국제
경쟁력을 갖고 있는 수혜산업, 한국이 경쟁력 비교우위를 갖는 산업,
일본이 경쟁력 비교우위를 갖고 있는 산업, 한국의 피해산업, 일본의
피해산업 등을 추출하여 어떤 산업이 FTA에 저항하거나 지지할 것인
지를 밝히고 있다.[12]

  <표 4>에서 보듯이 여기에 등장하는 일본의 열위산업 즉, 한국의
RCA>1 이고 일본의 RCA<1 인 부문이 상당수 비공식적 장벽을 품고
있음은 여러 연구에서 드러나고 있다. 예컨대, 섬유, 직물의 경우는
우리우의 연구,[13] 시멘트, 철강, 알루미늄 등 중간재산업의 경우 틸튼

$$RCA = \frac{X_{ij} \ / \ X_j}{X_{iw} \ / \ X_w}$$

X_{ij} : j 국가의 i 산업의 수출액, X_i : j 국가의 총 수출액
X_{iw} : i 산업의 세계 총 수출액, X_w : 세계의 총 수출액
  여기서, RCA > 1이면 j 국가의 i 산업은 비교우위가 있는 경쟁산업이 되
고 RCA < 1이면 경쟁력이 없는 피해산업이 된다.
12) 구체적으로, 양국이 공히 국제경쟁력을 갖고 있는 수혜산업(통신장비 및
  녹음기구, 사무기계 및 컴퓨터, 기타 전기기계 및 장비), 한국이 경쟁력
  비교우위를 갖는 산업(생선, 갑각류, 연체동물, 직물 및 섬유, 플라스틱,
  가죽제품 및 손질모피, 직물과 연관제품, 기타 운송장비, 시멘트, 알루미
  늄, 핸드백, 의복, 금), 일본이 경쟁력 비교우위를 갖고 있는 산업(금속공
  작용 기계, 기타 산업용 기계, 달리 명시되지 않은 전문장비 및 과학장
  비, 도로차량, 사진기기 및 광학기기, 시계, 원동기기 및 설비, 특수산업
  용기계), 한국의 피해산업(원동기기 및 설비, 특수산업용기계, 금속공작
  용 기계, 기타 산업용 기계, 도로차량, 달리 명시 되지않은 전문장비 및
  과학장비, 사진기기 및 광학기기, 시계), 일본의 피해 및 저항산업(원료
  형태가 아닌 플라스틱, 직물과 연관제품, 생선, 갑각류, 연체동물, 여행
  관련 제품, 핸드백, 직물 및 섬유, 의복, 가죽제품 및 손질모피).
13) Uriu, Robert., 1996, *Troubled Industry* (Ithaca: Cornell University Press).

의 연구가 대표적이다.[14)]

<표 4> 한일 양국의 경쟁산업

한국의 RCA>1 이고 일본의 RCA*<1	한국의 RCA<1 이고 일본의 RCA*>1
• 생선, 갑각류, 연체동물 • 직물 및 섬유 • 플라스틱(원료형태의 것) • 원료형태가 아닌 플라스틱 • 가죽제품 및 손질모피 • 직물과 연관제품 • 기타 운송장비 • 시멘트 등 • 의복 • 기타 비철금속	• 금속공작용 기계 • 다른 산업용 기계 • 달리 명시되지 않은 전문장비 및 과학장비 • 도로차량 • 사진기기 및 광학기기, 시계 • 원동기기 및 설비 • 특수산업용기계

틸튼(Mark Tilton)은 현대일본의 경우 카르텔조직이 수입장벽의 주원천이며 업계단체가 카르텔 조정의 역할을 한다고 주장한다.[15)] 왜냐하면 카르텔협정(i.e., 가격협정, 생산량협정)은 수입 즉, 국제시장의 영향이 최소화할 수 있어야 성공적으로 작동하게 되는 것이기 때문이다.

일본의 철강산업은 5대 철강회사에 의해 조직되어 있으며 이들은 국내시장에서 서로 경쟁하지 않는다. 왜냐하면 이들은 자신들의 장기 거래처와 동일한 협정가격을 설정해 놓고 거래하기 때문이다. 실례로 매년 이들은 주 소비자(즉, 자동차업계와 조선업계)와 비공식적으로 철강가격을 결정한다. 가격협상은 양측 대표인 신일본제철과 미쯔비시중공업, 신일본제철과 토요타자동차 사이에 이루어진다. 여기서 결정된 가격은 수입가격 즉, 국제시장가격보다 훨씬 높음(60% 이상)에

---

14) Tilton, *op. cit.*

15) Tilton, *op. cit.*

도 불구하고 지켜지는 데, 틸튼의 주장에 따르면, 안정적 국내 공급원
을 확보하려는 의식이 작동하는 것 이외에 협정 이탈시(즉, 수입시)
업계단체 즉, 카르텔로부터의 보복이 뒤따르기 때문이다. 일본의 자
동차산업과 조선산업이 값싸고 품질 좋은 한국산(=포항제철) 철강제
품을 적극적으로 수입하지 않는 이유는 그 수입량이 한계를 넘어섰
을 경우 일본철강업계가 단체행동으로 철강공급을 중단할 수도 있다
는 두려움 때문이란 것이다.[16] 초대형구매자가 한 생산자를 다른 생
산자와 경쟁시켜 이득을 볼 수 없는 까닭이 바로 이러한 비공식 카르
텔의 작동에 있다. 한 인터뷰에 따르면 일본의 대형 철강구매자들이
포철에 접근하는 적지 않은 경우는 포철의 존재(즉, 저가의 한국산 철
강) 자체를 일본철강업체와의 협상칩(bargaining chip)으로 사용하려는
의도에서이지 실제로 다량구입을 원하지는 않는다는 것이다.[17]

　일본의 시멘트산업 역시 내외가격차가 현저한 산업 중의 하나이다.
국내가격이 국제가격의 68%이상인 현실에서 일본 시멘트업계(5대 업
체가 총매출의 70% 점유)는 한국산(쌍용양회)과 대만산 시멘트의 수
입으로 사양되어야 할 처지임에도 불구하고, 또한 공식적 무역장벽이
존재하지 않음에도 불구하고, 외국산의 소비는 놀랍게도 1992년의 경
우 국내 시멘트소비의 1.2%이었다. 퇴출되어야 함에도 불구하고 이
들이 건재한 이유는 바로 업계단체인 시멘트연합회의 카르텔을 통한
수입억제에 있다. 틸튼은 시멘트의 최대수요자인 건설업계가 일본토
목건축연합회에 의해 카르텔화되어있으며 이 업계단체의 회원은 시
멘트연합회 회원들에게서만 시멘트를 구입하고, 반면 시멘트카르텔
회원들은 건설카르텔 회원에게만 공급하는 비공식적 협정이 존재하
기 때문이라는 것이다. 만일 건설회사가 외국산 시멘트를 구입할 경

---

16) Tilton, *op. cit.*, 183-185
17) 포철제품을 일본자동차회사에 판매하고 있는 (주) 대우 철강부문 관계
　　자와의 인터뷰(1996.6).

우, 국내시멘트업계는 그 회사에 시멘트 공급을 중단한다는 것이
다.[18]

일본의 건설시장은 세계최대규모인 동시에 지명경쟁입찰제를 중심
으로 한 규제들에 의해 폐쇄되고 카르텔화되어 있는 대표적 산업부
문이다. 특히 고수익을 보장받는 정부발주 대형공사프로젝트는 대형
건설회사의 소득원인 동시에 집권정치가에게는 정치헌금의 온상이었
다.[19] 미국은 1980년대 중반이래 공공건설시장의 개방에 초점을 맞추
고 외압을 행사하였고, 그 결과 일본은 미국에 특례조치를 통한 쌍무
적 개방, 특히 설계 및 엔지니어링 부문을 개방, 제공하게 되는 반면,
한국의 건설업체가 일본에 대해 경쟁력의 우위를 점하고 있는 공공
토목공사 부문은 한국업계(현대와 삼성) 및 정부의 거듭된 요청에도
불구하고 개방을 거부하였다. 1997년 한국이 WTO의 "정부조달협정"
에 가입한 후 비로소 한국업체는 일본의 공공사업시장에 진출할 수
있었다. 여기서 진출의 의미는 "입찰참여"이지 수주를 의미하지는 않
는다. 즉, 담합으로 대표되는 비공식적 장벽의 존재는 경쟁력있는 한
국기업들로 하여금 일본의 대형 종합건설회사(제네콘)와의 사업제휴
를 통한 제한적 진출을 꾀할 수 밖에 없도록 유도하고 있다.

이런 점에서 일본의 비관세장벽의 철폐문제는 한일무역의 확대를
위해 중요한 이슈가 된다. 그러나 비관세장벽이 일본 경체시스템의
구조적 속성에서 기인되는 바 크다면 이는 일본시스템의 전환을 요
구하는 일이 되고 따라서 정치적 작업이 될 수 밖에 없다.

---

18) ≪日本經濟産業新聞≫의 보도처럼 일본의 시멘트회사들은 한국산 시멘
   트를 수입해가는 '범죄'차량 즉, 카르텔 이탈자를 추적, 사진촬영하고
   있었으며 이는 결국 보복을 염두에 둔 행위로 보여진다. Tilton, op. cit.,
   107

19) 武田晴人, 1994 ≪談合の經濟學≫ (集英社, 東京) ; Woodall, Brian. 1995.
   Japan Under Construction. (Berkeley: University of California Press)

Ⅲ. 21세기 한일경제관계 – 세계화와 지역주의

1. 세계화의 영향

경제의 세계화는 한일 양국에게 커다란 도전으로 다가왔다. 국민국가, 보다 구체적으로 국민경제를 단위로 한 경제적 거래관계의 틀이 변화를 요구받는 것이었다. 1980년대 이래의 세계화는 양국의 금융부문에 타격을 주었고, 이는 일본에게 만성적 금융불안(잃어버린 10년), 한국에게는 IMF 관리체제의 등장을 가져왔다. 양국은 내부적 구조전환의 압력을 받게 되었다. 이는 이른바 세계표준(글로벌 스탠다드)으로 수렴 압력이었고, 세계표준이란 영미표준과 동일시되는 것이었다. 즉, 기업내부관계, 기업간 관계, 기업–은행관계, 기업–정부관계 등 경제시스템 전체의 변경을 요구하는 것이고, 이 논쟁 이면에는 일본형 혹은 한국을 포괄하는 동아시아형 시스템의 공과를 부정적으로 평가하고, 구체제를 영미식으로 즉 시장중심적으로 개혁해야 한다는 관념이 자리하고 있다.

이 속에서 정부의 개입 축소는 보다 자유로운 시장의 작동 즉, 가격기구의 작동을 의미하는 것으로, 한일 양국은 자유화의 도전을 강하게 의식하게 되고 따라서 자유화를 추진하지 않을 수 없었다. 이런 점에서 양국간 교역이 증진될 수 있는 제도적 환경은 마련된 셈이다. 즉, 경제구조 전환 압력에 따른 비관세장벽 해체의 가능성이 높아진 것이다.

한국의 경우, IMF 개혁의 흐름 속에서 자유화가 빠르게 진전되었고, 대표적인 대일 비관세장벽이었던 수입선다변화조치가 철폐되었다. 일본상품의 진출이 가시화되었고, 소니와 토요타 렉서스가 이런 흐름을 대표하고 있다. 그러나 앞서 언급한 일본의 비관세장벽의 문제는 여전히 관심의 대상이다. 대외개방의 시대적 대세 속에서 여전히 경쟁열위부문에서의 비공식적 규제(자주규제)는 존재하고 있고, 이는 한국의 진출에 걸림돌이 되고 있다. 예컨대, 한국의 주요 건설업계단체는 한국기업이 일본에서 성공적인 활동을 보장받으려면 일본의 6대 제네콘(대형 종합건설회사)과 제휴, 합작관계(minor partner)를 형성하여 그들의 담합 카르텔에 참여해야 한다고 충고하고 있다. 즉, 담합에 대한 최고의 대응은 담합에 참가하는 일이라는 것이다.[20] 또한 일본업계는 주일대사관 담당관에게 한국기업이 야기하고 있는 과당경쟁을 지목하면서 한국기업들이 서로 협력할 것을(즉, 담합할 것을) 요청하기도 하였다.

비관세장벽의 철폐가 일본경제시스템의 구조와 관련된다면, 이의 해결은 곧 구조개혁일 것이고, 이는 정치적 작업이 될 것이다. 현재 코이즈미 정권은 구조개혁을 기치로 출범하여 이를 적극 추진하고 있다. 이 개혁은 결국 현 정권의 정치적 리더쉽의 확보의 문제이고 이는 나아가 한일경제관계의 확대균형에 영향을 주는 요인이 된다. 한국으로서는 일본의 비관세장벽 문제를 끊임없이 제기하는 한편, 이의 존재가 한일무역에 어떠한 영향을 주는 지에 대한 실증적 연구를 지속적으로 수행하여 일본측을 설득시켜야 할 것이다.

2. 지역주의의 대두

21세기 한일관계의 변화를 야기하는 즉, 20세기 관계와 차별적인 또 다른 시대적 흐름은 지역주의(regionalism)이다. 즉, 국민국가를 단위로한 주권체제에서 주권의 부분적 양보를 통한 지역적 단위의 형성이 지구적 차원에서 진행되고 있고, 그 선구는 유럽연합(EU), 그리

---

20) <일본에의 진출전망> (www.icak.or.kr), 2

고 뒤이은 북미자유무역지대(NAFTA)등이 등장하고 있다. 이런 속에서 동북아 혹은 동아시아 경제통합 역시 주목을 받고 있다. 이는 21세기 일본, 중국, 한국, ASEAN 등 동아시아 국가의 거대담론이며 국가전략의 한 축을 차지하고 있다. 가령, 한중일 삼국을 포괄하는 동북아 지역은 전세계 교역량의 약 3분의 1, 전세계 국민총생산(GNP)의 약 3분의 1을 차지하고 있으며, 한반도를 중심으로 반경 1,200㎞ 안에 7억 인구와 6조 달러에 이르는 거대한 시장이 자리 잡고 있다. 급속히 성장하고 있는 중국, 세계최고의 자본과 기술력을 갖추고 있는 일본, 통일한국의 잠재력을 갖고 있는 한국을 본다면 향후 동북아지역 경제통합의 정치경제적 중요성은 더욱 분명해 질 것으로 예상된다.

이러한 지역주의의 대두는 일반적으로 1997년 아시아외환위기가 촉매제 역할을 한 것으로 보인다. 역내 국가간 긴밀한 정책협조의 부재가 위기의 급격한 확산을 가져왔다는 인식이 동아시아 국가들에 공유되면서 지역협력 구상이 급격히 부상하였다. 아시아 외환위기의 급격한 확산 속에서 말레이시아가 제안한 AMF 구상이래 미야자와 구상, 한일FTA 등 일본의 리더쉽 하에 여러 구상이 등장하였고, 한국의 김대중 대통령은 이에 대단히 적극적이었다. 이 시기 ASEAN+3 활용, East Asia Vision Group(EAVG) 제안(1998), East Asia Study Group(EASG) 제안(2000.11), 발족(2001.3), 동아시아 Summit, 동아시아 FTA 등의 검토와 추진을 제의하였다.

이와 함께 21세기 들면서 — 한국의 경우 특히 2001년 이래 — 중국의 급부상과 마주친 한국과 일본은 중국을 위협인 동시에 기회로 여기면서 한중일 삼국을 주체로 한 동북아 경제구상을 내어 놓게 되었다. 한국의 동북아 경제중심국가 비전이 그 일례이다.

경제통합에 있어서 무역장벽의 해체를 통한 자유무역지대의 설정은 그 출발이자 핵심이다. 자유무역협정(FTA)은 역내국가간 교역의 확대, 교역조건의 향상, 규모의 경제효과, 경쟁의 확대, 외국직접투자

(FDI) 유치확대 등 경제적 효과를 기할 수 있으며 또한 당사국간의 상호신뢰의 증진, 국제문제에 대한 영향력의 확대 등 비경제적(외교적) 효과도 기할 수 있는 것으로 인식되어왔다. 그리고 이는 세계적 조류이다. WTO 중심의 다자적 무역교섭을 보완하는 기제로 지역내 FTA를 중시하는 흐름이 급속히 전개되고 있으며 현존하는 240여개의 FTA 중 100개 이상이 최근 즉, 1995년 WTO 설립 이후 결성되었다.

동아시아에서도 ASEAN+3(한국, 일본, 중국)의 비공식모임이 시작되면서 이 틀 속에서 역내 국가들간 자유무역협정(FTA)의 짝짓기를 시도해 오고 있다. 한일FTA는 기본적으로 20세기말 FTA를 체결하지 못한 대표적 두 국가인 양국간 협정을 맺자는 이른바 글로벌 추세에 대한 대응으로 시작되었으나, 이제는 동북아 경제공동체 혹은 동북아 경제협력의 시발점으로 적극 고려되고 있다. 여기에는 일본의 경우 팽창하는 중국을 견제하기 위해 한국을 끌어당기는 외교적 전략도 숨어있다.

한일 자유무역협정(FTA)에 관한 기존의 연구들은 크게 두 부류로 나누어진다. 첫째는 경제학적 연구로서 이들은 한일 FTA의 경제적 효과를 분석하고 있으며 대체로 긍정적인 견해를 도출하고 있다.[21] 예컨대, 관세 및 비관세장벽 철폐를 통해 양국간에 산업내 무역(intra-industry trade)이 활성화되고, 비관세장벽 철폐를 통해 양국간 교역 및 투자가 확대될 것으로 예상하고 있으며, 전세계 GDP의 17%, 인구 1억7천만명의 단일시장을 형성하여 규모의 경제 및 생산 효율화에 기여한다고 보고 있다. 또 다른 경제적 논리는 산업구조조정이

---

21) 산업연구원, 1999 ≪한일FTA와 신산업정책≫ ; 대외경제정책연구원, 2000 ≪한일자유무역협정의 구상: 평가와 전망≫ ; アジア經濟研究所, 2000 ≪Korea-Japan Economic Agenda 21≫ ; アジア研究 報告書, 2001 ≪擴大する自由貿易協定との日本選擇≫ (日本經濟研究センター) ; 정인교, 2001 <한·일 FTA의 경제적 효과와 정책시사점> ≪KIEP 정책연구≫ (01-04) ; 한일 FTA 산관학연구회, 2003.10 ≪최종보고서≫

다. 자유무역으로 보호장벽이 철폐되고 경쟁이 촉진되면 기업들은 생존의 차원에서 구조조정 및 전략적 제휴를 강화할 수 밖에 없고, 이 과정에서 양국이 앓고 있는 중복·과잉투자문제를 효과적으로 해소해 나갈 것이며, 이를 통한 장기적, 동태적 효과는 대단히 클 것이라는 것이다.[22] 다만 이들 연구는 단기적으로 한국의 대일무역수지적자를 확대할 것으로 우려되나, 중장기적으로 개선되는 것으로 예상하고 있다.[23]

둘째 부류의 연구는 FTA의 외교적 변수를 강조한다. 이는 FTA 추진이 동아시아 관련국가들의 경제적 이해의 공유 뿐만 아니라 세계경제의 지역화 추세에 대한 각국의 대응, 특히 아시아 외환위기 이후 지역협력의 필요성이 대두된 결과라 본다.[24] 아시아 중시로의 일본 통상정책의 전환이 바로 그 예이다.[25] 가령, FTA는 능동적인 지역외

---

22) 이숙종, 2002, <한일자유무역협정의 정치경제> 이숙종 편, ≪전환기의 한일관계≫ (세종연구소, 서울)

23) 물론 전통적인 반대 견해 즉, 대일무역수지의 악화와 한국산업의 하향 특화를 가져오며 무역창출효과 보다는 무역대체효과를 가져온다는 비관론, 양국기업의 구매관행이나 소비심리의 차이로 인해 예상보다 경제적 효과가 크지 않을 수도 있다는 신중론도 존재한다. 이에 반해 적극적 찬성론은 아니나 시대적 대세와 미래지향적 time frame을 고려한다면 결국 무역자유화를 실천해야 한다는 조심스런 긍정론도 있다. 이숙종, <위 논문>. 에컨대 한국과 일본정부가 2004년초 바로 협상에 들어간다고 가정할 경우 2~3년 이내 협상이 마무리되면 이로부터 10년간 관세철폐가 실행될 것이고, 따라서 2016~17년경에 양국간 관세가 완전히 허물어질 것이므로 FTA검토는 현재의 산업구조로부터 예측결과를 도출하기 보다 향후 14~5년을 염두에 두고 접근해야 할 것이라는 것이다.

24) Cai, Kevin, 2001, "Is a Free Trade Zone Emerging in Northeast Asia in the Wake of the Asian Financial Crisis?" *Pacific Affairs* (Spring); Dobson, Wendy, 2001, "Deeper Integration in East Asia," *The World Economy* (April).

25) 이홍배, 2000 <일본의 대외교역변화와 향후전망> ≪KIEP 세계경제≫ ; 김호섭, 2001 <아시아 경제위기 이후의 일본의 지역주의: 한일자유무역협정 논의를 중심으로> ≪한국정치학회보≫ 35-1 ; 최태욱, 2001 <대외통상정책의 국제정치와 국내정치: 한일FTA를 중심으로> ≪한국정치학

교를 펼칠 수 있다는 측면 즉, 역내 협력의 조정자로서의 역할을 펼칠 기회를 가질 수 있다는 측면, 한일간 우호관계를 끌어낼 수 있다는 측면, 양국간 경제적 협력이 동아시아 지역협력의 모멘텀을 제공함으로써 글로벌 차원에서 동아시아의 협상력을 높일 수 있다는 측면, 또한 비경제적 차원의 협력을 이끌어 낼 수 있어 동아시아의 평화와 안정에 기여할 수 있다는 측면 등 긍정적 요소가 부각된다.

이런 점에서 한국은 동북아를 내다보는 속에서 일본과의 FTA를 추진해야 할 것이고, 이를 위한 전략을 치밀하게 짜나가야 할 것이다. 자유무역의 확대는 서양의 예로 보듯이 경제성장의 강력한 엔진이지만, 동시에 자유무역이 실시되면 상대적으로 실질소득이 증가되는 자와 감소되는 자가 드러나며, 따라서 승자(winner)와 패자(loser)간의 갈등이 수반되어 이를 둘러싼 무역의 정치가 벌어지게 된다. 이런 점에서 FTA는 정치이고 그 성공은 자유무역이 초래하는 정치적 갈등 − 국제적 통합이 야기시킬 국내적 분열 − 을 최소화하면서 경제적 효과를 극대화하는 전략의 수립과 추진에 달려있는 것이다.

한일FTA에 대한 기왕의 논의들은 당위성과 동기에 맞추어져 있다. 그러나 정책의 당위론(즉, 경제적·외교적 효과)이나 당초의 의도와 정책의 실행은 별개의 문제이며 후자에 대한 전문적인 분석은 대단히 미약하다. 정책추진과 관련한 분석은 정치적 이해득실에 관한 전략적 작업이며, 이를 위한 이론적 분석이 선행되어져야 한다. 앞서 예시한 대로 "무역의 정치경제" 즉, 대외개방의 국내적 영향에 관한 정치경제학적 연구는 서양의 경우 상당한 축적이 이루어지고 있음에도 불구하고 한국 및 동아시아의 사례에 대한 이런 부류의 연구는 대단히 제한적이다. 따라서 한일간 FTA 추진에 대한 국내 사회세력의 정치적 선호도를 파악, 정치적 균열구조를 이해한 후 이들에 대한 보상과 회유의 전략을 짜나가야 할 시점에 있다.

Ⅳ. 결론에 대신하여

이 글은 냉전의 정치경제 질서 속에서 한일관계가 형성되어 발전해 온 역사적 과정, 그리고 냉전체제가 해체되고, 세계화가 도전으로 다가오면서 한일 양국에 미친 영향, 그리고 이것이 양국간 경제관계에 어떠한 영향을 미쳤는지를 분석해 보았다. 미국 중심의 냉전적 질서 속에서 일본의 중상주의적 체제가 복원되고, 그 시장으로서 한국이 제공됨에 따라 한국은 미국과 일본의 이중패권구조 속에 편입되게 되었다. 이 속에서 일본이 중상주의 전략 즉, 수출을 많이 하고 수입을 적게 하여 경상수지 흑자를 확대하려는 전략을 충실히 이행하였다면, 한국 역시 대단히 유사한 전략과 실천이 박정희의 정치경제로 드러났다. 한일 양국의 중상주의체제는 냉전이란 환경적 조건 즉, 1946년 이래 국제경제질서가 개방의 추세를 이루는 속에서 한국과 일본은 냉전의 최전선에서 이 개방체제를 전략적으로 이용할 수 있는 공간을 부여받았고, 이는 개방체제 속에서 수출을 많이 하고, 내부적으로 보호주의체제를 용인받는 것이었다. 이 속에서 양국간 경쟁은 한국에게 곧 만성적 대일무역적자로 표현되었다. 이러한 체제는 냉전 종식과 세계화의 흐름 속에서 자유화의 추진을 취하지 않을 수 없게 되었고, 기왕의 구조를 개혁해야 하는 과제를 부여받았다. 또한 지역주의의 흐름 속에서 양국은 자유무역협정을 체결해야 하는 과제 역시 앞에 두고 있다.

이 두 과제는 기왕의 중상주의적 체제전환을 모색해야 하는 정치적 작업이며, 따라서 정치적 리더쉽이 요구되는 일이다. 한일 양국이 세기말 시련을 극복하고 새로운 도약을 이룩해 내려면 기왕의 관념과 제도 즉, 국민/주권국가에 기초한 중상주의적, 발전지향적 관념과 제도를 넘어서 21세기적 모습을 갖추어가는 노력이 요구된다. "국민"

과 "주권," "부국강병"을 넘어 동아시아적 정체성을 찾아내고, 주권의 거대한 벽을 전략적으로 허물며, 부국강병 이외에 환경, 에너지, 노동 등 새로운 영역을 포함하여 열린, 공존공영의 협력적 질서를 만드는 거대전략 속에서 양국간 관계를 차분히 모색해야 할 것이다.

ABSTRACT

Disputed Issues, Themes and Prospects of
Korean Japanese Economic Relations

Sohn, Yul

How should we understand the last half century of economic relations between Korea and Japan? In other words, what are the unique characteristics of these relations and has there been continuity or change? This study positions this period in a historical framework, looking at its inherent 'structures' in order to reveal how these structures operated and what this reflects about the Korean-Japanese relations in the 21st century. Specifically, after examining the Korean-Japanese relations within the politics and economy of the cold war, this study will analyze the direction that these two countries are taking in their relations with each other vis a vis the end of the cold war and globalization, as well as the challenges of regionalism.

More specifically, this paper examines the historical course over which Korean-Japanese relations were formed and developed within the political and economic order of the cold war, and the influences of the collapse of the cold war system and the provocations of internationalization on these two nations especially on their economic relationship. Japan turned back to a mercantilist system in the cold war order that centered around the US, and depending on the particular market, Korea was incorporated into a structure of double hegemony under the US and Japan. The impact of the competition these two nations created a trade deficit between Japan and Korea, an economic late bloomer.

Such a national and cold war system made it impossible not to pursue a push for liberalization with the end of the cold war and currents of globalization and they were faced with reforming past organizational structures. This specifically became a project of reforming the mercantilist developmental state system that had been pursued with success up until then by both Korea and Japan. Furthermore, the rise of regionalism during a phase of globalization forced both countries to seek out new relations with each other. The conclusion of a Korea-Japan free trade agreement emerged out of this impulse. However, as a backlash was planned by groups who suffered numerous difficulties under the former structures, this project forecast a future which held possibilities of a rupture in trade politics, namely a confrontation and conflict between those who profited from trade and those who lost.

This paper demonstrates that these two subjects were a political project that required an attempt to change the mercantilist system of the past and also required political leadership. For Korea and Japan to overcome the ordeals of the end of the century and achieve a new beginning, then it demands that they overcome concepts and systems of the past, such as the developmental and mercatilistic concepts and systems based on a civil/sovereign nation, and search for a new face of 21st century. We must patiently search for an open system that overcomes concepts of 'civil', 'sovereign' and 'wealthy nation strong army' (*buguk gangbyeong*).

Keywords: Mercantilism, hegemony, cold war, post cold war, globalization, regionalism, Korea Japan Free Trade Agreement (FTA), structural reform, cooperative order.

한일협정 과정에서 나타나는 미국과 일본의 이해관계와 그 특징

박 태 균*

Ⅰ. 머리말

1945년 이후 한일 관계의 전개과정과 관련하여 미국과 일본의 이해관계가 한국에 일방적으로 관철되었다고 하는 것이 일반적인 견해라고 할 수 있다. 이 견해에 의하면 미국은 1945년 이후 동북아시아에서 일본을 중심으로 하는 새로운 질서를 조성하고자 하였으며, 여

─────────────

* 서울대학교 국제대학원 교수

기에는 1949년 중국의 공산화가 중요한 역할을 하였다는 것이다. 중국의 공산화에 따라 일본에서 소위 '역코스 정책'이 실시되었으며, 미국은 일본을 중심으로 하여 아시아 지역의 자본주의권을 재편하려고 했다. 이것이 곧 지역통합전략이며, 부르스 커밍스에 의하면 이는 '구성주의적 자본주의(architectonic capitalism)'로 명명된다.[1]

새로운 질서는 일본을 중심으로 했다는 점에서 식민지 시기 지역구조의 연장선상에 서 있다고 할 수 있다. 즉, 식민지 시기에는 자본주의의 다핵 체제 하에서 미국과 일본 등 자본주의 열강이 중심부를 형성하고, 한국, 대만 등 식민지 지역이 주변부를 형성했지만, 제2차 세계대전 이후에는 약간의 변용이 이루어지게 되어, 미국이라고 하는 일핵의 중심부 하에 일본이라고 하는 半중심부가 위치하고, 그 아래 한국, 대만 등 半주변부, 그리고 동남아시아라고 하는 주변부가 위치한다는 것이다.

수정주의로 분류되는 이러한 인식은 세계체제론과 허버트 빅스의 고전적인 한미일 관계에 대한 고찰에 기반하는 것이며,[2] 여러 가지 인식상의 한계를 드러낸다. 첫째로 커밍스의 주장은 제2차 세계대전 이후, 특히 중국의 공산화 이후 일본을 중심으로 하는 지역통합전략이 나타났다고 주장하고 있지만, 이미 이종원과 박태균, 김점숙의 원고에서 드러난 바와 같이 미국의 지역통합전략은 한국전쟁을 거치면서 체계화되는 양상을 드러내고 있다. 즉, 한국전쟁 이전에는 오히려

---

1) Bruce Cumings, 1984, "The Origins and Development of the Northeast Asian Political Economy; Industrial Sectors, Product Cycles, and Political Consequences," *International Organization*, 38-7

2) Hebert Bix, 1973, "Regional Integration: Japan and South Korea in America's Asian Policy", in Frank Baldwin, ed., *Without Parallel: The American-Korean Relationship since* 1945, (New York, Pantheon) [허버트 빅스 외, 1984 <지역통합전략－미국의 아시아정책에서의 한국과 일본> ≪1960년대≫ (거름)]

한국은 지역통합전략의 범위 밖에 위치해 있었다는 점이 최근의 연구성과들에 의해서 지적되고 있다.[3]

둘째로 국가간의 관계를 파악하는데 있어서 일방적인 규정성을 강조하고 있다는 점이다. 수정주의적 관점은 전통주의자들의 주장에 비하여 상대적으로 실증적이라고 할 수 있지만, 미국과 일본을 중심으로 한 중심부 국가들의 규정성을 절대화함으로써 상대적으로 주변부 국가들의 역할이 국제관계 속에서 사상되고 있다.

이러한 중요한 한계에도 불구하고 한미일 관계를 지역통합전략의 맥락에서 바라본 기존의 연구는 한미일관계를 연구하는데 있어서 중요한 시사점을 던져주고 있다. 즉, 한일관계를 연구하는데 있어서 미국의 역할을 중요하게 인식해야 한다는 점이다. 수정주의적 관점은 1950년대 및 1960년대를 통하여 한일관계의 정상화 과정에서 미국이 개입했던 이유를 밝히는데 있어서 중요한 이론적 배경을 제공하고 있다.

본고에서는 이러한 이론적 배경 위에서 한일관계 정상화 과정에서 나타나는 시점의 문제에 중점을 맞추어 접근하고자 한다. 즉, 왜 한일협정이 1965년이라는 시점에서 이루어졌는가의 문제이다. 이미 미국은 샌프란시스코 강화조약 직후부터 한일관계의 정상화를 추진해 왔다. 그리고 이러한 미국의 압력은 1950년대를 통하여 지속적으로 진행되었다. 1952년에 처음으로 시작된 한국과 일본 사이의 회담은 1965년 한일국교 정상화가 이루어질 때까지 수십차례에 걸쳐 진행되

---

3) 이종원, 1996 ≪東アジア冷戰と韓美日關係≫ (東京大學出版會, 동경) ; 이종원, 1994 <韓國國交正常化の成立とアメリカ−1960～1965年>, 近代日本硏究會編 ≪年報近代日本硏究 16 戰後外交の形成≫ (山川出版社) (이하 이종원, 1994 ①) ; 이종원, 1994 <韓日會談とアメリカ>, 日本政治學會編 ≪國際政治≫ 제105호 ; 박태균, 1998 <1948-1950년 미국의 대한 경제부흥원조 정책> ≪역사와 현실≫ ; 김점숙, 2000 ≪미군정기와 대한민국 초기 (1945～50년) 물자수급정책연구≫ (이화여대 박사논문)

었으며, 중간 중간 여러 가지 문제로 인하여 중단되기도 하였지만, 꾸준히 진행되었다.[4] 구보다 망언, 원조구매지 문제를 둘러싼 한일간의 교역 중단, 재일교포의 소위 '북송' 문제, 그리고 한국 국내에서의 정치적인 사건들[5]로 인하여 한일회담이 중단되기도 하였지만, 미국은 한일관계의 정상화가 아시아 정책에 있어서 가장 중요한 정책 중 하나로 상정하고 있었다.

따라서 1950년대와 1960년대 미국의 대한정책 및 대일정책 문서들을 보면 한일관계에 대한 항목이 하나의 항목으로 독립되어 정책목표로서 설정되고 있다. 특히 1950년대 후반에 가면 최고위 정책결정 문서인 NSC 시리즈에서 한일관계의 정상화를 미국의 아시아 정책에 있어서 장단기적인 목표의 하나로 규정할 정도로 중요한 위치를 차지한다. 이렇게 미국이 한일관계의 정상화를 중요한 정책으로 상정하고 있었고, 한국과 일본이 미국의 안보 우산 하에서 미국의 입장에 대하여 무시할 수 없는 입장이었음에도 불구하고 한일협정은 왜 1950년대에 이루어지지 못했을까?

좀 더 단기적으로 보면 1961년 이후부터의 기간을 상정해 볼 수 있다. 케네디 행정부의 대외정책은 아이젠하워 행정부의 정책과는 상당히 달랐다. 특히 이러한 정책의 중심에는 로스토우(Walt W. Rostow)를 비롯한 새로운 대외정책 참모들의 역할이 상당히 큰 것이었다. 로스토우는 이미 1950년대 중반부터 일본의 역할에 대해 주목해 왔다.[6] 로스토우는 케네디(John F. Kennedy) 행정부에서 대외정책을 전반적으

---

4) 이원덕, 1996, ≪한일과거사 처리의 원점≫(서울대학교 출판부: 서울); Donald Stone Macdonald, 1992, *U.S.-Korean Relations from Liberation to Self-Reliance ; The Twenty Year Record* (San Francisco: Westview Press)

5) 예컨대 4·19 혁명과 5·16 쿠데타 등은 한일국교 정상화를 위한 회담이 중단되는데 중요한 역할을 하였다.

6) Rostow and Milikan, 1957, *A Proposal;Key to on Effective Foreign Polidy*(New York: Harper & Brothers) (이하 ≪제안≫으로 약칭)

로 조율하는 '국가안보에 관한 대통령 특별 부보좌관'에 임명되었고, 대외정책의 수립과정에서 핵심적인 아이디어를 제공하였다.[7] 그렇다면 한일관계 정상화는 1960년대 초반에 이루어져야 했다. 그런데 한일관계 정상화는 1965년에야 이루어졌다. 아직 정상적인 절차를 밟아 대통령이 되기도 이전인 박정희를 워싱턴으로 부른 케네디가 한일관계 정상화의 중요성을 그렇게 강조했음에도 불구하고 한일관계 정상화는 5년이라는 시간이 더 흘러서야 이루어졌다. 그 이유는 어디에 있는 것일까?[8]

아울러 이러한 분석 과정에서 한 가지 더 언급하고자 하는 것은 일본의 한반도에 대한 이해관계를 어떠한 측면에서 분석할 것인가의 문제이다. 즉, 커밍스와 이종원을 비롯한 기존의 연구성과들이 대체로 경제문제에 초점을 맞추어 한일관계 정상화 문제에 접근하였다면, 본고에서는 그러한 접근이 대체로 성급한 분석이라는 점을 지적하고자 한다. 경제적 이해관계의 문제는 한일관계 정상화가 이루어진 이후의 문제이지, 정상화가 이루어지는 과정에서 일본측에게는 그다지 매력적인 흡인력을 갖지는 못했다.

---

7) 박태균, 2004 <로스토우의 근대화론과 제3세계, 그리고 한국> ≪역사비평≫ 봄호 참조

8) 물론 이러한 문제를 해결하는데 있어서는 한국과 일본의 국내적인 문제를 해명하는 것 역시 무엇보다도 중요하다. 실제로 미국은 정책문서들을 통하여 한국과 일본 내에서 나타날 여론의 동향에 대하여 촉각을 곤두세우고 있었다. 여기에는 한국과 일본의 정부의 반응뿐만 아니라 일반인 여론 역시 중요한 고려사항이었다. 그러나 6·3 사태 당시 시위를 진압하기 위한 한국군의 동원을 승인한 미국 정부의 반응을 고려한다면, 국내문제는 미국 자체의 이해관계에 비교한다면 보다 적은 변수에 지나지 않는다고 볼 수 있다. 또한 박정희 정부가 이미 5·16 직후부터 한일관계의 정상화에 적극적인 입장이었기 때문에, 미국의 입장과 개입 정도는 정상화의 시점과 관련된 가장 중요한 변수가 된다.

Ⅱ. 기존의 연구성과

기존의 연구성과들은 한일관계의 정상화 과정에 초점을 맞추어 연구를 진행하였다. 따라서 한일회담이 조인된 시점보다는 한일회담의 전개과정, 그리고 그 전개과정에서 미국의 개입 등 사실여부의 확인에 더 초점이 맞추어졌다.

이원덕은 1950년대 요시다 정권에서부터 한일관계의 정상화가 타결된 사토 정권에 이르기까지 한일관계의 정상화 과정을 한국과 일본 국내의 문제, 미국의 대외정책에 초점을 맞추어 분석하였다. 그를 대상으로 하여 미국의 개입을 분석하면서 아시아 내에서의 상황 변화가 미국의 한일관계 정상화에 대한 개입 정도에 변화를 주었다고 주장하였다.

이 점에 있어서는 이종원의 경우도 마찬가지이다. 주로 이케다 정권과 사토 정권 시기 일본의 한국에 대한 이해관계에 초점을 맞춘 이종원의 연구는 1950년대 이후 아시아에서 미국의 헤게모니가 감소하는 상황에서 미국의 압력이 행사되었다고 파악하였다. 아울러 존슨 행정부의 경우 베트남 전쟁으로 인한 상황 변화 때문에 직접적인 개입이 나타날 수밖에 없었다는 점을 강조하였다.[9]

한일관계 정상화 과정과 관련하여 실증적인 면에서 한 단계 진전된 연구를 보여준 두 연구가 모두 아시아 내에서 미국이 당면하고 있었던 상황 변화를 중요한 변수로 설정하고 있다면, 김지율의 경우에는 1964년 이전 한국과 일본 내부에서의 불안정한 정치상황이 한일관계의 정상화 및 미국의 개입을 어렵게 한 것으로 파악하였다.[10] 또

---

9) 주 3)에 있는 이종원의 일련의 연구들 참조.

10) Jiyul Kim, 1991, "U.S. and Korea in Vietnam and the Japan-Korea Treaty: Search for Security, Prosperity, and Influence," MA Dissertation(Harvard

한 장준갑은 한국과 일본 내부에서 한일관계 정상화의 필요성에 대한 공론이 형성되고, 케네디 대통령과 러스크 국무장관의 개인적인 역할에 초점을 맞추어 분석하고자 하였다.[11]

이상과 같이 기존의 연구성과들은 대체로 두 가지 점에서 공통점을 갖고 있다. 첫째로 한일관계의 정상화 과정 전체 그 과정에서 나타난 한국과 일본 내부의 사정 및 이를 고려한 미국의 정책이 분석의 중심이 되고 있다는 점이다. 둘째로 개입의 방법과 정도에서 미묘한 차이는 있지만, 아이젠하워 행정부에서부터 존슨 행정부에 이르기까지 미국은 지속적으로 한일관계의 정상화에 중요한 이해관계를 갖고 있었다는 사실을 지적하고 있다는 점이다. 이러한 두 가지 견해에 대해서는 더 이상 이론의 여지가 없다. 위에서 언급한 연구성과에서 밝히고 있는 바와 같이 한국과 일본 내부에서의 문제는 한일관계 정상화에 중요한 변수가 되었으며, 1950년대와는 달리 1960년대에 와서는 본격적으로 시작된 베트남 전쟁 등 아시아에서의 시급한 문제로 인하여 한일관계 정상화가 미국에게 더 이상 미루어서는 안 되는 정책이 되었던 것이다.

이러한 실증적인 연구들이 존재함에도 불구하고 풀리지 않는 과제는 왜 1965년이라는 시점에 이르러서야 한일관계의 정상화가 이루어졌는가의 문제이다. 이와 관련하여 아래와 같이 명백하게 제기되는 의문점들이 있다.

첫째, 1965년 한일협정이 체결될 때 한국과 일본의 국내 사정은 안정되었었는가? 그렇지 않았다. 1964년 이전에 한국과 일본 내부의 불안정한 사정을 한일협정이 체결될 수 없었던 우선적인 변수로 상정

University, MA)

11) Junkab Chang, 1998, "United States Mediation in South Korean-Japanese Negotiations, 1951-1965: A Case Study in the Limitations of Embassy Diplomacy," Ph. D. Dissertation (The Mississippi State University, MS)

한다면 1965년을 전후한 시기 한일 양국에서의 불안정한 상황을 한 일협정의 체결과 연결시키기 어렵다.

둘째, 한국의 경우 미국은 왜 한일협정에 반대하는 시위를 억누르 면서까지 한일협정의 체결을 서둘렀는가? 미국의 개입과정에서 한국 과 일본 내의 사정을 중요하게 고려하였다면, 박정희의 위수령 발동 을 묵인한 것은 무엇 때문이었을까?

본고에서는 두 가지 사실에 주목하여 이에 대한 해답을 풀어보고 자 한다. 첫째로 미국이 한일협정의 중요성을 추진하게 된 정책적 배 경을 찾는 것이다. 여기에는 1950년대 이후 제기된 새로운 미국의 대 외정책 변화가 그 배경이 될 것이다. 둘째로 케네디 행정부에서 존슨 행정부로의 전환과정에서 나타나는 변화의 동인을 추적하는 것이다. 이 문제는 존슨 행정부가 보다 자극적으로 개입하게 되는 원인을 밝 히는 중요한 실마리를 제공할 것이다.

Ⅲ. 케네디 행정부의 정책 변화 배경

케네디 행정부는 아이젠하워 행정부의 대외정책을 비판하면서 새 로운 정책을 내세우기 시작하였다. 이들은 아이젠하워 행정부의 '새 로운 전망(New Look)' 정책을 '오래된 전망(Old Look)'으로 비판하고, 자신들의 새로운 비젼을 제시하였다. 케네디 행정부의 새로운 대외정 책은 특히 제3세계에 대한 정책의 변화에서 그 특징을 찾을 수 있으 며, 변화의 중심에는 로스토우를 비롯한 새로운 정책입안자들의 역할 이 결정적이었다.

미국의 후진국원조에 관한 로스토우의 비판은 크게 3가지 측면으 로 나눌 수 있다. 첫째로 미국의 후진국 원조는 1950년대를 통해 군 사적인 측면만을 너무 강조했다는 것이다. "남한과 인도차이나처럼 퇴보되는 상황을 되돌리거나 추가적인 산불을 막기 위한 긴급한 노력"에 너무 많은 힘을 기울였기 때문에 "안정적이고 효과적이며 민주적인 사회로의 진화를 지원하는 데에는 관심을 두지 않았다"는 것이다.[12] 즉, 군사원조에만 집중했다는 것이다. 군사원조의 필요성에 대해서는 인정하였지만, 경제원조와 심리적 원조가 '군사적 원조와 구분'되어 실행될 필요가 있다는 것이었다.[13]

그는 군사원조의 부정적인 예로 한국, 대만, 인도차이나를 상정하였다. 미국으로부터 엄청난 양의 군사원조를 받고 있는 나라들은 "자신들의 내적인 요구를 넘어서 군사력을 확대하려고" 하고 있으며, 미국은 이들의 희망을 만족시키고만 있다는 것이다. 아울러 이러한 군사적 측면에 대한 강조는 농업과 경공업 부문의 희생을 가져올 것이며, "그 나라의 수준에 어울리지 않는 거대한 군사적인 투자는 경제성장을 막을 것"이라고 지적하였다. 아울러 일방적인 군사원조는 "대중적인 열정이 결여된 상태에서 성장을 강제하는 전체주의를 적용한 그 지역 지도자들을 설득할 수 없는 상태"를 만들어낸다는 것이었다.[14] 이러한 설명은 1950년대 미국의 원조와 이승만 정권의 전체주의적인 통치, 그리고 양자 사의 관계를 잘 보여주는 것이었다.

둘째로 미국은 그동안 아시아에 너무 무관심했다고 지적하고 있다. 1950년대의 상황에서 소련이 유럽에서 전쟁을 일으킬 가능성이 점점 희박해지고 있는 가운데 "공산주의의 확장을 위해 가장 약속된 부분은 아시아에 있다"는 것이 그의 분석이다.[15] 19세기 이래로 미국 외

---

12) ≪제안≫, 2~5; W.W. Rostow, 1960, *The United States in the World Arena* (New York: Harper and Brothers) 327~328 (이하 ≪무대≫로 약칭)

13) W.W. Rostow, 1955, *An American Policy in Asia* (New York: MIT Press and John Wiley & Sons, Inc.) 12~13 (이하 ≪정책≫으로 약칭)

14) ≪제안≫, 11~12

15) ≪정책≫, 6~7; ≪무대≫, 337. 아시아와 관련된 또 다른 연구는 1954년에 나온 *The Prospects for Communist China*(Technology Press of MIT and Wiley)

교의 중심은 유럽지역에 있었으며, 유럽 우선주의적인 사고가 미국의
정치학, 외교학을 비롯한 모든 학문의 중심이 되었다. 물론 이것은 미
국의 지적 전통이 유럽으로부터 미국으로 유입된 것에 일차적인 원
인이 있겠지만, 20세기 초, 중반까지 한국전쟁을 제외한 모든 중요한
사건과 전쟁들이 유럽을 무대로 하여 일어났다는 점에 기인하는 것
이기도 하였다.

　로스토우가 아시아에 관심을 기울여야 한다고 했던 것은 1950년대
를 통한 중국 공산당의 성공적인 대륙 통치에 기인하는 것이었다. 아
울러 인도와 이집트 등 남아시아와 중동을 중심으로 한 비동맹의 움
직임, 그리고 동남아시아, 특히 인도네시아와 베트남에서 민족주의
게릴라운동이 강하게 일어났던 것도 중요한 근거가 되었다. 실제로
그는 냉전이 단지 사회주의권을 대상으로 하는 反共적인 봉쇄만을
의미하는 것이 아니며, 冷戰의 또하나의 축은 아시아를 중심으로 한
저개발국가가 될 것이라고 날카롭게 공언하고 있다.

　　　이러한 나라들의 인구는 전세계 인구의 많은 부분을 차지하고 있
　　다. 현재의 저개발사회가 현대화되고 힘이 강해졌을 때 그러한 현상
　　이 나타나면 미국은 심대한 위협을 맞게 된다. 그러한 진화는 전혀 불
　　가능한 것이 아니다. 이들 나라들의 식민주의적 전통, 피부색깔 문제
　　에 대한 적대적 감정 등은 적대적인 태도를 나타낼 수 있도록 할 것
　　이다. 미국은 이들과 밀접한 관계를 맺어 그러한 경향으로 나아가지
　　못하도록 해야 한다.16)

　결국 아시아의 문제는 미국의 안보에 직접적으로 관련되는 것이며,
이데올로기적 위협은 유럽에서보다 아시아에서 훨씬 더 강하게 나타
나고 있다는 것이다.17) 한국문제와 관련해서 로스토우는 군사적인 위

　가 있다. 1954년 이전에 나온 연구로는 소련 사회의 분석과 관련된 *The
Dynamics of Soviet Society* (Norton, 1953, Alfred Levin과의 공저)가 있다.
16) ≪제안≫, 141~142

협은 지난 몇 년 동안 다루어졌던 데 불과하지만, 이데올로기적인 위협을 통해 자유세계 내에서 한국을 패배시키려는 노력은 한 세기 동안 그대로 남아 있을 것으로 전망하였다.[18] 이렇게 아시아에서 이데올로기적인 위협이 강하게 존재함에도 불구하고 대유럽 군사원조가 마샬플랜(Marshall Plan)과 같은 경제원조와 결합되어 이루어진 반면 아시아에서는 그러한 결합이 이루어지지 않았다고 비판하였다.[19]

셋째로 미국은 저개발국가의 경제발전에 더 많이 신경을 써야 한다는 것이다. 이것은 첫 번째 비판과 직접적으로 연관되는 것으로, 저개발국의 경제수준에 어울리지 않는 거대한 군사적 투자는 미국과 저개발국 모두에게 경제적 불이익을 가져다 준다는 것이다.[20] 아울러 경제원조에 대한 강조는 1950년대를 통한 중국과 소련의 후진국에 대한 경제원조의 증가에 대항하는 의미를 가지는 것이었으며, 동시에 중국의 후진국 전략이 전쟁보다는 후진국 반체제 운동에 대한 지원을 통해 내부의 전복을 추구하는 전략으로 변화하였다는 인식에 기초하였다.[21]

---

17) ≪정책≫, 4~5. 실제로 1990년을 전후하여 소련과 동구유럽의 사회주의권이 붕괴된 이후 미국이 당면하고 있는 문제는 후진국, 또는 새롭게 자본주의를 흡수하고 있는 동구의 일부 후진국의 민족주의와 종교의 문제이다. Rostow의 지적은 사회주의권 붕괴 이후 미국이 당면하고 있는 문제들을 고려할 때 상당히 날카로운 지적이라고 할 수 있다.

18) ≪제안≫, 133~134

19) ≪무대≫, 325~326

20) ≪제안≫, 44~54

21) W.W. Rostow, 1985, *Eisenhower, Kennedy, and Foreign Aid* (Austin: University of Texas Press), 13~15, 17~20 (이하 ≪원조≫로 약칭); Henry R. Labouisse, (Director, International Cooperation Administration), "Foreign Aid, a Constructive Element of U.S. Foreign Policy,"(Address made before a regional briefing conference on foreign policy sponsored by the DOS and the World Affairs Council of Northern California at San Francisco, on July 20), *Department of State Bulletin*, 14-1156, August 21, 1961.)

경제적인 원조는 군사적인 원조에 비하여 후진국에서 미국의 이미지를 개선할 수 있는 데에도 이바지 할 수 있는 이점이 있었다. 로스토우에 의하면 군사원조를 위주로 한 미국의 후진국 원조는 후진국의 국민들에게 어떠한 군사적 상황이 발생하든 간에 미국이 그러한 상황에 직·간접적으로 개입했을 가능성이 현저히 높은 것 같은 인상을 주게 되었고 이것은 미국의 이미지를 현저하게 손상하는 것이었다.[22] 이러한 미국에 대한 인식을 바꾸지 않고서는 엄청난 비용을 사용한다고 하더라도 미국에 대한 후진국 국민들의 부정적 인식은 상승효과를 가져오게 될 것이고, 원조의 효과를 바라보기 어렵다는 것이 그의 주장이었다. 따라서 "수혜국들이 그 계획이 정치적 군사적 목적을 가지고 있지 않다는 점을 확신하도록 하는 것"이 중요함을 강조하였다.[23]

> 만약 우리가 아시아인들을 껴안고 싶다면 그들이 우리의 평화적인 목적을 믿도록 해야 한다. 전쟁이 시작됐을 때 아시아인들은 그 전쟁이 미국에 의해 시작되었는가의 여부에 상당한 관심을 가질 것이다.
> …
> 결국 우리는 새로운 아시아국가들이 직면하고 있는 거대한 내부적인 전이의 문제들에 긍정적으로 도와줄 의지가 있다는 것을 보여주어야 한다.[24]

경제원조를 강조하는 또다른 이유는 캐난(George F. Kennan)의 유럽에 대한 봉쇄전략과 마찬가지로 후진국 국민들에게 '심리적인 자신감'을 통해 공산주의에 대한 봉쇄를 이룩해야 한다는 것이었다.[25] 즉,

---

22) ≪정책≫, 13~14
23) ≪제안≫, 63~64
24) ≪정책≫, 13~14
25) 로스토우의 후진국 정책은 1940년대 냉전 초기의 시점에서 나온 케난의 봉쇄(Containment)의 개념과 상당히 유사한 측면을 가지고 있다. 그는 1960년에 나온 한 책의 서문에서 자신이 집필과정에서 케난으로부터 도

급속한 경제성장을 원하고 있는, 식민지에서 막 독립한 후진국들이 미국의 경제원조를 통한 자본주의적 방향으로 경제성장을 이룩하면 후진국 국민들은 자본주의적 발전방향이 사회주의적 발전방향에 비하여 더 우세하다는 자신감을 가질 수 있다는 것이다.[26] 이는 곧 경제적인 발전을 통한 대공산주의 봉쇄를 의미하는 것이었다. 여기에서 서로 다른 체제가 한 지역에서 공존하고 있는 분단국가의 중요성이 도출된다. 한국과 함께 대만은 미국의 아시아정책의 '전시장(showwindow)'로서의 의미를 갖는 것이었다.[27]

> 아시아의 여러 나라들을 자유 민주사회로서 독립을 향해 꾸준히 진보할 수 있도록 함으로써 아시아에서 공산주의 승리의 이데올로기적 위협을 제거해야 한다. 공산주의 이상은 파괴될 수 없고 단지 대체될 수 있다. …
> 그들(인도 : 필자)의 공산주의에 대한 생각은 미국의 권고나 현란한 수사학으로 바뀌지 않을 것이며 그들 자신의 경험에 의해서만 바뀔 것이다.[28]

로스토우의 경제개발원조에 대한 주장이 이상과 같이 케난의 이론과 유사한 이데올로기적인 성격을 갖지만, 케난의 이론보다 적극적인 내용을 가지고 있었다.[29] 케난은 세계 전체에 대한 관심을 기울이기

움을 받았다는 점을 지적하기도 했지만, 후진국의 개발보다는 선진국의 발전에 더 관심을 기울인 케난의 봉쇄보다는 트루만이 1949년에 발표한 Point IV와 오히려 더 유사하였다.

26) 로스토우는 일반적으로 'undeveloped countries(저개발국가)'가 'developed countries(개발국가)'로 성장하는데 75년이 소요될 것으로 계산하였다. ≪무대≫, 413

27) ≪정책≫, 29~30

28) ≪정책≫, 6~7, 13~14

29) 로스토우의 봉쇄는 케난에 비해 더욱 적극적이다. 그의 논리 속에서는 저개발 공산블록의 국가들을 자유세계로 이끌어야 한다는 'Roll-back'의 개념이 강하다. Rostow, 김영록 역, 1966 ≪선진국과 후진국≫ (탐구당,

에는 미국의 국력이 너무나 한정되어 있기 때문에 군사적, 산업적 능력을 가지고 있는 5개의 거점 전략 - 영국, 독일 중심의 중앙유럽, 일본, 소련, 그리고 미국 - 중에서 소련을 제외한 4개 지역의 안보와 발전에 모든 힘을 집중해야 한다고 주장하였다.

따라서 케난이 후진국에 대한 경제개발원조에 소극적이었던 반면, 로스토우는 적극적이었을 뿐만 아니라 아시아와 아프리카에서 비동맹을 선언하고, 강한 민족주의적인 성향을 표출하고 있었던 국가에 대해서도 경제개발원조가 이루어져야 한다고 주장하였다. 이를 통해 미국에 호의적이지 않은 저개발국가들이 공산주의에 우호적인, 또는 사회주의적인 체제를 지향하는 국가들이 되지 않도록 해야 한다는 것이었다.30) 이러한 로스토우의 경제원조론은 1950년대를 통해 의회에 그대로 반영되어 1959년 인도에 대한 거대한 경제개발원조를 내용으로 하는 케네디-쿠퍼안(Kennedy-Cooper Resolution)의 의회 통과를 가능하도록 하였다.31)

결국 이러한 비판 위에서 로스토우는 미국의 대외원조 정책에서 "위대한 전환(Great Transition)"이 필요함을 강조하였다. "위대한 전환"은 내용적으로 저개발국의 '경제개발계획'에 대한 경제원조이지만, 근본적으로는 "경제적이라기보다는 정치적"인 목적을 가지고 있는 것이었다.32) 그의 경제개발원조에 대한 강조가 베트남, 인도네시아

서울) 44~45

30) 《제안》, 12~13 ; 《정책》 13, 44~45, 48~51 ; 《무대》, 364

31) 케네디-쿠퍼안은 인도에 대한 미국의 경제원조를 제안한 것이었다. 인도는 소련의 원조를 받아들이고 비동맹국가의 지도적인 위치에 있으면서 미국의 정책에 적극적으로 협조하지 않았다. 따라서 미국의회의 지도자들은 인도에 대한 원조에 부정적인 입장을 가지고 있었지만, Kennedy는 중국과의 경쟁이라는 입장에서 인도에 대한 적극적인 경제원조가 필요하다는 견해를 피력하였고, 전 인도대사였던 Cooper 상원의원과 함께 케네디-쿠퍼안을 제안하였다.

32) 《제안》, 39~40

등 불안정한 동남아시아국가에 대한 게릴라전 이론과 밀접하게 연결
되는 것도 그의 주장이 가지고 있는 정치적, 이데올로기적 성격을 잘
보여주는 것이다.[33]

Ⅳ. 새로운 대외정책에서 나타나는 일본의
역할에 대한 강조

로스토우의 경제개발원조론은 군사원조나 소비재 원조에 비하여
상당히 많은 액수의 자금이 필요했지만, 미국이나 서구의 경제에 대
한 기여가 가능하다는 점으로 원조자금의 증액을 합리화하였다. 로스
토우가 강조한 경제개발원조는 아이젠하워(Dwight D. Eisenhower) 행
정부에서 강조한 사적(私的) 자본(private capital)에 의한 투자를 의미하
는 것이 아니라 "公的" 자본(public capital)에 의한 "장기간(long-range)"
의 "계획(project)" 원조를 의미하는 것이었기 때문에 미국을 비롯한
선진제국의 국가재정의 문제와 직접적으로 연결되는 것이었다.[34] 이
러한 문제 때문에 로스토우의 제안에는 "무상원조(grant)" 대신에 저
리이기는 하지만 "유상차관(loan)"의 형식으로 원조의 수단을 바꾸어

---

33) John Lodewijks, ibid, pp. 295-296. Rostow는 그의 이론을 베트남에 그대로
    적용해보고자 하였다. Robert D. Schulzinger, 1994, "It's Easy to Win a War
    on Paper: *The United States and Vietnam*, 1961-1968," Kunz edts., The
    Diplomacy of the Crucial Decade-American Foreign Relations During the 1960s
    (New York, Columbia University Press), 185~186

34) ≪제안≫, 16~19, 126~128. 로스토우의 계획에 의하면 미국이 최소한
    매년 약 20억달러의 돈을 지출해야 했고, 이러한 막대한 지출에 대한 의
    회의 견제가 예상되기 때문에, 부흥에 성공한 서구유럽과 일본에 부담
    의 일부를 떠넘기는 것과 "매년 의회의 승인을 피할 수 있는 새로운 형
    태의 연속성을 가진 자본 차관이라는 형태"를 필요로 할 것이라고 주장
    했다. ibid., 108~109

야 한다는 점을 중요한 전제로 하였다. 또한 "미국뿐만 아니라 유럽
이나 일본같은 산업화된 국가들이 계속 발전할 수 있는 국제적인 경
제활동의 환경을 창출하는 것"을 주요한 목적으로 내세웠다.[35]

경제개발원조가 선진국의 경제에 도움이 된다는 점은 경제개발원
조를 통해 후진국들이 지향해야 할 경제구조에 대한 언급에서 명백
하게 나타난다. 로스토우는 후진국은 경제개발을 통해 외국과 단절되
지 않은, 자립적이지 않은 경제구조를 만들어야 한다는 점을 강조하
였다. 이는 저개발국가의 발전을 통해 저개발국가는 나름대로 발전된
경제체제를 유지하여, 선진국의 경제와 밀접하게 연결되야 한다는 것
이다. 즉, 한 국가의 생활수준이 올라가면 상품수요의 양과 다양한 상
품이 이전보다 더욱 필요해져서, 궁극적으로 미국과 선진제국의 수출
에 도움이 될 것이라는 주장이었다.[36] 미국의 잉여농산물을 중요한
원조의 수단으로 사용해야 함을 강조하는 것 역시 미국의 경제상황
에 대한 고려에서 나오는 것이었다.[37] 결국 경제개발원조는 "미국사

---

35) 《제안》, 55~57
36) 《제안》, 85. 로스토우가 선도산업 중심의 불균형 성장론을 주장한 것
   도 이러한 맥락과 관련되는 것이다. 균형성장은 후진국의 자주적 성장
   을 촉진할 것이고 이는 점차 선진국 경제와 단절될 수 있는 가능성이
   더 커지는 것이었다. 불균형 성장은 산업구조의 불균형을 가져오고 이
   는 세계무역 질서에 깊숙이 편입될 수밖에 없는 구조를 가져올 수밖에
   없다. 허쉬만(Hirschman)의 불균형성장론이 궁극적으로 불균형한 산업구
   조를 목표로 한 것은 아니었지만, 최소한 로스토우의 이론은 후진국의
   불균형한 산업구조와 세계무역구조에의 깊숙한 편입을 주요한 목표로
   하였다.
37) 《정책》, 2~3, 11~12 ; 《제안》, 6~8, 99~103. 제3세계에서는 미국
   의 잉여농산물 원조가 한국의 농업을 파멸의 길로 이끈다는 비판이 적
   지 않게 제기되었다. 로스토우는 이러한 가능성이 충분히 존재하고 있
   으며, 후진국 농업의 몰락은 곧 후진국 인구의 대부분을 차지하는 농민
   들의 소득을 낮추도록 하여 결과적으로 소비시장을 궁극적으로 축소시
   키는 결과를 가져올 것이라고 보았다. 따라서 섬유와 식량의 경우 국제
   은행같은 국제기구를 만들어 이를 잘 통제할 수 있는 방안이 마련되어

회가 번영할 수 있는 환경을 창조하는 일을 수행하기 위한 수단의 하나"라고 명백하게 밝히고 있다.[38]

경제개발원조를 미국의 경제적인 번영 및 잉여농산물 이용과 연결한 것은 다른 한편으로는 의회와 미국 내 여론의 원조액 증가에 따른 비판을 막기 위한 것이었다. 의회의 비판을 막기 위한 또 하나의 중요한 수단은 후진국 원조에 서구유럽과 일본이 더 적극적으로 참여하도록 해야 하고 이를 위한 기구를 만들어야 한다는 것이었다. 여기에서 초점이 되는 나라는 일본이었다.[39] 서구유럽의 경우 1947년의 마샬플랜을 통해 어느 정도 부흥에 성공하였지만, 일본의 경우 1950년대 말까지는 아직도 적극적인 지원이 필요하다고 보았다. 일본이 한국전쟁을 통해 부흥을 위한 기반을 마련한 것은 사실이지만, 1950년대까지는 아직도 부흥에 성공했다고 하기에는 불안정한 상황이었다. 특히 사회당의 부상으로 인한 정치적으로 불안정한 상황에 많은 관심을 가지고 있었다. 1950년대를 통해 미국이 일본의 對韓원조보다는 미국이 한국에 원조를 줄 때 원조품을 일본으로부터 구매할 것을 더 강조하였던 것도 일본의 경제상장을 위한 배려에서 나온 것이었다. 로스토우는 일본의 역할을 강화하기 위해서는 일본에 대해 많은 배려가 필요하며,[40] 아울러 이를 위해서는 '바이 아메리칸(Buy American)' 정책까지도 유예해야 한다고 권고하였다.[41]

야 한다고 주장하였다(≪제안≫, 90~91).

38) ≪제안≫, 6

39) 아시아 정책에서의 핵심으로 일본과 함께 인도, 공산중국의 경제개발경쟁이 아울러 강조되었다. 공산중국의 실패와 인도의 성공은 전세계에 자본주의의 우월성을 입증할 것이라고 보았다. 인도에 대한 경제개발지원 역시 이 맥락에서 나온 것이었다(≪정책≫, 43).

40) ≪무대≫, 45~46. 로스토우는 여타 아시아의 나라를 일본의 경제적 배후지, 즉 상품시장과 원료공급지로서 역할을 하도록 발전시켜야 함을 강조하였다. 또한 이러한 관계가 정치적 종속을 의미하지 않음을 명확히 할 수 있는 기제들을 마련해야 한다고 지적하였다.

결국 이러한 입장들을 고려한다면 로스토우의 입장에서 볼 때 곧 한국과 일본과의 관계 정상화가 중요한 정책적 목표가 될 수밖에 없다. 즉, 미국이 떠안아야 할 거대한 규모의 공적 원조의 일부를 일본에게 떠넘겨야만 했다. 이를 통해서 미국은 자국의 세금납부자들을 설득시킬 수 있는 명분을 찾을 수 있었던 것이며, 후진국에 대한 거대한 규모의 공적 자본을 선진 자본주의국가들 사이에서 공유할 수 있는 틀을 만들고자 하는 것이었다. 로스토우가 처음에 제안한 것은 '경제발전을 위한 유엔 특별 자금(Special United Nations Fund for Economic Development: SUNFED)'과 같은 조직이었지만, 그것은 실현되지 못했다. 대신 미국은 유럽경제협력기구(Organisation for European Economic Cooperation: OEEC)를 경제협력개발기구(Organization for Economic Cooperation and Development: OECD)로 개편하고 여기에서 일본을 참여시켰다. 당시 미국의 입장에서 볼 때 일본은 한국뿐만 아니라 동남아시아에서도 미국을 대신하여 중요한 역할을 수행해야만 했던 것이다.

여기에 한 가지 더 중요한 점은 케네디 행정부가 1950년대를 통해 일본이 이제 부흥에 성공했다는 인식하고 있었다는 점이다. 이는 곧 이제 일본이 다른 후진 자본주의국가들을 도와줄 수 있는 위치에 와 있다는 결론을 내릴 수 있게 해 주는 것이었다. 1950년대만 하더라도 미국은 일본이 아직 다른 국가들을 도와줄 만큼 성장하지 못했다는 입장을 가지고 있었다.[42] 또한 다른 국가들의 일본에 대한 경계심 또

---

41) ≪제안≫, 84. '바이 아메리칸(Buy American)' 정책은 미국의 대외원조에 사용되는 물품은 미국에서 만든 물품을 이용해야 한다는 정책이다.

42) "U.S. Policy Toward Japan," NSC 5516 March 29, 1955; Executive Office of the President, "U.S Policy Toward Japan," Memorandum for All holders of NSC 5516/1, May 16, 1960, White House Office, Office of the Special Assistant for National Security Affairs; Records, 1952–1961, Box 18, Dwigt D Eisenhower Library(이하 'DDEL'로 약칭)

한 이를 적극적으로 추진할 수 없는 중요한 배경이 되었다.

아이젠하워 행정부가 아시아를 비롯한 후진국에 대한 기술원조를 위해 조직하였던 '대외사업처'(Foreign Operation Administration: FOA)의 원조도 일본을 중심적인 고려에 넣고 이루어졌다. 대외사업처는 1954년 2월 마닐라에서 열린 대외사업 극동지역 책임자 회의에서 아시아 각국의 경제개발 작성시 "일본의 공헌과 일본과의 관계를 고려"하여 계획을 작성할 것을 지시하였다. 이 지시는 아시아 각국에 파견된 FOA 사절단 대표에게 내려진 것이며, FOA 원조에 의해 진행될 경제개발과 관련된 계획들이 일본의 아시아에서의 역할을 염두에 두고 입안, 실시되어야 함을 강조한 것이었다.[43]

그러나 이러한 미국의 정책은 1960년대에 들어오면서 바뀌기 시작하였다. 물론 일본을 중심으로 하는 지역통합전략을 실시한다는 정책은 지속적으로 추진되었지만, 이를 적극적으로 추진하지 못했던 1950년대와는 달리 이제 적극적으로 추진하기 시작하였다. 미국은 1960년의 시점에서 일본이 아시아 지역의 경제협력을 담당할 수 있는 어느 정도의 힘을 갖추었다고 판단한 것이다.[44] 1950년대를 통해 지속적인 성장을 이룩한 일본이 1960년에 이르면 "부자나라 클럽(Rich Countries Club)"에 가입할 수 있을 정도의 경제력을 갖추었다고 판단한 것이다.

---

43) Executive Secretariat, FOA/W,"Far East Regional Conference, Manila, Feb.22-26, 1954" March 6. 1954, RG 59, Lot File 57D149, box2, NA(이종원, ≪앞 책≫, 113에서 재인용)

44) Memorandum for All holders of NSC 5516/1,"U.S Policy Toward Japan," May 16, 1960, Executive Office of the President, NSC, White House Office, Office of the Special Assistant for National Security Affairs; Records, 1952－1961, Box 18, DDEL. 그러나 몇일 후에 나온 "U.S. Policy Toward Japan"(NSC 6008 May 20, 1960)이란 문서에서는 후진국에 대한 일본의 경제원조는 아직 가능성으로서만 존재한다고 분석하였다.

V. 미국의 새로운 대외 정책 하에서
일본의 역할 변화

미국의 대후진국 정책의 변화는 의회에서 먼저 나타났다. 당시 각 대학의 대외관계 관련 연구소에서 나온 보고서들은 모두 미국의회의 요청에 의해서 나온 것이었으며, 스칼라피노(Robert A. Scalapino) 교수가 주도한 콘론(Conlon Associates)의 보고서 역시 아시아 상황의 특수성을 반영하기 위한 노력의 일환이었다.[45] 로스토우를 중심으로 한 메사추세츠 공과대학(MIT) 대학 국제학연구소(Center for International Studies:CENIS) 학자들의 견해는 1957년부터 케네디 상원의원의 의회 활동을 통해 반영되기 시작하였으며, 케네디 쿠퍼안의 승인은 아시아에 대한 마샬 플랜을 주장하는 국제학연구소의 주장이 전적으로 반영된 것이었다.[46] 보스톤(Boston)에 기반을 두고 있으면서 하바드(Harvard) 대학 출신인 케네디는 MIT의 국제학연구소뿐만 아니라 하바드 대학에서 경제개발론, 후진국 문제에 전문적인 식견을 가지고 있던 라이샤워(Edwin O. Reischauer)교수와 겔브레이스(John Kenneth Galbraith) 교수와 가까운 관계를 유지하면서 1950년대의 후진국 정책에 대한 비판을 적극적으로 수용하였다.[47] 케네디는 이를 통해 자신

---

45) U.S. Senate, Committee on Foreign Relations, 1959, *United States Foreign Policy-Asia; Studies Prepared at the Request of the Committee on Foreign Relations, United States Senate, by Conlon Associates Ltd., November 1, 1959*, 86th Congress, 1st Session, 85~109.

46) Recorded interview by Richard Neustadt, 11 and 25 April, 1964, JFKL Oral History Program, 3~6 ; ≪원조≫, 2~7

47) John Kenneth Galbraith 교수와의 인터뷰, 1998년 5월 18일, Cambridge에 있는 자택에서. Galbraith의 경제개발론과 관련해서는 John Kenneth Galbraith also stressed the importance of long-term public investment. "Fire

의 '두뇌집단(think tank)'를 만들려고 하였으며, MIT와 하바드 대학의 교수들을 중심으로 한 '찰스강 그룹(Charles River Group)'을 형성시켰다.[48)]

결국 후진국 정책의 변화를 의회에서 주장하던 케네디의 대통령 당선은 미국의 대외정책 변화를 결정적으로 이끄는 계기가 되었다. 케네디 행정부가 출범하기 직전에 조직된 '대외경제정책을 위한 긴급임무팀(Task Force on Foreign Economic Policy)'[49)]의 보고서는 1950년 대 미국 학계의 후진국 정책 비판이 새로운 행정부에 그대로 적용될 것임을 알리는 신호탄이었다.

　　새로운 원조계획은 각 지역의 지도자들이 민족주의적인 힘을 민주주의 국가를 수립하는 건설적인 계기로 전화시키는 작업을 위한 동기부여를 제공해야만 한다. 그것은 특히 사회를 근대화시키려는 지도자들에게 지원이 이루어져야 한다. …
　　후진국의 문제들에 대응하는 현재의 계획의 실패 : 현재의 계획은 개발원조의 의무를 사적 투자(private investment)로 전가하려 하고 있다. 이러한 계획은 후진지역에서의 민족주의의 힘과 그러한 원조가 필요한 지역에 사적인 투자를 꺼리는 부분에 대해서 제대로 인식하지 못하고 있다. … 그러한 작용은 다양한 입법과 정책 방향에 의해서 방해받고 있다. 계획은 연간 계획(annual basis)으로 이루어지고 있고, 이에 따라 연속성이 결여되어 있다.[50)]

Brigade Operations Abroad", NSF : Departments of Agencies, Department of State: General, 3/6/61-3/31/61, Box 284, John F. Kennedy Library(이하 'JFKL'로 약칭) 참조.

48) David Halberstam, 1969, *The Best and the Brightest* (NewYork; Fawcett Crest), 183~184; Recorded interview, 1964, 18~20, 113, 149.

49) 행정부 출범 이후 대외경제정책을 조율하기 위해 설치된 Task Force on Foreign Economic Policy는 Kenneth Galbraith, Lincoln Gordon(Harvard 대학 Business School 교수), Robert Nathan, Max F. Millikan, 그리고 Walt W. Rostow로 구성되었다. Robert Nathan은 1952년 한국의 경제개발계획과 관련된 Nathan Report를 작성했던 인물로 1965년에 박정희 정권의 제2차 경제개발 5개년계획에 대한 기술자문을 위해 다시 내한하였다.

이 보고서는 두 가지 측면에서 새로운 계획이 제시되어야 함을 강
조하였다. 첫째는 후진국의 민족주의를 경제발전의 동력으로 이끌 수
있는, 이전의 지배계급 출신이 아닌 지도자들에 대한 적극적인 지원
이 이루어져야 한다는 점을 강조함과 동시에, 둘째로 장기적이고 계
획적인, 그리고 私的이 아닌 公的인 형태의 경제개발원조가 이루어져
야 한다는 것이다. 케네디 행정부 출범 직후에는 새로운 대외원조를
구체화하기 위한 작업이 더욱 활발하게 이루어졌다.[51] 이 연구에서는
서구와는 다른 후진국의 특수성에 대한 폭넓은 인식에 기반한 새로
운 대외정책의 필요성이 강조되었으며, 평화봉사단(Peace Corps)을 통
한 문화적, 심리적 원조의 중요성 또한 지적되었다.

로스토우는 케네디 행정부 출범 직후에 이와 같은 내용을 담은 대
외정책과 관련된 보고서를 제출하였다.[52] 여기에서 그는 새로운 정책
이 수혜대상국의 사회개혁을 통해 자본 흡수능력이 확대되어야 한다
는 전제 위에서, 미국이 경제개발원조를 해야 하는 국가를 열거하고
새로운 정책이 빨리 시행되어야 함을 강조하였다.[53]

---

50) Task Force Report, Dec. 31, 1960, NSF: Subjects: Foreign Economic Policy, Box
   297, John F. Kennedy Library(이하 'JFKL'로 약칭). 실제로 매년 결정되는
   계획은 장기계획을 어렵도록 하였다. 한국의 경우 1955년의 원조 현황
   을 보면 1955년에 배당된 전체 원조 물품의 60% 만이 1955년 12월 1일
   까지 도착하였으며, 비계획원조는 94% 실행된 데 반하여 계획원조의
   실행률은 49%에 불과하였다. "Annual Economic Report 1955, Republic of
   Korea," 895b.00/3-1956, Decimal File. NA. 미대사관은 원조의 지연이 곧
   계획의 지연을 가져올 것이라고 전망했다.
51) "Plans for the Reorganization of Foreign Assistance," March 4, 1961, RG 59, Lot
   67D378, Box 10, Records of Department, Assistant Secretary, Richard N.
   Gardner, 1961-65, NA; Report of the Development Assistance Panel(President's
   Science Advisory Committee), "Research and Development in the New
   Development Assistance Program," March 7, 1961, ibid..
52) Memorandum to the President, February 28, 1961, Rostow,"Crucial Issues in
   foreign Aid," NSF: M&M: Staff Memoranda, Walt W. Rostow, Foreign Aid,
   2/24/61-2/28/61, Box 324, JFKL

로스토우가 작성한 또다른 문서인 "경제개발시대의 아이디어(The idea of an Economic Development Decade)"[54]에서는 경제성장의 5단계에 조응하는 경제개발 원조의 형식을 구체적으로 지적하고 있다. 즉, 그는 도약의 단계에 막 들어선 국가들에서 경제개발 원조는 더욱 효율적인 결과를 가져올 것이라고 설명하면서 남미의 아르헨티나, 브라질, 콜롬비아, 베네주엘라, 아시아의 인도, 필리핀, 타이완, 남유럽의 터어키, 그리스 등을 도약의 단계에 들어선 국가들, 그리고 이집트, 파키스탄, 이란, 이라크 등을 도약단계에 진입하는 것이 가능한 국가로 분류했다.[55]

이러한 거대한 규모의 원조를 담당하기 위하여 구체적인 정부조직의 개편에 들어갔다. 첫 번째 개편은 미국 국제개발처(US Agency for International Development: USAID)의 창설이다. 국제사업처, 국제협조처(International Cooperation Administration: ICA) 등으로 이어지는 미국 행정부의 대외원조 기관은 그 비효율성으로 인하여 여러차례 비판을 받았었다.[56] 이제 국제개발처와 같은 새로운 기관은 발전의 시대에

---

53) 이 문서는 로스토우의 경제개발론이 미국의 대외정책에 어떠한 방식으로 적용되는가를 잘 보여준다. 즉, 자신이 분류한 경제성장의 5단계에 맞추어 각각의 단계에 따라 적절한 방식의 경제개발원조가 이루어져야 한다는 것이다.

54) Papers of President Kennedy, President's Office Files, Box 64a Staff Memoranda W. Rostow 1961, NSF: M&M: Staff Memoranda, Walt W. Rostow, Foreign Aid, 2/24/61-2/28/61, Box 320, JFKL

55) 경제개발원조의 강조에 따라 정책기획국의 존슨(Robert Henry Johnson)과 웨어(George Weber)는 로스토우에게 보내는 문서에서 한국, 대만, 터키, 그리스, 필리핀 등의 국가가 군사보다는 경제에 보다 강조가 두어져야 할 국가라고 분류하였고, 이란의 경우 계획 자체가 감소되어야 할 나라로 분류되었다. Robert H. Johnson and George Weber가 Rostow에게 보내는 Memorandum, Feb. 22, 1961, NSF: M&M: Staff Memoranda, Walt W. Rostow, Foreign Aid, International Aid for Underdeveloped Countries, 2/21/61-2/23/61, Box 324, JFKL

56) 4월 혁명 시기에 나왔던 팔리 보고서는 이 점을 잘 보여준다. 팔리 보고

그 원조를 담당할 기관으로 새로 탄생하게 된 것이다.

둘째로 전술한 바와 같이 유럽경제협력기구(OEEC)를 경제협력개발기구(OECD)로 개편한 것이다. 미국은 제2차 세계대전 뒤 미국의 유럽부흥계획(마셜플랜)을 수용하기 위해 1948년 4월 16개 서유럽 국가를 회원으로 유럽경제협력기구를 발족하였고, 1950년에는 미국·캐나다를 준회원국으로 받아들였다. 1960년 12월 유엔경제협력기구의 18개 회원국과 미국·캐나다 등 20개국 각료와 당시 유럽공동체(EEC:유럽경제공동체), 유럽석탄철강공동체(ECSC), 유럽원자력공동체(EURATOM)의 대표가 모여 경제협력개발기구조약(OECD조약)에 서명함으로써 OECD가 탄생하였다. 그러나 보다 중요한 변화는 케네디 행정부 출범 이후인 1961년 9월에 일어났다. 즉, OECD는 회원국을 확대하면서 경제협력 개발기구로 개편한 것이다.

OECD의 정책방향은 다음 세 가지로 요약할 수 있다. ① 고도의 경제성장과 완전고용을 추진하여 생활수준의 향상을 도모하고 ② 다각적이고 무차별한 무역·경제 체제를 마련하기 위해 노력하며 ③ 저개발 지역에의 개발원조를 촉진한다. 특히 중요한 점은 세 번째 부분이다. OECD 국가들은 저개발 지역에 대한 원조에 어느 정도의 기여를 해야 한다. 따라서 어느 정도 발전된 선진국가들만이 참여할 수 있는 것이다. 일본은 서유럽 국가가 아님에도 불구하고 초기부터 OECD에 참여하게 되었던 것이다.

1961년에 제출된 대일정책의 가이드라인에서는 일본의 위치와 관련하여 아래와 같은 세가지 사항이 중요하게 고려되었지만, 그 중에서도 특히 아시아에서 일본의 역할에 대해 강조하고 있는 부분이 주목된다.

―――――――――――――

서는 장면 정부의 무능력에 대한 부분이 많이 인용되고 있지만, 실상 미 행정부 내에서는 해외 원조기관의 비효율성에 대한 문제제기였다는 점이 더 중요하게 지적되었다.

① 미국의 두 번째로 큰 세계 무역의 파트너이다.
② 미국의 군사시설의 핵심부분을 호스트하고 있다.
③ 남아시아와 동남아시아의 경제개발에 기술 및 자본을 공여하는 기초
　를 제공하고 있다는 것이다.[57]

VI. 존슨 행정부와 로스토우의 부상,
　　그리고 일본의 입장 변화

　이상과 같은 케네디 행정부의 대외정책은 기본적으로 한일관계의
정상화의 문제가 제기되는 결정적인 계기를 마련하였다. 전술한 바와
같이 무엇보다도 공적 자금의 확대를 내용으로 하는 새로운 대외정
책에서 일본의 역할을 확대하는 것이 일본과 관련된 핵심적인 정책
이었다. 일본이 아시아에서의 역할을 확대하는데 있어서는 두 가지
관건적인 문제가 있었다. 하나는 동북아시아에서 한국과의 관계를 정
상화하는 것이었다. 한국은 1950년대를 통하여 단일국가로서는 미국
의 대외원조를 가장 많이 받고 있는 나라였다. 따라서 한국에 대한
미국의 짐을 일본이 덜어준다면 미국의 역할은 아시아에서 보다 다
양한 방향으로 전개될 수 있었다.

　둘째로 일본과 동남아시아와의 관계를 정상화하는 것이었다. 동남
아시아 국가들의 경우 한국보다는 일본에 대한 적대감이 적었지만, 2
차 세계대전 이후 배상금의 문제로 일본과의 관계 정상화가 쉽게 이
루어질 수 없었다. 결국 이러한 문제는 1950년대 후반부터 시작된 일
본의 배상금 지급 정책을 통해서 어느 정도 진전되고 있었지만, 이것

---

57) Japan, Department of State, Guidelines for Policy and Operations, October,
　　1961, NND 941092, RG 59, *Japan and the U.S.*, Microfiche, W. 5972, Harvard
　　University, Lament Library 소장. (이하 '*Japan and the U.S.*' 로 약칭)

이 본격적으로 진행되지는 못했다.

한국 및 동남 아시아와의 관계개선이라는 두가지 문제는 케네디 행정부의 아시아 정책에 있어서 가장 중요한 관건적인 문제였다. 이 때문에 미국의 대아시아 정책의 핵심을 담은 문서들에는 항상 이 두 가지 사안이 중요한 문제로 등장하였으며, 이케다 수상과 사토 수상이 미국을 방문하였을 때에도 이 두 가지 사안을 어떻게 조율할 것인가가 정책 준비 문서(Position paper)의 핵심적인 내용들이었다. 전자의 문제는 결국 한일관계의 조속한 정상화 문제와 관련되는 것이며, 후자의 문제는 '아시아극동 유엔경제위원회(United Nations Economic Commission for Asia and the Far East : ECAFE)'에서의 미국의 역할을 강화하는 방향으로 나가는 것이었다.

그러나 이 두 가지의 문제를 케네디 행정부 기간 동안 해결하지 못했다. 케네디 행정부는 새로운 대내외 정책의 채택을 선언하면서 아이젠하워 행정부에 비하여 적극적인 정책을 추진하려고 하였지만, 피그만 사태 이후 제3세계와 관련된 정책에서는 소극적인 정책으로 일관하였다.[58] 물론 여기에는 일본 내에서의 여론의 문제와 함께 일본이 1960년대 초 국제수지의 적자 문제를 심각하게 받아들이고 있었다는 점이 중요하게 작용하였다.

또한 여기에는 분명히 케네디 행정부 내에서 로스토우의 입지에 대해서 지적하지 않을 수 없다. 즉, 일본의 개입을 중요한 정책으로

---

58) 한일관계의 정상화에 대해 적극적인 입장을 내세워, 1961년 박정희 의장과 이케다 수상을 미국으로 초청하여, 양국 간의 정상화에 노력해 줄 것을 당부하였지만, 실제로는 적극적인 개입을 꺼렸다. 미국의 대한정책과 관련된 Presidential Tast Force on Korea의 1961년 6월 5일자 보고서에서도 한일관계와 관련하여 '촉매제(Catalyst)'로서의 역할만을 명시하였을 뿐 적극적인 개입에 관한 내용은 없었다. 심지어 미국의 개입이 한일관계에 부정적인 영향만을 미칠 뿐이라는 인식도 나타나고 있다. "Topics Which May Arise During Your Step in Tokyo," February 28, 1962, NND 959269, RG 59, *Japan and the U.S.*

생각하고 있었던 로스토우가 케네디 행정부 하에서 적극적인 대외정책을 구사할 수 없었다는 점이다. 케네디 행정부 초기에 로스토우는 케네디 대통령의 대외안보 담당 특별 부보좌관으로 임명되었고, 번디(McGeorgy Bundy)와 함께 대외정책을 조율하였다. 특히 번디가 유럽정책을 맡았다면 로스토우는 후진국 정책을 담당하였다. 그러나 곧 그는 국무부 정책기획실로 자리를 옮겼고, 여러 가지 정책 문서를 입안하였지만, 이것이 곧바로 정책으로 추진되지는 않았다. 예컨대 1963년 일본 자위대의 책임자를 만난 자리에서 로스토우는 아시아 지역의 경제개발 원조와 관련된 일본의 특별한 역할을 강조하였지만, 이것이 곧바로 정책화되지 못하였다.[59]

그러나 존슨 행정부에 들어와 상황이 바뀌게 되었다. 우선 문제가 된 것은 케네디 행정부 시기에 제기된 새로운 대외정책에 대한 비판이었다. 우선 경제개발 원조가 공산주의의 확산을 막는데 결정적인 역할을 할 것이라는 견해에 대해서는 이것이 너무나 '경제결정론적인 인식'이라는 점이 제기되었다. 미국의 경제원조와 관련해서는 미국의 의도와는 달리 수혜국에서 미국의 원조로 인해서 이익을 얻는 계층은 농민을 비롯한 빈곤층이 아니라 특수층이라는 점 역시 강조되었다. 또 사회적인 개혁이 곧 미국의 새로운 정책에 긍정적으로 조응하는 결과만을 가져오지는 않을 것이라는 점도 지적되었다.[60]

또 다른 비판은 거대한 공적 원조에 대한 것이었다. 이 부분이 특히 한일관계 정상화를 적극적으로 추진하는데 중요한 역할을 하였다. 즉, 케네디가 암살된 시기를 전후하여 의회는 새로운 후진국 경제개

59) Memorandum of Conversation, "Japan's World Responsibilities," May 13, 1963, S/P File, NND 979524, RG 59, *Japan and the U.S.*

60) From Robert H. Johnson, Memorandum for Mr. Kaysen, "The AID Research Program," Dec. 11, 1961, NSF: Carl Kaysen: Foreign Aid Policy : 7/26/61-9/8/61 Box 373, JFKL. 존슨은 새로운 정책에 대한 비판적 견해는 당시 행정부 내에서 소수견해였다고 증언하였다.

발원조가 막대한 재정적자를 초래하기 때문에 새로운 원조의 필요성
을 제기하면서 후진국 정책의 개편을 요구하기도 하였다.[61] 이러한
의회의 비판은 미국으로 하여금 다른 선진국들이 보다 많은 양의 원
조를 제공할 수 있도록 하는 것이 필요했던 것이다. 뿐만 아니라 존
슨 행정부는 '더 많은 깃발(More Flag)' 정책을 통해서 다른 국가들이
미국과 함께 베트남에 개입하도록 하고자 하였지만, 이것은 곧 미국
의 대외정책이 베트남에 집중하도록 하는 결과를 가져왔다. 이제 아
시아에서 일본의 보다 적극적인 역할이 미국의 아시아 정책에서 필
수적인 것이 되었던 것이다.

대외원조의 효율성을 조사하기 위하여 조직된 클레이 위원회(Clay
Committee)는 1963년 3월 새로운 대외원조정책을 조사한 이후 대외원
조를 감축할 수 있는 가능성에 대하여 언급하였고,[62] 1963년 한 해
동안 미국 의회는 케네디 행정부의 대외정책에 대하여 강력하게 반
발하였다. 케네디가 요청한 원조액은 하원의 논의를 통해 40% 정도
가 삭감되었다.

---

61) ""A Proposal to strengthen the Foreign Economic Assistance Program," December
27, 1963, RG 59, Lot 67D378, Box 10, Records of Department, Assistant
Secretary, Richard N. Gardner, 1961-65, NA. 1963년 말 의회에서는 미국의
재정적자 해소를 위하여 사적자본의 투자가 필요함이 다시 강조되기 시
작한다. 이러한 의회의 대응에 대해 행정부 측은 기존의 정책이 의회의
제동으로 인하여 변화되어야 함을 매우 아쉽게 생각하면서, 줄어든 대
외원조 액수를 맞추기 위한 새로운 방안을 연구해야 한다는 입장을 표
명하였다. 그럼에도 불구하고 USAID로 대표되는 새로운 원조방식의 형
태는 바꿀 수 없음을 명백히 하고 있다. "The Future of Foreign Aid,"
December 18, 1963, RG 59, Lot 67D378, Box 10, Records of Department,
Assistant Secretary, Richard N. Gardner, 1961-65; President's Committee to
Examine the Foreign Assistance Program, "Outline," December 26, 1963, ibid..

62) *The Scope and Distribution of United States Military and Economic Assistance Programs*,
Report to the President of the United States from the Committee to Strengthen
the Security of the Free World, Department of State, Washington, D.C., 1963

이러한 상황은 1964년부터 1967년까지의 기간 동안 계속되었고, 미국이 베트남전에 본격적으로 개입하면서 더욱 악화되었다. 결국 존슨 대통령은 1967년 미국을 방문한 일본의 미키 외무상에게 의회와 행정부와의 갈등을 설명하면서 아시아 개발은행에 대한 일본의 출자가 더욱 증가되어야만 한다는 미국의 입장을 전달하였다. 미키가 이에 대한 어려움을 토로하였음에도 불구하고 존슨은 일본이 어느 정도를 출자하느냐에 따라서 의회의 입장이 바뀔 수 있다는 '아쉬운' 소리를 할 수밖에 없었다.[63)

결국 일본은 미국의 정책에 따라갈 수밖에 없었고, 일본의 동남아시아에 대한 원조가 1965년부터 급격하게 증가하기 시작하였다. 1964년까지 일년에 한 두차례에 지나지 않았던 동남아시아와 관련된 원조-그것도 대부분이 배상금 관련이었다.-는 이제 본격적으로 확대되기 시작하였다.[64)

1965년 4월 라오스를 위하여 처음으로 특별 외환 공여
        4월 대만정부를 위한 1억5000만 달러의 차관 동의
        6월 한일관계 정상화. 8억달러 상당의 공여
        12월 Japan Overseas Cooperation Volunteers(Peace Corps)가 처음으로 라오스에 파견
1966년 3월 메콩계획의 개발자금을 공여
        4월 경제개발을 위한 토의를 위한 동남아시아 장관회담을 개최
        5월 인도네시아에 대하여 3000만달러 상당의 긴급 신용장 개설

63) "GOJ Contribution to ADB Special Funds," September 13, 1967, White House, NND 979506,, RG 59, *Japan and the U.S.*
64) 1960년까지의 시기에 또 하나 주목되는 점은 1957년 기시 수상이 "Asian-centered diplomacy"를 선언했다는 점이다. 기시 수상이 1945년 이전에 '대동아공영권(Greater East Asia Co-Prosperity Sphere)'의 출발점의 하나인 만주국에서 활약했다는 점을 고려한다면, 그의 선언이 반드시 '아시아적인 발상'에서 시작되었다고 할 수는 없지만, 아시아 국가들을 대상으로 한 외교가 활성화되는데 일조를 하였다.

　　　7월 아시아 개발은행에 2억 달러의 자본을 출자
　　　9월 동경에서 인도네시아의 채권자들 회의를 개최
　　　10월 싱가포르와 배상 협정 결론을 맺음
　　　11월 말레이시아와 공식적인 다자간 차관 5000만 달러를 연장
　　　12월 동남아시아에 대한 농업개발 회담을 개최

　1967년에 있었던 제6차 미일 통상경제합동위원회의 회의에서 나타
난 미국의 입장은 당시 15억 달러에 달하는 거대한 대외원조를 미국
이 혼자서 감당하기는 힘들다는 것이었다. 또한 15억 달러에 포함되
어 있지 않은 군사원조를 포함한다면, 미국의 부담이 더욱 커질 수밖
에 없었다. 정확한 액수인지는 모르겠지만, 사적 자본의 투자까지 합
칠 경우 당시 미행정부가 추산하는 미국의 대외원조는 연 50억 달러
에 달하였다.[65] 이러한 부담의 일부를 일본이 지어야 한다는 것이 미
국의 입장이었고, 일본의 안보를 위한 미국의 조달이 4억5천달러에
달하는 상황에서 일본이 당연히 어느 정도의 역할을 해 주어야 한다
는 것이었다.[66]

　당시 일본 자체의 상황은 경제적인 관점에서 볼 때 그다지 긍정적
인 상황이 아니었다. 1966년에 국무부에서 발간한 '국가정보 평가' 파
일을 보면 일본 내부에서의 여론은 동남아시아를 경제원조의 대상이
라기보다는 상업적 가치가 있는 지역으로서만 바라보고 있으며, 따라
서 미국의 요구를 일본이 받아들일 준비가 되어 있지 않다고 평가하
였다.[67] 1967년 미일간의 무역과 경제분야의 합동회의를 준비한 문건

65) Sixth Meeing of the Joint United States Japan Committee on Trade and
　　Economic Affairs, Washington, September 13-15, 1967, JCT/S-9, September 7,
　　1967, *Japan and the U.S.*
66) "US Policy Assessment-Japan, 1966," April 17, 1967, Embtel A-1398, NND
　　969000, Japan and the U.S.
67) National Intelligence Estimate, no. 41-65, Japan, CIA, NND 979519, S/P Copy,
　　Japan and the U.S.

에서도 아울러 일본의 대외원조가 가장 활발했던 1966년의 상황에 대해서 평가를 하면서도 일본 내부의 상황에 대한 문제가 중요하게 제기되었다. 즉, 일본이 자신들 스스로를 아시아 지역에 대한 원조의 중심국으로 규정하지 않고, 선진국과 저개발국 사이에서의 매개역할로서 상정하고 있다는 것이다. 아울러 일본 내부의 어려운 경제적 여건, 즉 ①낮은 1인당 국민소득, ②높은 이자율, ③4억 달러에 달하는 무역수지 적자, ④대중적 지지와 관심의 부재, 그리고 ⑤점차 늘어가는 사회보장제도에 대한 일본인들의 요구 등으로 인하여 대외원조를 실행하기에 부적절하다는 견해가 지배적이라는 점이 지적되었다.[68] 그러나 존슨 행정부의 적극적인 정책은 이러한 일본의 상황을 고려할 수 없는 상황이었다.

  존슨 행정부가 이렇게 적극적으로 나서게 된 또 하나의 중요한 이유는 로스토우의 전면적인 부상이었다. 케네디 사후 대통령에 취임한 존슨은 대외정책에 관한 한 거의 준비가 되어 있지 않았기 때문에 대외정책에 관한 한 전문가 및 참모들에게 많이 의존하였다. 존슨이 특히 의존한 것은 로스토우였다. 전술한 바와 같이 로스토우는 케네디 행정부 내에서는 국무부에서 정책을 기획하는 역할을 담당하였지만, 존슨이 취임한 이후에는 전면에서 미 행정부의 대외정책, 특히 후진국에 대한 정책을 지휘하였다. 그는 남미에 대한 지원을 총괄하기 위하여 만들어진 '진보를 위한 동맹(Progress for Alliance)'의 책임자에 임명되었으며, 백악관의 안보담당 특별보좌관에 임명되어 베트남 전쟁을 비롯한 아시아에 대한 정책 전반을 다루었다. 이제 본격적으로 그의 아이디어가 정책에 반영되기 시작한 것이다.[69]

---

68) Sixth Meeing of the Joint United States Japan Committee on Trade and Economic Affairs, Washington, September 13-15, 1967, JCT/S-9, September 7, 1967, *Japan and the U.S.*

69) From Mr. Hilsman(FE) to Marshall Green(FE), "ROK-Japanese Relations," December 20, 1963, NND 959269, *Japan and the U.S.*

특히 로스토우는 일본의 동남아시아에 대한 원조의 필요성에 대해
강조하였다. 이 점은 우선 그가 일본의 정책팀과의 합동위원회에 적
극적으로 참여한 점에서 잘 나타나며, 국무부 장관에게 보내는 문서
를 통해서 일본의 적극적인 참여를 종용해야 한다고 제안하고 있는
사실에서도 잘 드러난다.[70] 이미 1963년 일본의 자위대 책임자와 만
났을 때 이러한 견해를 피력한 바 있었던 로스토우는 일본의 경제적
역할의 확대를 아시아 정책의 가장 중요한 틀의 하나로 인식하였
다.[71] 로스토우가 중심이 되어 조직된 국가안보정책을 위한 긴급임무
팀 (Basic National Security Policy Task)에서는 이 과정에서 일본의 미래
와 관련된 보고서를 제출하였는데,[72] 이 보고서의 가장 핵심적인 부
분은 "일본의 확대는 저개발국가과의 상호협조적인 노력의 성공 여
부에 달려 있다"는 것이었다.

VII. 일본의 한국에 대한 이해관계
─중국 핵의 봉쇄

1960년대 이후 일본의 적극적인 대외정책은 분명 한일관계의 정상
화에 많은 영향을 미쳤다. 위의 연표에서 나타나는 바와 같이 한일관
계의 정상화는 일본의 적극적인 활동의 한 부분을 차지하고 있다. 미
국 역시 케네디 행정부 이후 일본에 대한 정책의 한 부분에 한일관계

---

70) "The Joint U.S.-Japan Committee on Trade and Economic Affaris: the Southeast
   Asia Regional Development Program," July 3, 1965, S/P File Copy, NND
   979519, RG 59, *Japan and the U.S.*

71) Memorandum of Conversation, "Japan's World Responsibilities," May 13, 1963,
   S/P File, NND 979524, RG 59, *Japan and the U.S.*

72) Department of State Policy on the Future of Japan, June 26, 1964, *Japan and
   the U.S.*

가 어떻게 진행되는가를 반드시 확인하고 있다.[73] 그리고 한일관계의
정상화의 필요성을 언급하면서 지적하고 있는 점은 미국이 한국에
주고 있는 원조를 다시 한번 조정하여 일본이 한 부분을 담당해야 할
필요성을 제기하고 있다는 사실이다.

한국에 대한 원조 문제와 관련된 부분은 위에서 언급한 미국의 대
외원조를 다른 선진국과 공유하는 문제에 관련된 것이기 때문에 어
렵지 않게 이해할 수 있는 부분이다. 그런데 주목해야 할 사실은 한
일관계와 관련하여 비중있게 거론되고 있는 문제가 중국과 관련된
문제라는 점이다.

케네디 행정부가 들어선 직후부터 나오는 미국의 문서들을 보면
일본과 관련하여 미국의 핵심적인 이해관계는 일본에 있는 미군의
기지를 이용하는 군사적인 문제와 함께 중국에 대한 일본의 입장을
파악하는 것이었다.[74] 즉, 미국은 일본이 경제적으로 부흥에 성공하
면서 외부로의 출구를 찾고자 하였고, 이것이 일본과 중국의 관계개
선으로 이어지는 것을 경계하고 있었던 것이다.

특히 중국과 관련된 부분에서 중요한 점은 그것이 한반도와 관련
해서 언급될 때 경제적인 측면이 아닌 군사적인 측면에서 논의되고
있다는 사실이다. 일본의 중국시장에 대한 접근을 막기 위하여 동남
아시아의 시장을 주목했다면, 한반도와 관련해서는 군사적인 측면이
지속적으로 강조되었다. 특히 여기에서 초점이 되는 사안은 1964년
중국의 핵실험 성공이다.[75] 따라서 일본의 한반도에 대한 기본적인

73) Embtel no. 3034, April 16, 1961, 794.00/4-1661; GuideLines of U.S. Policy
   Toward Japan, May 3, 1961, E.O. 12958, Sec. 3.6; Embtel no. 3603, June 15,
   1961, 033.9411/6-1561; Secretary's Delegation to the Seventeenth session of the
   United Nations General Assembly, New York, September 1962, "Review of
   Current International Question," NND 951071, 이상 *Japan and the U.S.*

74) Memorandum for Ralph A. Duncan, the White House, "Assessment of the
   Japanese Political Situation," E.O. 12356, Sec. 3.4, *Japan and the U.S.*

목적은 한반도가 정치적으로 안정된 상태를 유지하는 것이지, 한반도
에서 경제적인 이해관계를 이루고자 하는 것은 아니다.[76]

이 점은 미 행정부의 관료와 일본 자위대의 고위관료가 만나서 아
시아 문제를 논의하는 자리에서 보다 확연하게 드러나고 있다. 미국
은 한국 방위의 목적이 일본의 방위에 있다는 점을 명확하게 밝히고
있다.[77] 이것은 곧 한반도를 중국과의 사이에서 완충지역으로 바라보
는 관점이라고 할 수 있다.

심지어 미국은 1964년을 전후하여 중국이 핵개발에 성공하자 일본
의 핵무기 개발의 가능성에 대한 보고서들을 제출하고 있다.[78] 이 보
고서들은 일본이 핵무기로 무장할 가능성이 충분히 있으며, 가까운
시일 내에 일본 정부가 마음만 먹는다면, 그리고 일본의 국민들의 동
의만 얻는다면 핵으로 무장하는 것이 어려운 일이 아닐 것이라고 예
측하고 있다. 보고서에서는 명확히 드러나고 있지는 않지만, 일본이
중국에 대항하여 핵무장을 한다고 하더라도 그다지 크게 손해볼 것
은 없다는 입장이 녹아 있는 것으로 보인다.

이러한 상황을 종합해 본다면 1964년 이후 미국이 한국과 일본과
의 관계정상화를 긴급한 문제로 상정하고 이를 적극 추진했던 이면

75) Memorandum of Conversation, "Far Eastern Security Questions," November 14, 1962, 794.5/11-1462; Memorandum of Conversation, "Visit of Mr. Naka Funada, Speaker of the House of Representatives, Japanese Diet," NND 932006, September 23, 1964, 이상 *Japan and the U.S.*

76) Korean-Japanese Relations, (Background paper for use in connection with the meeting of the NSC Standing Group, May 18, 1962, E.O. 12356, Sec. 3.4), *Japan and the U.S.*

77) Memorandum of Conversation, "Japan's Role in the Containment of Communist China; Situation in Korea; U.S.-Japan Partnership," May 15, 1963, *Japan and the U.S.*

78) Background Paper on Factors which could Influence National Decisions concerning Acquisition of Nuclear Weapons, E.O. 12356, Sec. 3.4; Far East Interdepartmental Regional Group, May 21, 1966, 이상 *Japan and the U.S.*

에는 존슨 행정부의 아시아 정책에 대한 변화 및 적극적인 개입 정책이 하나의 배경이 되었던 것과 함께 중국의 핵무장이 아시아의 안보와 관련하여 중대한 변화를 초래하였던 것이 함께 지적되어야 할 것으로 생각된다.

현재까지 이 시기 한일관계 정상화와 관련해서 중국의 핵개발 문제에 초점을 둔 연구는 없었다. 그러나 이 부분에 대한 세밀한 규명은 동북아시아에서 한국과 일본의 역할, 그리고 미국의 동북아 정책과 관련된 중요한 틀을 만들어줄 수 있을 것이다. 중국의 핵개발 문제는 다른 한편으로 미국이 베트남에 깊숙하게 개입하게 되는 군사적인 배경을 해명할 수 있는 하나의 근거를 마련해 준다. 그럼에도 불구하고, 이 시기 미국의 대중국 정책에 대한 문서들에 대한 보다 세밀한 접근이 필요한 실정이다.

VIII. 맺음말

지금까지의 한일관계에 대한 연구는 대체로 겉으로 드러난 상황들을 중심으로 하여 한일관계의 정상화 과정을 분석하였다. 물론 이러한 연구는 한일관계가 정상화되는 과정을 파악하는데 있어서 매우 중요한 의미를 갖는다. 그럼에도 불구하고 이러한 연구들이 한일관계 정상화가 이루어진 배경을 분석하지는 못했다.

본고에서 살펴본 바와 같이 한일관계 정상화의 이면에서는 1960년대 이후 새로운 미국의 대외정책, 특히 대아시아정책이 중요한 역할을 하고 있다. 여기에는 로스토우를 중심으로 하는 일군의 전문가들에 의한 아이젠하워 행정부의 대외정책에 대한 비판, 그리고 이들의 케네디 행정부, 존슨 행정부에서의 활약이 중요한 역할을 한다. 또한 1963년 케네디 사후 존슨 행정부 내에서 보다 강화된 새로운 대외정

책은 한일관계 정상화가 더 긴급한 문제로 취급되는데 중요한 원인
이 되었으며, 중국의 핵실험으로 대표되는 아시아에서 중국의 부상은
안보적 관점에서 한일 간의 관계가 정상화될 수밖에 없는 상황을 조
성하였던 것이다.

이상과 같은 분석을 통해서 본고는 한일관계 정상화가 1951년 샌
프란시스코 강화조약 이후 미국에 의해 지속적으로 추진되었음에도
불구하고 왜 1960년대 중반에 가서야 이루어질 수밖에 없었는가를
밝히고자 하였다. 또한 이러한 분석과정을 통해서 한일관계 정상화를
경제적인 이해관계의 관점에서 조명한 기존의 연구성과가 잘못된 것
이었다는 점 역시 찾아낼 수 있었다.

그럼에도 불구하고 이러한 미국과 일본의 이해관계가 현재에 이르
기까지 계속되고 있다고 볼 수는 없다. 시기에 따라 이해관계는 변화
하는 것이며 한일관계의 축도 변화한다. 미국의 대외정책은 1970년대
이후 급격하게 변화하였으며, 미국과 일본의 관계에서도 많은 변화가
나타났다. 또한 중국을 적대화하던 정책도 1970년대 이후 미중, 일중
관계 정상화를 통해서 1960년대와는 전혀 다른 상황을 연출해 냈던
것이다.

이러한 상황 변화에 따라 한일관계 역시 1960년대와는 다른 양상
이 1970년대 이후 나타나게 되었다. 좀 더 상세한 분석이 필요하고,
연대기적인 검토가 필요하겠지만, 1970년대 이후에는 안보적인 측면
과 함께 경제적인 이해관계가 중요하게 고려되었음에 분명하다. 이러
한 상황을 고려한다면 기존의 연구 성과들이 결과론적으로 접근하여
한일관계 정상화가 이루어졌던 1960년대의 상황을 경제적인 측면에
서 접근하고자 했던 것 역시 무리가 아니라고 할 수 있다.

따라서 1945년 이후의 현대사에서 나타나는 한일관계를 살펴보기
위해서는 몇 가지 단계로 구분하여 살펴보는 것이 효율적일 것이라
고 생각한다. 아울러 1965년 이후의 한일관계를 역사적인 관점에서

살펴보기 위해서는 1965년을 전후한 시기의 '연속성(continuity)'과 '불연속성(discontinuity)'의 측면을 함께 고려해야 할 것이다. 기본적으로 일본의 이해관계 하에서의 한반도는 '순망치한(脣亡齒寒)'의 관계가 그 '연속성'을 이루고 있다. 그렇기 때문에 일본은 항상 한반도를 'vital line'으로 설정하고 있는 것이다. 그러나 이러한 연속성 위에서 나타나고 있는 '변화'의 양상 역시 세밀하게 살펴볼 필요가 있다.

ABSTRACT

US and Japanese Understanding of the Korea Japan Agreement Process and its Unique Characteristics

Park, Tae-gyun

Up to now, normalization of Korean-Japanese relations has been based predominantly upon the analysis of economic relations between Korea and Japan and an understanding of world systems theory. Starting in 1950 however, the US encouraged normalization of Korean-Japanese relations but without examining Japan's continued need for economic aid from 1945 on, it is impossible to analyze why the normalization of Korean-Japanese relations was realized around 1965.

In order to understand the need for and timing of the normalization of Korean-Japanese relations, one first needs to highlight changes in US politics. The US devised a new foreign affairs policy after 1960, one of the major features of which was to elevate Japan's position in East Asia. Further, through the normalization of relations between Korea and Japan, US policy in Asia held as strategically important the goal of heightening Japan's role in the Northeast Asian region.

Second, Rostow's economic policies became influential after the Kennedy administration. Although Rostow held an important advisory post in 1960 in the new Kennedy administration, he was unable to play an influential role within the Kennedy government. However, he became to wield power in the Johnson administration, especially after US entry into the Vietnam War in 1964, the founding of the Asia Development Bank, and the signing of the ROK-Japan Normalization Treaty.

Third, China's 1964 nuclear testing must also be highlighted. This testing is an important aspect even in relation to the characteristics of Korean-Japanese relations. That is, rather than understanding Japan's relations with Korea as based upon its economic relations, it should be recognized that security issues played a greater role, a factor which further increased the strategic importance of the Korean peninsula vis-a-vis China's nuclear testing. For Japan then, issues of security worked to speedily conclude the normalization of relations between South Korea and Japan.

Keywords : Rostow, the Kennedy government, the Johnson government, modernization theory, US policy toward Japan, China's nuclear testing

재일교포 북송문제 연구

이 완 범*

Ⅰ. 머리말

1. 연구의 목적 및 배경

1948년 이후 북한과 일본과의 관계를 연구함에 있어 재일동포의 북송문제는 매우 핵심적인 이슈임에도 불구하고 심층적인 연구는 거의 없다. 따라서 이 문제에 관련된 차분한 연구가 필요하다.

우선 선행연구의 현황을 살펴 볼 때 다음 자료와 연구들이 특기할

---

* 한국학중앙연구원 교수

만하다. 자료집으로는 金英達・高柳俊男 (共編), 1995 ≪北朝鮮歸國事業關係資料集≫ (東京: 新幹社)이 가장 독보적인데 이외에 필수적인 자료들을 모아놓은 神谷不二 (編), 1976~1978 ≪朝鮮問題戰後資料≫ 全3 (日本國際問題硏究所, 東京)이 있다.

회고록・증언류들은 대개 북송사업에 참여했던 인사들의 사후 고발기가 주류이다. 김봉택, 1979 <나는 고발한다: 조총련 북송운동의 실체> ≪金日成과 北韓≫ (內外問題硏究所, 서울) 119~226와 張明秀, 1991 ≪裏切られた樂土≫ (講談社, 동경) ; 張明秀, 1992 ≪배반당한 지상낙원≫ (곽해선 譯, 東亞日報社, 서울) ; 張明秀, 1991 <北韓, 배반당한 祖國: 前 朝總連 在日同胞 北送사업추진 高位幹部 고백> ≪新東亞≫ 385, 360~381 ; 金元祚, 1984 ≪凍土の共和國≫ (亞紀書房, 東京) ; 週刊朝日 編, 1984 <재일동포 북송 25년의 현실> ≪北韓≫ 150, 180~184 ; 週刊아사히 취재반 편, 1984 <아사히가 밝힌 北送同胞 의 실상> ≪共産圈硏究≫ 63, 121~128 ; 주간조선 편, 1984 <25년만에 밝혀진 北送교포들의 慘狀> ≪週刊朝鮮≫ 790, 24~27 ; 池田文子 編, 1974 ≪鳥でないのが殘念です: 北鮮歸還の日本人妻からの便り≫ (日本人妻自由往來實現運動本部, 東京) ; 池田文子 編, 1974 ≪北에서온 편지: 北送 日本人妻로 부터 온 便紙≫ (國際勝共聯合 譯, 成和社, 서울) ; 日本人妻自由往來實現運動會 編, 1977 ≪北韓에서온 便紙: 北送된 日本人妻들이 體驗한 北韓의 眞相≫ (盧元根 譯, 三省出版社, 서울)가 있다. 실제로 북송갔던 金幸一의 1963 ≪惡夢575日: 62次 北送僑胞의 脫出記≫ (寶晋齊)도 특기할 만하다. 재일조선인총연맹(약칭 조총련)의 의장이었던 韓德銖의 1986 ≪主體的海外僑胞運動の思想と實踐≫ (未來社, 東京)도 필수적인 자료이다. 이에 대비되는 재일본대한민국거류민단(약칭 민단)의 在日本大韓民國居留民團, 1987 ≪民團40年史≫ (在日民團, 東京)도 교차비교해야 할 자료이다.

북송문제를 정면적으로 다룬 학문적 연구는 그렇게 많지 않으나 관계되는 것까지 포함하면 비교적 축적되어 있다고도 할 수 있다.[1] 이외에 냉전시대에 나온 것으로 북의 사업을 고발하는 글들도 상당 수 있다.[2]

한일관계에 대한 학문적 연구로 본 주제와 관련되는 것도 있다.[3] 재일한국인에 대해서는 선전물의 성격을 가지고 있는 것과 순수 연구물이 있다.[4] 반면 일본의 대북한 정책에 대한 연구는 정책적인 유

1) 고휘주, 1992 <자유당말기 재일동포 북송문제에 관한 연구> ≪정치학연구≫ (중앙대학교 정치학연구회) ; 오일환, 1997 <북송문제 전개를 둘러싼 일본의 대한, 대북정책(1954-1958)> ≪한국학대학원논문집≫ 12, 125~149 ; 오일환, 1998.12 <日本의 남·북한 2중외교: 1954-1958년 在日韓人 北送문제 전개를 중심으로> ≪근현대사강좌≫ 10, 75~109 ; 李淵植, 2001.3 <1950-1960年代 在日韓國人 北送問題의 再考> ≪서울市立大典農史論≫ 7, 655~686 ; 진희관, 2002 <재일동포의 '북송'문제> ≪역사비평≫ 61, 80~95 ; 최영호, <조총련계 동포들은 왜 북으로 갔는가> 한일관계사학회 (편), 1998 ≪한국과 일본 왜곡과 콤플렉스의 역사 2≫-정치, 경제, 군사편- (자작나무, 서울) ; 菊池嘉晃, 2001 <재일한인 북송에 관한 연구> (성균관대 석사학위논문) ; 福良義昭, 1999 <북송 일본인처 문제 연구: 그 실태와 의미를 중심으로> (숭실대 통일정책대학원 석사학위논문)

2) 北韓硏究室 편, 1980.4 <朝總聯 北送事業의 目的과 凶計: 變質된 人道主義> ≪共産圈硏究≫ 14, 104~123 ; 株式會社時事 編, 1982.6 <공산북괴의 허실과 북송교포의 실상 3-돌이킬 수 없는 과오> ≪安全保障≫ 138 60~67 ; 株式會社時事 編, 1981.5 <탄압받는 北送僑胞> ≪安全保障≫ 128, 10~11 ; 紫田穗, 李元馥 譯, 1986 ≪金日成의 野望≫ 第3卷-北送의 悲哀- (兼知社, 서울)

3) 성황용, 1981 ≪일본의 대한정책≫ (명지사, 서울) ; 이원덕, 1996 ≪한일과거사 처리의 원점: 일본의 전후처리 외교와 한일회담≫ (서울대학교출판부, 서울) ; 金在桓, 1977 <僑胞·海岸問題를 둘러싼 對 日本 外交政策에 관한 연구> (연세대 행정대학원 석사학위논문)

4) 김상현, 1969 ≪재일한국인: 교포80년사≫ (어문각, 서울) ; 안몽필, 1994.12 <日本의 在日朝鮮人政策と日本> ≪미소연구≫ 7 (단국대 미소연구소) ; 이혜경, 1994 <일본의 재일한국인 정책> (이화여대 정치학 석사학위논문) ; 박병윤, 1999.1 <재일동포사회의 미래상과 당면과제> ≪僑胞政策資料≫ 58, 99~130 ; 在日本大韓民國民團中央本部 編, 1997 ≪(圖

용성이 있어서인지 비교적 축적되어 있는 편이다.[5] 이중에서 최근에
나온 신정화 박사의 2003 ≪일본의 대북정책, 1945-1992년≫ (오름,
서울)이 특기할 만하다. 이 글은 일본의 대북정책을 보수(정부-자민
당)와 혁신(사회당-공산당) 세력간의 역학관계와 대립에서 분석하고
있다. 조총련에 대한 대한민국에서의 연구는 비판적 성격의 것이 주
류를 이루고 있다.[6]

  그런데 이들 자료와 연구들은 주로 냉전시대에 작성된 것이어서,
이데올로기적 편견이 있다. 물론 아직 남북한은 냉전의 섬으로 남아
있기는 하지만 세계적으로는 탈냉전기의 바람을 타고 있으므로 새로
운 시각에서 객관적으로 조망할 필요가 있다 할 것이다. 따라서 회고
록류에 내재된 자화자찬과 자기중심적인 편견을 탈각하는 사료비판
이 필요하다. 또한 일차자료의 경우도 이데올로기적 입장차이를 객관
화시킬 수 있는 안목이 필요하다. 본 연구에서는 탈냉전적인 조류에
발맞추어 이데올로기적 치우침을 자제하면서 문제를 객관적으로 보

表でみる)韓國民團50年の步み≫ (五月書房, 東京)
5) 南東祐, 1994 <日本의 對北韓政策 硏究: 3黨 共同宣言 前後를 중심으로>
   (國防大學院 국제관계전공 석사학위논문) ; 權重度, 1987 <日本의 對北
   韓政策에 關한 硏究> (國防大學院, 국제관계전공 석사학위논문) ; 任政
   彬, 1989 <日本의 對北韓 政策 硏究> (延世大 行政大學院 석사학위논
   문) ; 申燮澈, 1988 <日本의 對北韓政策에 關한 硏究> (서울大 行政大
   學院 석사학위논문) ; 金容培, 1984 <일본의 대북한 정책에 관한 연구:
   1965년~1975년을 중심으로> (연세대 행정대학원 석사학위논문)
6) 安星煥, 1995 <북한의 대조총련 정책에 관한 연구> (國防大學院, 국제
   관계전공 석사학위논문) ; 劉三悅, 1993 ≪北韓의 在日僑胞政策과 朝總
   聯≫ (西江大 大學院, 행정학 박사학위논문) ; 전준, 1972 ≪조총련연구≫
   전2권, (고려대학교 아세아문제연구소) ; 한국정경연구소 편, 1974 ≪조
   총련: 북한대남적화전략기지 제2전선의 진상≫ (한국정경연구소, 서울) ;
   權逸, 1983 ≪玄海灘을 사이에 두고: 日本속의 南과北≫ (海外僑胞問題硏
   究所 出版部) ; 이왕세, 1999.12 <在日朝總聯의 過去, 現在, 未來> ≪僑胞
   政策資料≫ 59, 7~45; 한국정경연구소 편, 1974 ≪조총련≫ (한국정경
   연구소, 서울)

고자 시도할 것이다.

2. 연구의 범위 및 방법

재일동포의 북한 송환 문제를 다룸에 있어 한인퇴거문제가 한일간에 처음 제기된 1951년부터 북·일간의 합의로 첫 북송선이 출발한 1959년까지 일본과 북한 그리고 한국을 주된 시간·공간적 범위로 하고자 한다.

본 연구는 재일동포 북송문제를 사실적으로 규명하는 것에 목표를 두고 있다. 따라서 사료에 의지하여 사실확인을 위주로 하는 역사적 접근법(historical approach)을 채용하고자 한다. 비교적 최근의 일이므로 이 문제에 관한 사실확인이 아직 미흡한 상태이다. 따라서 공간된 문서 등에 의존한 '역사적 고증' 방법과 연대기적 서술(chronological description)—서사적 방법(narrative method)이 가장 설득력 있고 유용한 방법론이라고 생각한다. 또한 기존의 연구들을 심층적으로 종합하여 정설을 확립할 필요가 있다. 과학적 방법의 동원은 우선 사실확인을 한 연후에 별도의 다른 연구에서 시도될 수 있을 것이다.

역사적 연구방법은 과거에 일어났던 일을 문헌자료 중심으로 찾아내고 그것을 비판적으로 평가해서 어떤 일이 일어났는가를 정확히 기술하는 동시에 그 일들 사이의 관계성을 추출해 내는 방법이다. 역사적 접근법은 '사료의 분석과 비판을 통한 실증적 검토'를 주 내용으로 하고 있지만 실증주의적 방법과는 다르다. 실증주의적인 '이론적 분석'(theoretical analysis)의 유용성은 인정할 수 있지만, 철저한 자료수집을 토대로 사실관계를 발굴하고 체계적으로 정리하여 균형 있는 해석, 실증적인 분석과 연구를 하는 일이 그 무엇보다도 선행되어야 할 작업 영역이라고 생각한다. 과학적 방법의 동원은 역사연구의 초보적 전제인 사실 확인을 한 연후에 별도의 다른 연구에서 시도될 수 있을 것이다. 이런 방식으로 분송문제를 구체적이며 세부적으로 복원할 수 있을 것이다.

이 연구는 기본적으로 종이에 문자로 쓰여진 문헌에 의존한 문헌 연구이다. 인터뷰 기록도 활용할 것이지만 자료의 중심은 역시 문헌 사료이다.

Ⅱ. 재일동포 북송에 대한 엇갈린 평가

해방된 1945년 8월 15일 일본에는 200만 명 정도의 한국인이 있었다. 이들은 해방과 더불어 대거 귀국했으며 약 60만 명 정도가 일본에 잔류하게 되는데,[7] 이들이 오늘날의 재일한국인[8]을 형성하게 되었다.

재일동포의 북송 문제에 대해 그간 우리 학계에서는 재일동포가 북한의 선전에 속아서 북한으로 갔거나 강제로 끌려갔다는 이데올로기적 해석이 주류를 이루어왔다. 또한 노동력이 필요한 북한이 재일동포를 동원하기 위해서 끌고 갔으며 인도적 견지에 대한 고려는 전혀 없었다고 남한에서는 평가했다. 북한이 재일교포 북송 사업을 추진할 때만 해도 조총련(재일본조선인총연맹 ; 1955년 5월 26일 결성)의 기세는 절정에 다다르기도 했었다.[9] 한편 일본에서는 인도적 견지

---

7) 김영순, <해방 후 재일 한국인의 귀국과 잔류: 일본정부에 의한 재일 한국인 귀국정책을 중심으로 (1945년 8월－1946년 12월)> 한국정신대연구회 편, 1997 ≪한일간의 미청산 과제≫ (아세아문화사, 서울) 332

8) 재일조선인의 현황에 대해서는 이진희·강재언, ≪한일교류사≫, 김익한-김동명 역, 1998 (학고재, 서울) 236~244에 나와 있다.

9) 劉三悅, 1993, <앞 논문> 2. 그러나 냉전의 해체후 그 영향력은 쇠퇴되어 갔다. 초기 조직인 조련의 활동에 대하여는 최영호, <재일본 조선인

에서 북의 요구를 들어주었다고 기술하였다. 그런데 탈냉전기에는 이러한 주류적 해석에 도전이 있어왔다. 북송교포들은 대개 자기가 원해서 북으로 갔으며, 당시 최하위 계층에서 열악한 처지에 있던 대부분의 사람들이 '그 길만이 살길'이라고 생각해 선택했다는 것이다.[10] 남에서는 받아주지 않았으며 북에서는 적극적으로 받아주겠다고 했으므로 북을 선택한 것이다. 일본은 예산 절감이라는 실리 때문에 북이 요청을 해오자 북송사업에 대단히 호의적으로 받아들였다. 따라서 일본의 인도주의적 조치라는 평가는 자신들의 실리를 숨기는 포장일 가능성이 있다. 한국은 한국내에서와 일본에서 시위를 행하는 등 거칠게 항의했으며 지속적인 외교교섭을 벌였지만 '자유의사로' 북한행을 택한 사람들을 막을 수는 없었다.

Ⅲ. 재일동포 북송 — 개관과 연도별 통계

재일교포의 북송문제는 조총련 결성 3개월 전인 1955년 2월에 처음 제기되었다. 이는 남일 북한 외상이 일본에 대한 남북한과 일본간에 각각 전개될 국교정상화 교섭에서 이니셔티브를 잡기 위하여 성명을 발표하면서 일본정부와 국제사회에 여론화를 시도한 것이었다. 이때부터 '재일동포 북송에 관한 캘커타협정'(북조선적십자와 일본적십자간 재일조선인 귀환에 관한 협정)이 타결(1959년 8월 13일)되기까지의 '북송협상기'와 1967년 말 북송협상이 만료된 직후부터 1971년 2월 '미귀환자의 귀환에 관한 잠정조치합의서'와 '새로운 북송희망자의

연맹(조련)의 한반도 국가형성과정에의 참여> 강덕상·정진성 외, 1999 ≪근-현대한일관계와 재일동포≫ (서울대학교 출판부) 355~389에 나와 있다.

10) 진희관, <앞 논문>, 89

북송에 관한 회담요록'이 모스크바에서 체결되기까지 '재협상기' 두 시기에 협상이 진행되었으므로 협상과정을 살펴보기 위해서는 두 시기가 중요한 시기이다. 이 연구에서는 전자의 시기 중 특히 1959년 12월 14일 첫 북송선이 떠나기까지의 과정을 중심으로 살펴보고자 한다.

우선 북송의 인원을 살펴보면 두 차례의 협상 사이인 1959년 12월부터 1967년까지 12월까지 155차례에 걸쳐 총 인원 8만 8,611명의 1단계 북송이 이루어졌다. 잠정조치합의서에 입각하여 1971년 5월 15일부터 10월 22일까지 총 1,081명의 2단계 북송이 이루어졌고, 회담요록에 입각해 1971년 12월부터 1982년 10월까지 총 3,720명이 북한으로 갔다. 1971년부터 1984년까지의 북송은 제3단계 북송이다. 이렇게 하여 총 9만 3,412명이 일본과 북한의 합의에 따라 북송길에 올랐다. 이 가운데 2,400명이 일본인이었으며 이들은 주로 재일한국인의 배우자(주로 부인)이었다.[11]

이러한 북송에 대해 북한에서는 귀국사업이라고 말한다.[12] 북송이라는 표현이 "북으로 떠밀어 보낸다"는 뉘앙스를 갖고 있기 때문일 것이다. 일본에서는 '귀환'이라는 말을 사용한다.

1960년대 말 북송 사업이 일시 중단된 원인을 협상만료에서 찾을 수 있지만 보다 근본적 이유는 한국정부의 강력한 요구 때문이었으며 재개된 이후인 1970년대 이후에는 북송자의 수가 대폭 감소되었으므로 재개의 의미가 그렇게 크지 않았다.[13] 북송이 개시된 1959년부터 1961년까지 전체 인원의 약 80%인 7만 4,779명이 귀환하였는데, 이 시기는 북한의 인민경제발전1차5개년계획이 종료되는 시기(1957~1961)로 이를 수행하기 위한 노동력을 확보하기 위해 북이 귀환에 적극적이었다는 평가가 있다. 만 19세에서 58세 미만인 자들을 우선적으로

---

11) 최영호, <앞 논문>, 280
12) 진희관, <앞 논문>, 82
13) 진희관, <위 논문>, 86

선발하여 북송했으며 그 중에서도 기능공 출신자들에게 집중했었다
는 사례가 이를 증명한다는 것이다. 물론 노동력 확보가 목적 중의
하나일 수는 있지만 만약 노동력 확보만을 위해서라면 그것은 전후
복구기에 집중했었어야 했을것이며 1950년대 말에는 복구도 끝나고
어느 정도 경제가 자리잡는 시점이라 그렇게 많은 인력동원이 꼭 필
수적인 것은 아니었다. 또한 인구가 늘면 노동력이 늘어나기는 하지
만 그만큼 식량과 주택, 의복도 필요했으므로 그렇게 긍정적인 측면
만 있는 것은 아니었다. 또한 당연한 얘기지만 일본과 한국의 입장은
달랐다.

〈표 1〉 재일교포 북송상황

단계	년도	년간 횟수	연 인원	차수	북송선	비 고
협상기	1955-1959년					1959년 8월 13일 캘커타협정타결
제1단계북송기	1959년 12월	3	2,942	3	토불스크호(소련)	
	1960년	48	49,036	51		
	1961년	34	22,801	85		
	1962년	16	3,497	101		
	1963년	12	2,567	113		
	1964년	8	1,822	121		
	1965년	11	2,255	132		
	1966년	12	1,860	144		
	1967년	11	1,831	155		
중단기/재협상기	1968년	0	0	0		협정만료로 북송중단
	1969년	0	0	0		
	1970년	0	0	0		

제2단계북 송기/잠정 조치에 의 한 북송기	1971년 5월 -10월	6	1,081	161	제158차까 지는 토불 스크호/15 9차부터는 북한의 만 경봉호	1971년 2월 '미귀환자의 귀환에 관한 잠정조치합의 서'와 '새로운 북송희 망자의 북송에 관한 회담요록' 체결
제3단계북 송기/회담 요록에 의 한 북송기	1971년 12월	1	237	162	만경봉호	
	1972년	4	1,003	166		
	1973년	4	704	169		
	1974년	3	479	172		
	1975년	3	379	175		
	1976년	2	286(256)	177		
	1977년	2	180	179		
	1978년	2	150	181		
	1979년	2	126	183		
	1980년	1	40	184		
	1981년	1	34(38)	185		
	1982년	1	24(26)	186		
	1983년	0	0	0		
	1984년	1	32(30)	187		
	1987년	1	1			
	1988년		2			
	1989년		3			
총계	1959-19 84년간	총 187회	총 93,372 (93,346)명			

자료 : ≪내외통신≫ 제179호 (1980년 6월 11일) ; 제396호 (1984년 8월 10
일) ; ≪주간한국≫ 1984년 5월 4일 ; ≪세계일보≫ 1984년 7월 26일 ; 權
重度, 1987 <日本의 對北韓政策에 關한 硏究> (國防大學院 안전보장학
석사학위논문) 114~115 ; 남동우, 1994 <일본의 대북한정책 연구> (국
방대학원 안전보장학 석사학위논문) 15. 괄호안의 수치는 佐藤勝巳,
1991 ≪崩壞する北朝鮮≫ (ネスコ, 동경) 167에 의거한 것임.

Ⅳ. 한일회담과 한일강제퇴거문제,
1951～1957

일본 정부의 입장에서는 재일한국인을 보다 많이 북송시키는 것이 패전이후의 숙원사업 중의 하나였다. 1956년을 기준으로 일본에 거주하는 한국인 생활보호 대상자는 동포의 24%로 9만여 명(외국인 중 약 90%)에 이르렀고, 총지원액도 연 2억 엔 이상의 막대한 금액이었다. 이 숫자는 당시 일본 전국의 생활보호 대상자 비율이 전체 평균 2%라는 점을 감안할 때 대단히 높은 수치임을 알 수 있다.[14]

1951년 10월 20일 예비회담으로 시작된 한일회담의 주요 쟁점으로 '식민지배에 대한 사죄,' '배상' 문제, 협정영주권 문제와 함께 '강제퇴거' 문제가 포함되어 있었다.[15] 제4차한일회담(1958년 4월 15일부터 1960년 4월까지 진행) 당시 일본은 "한국정부가 朝鮮全土를 대표하는 정통정부"[16]라는 원칙을 표명하기까지 했다. 따라서 제1차한일회담(1952년 2월 15일～4월 25일)때부터 일본으로서는 사회적-정치적 문제를 일으킨다고 생각했던 강제퇴거대상한국인의 引受를 4차회담 당시 한국정부에 요구해 왔다. 일본정부가 정부레벨에서 집단 북송을 논의하는 계기가 된 것은 1957년 12월 31일 4차회담을 위한 예비회담

---

14) 진희관, <위 논문>, 83. 따라서 일본정부는 1960년 한국의 신정부 수립 전에 북송을 완료하여 한국 정부가 반대하는 북송협정의 연장 문제를 해결하려 했다. 성황용, 1981 ≪일본의 대한정책≫ (명지사, 서울) 251. 그런데 해방직후 일본은 재일한국인의 귀국 문제를 가볍게 생각했다. 김영순, <앞 논문>, 341.

15) 金英達・高柳俊男 共編, 1995 ≪北朝鮮歸國事業關係資料集≫ (新幹社, 1東京) ; 진희관, <앞 논문>, 83

16) 1958년 6월 27일 중의원 외무위에서의 澤田廉三 대표의 발언임. ≪朝日新聞≫ 1958年 6月 28日 ; 성황용, ≪앞 책≫, 238

에서였다. 久保田貫一郎(구보다 간니치로) 일본 외무성 참여(한일회담 수석대표)의 3차한일회담 기간 중(1953년 10월 15일) 발언[17]으로 인해 10월 6일에 열린 회담이 2주 만인 21일에 결렬된 후 미국의 중재로 4년여 만에 열린 이 예비회담에서 한국과 일본은 한국에 억류중인 일본인과 일본에 억류중인 한국인의 상호 석방에 합의하였다.[18] 그런데 문제는 일본에 억류된 한국인 중 126명이 북한으로의 송환을 원했던 것이었다. 그러자 한국 정부는 이들을 북송하지 않겠다는 서면 보장을 요구하였고 일본측은 이에 끝내 불응하였다.[19] 4차회담에서 한국측은 강제 퇴거 대상 한국인의 引受를 강경하게 반대하여 일본의 뜻은 실현되지 못했다. 오히려 '金－藤山諒解'에 의해 강제퇴거 대상한국인이 일본내에서 석방되게 되자 일본은 재일한국인을 받아들이겠다는 북한의 제의에 눈을 돌리게 되었다. 이에 따라 일본은 불법입국자로서 당연히 한국으로 송환되어야 할 밀항자의 일부를 "정치적 입장으로부터의 한국의 반대와 한일회담에 악영향이 있더라도 인도적 입장"[20]에서 일본국내에서 석방한다는 보복조치를 취하고, 이 문제의 근본적 해결을 국제적십자사에 위임하였다.[21]

4차한일회담 기간 중 양국 관계는 재산권청구문제와 어업문제로 악화된 상황이었다.[22] 미국정부는 이미 1952년 4월 29일부로 일본인의 한국내 모든 권리와 이권은 미군법령에 의하여 박탈되었고, 일본은 그러한 이권에 관하여 유효한 청구를 할 수 없다고 밝혔다. 그리고 1957년 12월 31일에는 이를 확대부연설명한 메모란덤을 한일 양

---

17) 성황용, ≪위 책≫, 210∼212.
18) 金英達·高柳俊男 共編, ≪앞 책≫
19) 劉三悅, ≪앞 논문≫, 86∼87
20) 1958년 7월 4일 藤山 외상과 愛知 법상의 대책 협의임. ≪朝日新聞≫, 1958年7月6日 ; 성황용, 1981 ≪일본의 대한정책≫ (명지사, 서울) 239
21) ≪朝日新聞≫ 1958年7月9日 ; 성황용, ≪앞 책≫, 239
22) 劉三悅, ≪앞 논문≫ 85

국에 전달하였다. 이 메모란덤의 요점은 일본인의 재산청구권은 없음
을 명확히 하였으나 한국측의 재산청구는 일본 소유재산의 귀속으로
말미암아 약간은 충족되었다고 하면서 이 문제는 양국간의 합의에
의해 결정되어야 한다는 애매한 것이었다.[23] 제4차회담에서 일본측
은 과거에 한국에 있던 일본인 사유재산에 대한 권리는 포기하였지
만 한국측이 요구한 8개항(과거 일본이 탈취해 간 국보, 금괴, 은괴,
고서적, 지도, 원판, 한인소유의 은행예금 및 유가증권의 지불, 한국
인 징용자에 대한 미불임금)의 재산청구권 협의에는 응하지 않았다.

  어업문제는 1952년 1월 18일 한국정부가 '인접해양에 대한 주권에
관한 대통령선언'을 발표하고 평화선을 설치하면서 이 선을 침범하
는 일본 어선과 어부들을 나포함으로써 양국간의 현안으로 남아 있
었다. 한국은 샌프란시스코 강화조약의 발효를 앞두고 맥아더 선의
철폐를 예상하여 한국의 수산자원을 보호하고 한-일간의 어업분쟁을
미연에 방지하기 위하여 평화선을 설치하였다고 할 수 있다. 그러나
일본은 이의 합법성을 부인하고 공해의 자유원칙을 고수함으로써, 일
본어선이 나포되고 어부들이 수용소에 수용되자 심각한 문제가 야기
되었다.

V. 북한과 일본간의 북송문제 논의,
1958~1959

  재일교포의 북송은 이와 같은 한일양국의 마찰이 계속되고 있는
상황 속에서 추진되었다. 좌익계 재일동포들은 패전 이후 일본공산당
등과 제휴하여 점령당국과 일본 정부에 대항하였다. 따라서 일본 정

---

23) 김옥렬, 1982 ≪한국과 미-일관계론≫ (일조각, 서울) 226~227

부는 대내의 공산위협세력으로 간주하였으며 심각한 경제 사정 때문에 기회만 있으면 재일동포들을 추방하려했다. 따라서 차제에 한국을 견제하고 노동력이 부족한 북한에 송환하는 것이 자국을 위하여 최선이 방책이라고 일본 정부는 생각하게 되었다.[24] 따라서 1955년 일본 정부는 국제적십자연맹에 북송 사업을 적극적으로 도와달라고 요청하였다.[25]

1958년 8월 1일 조총련 神奈縣川崎中留分會에서 귀국실현을 결의했으며 편지를 발표했다. 그후 8월 13일 동경과 일본각지에서 개최된 8-15해방13주년 재일조선인경축대회에서 귀국실현 결의와 편지가 계속 채택되었다. 이에 김일성은 9월 8일 북한 정권 수립 10주년 경축대회에서 "무권리와 민족적 차별과 생활고에 신음하는 재일동포들은 최근 조선민주주의인민공화국으로 돌아올 것을 희망하여 왔다"고 하면서 북한정부는 "재일동포들이 조국에 돌아와 새생활을 할 수 있도록 모든 조건을 보장하여 줄 것"이라고 하였다.[26]

이에 조총련에서는 전국적으로 북송희망자를 모집하는 한편 일본 정부 및 각정당·사회단체에 적극적인 지원을 요구하는 활발한 운동을 전개하였으며, 1958년 9월 16일 북한 남일 외상의 성명과 11월 1

---

24) 劉三悅, ≪앞 논문≫, 86
25) 호주 국립대학 조사팀이 입수한 국제적십자연맹의 비밀 해제된 문서에 의하면 일본 정부와 유력 정치인, 일본 적십자 등이 지난 1955년부터 국제적십자연맹에 북송 사업에 대한 지원을 적극적으로 요청했다고 한다. 1955년 12월 일본 적십자사는 북송사업이 국제적십자연맹에 의해 수행되기를 기대한다는 편지를 보냈다. 또 한 달 뒤 보낸 편지에는 당시 총리 등이 재일조선인의 귀환을 지원하는 정책을 구체화할 방침을 일본 적십자에 비공식적으로 전해왔다고 기록돼 있다. 몇 달 뒤 국제적십자연맹이 북송 사업의 알선을 공식 제안한 것으로 봐서 일본 정부의 거듭된 요청이 받아들여진 것으로 추정된다(≪朝日新聞≫ 2004.9.16).
26) 재일본조선인총연합회 편, 1980 ≪위대한 수령김일성원수님께서 총련과 재일동포들에게 주신 교시≫ (시대사, 동경) 7~8 ; 劉三悅, ≪앞 논문≫, 87

일 평양방송의 보도를 통해 60만 재일한국인수송에 필요한 선박 및 전경비를 제공하겠다고 제의하고 "돌아오면 그들은 능력과 소원에 따라 직업을 갖고 자제들은 학교에 갈 수 있을 것"이며 귀국 후 생활에 대해 전적으로 보장하고 책임지겠다고 선전하였다. 귀국자의 안정된 생활과 직업을 보장한다는 것이었다.[27]

이에 1958년 10월 8일 조총련 중앙위원회 제15차 회의에서 귀국(북송)운동의 의의와 일본당국에 대한 요구조건, 운동추진에 대한 기본방향 및 구체적 행동방침을 결정하였다. 이 결정에 의하여 귀국 실현 요청일인 10월 10일 586개소 7만 3천명이 교포가 무조건 귀국 실현, 귀국선 입항, 승선까지의 전적인 권리보장 등의 요구사항을 내세우고 귀국실현요청대회를 열었다. 또한 11월 1일부터 1959년 1월 31일까지 귀국실현서명운동을 벌였다.[28]

일본에서도 1958년 10월초부터 이에 호응하는 형식으로 지원단체를 구성하려는 움직임이 생겼다. 1958년 11월 17일 전 수상 鳩山一郎을 비롯한 각계 대표 50명을 발기인으로 한 '재일조선인귀국협력회'가 구성되어 일본정부에 북한귀국문제에 협력할 것을 요청하였다. 일본 정부는 그러한 움직임을 환영하는 입장이었기 때문에 귀국희망자의 출생지가 "남한인가 북한인가를 불문하고 한일전면회담과는 무관계하게 국제법상-인도상의 입장에서 해결"[29]하겠다는 의사를 표명하였다. 일본정부는 특히 좌익계 재일교포가 귀찮은 존재였고, 한일회담에서 한국측이 더 이상 양보하지 않을 것이라고 전망했으므로 회담결렬을 각오하면서 이미 1958년부터 북송실현을 위한 막후교섭에 응해 왔다.[30]

---

27) ≪동아일보≫ 1958년 11월 2일 ; 劉三悅, ≪앞 논문≫, 87

28) 韓德銖, 1986 ≪主體的海外僑胞運動の思想と實踐≫ (未來社, 東京) 190
    ～191 ; 劉三悅, ≪앞 논문≫, 87～88

29) 1958년 12월 12일 藤山 외상의 발언임. ≪朝日新聞≫ 1958年 12月 3日 ;
    성황용, ≪앞 책≫, 239

일본정부의 입장 표명에 발맞추어 島津忠承 일본적십자사 대표는 1959년 1월 20일 북한적십자사 총재 박기호에게 일본적십자중앙위원회가 재일한국인북송문제를 "정치적 문제와 분리시켜 인도적 견지에서 해결"한다는 결의안을 채택했다는 전문을 보냈다.[31] 그러자 당황한 한국정부는 '金-藤山諒解' 비밀협정의 "일본정부는 재일한국인 전체에 관한 문제를 법적 지위위원회의 결정을 기다려 행할 것을 약속한다"는 조항에 위배된다고 그 조항을 공개하고,[32] 일본정부의 조치는 한국의 주권을 무시하는 것이며, 북한에 인적자원을 제공함으로써 한국의 국가안전에 해를 끼치는 비우호적 행위라 비난하면서, 일본이 북송을 결정할 경우 송환선의 안전통행보장의 거부, 억류 일본어부 송환의 거부 등을 포함하는 모종의 보복조치를 취할지도 모른다는 경고와 함께 필요할 경우에는 재일교포를 받아들일 용의가 있다는 타협적인 태도를 취하였다.[33]

그러나 일본정부는 일본이 양보하더라도 한국에 양보를 기대하기는 어려우며 한일회담에 악영향을 주어도 할 수 없다는 藤山愛一郎 외상의 강경론에 따라 1959년 2월 13일의 각료회의에서 북한귀한희망자를 북한에 귀환시킨다는 방침을 확정하였다.[34] 이 결정이 나기까지의 과정을 보다 자세하게 살펴보면 이미 조총련의 발표(북송희망자는 11만 7천명에 달하며 북송 절차가 구체화되면 더욱 증가할 것)가 있던 1959년 1월 29일 藤山 외상은 일본의회에서 거주지선택의 자유와 인도주의에 입각하여 재일조선인 중 북송희망자에 대해 출국허가

---

30) 劉三悅, 《앞 논문》, 88
31) 《동아일보》 1959년 1월 21일
32) 《동아일보》 1959년 2월 11일 ; 성황용, 《앞 책》, 358의 주 279에 의하면 실제로 그런 조항이 있었는지는 불확실하다는 것이다.
33) 1959년 2월 7일 유태하 주일공사의 제의임. 《동아일보》 1959년 2월 8일
34) 《朝日新聞》 1959年 2月 13日 ; 성황용, 1981 《일본의 대한정책》 (명지사, 서울) 240

를 언명하였다. 조총련이 제2차 귀국요청일로 정한 그 다음날인 1월
30일 조총련은 약 천명의 陳情團을 일본의회에 보내 진정 데모를 벌
였다. 북한을 방문한 바 있는 재일조선인귀국협력회 간사장 帆足計
의원이 1월 30일 외무성을 방문하여 북송의 조속실현을 요청하자 藤
山 외상은 북송방침이 岸 首相과 각 기관과의 의견조정의 산물이며,
대장성과 후생성이 타협하여 북송비용 등 사무적 결론이 나면 각료
회의에서 최종방침을 결정할 것이라고 말했다. 이날 기자 회견 석상
에서 藤山 외상은 북송희망재일동포의 북송이 곧 실현될 것이며, 이
러한 조치가 한일회담에 미묘한 영향을 미칠 것이나 그럴 경우 최선
이 조치를 취할 것이라고 하였다. 다음 날인 1월 31일 岸 수상도 외상
이 발언을 지지하고 한일회담이 결렬되더라도 불사할 것을 언명하였
다. 결국 2월 13일 재일교포 북송을 '閣議了解'로 함으로써 일본의 정
책으로 결정하였다.

　재일한인의 생활이 빈궁하므로 북송은 인도적 문제이며 긴급한 것
이라고 주장했지만 이는 후술하는 바와 같이 속셈을 위장하기 위한
명분에 불과했다. 또한 "현재의 출입국관리법으로는 재일동포의 귀
환을 막을 수 없다"고 발표하였다.[35)

　일본은 재일동포를 한국으로 귀환시키려 했지만 여건이 허락하지
않았던 이승만 정부는 일본의 요구를 적극적으로 검토하여 전폭적으
로 받아들일 수는 없었다. 결국 일본은 결정 다음 날인 1959년 2월 14
일 적십자국제위원회에 재일한인의 북송결정과 이에 대한 일본측 요
구를 설명하기 위한 일본적십자 대표의 제네바 파견을 통고하였다.
결국 1959년 2월 20일 일본적십자대표를 제네바로 출발시켜 북한과
대화를 시작하려했다. 그러자 이를 막기 위해 한국에서는 결렬한 북
송반대 데모가 일어났다. 한국측은 적십자국제위원회가 있는 제네바
에 주불공사 김용식을 파견하여 북송문제는 적십자와는 아무런 관계

---

35) 劉三悅, ≪앞 논문≫, 89

가 없는 정치문제라고 주장했다. 일본이 표방하는 인도주의적 견지라는 것은 정치적 문제를 은폐하기 위한 기만적 술책임을 폭로하려고 하였던 것이다.36) 재일한국인들은 "국적이 없는 사람이거나 국제적십자위원회의 인도적 원조를 필요로 하는 실향민이 아니라 대한민국의 국적을 가진 사람"들로서 북송계획은 "일본의 정치적 타산에서 오는 정치적 문제"이며 북한의 참담한 생활로 보아 북송은 인도주의가 아니라 "노예매매를 위한 흥정," "현대사에 유례를 볼 수 없는 외교적 진주만"이라고 한국측은 주장하였다.

1959년 2월 22일 일본적십자사 섭외부장은 제네바에서 적십자국제위원회가 북송희망자 개별심사에 간여해 달라고 요청하면서 동시에 한국정부가 부산에 억류하고 있는 일본 어부들의 석방을 한국정부와 교섭해 달라고 요청하는 등 외교접촉을 계속하였다. 난처해진 적십자국제위원회는 한국적십자사에 대표파견을 요청하였다. 이에 한국 적십자사는 이범석 청소년부장을 대표로 파견하였으며, 이들과 함께 최규하 주일참사관과 북송반대전국투쟁위원회의 장택상, 최규남, 유진오 등도 제네바로 파견되었다.

한국측 논리는 첫째 재일교포 문제에 책임이 있는 일본정부가 이들을 추방하기 위한 방편의 하나로 북송을 결정한 것이므로 인도주의 운운하는 것은 기만적 술책이며, 둘째 재일교포의 법적 지위와 처우는 유엔이 승인한 한국정부와 논의되어야 하고, 셋째 한일회담에서 일본정부가 한국정부와 재일교포 문제를 논의한 것은 재일교포가 한국의 관할하에 있다는 것을 인정한 것이므로 일본의 처사는 자가당착의 모순이며, 이는 한국의 주권을 침해하는 것이고 적십자국제위원회도 개입해서는 안된다는 것이었다.37)

---

36) 1959년 2월 18일 장창환 한국적십자 총재도 이런 식으로 발언함. ≪朝日新聞≫ 1959年 2月 19日 ; 성황용, ≪앞 책≫, 240
37) 劉三悅, ≪앞 논문≫, 90

또한 북송희망자들이 진정서에 서명한 것은 자발적인 행동이 아니라, 북한이 1958년과 1959년에 각기 일화 4억 2천만엔, 1억 7,500만엔씩 보낸 공작금으로 매수당했거나, 또는 직장-가족에 대한 위협으로 강요당한 것이라고 3월 9일 김용식 주불공사는 항변하였다.[38] 또한 1959년 3월 "일본 정부가 재일동포에 대한 과거의 보상만 지불하면 한국정부는 언제든지 全 재일교포를 받아들일 용의"[39]가 있다고 제의했다. 그러나 이미 일본은 결심을 한 뒤였다.

적십자국제위원회가 북송문제에 관여치 않겠다는 입장을 표명하여 궁지에 몰린 일본은 1959년 3월 10일 소련의 협조를 요청하였다.[40] 그런데 3월 13일 적십자국제위원회는 공식성명을 발표하여 자신들은 주권문제나 국적문제에는 관심이 없으며 적십자국제위원회 총회에서 채택된 인도주의원칙에 의하여 누구든지 자신의 의사대로 귀환되어야 한다는 입장을 표명하였다. 3월 14일 적십자국제위원회 직원들은 AP 통신과의 회견에서 북한적십자사의 동의 없이 자신들은 북송계획에 협조할 수 없다고 말하여 일본적십자사와 북한적십자사 간의 직접 대화를 강조하는 듯한 말을 했다. 그후 적십자국제위원회 총재는 일본적십자 총재에게 적십자국제위원회의 개입 없이 직접 접촉을 권유하였다. 이것은 북한이 계속 주장하고 있었던 바였다.[41] 결국 한국정부의 외교적 노력은 그다지 성과를 거두지 못하였다.

일본적십자사는 북한적십자사에 대표파견을 요청했으며 1959년 4월 8일 이일경 단장 등 북한적십자대표단 9명이 모스크바를 경유하

---

38) ≪동아일보≫ 1959년 3월 10일
39) ≪동아일보≫ 1959년 3월 4일
40) 島津 일본적십자사장은 미테리요프 소련적십자사장에게 <일본이 왜 국제위에 협력을 요청했는가의 진의를 귀사가 충분히 이해시켜주기 바란다>는 전문을 보냈다(≪朝日新聞≫ 1959年 3月 11日 ; 성황용, ≪앞 책≫, 241).
41) 劉三悅, ≪앞 논문≫, 91

여 제네바에 도착하였다. 한국측의 경력한 반대와 저지노력에도 불구하고 4월 13일부터 제네바 적십자국제위원회 본부에서 일본적십자사와 북한적십자사간의 양당사자 회담이 열렸다. 회담과정에서의 주요 쟁점은 적십자국제위원회의 개입여부였다. 일본측은 적십자국제위원회의 개입을 줄 곳 요구하였고, 이것은 재일교포의 북송책임을 적십자국제위원회에 떠넘기기 위한 것이었다. 그러나 북한측은 어느 누구의 개입도 반대하였다. 일본측은 적십자국제위원회 감시하의 북송자 심사안을 포기하는 대신 적십자국제위원회의 승인을 요구하였고, 북한은 적십자국제위원회의 개입을 강경히 거부하며 조총련이 작성한 11만 7천명의 북송희망자 명단을 무조건 수락할 것을 요구하였다.

17차의 회담을 거치는 동안 일본은 북한측의 주장에 계속 양보하였다. 1959년 6월 10일 북한측은 북송희망자가 일본적십자사에 개별적으로 신청한 사실을 토대로 북송자 명단을 작성하는데 동의함으로써 재일동포의 북송협정에 관한 원칙적인 합의에 도달하였다. 6월 24일에는 관계문서의 가조인이 이루어졌다.

상황이 이렇게 돌아가자 재일본대한민국거류민단은 대한민국 정부를 불신임하기까지 하였다. 1959년 6월 15일 3개항을 결의했는데, 그 중 3항이 "본국정부에 대하여는 재일동포의 보호시책에 대한 10여 년의 청원을 해왔으나 지금까지 성의 있는 시책이 전무하므로 우리는 더 이상 참을 수 없고 자유당정권에 대하여 불신을 표명한다"는 것이었다.[42]

그렇지만 정식조인까지 마지막 곡절이 있었다. 적십자국제위원회의 승인을 놓고 북한과 일본이 대립하다 급기야 북한적십자사 대표단이 철수하게 되어 적십자국제위원회의 심사는 중단되었다.

1959년 8월 11일 적십자국제위원회는 일본적십자의 북송준비를 지원하기로 결정했으며 이에 따라 8월 13일 일본-북한적십자간에 귀환

---

42) 在日本大韓民國居留民團, 1987 ≪民團40年史≫ (在日民團, 東京) 88

협정이 인도 캘커타에서 정식조인되었다. 이로서 그동안 여러 번의 교착상태에서 마침내 이 회담이 결렬될 것이라는 한국측의 기대는 물거품으로 돌아갔으며 한국은 외교적 패배를 경험하게 되었다.

민단은 1959년 8월 15일 일본 각지에서 약 15만 명을 동원하여 북송반대민중궐기대회를 개최하여 일본사회에 일대 파문을 일으켰다. 1959년 9월 21일에는 52명의 동포들이 단식투쟁에 들어가는 등 결사적인 반대 투쟁을 전개하였으나 북송을 저지하기에는 역부족이었다.

결국 1959년 12월 14일 284세대 975명을 태운 제1차북송선 토불스크호와 그리리온호가 북한을 향해 일본 니가타[新潟]항을 떠났다.

그렇다면 왜 북한은 외교적 승리를 거둘 수 있었을까? 북한은 조총련 결성 직후 1957년부터 대규모의 교육원조금을 보내 민족학교 운영에 적지 않은 보탬을 주었다. 1957년 처음으로 두 차례에 걸쳐 2억 2,000만 엔의 교육원조금이 보내졌고, 북송 사업이 시작된 1959년 12월까지 모두 7억 엔이 전달되었다. 당시 환율로 계산한다면 7억 엔은 매우 큰 액수였다. 이렇게 북한은 재일동포들에게 좋은 인상을 심어 주었던 것이 승리의 한 요인이다. 또한 가장 많은 수의 북송이 이루어진 1959년부터 이후 3년 동안 남북한의 경제력 면에서 북이 대한민국에 비해 우월했던 시기였으므로 북을 택한 것이 그렇게 이상한 것은 아니었다.

Ⅵ. 북송의 국제정치학 – 미국의 일본지지와
대한민국의 고립, 북송저지 실패

일본의 북송계획이 속속 구체화되자 한국정부는 미국에 북송저지 및 한일국교정상화를 위하여 협조해 줄 것을 요청하였다. 그러나 다울링(Walter Dowling) 주한미대사는 1959년 7월 11일부터 13일까지 3차에 결친 이승만 대통령과의 회담을 비롯한 한국정부와의 빈번한 접촉에서 "재일 한국인의 북한 송환계획에 무조건 반대하는 것을 그만두도록 적극적으로 설득"한 것으로 알려지고 있다.[43] 또한 적십자국제위원회의 전술한 1959년 8월 11일자 성명이 나오자 미 국무부는 같은 날 성명을 통해 "미국정부는 일관해서 자유의지에 의한 귀국원칙을 지지하고 있다. 적십자국제위원회는 그러한 경험을 상당히 가지고 있으며 동위원회가 일본의 한국인귀환계획에 참가하는 것은 자유귀국원칙을 수행함에 있어 공헌할 것에 틀림이 없다"고 발표하여[44] 한국정부의 노력에 찬물을 끼얹었다. 그렇다면 미국이 왜 일본을 지지했을까? 물론 미국은 전략적으로 일본을 한국보다 중시했으며, 지일파가 지한파보다 정부내에 항상 많이 포함되었기 때문에 당연한 귀결이라고 할 수 있다. 또한 당시로서는 1960년으로 예정되어 있는 '미일안보조약'의 개정을 앞두고 미국은 일본 지도부에 힘을 실어줄 필요가 있었다. 이 즈음 일본정부는 미국정부에게 일본정부의 입장을 강화시켜주는 의미에서 한국정부에 영향력을 행사해 달라고 요청하기도 했다.[45]

미국까지 일본의 북송계획을 지지하자 한국정부는 고립되었으며 그 동안 전가의 보도처럼 사용해 오던 대일압력수단인 평화선 경비를 강화하여 일본 어선나포를 강화하는 한편[46] 1959년 6월 12일에는

---

43) ≪동아일보≫ 1959년 7월 15일 ; ≪朝日新聞≫ 1959年 7月 31日 ; 성황용, ≪앞 책≫, 242
44) ≪朝日新聞≫ 1959年 8月 12日 ; 성황용, ≪앞 책≫, 242
45) ≪朝日新聞≫ 1960年 5月 10日 ; 성황용, ≪앞 책≫, 242·359
46) 1959년 6월 3일 일본해상 보안 본부 발표에 의하면 第2松榮丸을 연행해 가는 한국 경비정에 일본 순시선 구사가기가 불법 행위라고 항의하자 한국 경비정이 기총 사격을 가했다고 한다(≪朝日新聞≫ 1959年 6月 3日).

유태하 주일대사가 대일무역중단조치를 발표하기까지 하였다.[47] 그러나 이러한 무역중단으로 주로 피해를 보게 될 것은 한국이었으므로 별다른 실효를 거둘 수 없었다. 따라서 한국정부는 일본정부에 대해 말로만 위협을 가하고, 국제여론에 호소하는 것 이외에 아무런 견제조치도 취하지 못했다. 결국 북송저지는 실패할 수밖에 없었다.

Ⅶ. 맺음말

1959년 12월 14일 당시 일본 언론들은 '희망의 出船'-'희망을 싣고 청진으로'라고 표현하였다.[48] 그런데 그러한 희망이 과연 지속되었는가? 이에 대한 평가는 대개 부정적이다. 귀환자들은 일본에 있는 가족들에게 편지를 보내 '김일성 수상의 따뜻한 품안에서 행복하게 살고 있다'고 하면서도 마지막 부분에서는 의류, 약, 시계, 휴지 등을 보내달라고 요청했던 것이다. 따라서 귀환자들이 북한에서 어떻게 생활했었는지가 알려지게 되었다.[49] 그렇지만 북송선에 의지했던 재일동포들은 당시 희망을 품고 갔었던 것이 사실이다. 북의 농간과 감언이설에 속아서 갔다는 평가도 있지만 그들은 자진해서 들어갔으며, 일정한 정도로 실망했을 것이다.

결과적으로 보면 한국과 일본, 북한 중 일본의 귀환정책은 가장 큰 성공을 거두었으며 한국의 대응은 매우 소극적이었다. 반면 북한은 적극적으로 동포를 받아들였으며 북으로 귀환한 사람들의 인권 문제만 뺀다면 성공적이었다고 할 것이다. 일본은 인도주의적 조치였다고

---

47) 《동아일보》 1959년 6월 12일
48) 오일환, 1997 <북송문제 전개를 둘러싼 일본의 대한, 대북정책(1954-1958)> 《한국학대학원논문집》 12, 125
49) 佐藤勝巳, 1991 《崩壊する北朝鮮》 (ネスコ, 東京) 166~174

합리화하지만 이는 자신들의 실리(인구 감소)를 숨기려는 포장일 가
능성이 있다. 인도주의적 조치가 결국 인권을 보호하지 못하는 결과
를 초래했기 때문에 그러한 포장은 더욱 합리화되기 어려운 위장일
가능성이 높다. 당시 대한민국 정부는 정치적 문제라고 주장하면서
인도주의가 기만적 술책임을 설파했으나, 적십자국제위원회도 이러
한 주장을 받아들이지 않고 인도주의적 '거주의 자유' 원칙에서 접근
하였으므로 우리의 노력은 실패로 끝났다.

북송 추진으로 상당한 성과를 거둔 북한이 이를 추진한 이유는 무
엇일까? 북송의 구체적 성과를 탐구하면 그 추진 이유를 우회적으로
나마 파악할 수 있을 것이다. 그 성과는 첫째 노동력을 확보한 것이
다. 둘째는 한-일간을 이간시킬 수 있었으며 반대로 북한-일본간 관계
는 잠시나마 개선되는 듯했다. 셋째는 재일교포에 대한 영향력 제고
였다. 이외에 북한은 북송을 통해 체제 우월성을 과시했던 면도 있다.

한국과 일본이 청구권 문제와 어업문제 등으로 갈등을 보이고 있
는 상황에서 일본정부와 북한정부, 조총련계 재일동포, 나아가서는
미국정부의 이해가 일치되어 결정된 것이 바로 북송결정이었다. 한국
정부의 북송을 막으려는 외교적 노력은 실패하게 되었으며 이 문제
에 관한 한 한국정부는 국제사회에서 고립되었다고 할 수 있다.

북송협정은 7차 연장 끝에 1967년 11월 12일 결국 폐기되었다.[50]
일본정부와 자민당 내부에서 북송협정 폐기 움직임이 표면화되자 조
총련은 북한-일본적십자 회담의 즉시 재개를 요구하는 운동을 전개
하는 한편 일본당국과 적십자사의 무성의를 바꾸기 위한 여론 형성
에 주력하였다.[51] 결국 1967년 8월부터 다음해 1월까지 모스크바와

---

50) 1966년 8월 23일 일본각의는 북송협정을 1966년 11월 12일부터 1년간
연장하며, 상기협정은 재갱신 할 수 없다는 방침을 정했고, 1967년 4월
20일 일본 정부 차관회의에서 재확인되었다. 이는 한일국교정상화가 이
미 이루어졌던 1966년에 들어와서 조총련의 북송을 빙자한 정치적 선전
활동 및 반정부 집회, 그리고 북송희망자의 격감 등으로 인한 것이었다.

콜롬보에서 북한-일본간의 북송희망잔류자의 송환을 위한 회담이 진행되었으며 1971년 2월 4일 북한-일본 적십자사는 그간 비밀리에 진행중이던 북송협상을 끝내고 북송재개합의서에 조인하였다. 합의된 회담요록에 의거해 1970년대에도 북송이 이어졌지만 그렇게 많은 수는 아니었다.

북송문제는 분단과 관련된 현재적 의미를 밝히는 데에도 중요한 주제이다. 또한 2002년 4월과 8월에 개최된 북일간 적십자 회담에서 논의된 북송 일본인 처에 관련해서도 시사점을 제공해 준다.

---

51) 韓德銖, 1986 ≪主體的海外僑胞運動の思想と實踐≫ (未來社, 東京) 237~238

ABSTRACT

A Study of the Problems Concerning the Repatriation of Resident Koreans of Japan to North Korea

Lee, Wan-bom

With the relatively unfinished research on repatriation issues that remain an important current topic that is related to the division of the country, this paper attempts to present an objective analysis that departs from any secondary biases.

Although the media characterized the repatriation of resident Koreans in Japan to North Korea on December 14, 1949 as the 'return of hope', academic analyses show that South Korean attitudes at that time as well as later did not view this event in such a positive manner. However, it is true that the Resident Koreans of Japan returned to North Korea then with a great deal of hope. Although others purported that the resident Koreans in Japan returned after being duped by evil schemes and cajolery of North Korea, they did return voluntarily and probably were to a general extent disappointed.

In effect, of the three countries of South Korea, North Korea, and Japan, Japan was most successful with its repatriation policy. Whereas South Korea had a passive response to such a policy, North Korea was active and successful in repatriating its overseas Koreans without taking human rights issues into consideration.

Why did North Korea pursue such a policy of repatriation? First, it was to ensure its labor capacity. Second, while South Korean-Japan relations became more estranged, at the same time, it repaired North Korean-Japanese relations. Third, it reconfirmed the important role of resident Koreans in Japan.

Japan rationalizes the repatriation policy as a humanitarian program, but there is a high likelihood that this obscures its real intentions for practical gain (decrease their population). In the end, a humanitarian rationale was unable to protect these people from human rights abuses, and thus, such packaging is even more difficult to rationalize. At that time, the South Korean government argued that this issue presented political problems as the guise of humanitarianism really exposed deceitful stratagems, but they were unable to convince the international community of this. Even the Red Cross did not accept such arguments and claimed that the repatriation affairs abide by the human 'freedom to reside'.

In comparison to existing studies that do not emphasize Japan's hidden intentions regarding the repatriation politics, this paper attempts to highlight the various aspects of North Korean policy concerning repatriation.

Keywords : Repatriation, Resident Koreans of Japan, Jochongnyeon(North Korea affiliated Resident Koreans of Japan), Mindan (South Korea affiliated Resident Koreans of Japan), North Korea-Japan relations, South Korea-Japan relations

탈냉전기 북일관계의 개선방향

진 창 수*

Ⅰ. 문제제기

북·일관계의 정상화는 북미관계 정상화와 더불어 남북한 냉전구
조의 해체를 가져오는 제도적인 장치로서 중요한 의미를 지닌다고
할 수 있다. 일본과의 수교는 북한이 동아시아 국제질서에 책임 있는
일원으로 참가함을 의미한다는 점에서 북한의 개혁, 개방을 위해 불
가결한 조건이기도 하다. 그러나 1990년 3당 공동성명이후 1998년 초

───────────

* 세종연구소 연구위원

에 이르기까지 세 차례의 수교교섭 움직임은 모두 실패로 끝나고 말았다. 1999년 12월 1일 일본 전 총리 무라야마(村山)를 단장으로 하는 초당파 정당대표단이 북한을 방문하여 북한 당비서 김용순과 회담을 갖고 양국 수교교섭 재개에 합의함에 따라 협상 재개의 움직임을 보이고 있지만, 수교교섭이 적극적으로 될 수 있을 것인가는 아직 불투명하다. 2002년 9월 고이즈미 총리의 평양방문과 북일관계정상화 교섭의 재개는 북일교섭의 새로운 돌파구을 마련하였지만 북한 핵문제에 관한 미국정부와의 사전협의 부족과 납치문제에 대한 과소평가는 일본 정부의 적극적인 움직임을 좌절시켰다.

일본의 적극적인 외교 노력에도 불구하고 일본의 대북 정책이 미국의 대북 정책에 강하게 구속 받아온 것은 부정할 수 없는 사실이다. 이러한 상황은 냉전이 종결된 후에도 크게 변화되지는 않았다. 그러나 동아시아에서 일본의 역할이 강조되는 상황하에서 일본의 대북 정책은 점차적으로 대미 협조 외교와 일본의 적극 외교 사이의 왕복운동을 크게 하고 있다. 작년 9월의 고이즈미 총리의 평양 방문도 그러한 왕복운동의 일부라고 보아야 할 것이다.

일본이 북한과의 관계 정상화를 모색하는 이유는 3가지로 생각할 수 있다. 첫 번째는 전후 처리와 관련된 점이다. 샌프란시스코 강화조약 이후 일본은 동남아시아 제국과의 배상문제를 해결하고 구소련, 한국, 중국과도 관계를 정상화했지만 구식민지의 일부인 북한과의 관계는 정상화하지 못했다. 북한과의 관계 정상화는 일본정부에 남겨진 과제이다. 이에 대한 해결의 실마리를 가져온 것은 1990년 9월이었다. 당시 자민당의 가네마루 신(金丸信) 자민당 부총리와 사회당의 타나베 마코토(田辺誠) 부위원장이 인솔했던 정당대표단이 북한을 방문해 북한노동당의 김용순 서기와 관계정상화 교섭 개시를 주장하는 3당 공동선언을 발표하면서 북일 관계가 적극적으로 발전하기 시작하였다. 2002년 9월 고이즈미 준이치로 총리의 평양방문도 적어도 형식적으로는 두 번에 걸쳐 중단되고 있던 교섭을 재개시키기 위한 것이었다.

두 번째는 지역분쟁을 해소하고 긴장완화를 이룩하고자 하는 점이다. 동아시아에 있어서는 대만해협과 더불어 한반도는 군사 분쟁과 갈등의 원인을 제공하고 있다. 북한이 핵무기와 탄도미사일의 개발에 착수했기 때문에 일본정부로서는 과거 역사의 청산 뿐만 아니라 안전보장상의 현안까지 해결해야 하는 입장에 놓이게 되었다. 1990년대 초의 북일 수교가 실패로 끝난 것은 북한의 핵문제가 중요한 원인이었다. 일본 정부가 북일 수교를 통해 북한의 대량 살상무기 개발과 핵문제를 해결할 수 있다면 동북아시아의 평화와 안정은 크게 촉진될 수 있을 것이다. 또한 일본의 외교적인 입장도 강화될 가능성이 높다.

세 번째로는 예방외교를 하고자 하는 점이다. 일본은 한반도에서 이라크와 같은 군사 분쟁이 일어나지 않기 위해서 북한문제의 국제화를 방지하고, 그것을 가능한 한 국지적인 레벨에서 해결하려고 한다. 따라서 한국전쟁 이후 위기가 예상될 때마다 일본정부가 그를 위해 최대한의 외교적 노력을 기울이는 것이 당연한 것이다.

북한과 일본의 국교정상화에 영향을 미치는 변수는 크게 세가지로 정리할 수 있다. 그것은 국제정치 (대표적으로 한국과 미국의 압력), 북·일양국의 협상정치, 그리고 국내정치이다. 이 세가지 변수의 어느 측면을 강조하느냐에 따라 분석도 달라지고 있다. 우선 국제정치 변수를 중시하는 입장은 국제시스템의 변화와 성격이 북·일관계에 어떠한 영향을 미치는가 하는 점에 논의의 중점을 두고 있다. 이러한 분석은 한국이나 미국이 일본 정부와 북한 정부에 어떤 압력을 행사하고 또 일본 정부와 북한 정부는 그러한 외압을 어떻게 수용하는가에 초점을 맞추고 있다. 즉 일본과 북한과의 국교교섭이 가능하게 된 이유를 국제정치의 변화에서 찾고 있으며, 일본과 북한은 이를 이용하여 국교정상화 교섭을 하게 되었다는 것이다.[1] 특히 이 시각에 따

르면 일본의 대북한 접근은 한국의 국방외교의 성과와 북한의 고립
상황 탈피전략으로 인한 국교정상화의 환경이 조성됨으로써 가능하
게 되었다고 설명한다. 따라서 국제정치적인 분석은 국내정치적인 요
인을 블랙박스로 간주하는 경향이 있다.

　이에 비해 국내정치의 측면을 강조하는 분석은 일반적인 외교정책
에서 보여지듯이 국내적인 요인을 주요한 변수로 하여 그것이 북일
관계에 어떠한 영향을 미쳤는가를 설명하고 있다.[2] 국내적인 분석은
대북정책과 대일정책을 둘러싼 국내세력간의 갈등을 면밀하게 추적
하는 방법을 사용하고 있다. 그러나 이 접근방법은 주로 각 국가의
정치상황을 중심으로 논의를 전개하기 때문에 국제정치분석과 유사
한 일면적인 분석의 오류를 범할 수 있다.

　반면에 이 두가지 분석의 이론적인 약점을 보완하는 의미에서 북
일 양국의 협상정치를 분석한 투레벨 게임론은 국내 정치와 국제 정
치의 다이나미즘을 설명하고자 하였다.[3] 이러한 입장하에 협상정치
분석은 주로 협상자의 전략적인 차원에서 일본정부와 북한정부의 협

1) 小此木政夫, 1994 <日朝國交交涉と日本役割> ≪ポスト冷戰の朝鮮半島≫
　(日本國際問題硏究所) 256~257 ; 김규륜·전동진, 1994 <미국과 일조
　의 대북한 관계개선과 남북한 관계> ≪민족통일연구원보고서≫
2) 강태훈, 1992 <일본의 대북한 정책> ≪한국정치학회보≫ 제25권 2호 ;
　이교덕, 1995 <한일회담에 비추어 본 북일수교 협상: 기본 문제 및 보상
　문제의 타결 전망에 대하여> ≪통일연구논총≫ 제4권 1호 ; 이즈미 하
　지메, 1997 <일본의 대북한 정책> ≪평화논총≫ 제1권 1호 ; 이원덕,
　1995 <북일 국교교섭과 일본의 대북정책: 한국의 대응책 모색을 위한
　시론> ≪95 북한 및 통일문제 연구 논문집≫ (민족통일연구원) ; 김호
　섭, ≪일본의 정치개혁과 한일관계≫ 이숙종·이면우 편, 1996 ≪일본
　의 정계재편과 정책변화≫ (세종연구소) ; 鈴木昌之, <北朝鮮の對外政
　策> 日本國際政治學會 編, 1992 ≪朝鮮半島の國際政治≫ (日本國際政
　治學會)
3) 양기웅, 1996 <일본의 투레벨 협상전략: 북일 수교 협상> ≪통일연구통
　총≫ 제5권1호, 141~188

상과정을 분석한다. 즉 협상정치 분석은 일본이 가지고 있는 다국적 이슈연계전략과 협상참가 확대전략과 북한이 가지고 있는 以夷制夷전략, 북·미일괄타결전략을 통하여 북·일교섭을 분석하였다. 그러나 북·일국교정상화는 양자(북한과 일본)간의 단순한 게임이상의 보다 다차원적인 측면이 존재하기 때문에 협상정치 분석은 일정한 한계를 지닐 수밖에 없다.

북·일교섭에 영향을 주는 세가지 변수는 서로 분리되어 있는 것이 아니라 전체적으로 영향을 주는 변수임에 틀림없다. 단지 교섭의 국면이나 그 영향력의 강도나 정도에 따라 세 변수의 중요성이 시기별로 상이하게 나타나는 것으로 이해할 수 있다. 북·일교섭 과정을 면밀히 분석해 보면 국제정치 변수, 국내정치 변수, 북·일 양국의 협상정치라는 세 가지 요인이 시기별로 상황에 따라 다르게 작용해 왔다는 사실을 알 수 있다. 1990년 초기 교섭의 상황에서는 한국과 미국의 외압을 수용한 일본의 지연 전략이 중요한 요인으로 작용하였다. 이에 비해 북한은 국제정치적 고립을 탈피하고 일본의 경제적인 지원을 얻을 목적으로 일본에 양보할 자세를 가지게 되었다. 그러나 일본은 국제적인 외압과 외무성의 강경한 입장으로 인하여 북한의 양보를 수용하지 못하고 강경입장을 고수하였다.

1992년 11월 북·일교섭이 결렬되고 난 이후, 일본 국내정치의 변화에도 불구하고 여전히 일본인 납치 의혹 사건으로 인한 일본 여론의 악화 등 여러 가지 요인이 북·일교섭에 악재로 작용하면서 교섭의 진전은 이루어지지 못하였다. 또한 1994년까지 북한이 북·미협정에 몰두하게 됨으로써 북·일교섭에 대한 관심이 줄어들게 되었다. 그러나 1994년 제네바합의 이후 북한의 북·일교섭에 대한 태도의 변화는 일본의 접근 여하에 따라서 급진전을 보일 수 있었다. 그렇지만 북·일관계는 약간의 진전을 보였으나, 일본의 국내정치적인 요인으로 인하여 더 이상의 진전은 없었다. 또한 그 이후의 진전과정을 보면 국제적인 요인이 북일관계를 가로막는 장애 요인이 되었다.

본 연구에서는 시기별로 각 변수가 중요도의 차이를 나타내는 것에 착안하여 왜 세가지 변수가 다르게 작용하는지를 설명하고자 한다. 이러한 변화과정을 통하여 북·일 국교정상화의 전체적인 모습을 조망하면서, 북일 협상이 결렬되거나 교착상태에 빠지는 원인을 분석해 보고자 한다. 본 연구의 초점은 국제정치적인 변수, 국내적인 변수, 북·일양국의 협상정치라는 세가지 변수가 시기별로 어떻게 변화되는지에 두어질 것이다.

Ⅱ. 북·일교섭을 둘러싼 초기의 교섭과 쟁점

1. 북일관계의 재개

북·일관계 정상화회담 재개 가능성은 1990년 9월 가네마루 신을 대표로 한 자민당과 사회당이 북한을 방문했을 때 직접적으로 언급되기 시작했다. 김일성은 후지산 마루 선원들의 석방이 주된 안건이 될 수 있음을 시사했다. 그러나 이러한 북한의 변화는 그 당시 급변하는 국제정세의 변화에 따른 것이라고 볼 수 있다.

구소련을 비롯한 동유럽의 사회주의 국가들의 붕괴는 북한을 공산주의를 고수하는 몇몇 안되는 국가들의 하나로 만들었다. 반면에 한국은 지난 30년 동안 눈부신 경제성장을 달성하였고, 그러한 성공에 기초하여 구사회주의 국가들과도 유대관계를 맺음으로서 국제적 위상의 신장을 이루었다.4) 이러한 외부환경의 변화가 북한으로 하여금

---

4) Narushige Michishita, "Role of Force in North Korean Diplomacy," *Korea and World Affairs* (Vol. 21, 1997), pp.217-235

정책방향을 전환시키도록 압박했다고 볼 수 있다. 또한 경제의 침체
상황 하에서 최후의 생존전략으로 북한의 대일접근은 불가피한 것이
었다. 즉 대일수교가 이루어진다면 일본으로부터 막대한 보상과 재산
청구권 자금을 제공받을 수 있다는 기대가 북한의 대일접근을 촉진
시키는 변수로 작용하였다. 말할 필요도 없이 북한의 이러한 태도변
화는 북한과의 관계회복을 추구하던 일본에게는 좋은 기회를 제공하
는 것이었다. 물론 북한은 당시의 위기상황을 극복하기 위하여 일본
과의 관계회복이외에도 이미 핵무기 개발이라는 또 다른 선택지를
가지고 있었다.

일본이 북한과 관계회복을 가능케 한 계기는 한국의 노태우 대통
령이 1988년 7월 발표한 특별담화였다. 노대통령은 이 담화에서 남·
북한관계의 재개를 제안하였고, 북한과 관계를 맺고자 하는 국가들에
대해서도 적대적인 입장이 아님을 밝혔던 것이다. 지금까지의 한국의
존재가 일본의 대북관계 개선의 제약요건으로 작용하였다면 노대통
령의 특별 담화는 일본의 대북한 정책의 선택지를 넓혀주는 역할을
하였다. 이후 한국정부는 1988년 9월 대북 관계 개선을 적극 추진할
것을 밝히는 한편 북·일간의 제 현안 타결을 위해 대화할 용의가 있
음을 천명하였다.[5]

한국이 대북제재를 해제한 후인 1989년 1월 20일에 일본은 '일본의
대북정책'이라는 제목으로 정부의 입장을 발표했다. 이는 곧 3월 다
케시타(竹下登) 수상의 대북 정부견해에 관한 성명으로 이어졌으며

---

5) 한국은 대한항공기 폭파사고 후에 취했던 북한에 대한 제재조치를 해제
   할 것을 발표하였다. 1987년 대한항공기 폭파사고 이래 일본은 일본 외
   교관의 북한인사와의 접촉을 엄격하게 제한하고 북한 인사의 방일과 일
   본 공무원의 방북을 인정하지 않는 제재조치를 취해왔다. 한국의 북방
   외교의 과정은 平岩俊司, <冷戰の終焉と南北朝鮮關係; 平和共存制度化
   への相剋> 小此木政夫編, 1994 ≪ポスト冷戰の朝鮮半島≫ (日本國際問
   題研究所).

일본 외무성은 이것을 통해 협상개시를 위한 돌파구를 마련하고자 하였다.[6] 외무성은 일본이 과거 식민지 역사에 대한 유감을 표명함으로써 기꺼이 북한과 접촉할 의사를 표명하면 북한도 이에 응하리라고 판단하였던 것이다. 이러한 판단의 근거가 되었던 것은 1989년 1월 11일 북한이 외교부 성명을 통해 발표한 '일본이 북한과의 관개개선을 원한다면 그것을 방해하는 조건부터 제거하라'는 담화였다.[7] 김일성은 사회당 방문단과의 회담에서 이러한 다케시타 내각의 노력을 긍정적으로 평가하고 있음을 표명했다.

이와 같이 국제적으로 북·일관계가 진전할 수 있는 긍정적인 분위기가 조성되자, 양국관계는 빠칭코 사건의 북한연계 의혹 및 핵무기 개발과 같은 갈등요소에도 불구하고 지속적으로 진전되어갔다. 예를 들어, 대북관계에서의 우호증진을 위해 결성된 국회의원단이 북한을 방문했으며. 이에 따라 양국은 어업분야에서 서로 협력하자는데 동의했다. 또한 가네마루 부총재의 방문을 위한 예비적 절차도 진행되었다. 다나베(田迅) 전 사회당 위원장은 1989년 11월 북경에서 북한의 고위관계자와 접촉을 가졌으며, 북한과 일본의 외무실무자들도 1990년 3월에 파리에서 접촉하였다.

가네마루를 위시한 일본방문단의 방북은 자민당과 사회당, 그리고 북한노동당간에 작성된 3당공동성명서의 계기가 되었다. 이것은 8개의 항목으로 구성되어 있는데 이를 간략히 간추리면 다음과 같다. 첫째 항목은 일본이 36년간의 식민지 통치와 전후 45년간의 고통에 대해 사과하고 손해에 대해서 배상한다는 것이다. 둘째는 양국(북일)간의 관계정상화를 가능한 한 조기에 실현한다는 것이다. 셋째는 양국

---

6) 田中均, 1989.1 <日朝關係を進める外務省の意圖> ≪現代コリア≫

7) 북한은 '일본 정부의 두 개의 조선 책모', ' 36년간 점령에 대한 사죄 및 배상금 지불', '한국에 대한 한반도 유일의 합법정부 인정 철회', '북한에 대한 적대시 정책 및 제재조치의 해제' 등을 요구하였다(1989.2 ≪月刊朝鮮資料≫, 46~47).

간의 통신위성 사용과 직접 노선의 필요성에 대해서 인식을 같이 한 다는 것이다. 넷째는 일본정부가 일본에 거주하는 북한주민의 합법적 인 권리를 보장하며 일본여권에 기재되어 있는 북한에 대한 적대조 항을 철폐한다는 것이다. 다섯째는 한국이 하나이며 남·북간 대화를 통한 평화적 통일을 위해 최선을 다한다는 것이다. 여섯째는 핵위협 을 해소할 필요성이 있다는 것에 의견을 같이 했으며, 일곱째는 11월 부터 정상화를 위한 협상이 개최되도록 정부에 제안한다는 것이었다. 마지막 여덟째 항목은 양국간의 협력개발에 동의한다는 내용으로 이 루어져 있다.

이 3당 합의는 이제까지 북한측이 주장해온 바를 그대로 수용한 것 이었고 당연히 일본의 국내 강경파뿐만 아니라, 한국정부와 미국정부 의 반발을 초래하였다. 특히 한국정부는 3당공동선언이 한국과의 사 전협의 없이 이루어졌다고 반발하였다. 이로 인해 90년 10월 8일, 가 네마루(金丸)는 공동선언을 설명하기 의해 서울을 방문하여 노태우와 회담하였는데, 이때 노태우는 북일교섭에 대해 5개의 원칙을 제시(① 앞으로 한국과 사전협의를 할 것, ② 남·북간의 대화, 교류의 진전과 연계해 나간다, ③ 북한이 IAEA와 안전사찰협정을 체결한다, ④ 국교 정상화 이전에 경제협력, 배상은 하지 않는다, ⑤ 북한이 개방에 임하 고 국제사회에 협력하도록 공작한다)했고, 가네마루도 앞으로 한국과 충분한 사전협의를 할 것을 약속했다. 이후 91년 1월 초순에 가이후 (海部)수상이 방한했을 때, 가이후·노태우 회담(1월9일)에서 가이후 는 '노대통령의 5항목에 대한 생각은 충분히 염두에 둘 것'이라고 대 답하였다.[8]

---

8) 한국측은 가이후 수상에게 양국이 긴밀한 연락하에 북조선과의 관계개 선을 진전시킨다는 약속이 지켜지지 않은 것에 유감의 뜻을 표명하고, 5원칙 외에 남북한 UN동시가입의 입장을 확고히 할 것, 이산가족 방문, 일본인처 고향방문 문제 등 인도적 문제에 북한이 성의있는 노력을 하 도록 촉구할 것, 북한에 대한 경제협력은 한국에 대한 '배상액'을 넘지

한국의 대일요청은 또한 미국의 대일요청이기도 하였다. 북일관계 개선에 불안을 느낀 미국은 일본에게 4가지 요구사항을 전달했다. 요구사항은 첫째, 일본은 북한이 회담중에 핵사찰 수용을 받아들이도록 한다. 둘째, 북한이 요구하는 전후 45년의 보상은 받아들여질 수 없다. 셋째, 식민통치에 대한 보상과 경제원조는 군사적인 목적으로 사용되지 않는다는 것을 보장한다. 넷째, 북일간의 정상화로 남북간의 지속적인 대화가 위협받지 않도록 한다. 한편 일본외상은 제5차 회담 직후인 1991년11월 26일 미국으로부터 북한의 핵물질 재처리시설에 관한 정보를 받았음을 밝혔다.[9]

미국의 불안은 북·일관계의 개선이 미국이 고려하고 있는 '아시아 전체의 안전'을 저해한다는 것이었다. 이 때문에 미국이 가장 중요시하고 있는 것은 핵문제였다. 3당공동선언에 불안을 품은 미국은 아마코스트 주일대사가 90년 10월 9일에 가네마루와 회담하여 북한의 핵사찰 수락을 국교정상화의 전제조건으로 하도록 요청한 것을 시작으로, 예비회담 전에 정부관계자를 일본으로 보내 북한 핵개발 정보를 제시하여 조급한 북·일관계 개선에 대한 우려를 전달했다.

따라서 일본 정부는 한국과 미국정부의 전제조건을 수용하여 1990년 12월 15~16일의 제3차 예비회의에서 핵사찰 문제를 북·일 수교협상의 의제로 상정할 것을 요구했고 12월 21일 나카히라 대표는 북한측에 대해 IAEA의 핵사찰 수용을 촉구하였으며, 3당 공동선언의 '전후 45년간의 배상'에 관해서는 법적 책임이 없는 정당차원의 합의에 불과하다고 일축했다.

않는 수준에서 실행할 것 등을 전했다(김봉진, 1993 <일북한 국교정상화 교섭과 일본의 대응> 《통일연구논총》 2권 2호, 119).

9) 《讀買新聞》 1990年 10月 5日

2. 북일관계의 쟁점

1990년 9월 국교정상화를 위한 정부간 회담개최에 합의한 이후, 1992년 11월까지 북·일간에는 3차례의 예비접촉을 비롯하여 8차례의 수교회담이 열렸다. 1992년 11월 8차 회담이 결렬된 이래 지금까지 공식적인 국교정상화 교섭은 개최되지 않고 있다. 8차에 걸친 회담은 외무성이 주도하였으며 양국간에 합의된 의제에 대한 실무적 회담이었다. 8차 회담과정에서 논의된 의제는 90년 11월 북경의 예비회담에서 합의되었으며 합의된 의제는 1) 국교정상화에 관한 기본문제, 2) 핵문제와 남·북한 대화 등 국제문제, 3) 경제적인 문제, 4) 쌍방에 관계되는 기타문제 등이었다.[10]

기본문제와 경제적 제문제에 대한 핵심은 식민지 지배에 대한 인식이었다. 북한정부가 제1차 교섭에서 제안한 것은 식민지 지배가 불법 내지 무효라는 것이다. 즉 "1910년의 ≪한일 합병조약≫을 시작으로 일본이 그 후 조선에 대해 강요한 모든 조약과 협정이 불법이었고 무효였다는 것을 선언해야 한다"고 하는 것이다. 이러한 인식하에 북한은 이에 대한 물질적 보상을 요구하였다. 북한측은 과거 북한과 일본이 국제법상 교전관계에 있었다고 주장하고 이에 대한 보상 및 식민지 지배에 대한 보상을 요구하였다. 또한 북한측은 전후 45년에 대한 피해와 손실에 대한 보상도 제기하였다. 전후 보상의 근거는 첫째로 일본이 조선의 분열에 책임이 있다는 것이고, 둘째로 한국전쟁시기에 일본이 미침략군의 보급·수리·공격기지의 역할을 수행하였다는 점이다. 또한 한국전쟁시기에 일본군이 해상작전 등에 참가한 사실에 대해 언급함과 아울러 전후전쟁피해를 극복하기 위한 북한국민

---

10) 북일국교정상화의 회담자료에 관해서는 <朝日國交正常化政府間1次-8次會談> ≪月刊朝鮮資料≫ 1991年 4月～1991年 12月을 참조.

의 투쟁에 대해 일본이 책임을 지고 당연히 보상해야 한다고 강조하였다. 특히 전후 일본이 북한에 대한 적대정책을 실시하면서 막대한 피해를 준 것에 대해 책임을 회피할 수 없다고 주장하였다.

이에 대해 일본측은 과거에 일시적으로 일본과 한국, 북한 사이에 불행한 관계가 있었던 것에 유감의 뜻을 표명하기는 하였으나, 식민지 지배에 관한 한일합병조약을 포함한 과거의 모든 조약이 현재는 무효이지만 당시는 유효하게 성립되었다는 입장을 개진하였고(제2차 교섭), 국제법상 일본과 북한은 전쟁상태가 아니었다(제2차 교섭)고 주장했다.[11] 따라서 이에 대한 배상 및 보상은 도저히 받아들일 수 없다는 것이 기본적인 입장이었다. 일본정부의 북일국교정상화에 대한 기본적 입장은 '한일 기본조약에서 정한 틀과의 정합성속에서 진전시킨다' (제1차 교섭 모두 발언)는 것이었다. 한일 사이에서 국교정상화에 관한 경제문제는 재산·청구권 문제로서 다루어졌다. 따라서 북·일교섭에서도 국교정상화에 관한 경제문제는 재산·청구권 문제로 다루어야 한다고 주장했다. 그 경우 '피해의 사실관계를 뒷받침하는 객관적 자료가 필요'하고, 이것이 없으면 재산·청구권 교섭에는 응하지 않는다는 것이다(제4차교섭).

따라서 기본문제와 경제적 제문제는 기본적으로 과거 일본의 식민지배와 관련한 역사청산과 직접 관련된 이슈로서, 그 대립의 구도가 주로 북한이 일본에 대해 공세적인 입장에서 대일 권리를 주장하고 일본이 수세적인 입장에서 방어하는 패턴으로 전개되었다. 이에 비해 국제문제와 기타문제는 대립의 구도가 상기의 이슈와는 대조적으로 일본이 북한에게 요구를 제기하고 북한이 이에 반발하는 형태로 전

---

11) 한일기본조약 제3조에서 일본은 형식적으로는 대한 민국정부의 한반도에서의 유일합법성을 인정하였으나 한편으로 한국의 현실적인 관할권의 범위를 38도선 이남으로 인정하고 있는 유엔결의 195(3)을 원용함으로써 한국의 관할권을 한반도의 남쪽으로 제한한다는 입장을 취하고 있다[이원덕, 1996 ≪한일과거사 처리의 원점≫ (서울대 출판부)].

개되었다. 국제문제에서 다루어진 중심적인 이슈는 주로 일본이 북한의 핵개발 의혹을 해소할 것을 요구하고 북한이 이러한 요구에 반발함으로써 발생한 대립이라고 할 수 있다. 또한 일본이 공세적인 입장을 취할 수 있었던 기타문제의 대립의제로서 등장한 것은 '이은혜 문제'였다.[12]

일본측은 국교교섭의 의제를 설정할 당시부터 교섭 전략적인 관점에서 북한의 핵개발 문제를 중요한 쟁점으로 부각시켰으며 핵개발 의혹이 해소되지 않는 한 교섭의 진전에 응할 수 없다는 주장을 개진하였다. 즉, 제1차회담에서 일본측은 핵개발 의혹이 있는 국가와 경제적 지원을 전제로 관계정상화를 추진하는 것은 국내여론의 지지를 얻을 수 없다는 점을 내세워 북한의 핵의혹 해소를 수교교섭의 전제로 내세웠다.[13]

초기에 북한측은 핵사찰 문제에 관해서 일본과의 논쟁을 계속 회피하면서 국교를 수립하고자 하였다. 일본측은 일·북한간 모든 의제에 대해서 국교정상화 이전에 일괄타결할 것을 주장하였으나, 북한측은 우선 기본문제에 대해 합의하여 조기에 국교를 수립하고 그 이후 양국간 경제적 문제를 해결할 것을 주장하였다. 기본문제에 관해서 북한측이 비교적 유연한 태도를 보였던 이유도 양국회담을 이러한 방식으로 유도하기 위해서였다. 경제문제에 관해서도 5차회담 이후 북한측은 '교전국간의 배상'과 '전후배상'에 관해서 언급하지 않았다.

---

12) 이은혜 문제란 1991년 5월 제3차회담에서 일본측이 KAL기 폭파사고의 주범 김현희의 일본어 교사 역할을 담당한 것으로 알려진 일본 여성 이은혜의 신원확인을 정식으로 북한에 요청함으로써 새롭게 출현한 대립사안이다.

13) 이에 대해 북한 측은 핵문제는 북일교섭의 중심의제가 될 수 없으며 미국과의 협상을 통하여 해결할 문제라고 주장하였다. 제2차 회담에서 북한측은 북한이 핵개발 능력을 가지고 있지 않으며 개발할 의사도 없다는 점을 천명하고 핵문제는 남한의 미군보유의 핵과 연계시켜서 해결되어야 할 사안이라는 입장을 밝혔다.

북한은 경제적 문제에 관해서는 외무성간의 교섭보다는 국교수립 후에 정당간 절충에 기대하고 있는 듯 했다.

이러한 관점에서 북한은 1991년 12월 한국과 기본합의서를 채택하고 한반도 비핵화 공동선언에 합의하는 한편 1992년 1월 30일에는 IAEA와의 핵안정협정에 조인하는 등 핵문제 해결을 위한 전향적인 자세를 취하였다. 그러나 일본측은 제7차회담에서 IAEA에 의한 핵사찰만으로는 북한에 대한 핵의혹이 완전히 해소되었다고 볼 수 없다는 인식하에 남·북한의 상호 핵사찰을 북한에게 요구하는 강경한 태도로 나왔다. 즉, 일본은 북한이 핵재처리시설의 보유를 포기하고 남·북 상호사찰과 남·북비핵화 공동선언을 착실히 시행함과 동시에 IAEA의 핵사찰을 전면적으로 수용하지 않는 한 북한의 핵개발의혹은 해소될 수 없다는 점을 밝히고 핵의혹의 해소를 대북교섭 진척의 전제조건으로 제시하였다. 이에 대해 북한은 IAEA 사찰을 수용하였으므로 핵문제는 더 이상 존재하지 않는다고 주장하고 일본이야말로 다량의 플루토늄을 저장함으로써 핵무기를 개발하려는 의도를 가지고 있다고 비난하였다. 또한 일본은 '이은혜 문제'를 필요에따라 중요한 대북카드로 사용하였다.14) 일본측이 이은혜의 신원확인을 요구하게 됨에따라 북한은 '이은혜 문제'의 제기나 핵문제와 연관된 IAEA 사찰의 수락과 같은 요구는 회담을 방해하는 음모라고 강력하게 비난하였다.

---

14) 다른 대립의제로서는 재일 조선인의 법적지위 향상 문제와 일본인 처의 모국방문 문제가 있다. 북한측은 1차회담이래 조총련에 대한 탄압중지와 재일조선인의 재류자격 개선 등 재일본 조선인의 법적지위개선을 요구해왔으며 일본은 이에 대해 조총련에 대한 탄압은 행하지 않고 있으며 재일 조선인의 법적 지위개선을 위해 노력을 기울이고 있다고 대응하였다. 한편 일본측은 재일 조선인과 함께 북송된 일본인 처의 모국방문을 허용해줄 것을 요청하였고 북한측은 이에대해 국교가 정상화되면 일본인 처의 자유왕래가 보장될 것이라고 주장하였다(山本剛土, 1992.4 <日本國交正常化交涉의焦點> ≪世界:臨時增刊≫ 78~85).

제3차 회담에서 나타났듯이 '이은혜 문제'와 IAEA 사찰에 대한 수용
문제 등은 본회담의 주요한 주제였으며 논란의 대상이었고 결국은 회
담 결렬의 주요 원인이 되었다. 물론 이 두가지 문제만이 양국간에 합
의를 도출하는데 장애로서 작용했던 것은 아니다. '기본문제'와 '경제
문제'에 있어서도 양국은 서로 의견차를 좁히지 못한채 평행선을 유지
했다. 그러나 일본이 '이은혜 문제'와 '국제문제'의 해결을 우선시함에
따라 그 중요성과 의견차가 현저하게 부각되었던 것이다. 예를 들어,
'이은혜 문제'는 제4차 회담이 시작되기 전에 일정에 없었던 예비회담
을 만들게 하였으며 이는 또한 적어도 표면적으로는 제8차 회담을 중
도에 결렬되게 만든 주요원인이라고 말할 수 있다. 일본의 IAEA 사찰
에 대한 강력한 주장은 제7차 회담에서 북한측으로 하여금 북한이 플
라토늄을 추출하는데 성공했다는 시인을 얻어내기는 했지만 크게 확
대되지 않은 채 제8차 회담이라는 막다른 길로 접어들었다.

결국 '이은혜 문제'에 대해 일본측이 제8차 회담에서 이은혜의 신원
확인 문제를 재차 제기하였고 북한은 이에 강력히 반발하여 회담장을
퇴장하는 사태를 초래하였다. 적어도 표면적으로는 '이은혜 문제'가
북·일교섭을 결렬시킨 원인으로 간주될 수 있다. 그러나 북·일 교
섭 중단의 실질적 원인은 북한의 핵사찰 문제에 있었다.[15] 일본측은
당초부터 북한핵에 있어서는 어떠한 의혹이라도 그에 대한 완전한 해
소를 북한에게 요구하였다고 볼 수 있다. 이 때문에 북한이 IAEA와 사
찰협정을 체결하였어도 재처리 공장의 포기를 요구하였으며 비핵화
공동선언 채택 이후에도 다시 남·북상호사찰을 요구하였다. 1992년
11월까지 8차례에 걸친 정부간교섭이 결렬된 이후에도 핵의혹 문제는
해소되지 않고 더욱 악화되어 갔다. 특히 1993년 6월 북한이 NPT 탈
퇴를 일방적으로 선언하고 동해상에서 노동 1호 미사일 발사실험을
하는 등 공격적인 자세를 보임에 따라 북일교섭은 최악의 국면이 치

---

15) 小此木政夫, 1994, 266

달았다. 그러나 1994년 10월 21일 북한과 미국간의 제네바 기본합의가 성립됨에 따라 북한핵 문제는 일단 해결의 실마리를 마련하였으며, 북·일교섭의 최대의 장애요인은 해소되었다고 할 수 있다.[16]

따라서 북·일국교정상화 교섭은 사실상 쟁점이 해결되지 않았기 때문에 교섭이 진전되지 않았다기 보다는 양국간의 정치상황과 국제 정치적인 요인, 그리고 양국의 교섭전략이 복잡하게 상호작용을 하면서 교섭이 진전되기도 하고 결렬되기도 하였다는 것을 알 수 있다. 이후에는 세가지 변수가 북일교섭에 어떠한 영향을 주는지를 시기별로 나누어 살펴볼 것이다.

〈표 1〉 북·일간의 쟁점

구분	일 본	북 한
기본문제 (식민지 관할권)	·과거 한때 불행한 과거가 있었다는 것은 유감이다. 그러나 한일합방조약 등은 합법적으로 체결되었다. ·북한이 남쪽의 관할권까지 주장하는 것을 받아들일 수 없다. ·북·일간의 국교정상화는 한반도의 휴전선 북쪽을 실효지배하는 북한과의 정상화다.	·을사조약(1905), 정미7조약(1907)등은 일본에 의한 날조이다. 따라서 일본의 식민지배는 불법부당한 것이다. ·북한 인민에게 입힌 피해와 손실에 대해 일본정부의 최고책임자가 사죄해야 한다. 공식사죄한 내용을 외교관계 설정을 위한 공식서류에 명기해야 한다. ·'하나의 조선'논리에 입각하여 분단국가를 인정하는 표현은 피하였으나 절충안으로서 군사경계선 이북의 북측관할을 제시하였다.

16) 북·미제네바합의는 크게 4개의 사항을 규정하고 있다. 첫째, 미국은 2003년까지 대체에너지를 제공하고 총 2000MW급 규모의 경수로를 제공하기로 약속하였다. 둘째, 북·미양국은 3개월 이내에 무역과 투자제한을 완화하고 이후 쌍방의 수도에 연락사무소를 개설하여 상호 관심사항의 진전에 따라 대사급 관계를 수립한다. 셋째, 미국은 북한에 대해 핵무기 불위협·불사용을 공식보장하는 반면, 북한은 '비핵화공동선언'의 이행을 약속한다. 넷째, 북한은 NPT에 완전복귀하고 IAEA의 안전조치를 수용하며 경수로의 주요부품이 북한에 반입되기 전에 과거 핵의혹 문제를 완전히 해소하기로 합의하였다.

국제문제 (핵사찰)	·북한의 핵무기 개발은 일본과 국제사회에 커다란 위협이다. ·북한은 IAEA 핵안정협정을 '조기, 무조건 완전한 이행'을 하여야 하며 아울러 남북한 상호사찰, 재처리시설을 보유하지 않는다는 것을 포함하는 남북비핵화 공동선언의 실시를 통하여 핵무기 개발에 대한 국제적 의혹을 불식시켜야 한다.	·핵사찰 문제는 일본과 논의할 성질의 것이 아니다. 북한은 핵무기를 개발할 의사도 능력도 없다. 북한이 핵사찰을 받아들이기 위해서는 미국의 핵불사용 약속이 필요하며 아울러 남쪽에 있는 미국의 핵과 동시사찰이 이루어져야 한다. 그리고 북한은 이미 IAEA에 의해 3차례의 임시사찰을 받았으므로 핵의혹은 충분히 해명되었으리라고 본다. ·핵문제는 기본적으로 북한과 미국 간의 문제이므로 일본은 중개역할을 하기 바란다.
경제문제 (보상, 배상, 청구권)	·일본과 북한은 교전상태가 아니다. 보상, 배상이란 개념은 인정할 수 없다. ·전후 45년에 대한 배상은 정당간의 합의이므로 일본정부를 구속하지 못한다. ·적법하다고 할 수 없는 행위의 결과에 대해서만 재산청구권의 문제로서 처리하겠다. ·6·25전쟁시 일본의 행동은 유엔안전보장이사회의 결정에 기초한 것이다.	·45년 이전의 일본과의 관계는 교전상태에 있었으므로 전쟁배상과 식민지 보상을 주장하였는데, 점차 포괄적인 견해를 나타냈다. 즉 교전관계에 적용되는 배상은 주장하지 않고, 국제관행이나 도덕·윤리의 관점도 포함하여 가해자로서의 보상을 요구하였다. ·일본은 침략과 점령이라는 불법하에서 생긴 자산에 대하여 청구권을 가질수 없다. ·6·25 당시 일본은 미국의 보급·수리·공격기지 역할을 담당하여 북한에게 피해를 입혔다.
제문제(재일조선인의 법적지위, 재북일본인 배우자 고향방문)	·일본은 조총련 적대정책을 쓴 일이 없다. 재일 조선인의 처우개선에 노력하겠다.	·재일 조선인의 국적을 인정하고 외국인 등록증의 상시휴대, 지문, 형벌을 폐지하라. ·민족교육의 권리를 인정, 지원하라.

Ⅲ. 수교개선의 첫 번째 실패 – 국제적인 영향
(1991년 1월~1992년 11월)

북·일협상이 결렬된 8차회담까지 일본 정부는 한·미·일 공조체제의 유지에 집착하였다고 볼 수 있다. 그러나 일본측이 한·미·일 공조체제에만 집착하여 한국과 미국의 대북정책을 그대로 수용했다고는 볼 수 없고, 한계적이지만 일본 별도의 자율적인 측면도 존재한다고 할 수 있다. 따라서 일본은 상황에 따라 북한 핵문제에 별로 집착하지 않는 모습을 보이곤 했다. 1991년 10월 18일 미야자와(宮澤) 수상은 "핵사찰 문제가 남아 있으나, 미국이 전술핵을 폐기해 나간다는 방법을 내놓아 북한이 지금까지의 입장을 고수하지 않아도 되는 좋은 상태이므로 북·일간 국교교섭을 최대한 추진할 것"이라고 말했다. 또한 1991년 10월 31일 나카야마 외상은 기자회견에서 "부시 대통령의 핵무기 감축 제의에 따라 북·일 국교정상화가 급진전할 것"이라고 말했다.

일본이 한·미·일의 공조체제를 유지할 수 있었던 것은 일본 내 외무성의 입장이 강하게 반영되었기 때문이다. 외무성은 한·미·일 공조체제를 통하여 북·일 교섭을 주장하는 구사회당의 조기타결론 입장을 방어할 수 있었다. 조기타결론을 주장하는 세력은 구사회당을 중심으로하는 혁신계, 보수세력 중에서는 가네마루, 와타나베 미치오 (渡邊美智雄) 전 외상, 카토 코이치(加藤宏一) 등이 있었다. 조기타결론의 근거로 혁신계는 일본이 조선 식민지 지배에 대한 빠른 사죄와 보상을 행함으로써 한반도와의 과거청산을 종결시켜야 한다는 것이다. 이에 비해 보수적인 정치가들은 북한과의 국교수립을 통하여 자신의 정치적인 입지를 강화하려는 의도를 강하게 나타냈다. 따라서 전후 일본이 남겨놓은 유일한 미해결과제를 자신의 정치적 지도력에 의해 해결함으로서 이를 정치적 자산으로 이용하고자 하였던 것이다.

이에 비해 외무성과 대부분의 보수적인 정치가들은 북·일교섭에 상당히 신중하였다. 이들은 북·일교섭을 미국이 구상하는 아시아 신질서구축의 연장선상에서 파악하였다. 그렇지만 외무성의 입장에서 볼 때, 그 당시 미국이 지향하고 있는 아시아의 질서가 명확하지 않았기 때문에 시간의 경과를 보면서 미국의 아시아 정책이 확고해지기를 기다릴 수밖에 없었다. 따라서 외무성은 미국과 북한관계를 지켜보아야 한다고 파악하였다. 이 과정에서 북한이 경제적 곤란으로 인해 북·일 국교정상화를 서두르고 있었지만 일본은 서두를 필요가 없다고 판단하였다.[17]

또한 외무성은 북·일간 국교정상화의 의제에서 중심을 이루는 기본관계와 보상문제에 관해서 일본정부가 원칙적인 입장을 고수해야 한다고 생각하고 있었다. 앞에서 살펴본 바와 같이 북·일은 기본문제와 보상문제를 둘러싸고 대립을 하고 있었기 때문이다. 또한 외무성은 북한의 식민지 지배 불법성과 배상 요구에 대해 공식적인 입장을 고수하고자 하였다. 외무성은 식민지 지배가 합법적인 기초 위에서 이루어진 것이며 다만 정치적·도의적인 입장에서 반성과 사죄를 표명한다는 주장을 반복하였다. 따라서 외무성은 식민통치에 대한 배상, 보상은 지불할 수 없으며 전후 보상은 정부간 협상이 될 수 없다는 원칙을 고수하고자 하였다. 이러한 외무성 입장의 배후에는 북·일 교섭에서 원칙론을 고수하더라도 일본으로서는 손해를 볼 이유가 없다는 현실주의적인 계산이 작용하였다.

---

17) 북한체제의 붕괴 가능성도 일본내의 정책대립의 구도를 변화시키는 요소로 작용하였다. 그 당시 외무성은 북한이 갑작스런 체제붕괴를 가져오지 않을 것이라고 판단하고 있었지만, 점진적인 붕괴과정에 있는 것으로 파악하고 있었다[이종석 편, 1997 ≪주변 4개국의 북한인식과 우리의 대응방향≫ (세종연구소) 5~6].

이 결과 일본은 북한의 조기 국교수립 방침과 반대로 장기교섭의 태도를 취하게 되었다. 교섭개시 전부터 수석대표로 임명된 나카히라는 보도진과의 인터뷰에서, 교섭타결에 필요한 기간을 '대략 2년'이라고 답변했다. 또한 제3차 교섭에서 북조선이 국교수립 선행을 제안했을 때도 일본측은 이를 거부하면서 핵사찰 문제를 거론한 것은 이러한 발상에서 나왔다고 할 수 있다. 외무성의 관점에서 본다면 가네마루를 중심으로 한 대북 온건파들에 의한 '3당 공동 성명'은 북한의 입장에 말려드는 것으로 이해되었다. 따라서 외무성이 '3당 공동성명과 일본 정부는 무관하다'면서 크게 반발한 것은 당연하다고 볼 수 있다. 이처럼 외무성의 입장이 관철될 수 있었던 이유는 한국과 미국의 외압을 적절히 이용한 것도 주효하였다. 따라서 일본정치권 내부의 조기타결론과 신중론의 대립구도는 국제정치의 변화를 잘 이용한 외무성의 승리로 나타날 수 있었다.

1992년까지 북·일수교 과정에서는 국제정치수준의 변수가 강하게 작용하였고 국내정치적인 요인과 양국간의 전략은 그 변수에 종속되었다. 이후 북·일 양국은 거의 2년 반 동안 국교 정상화 교섭 대화를 갖지 않았다. 이 시기에 일본은 북·미합의를 이끌어 내려고 노력한 미국과 대북강경책을 쓰는 한국정부의 사이에 끼어서 독자적인 대북관계를 정립하지 못한 상황이었다고 할 수 있다.

Ⅳ. 수교개선의 두 번째 실패
- 일본의 국내정치(1995년 3월~1997년 2월)

북·일간의 본격적인 접촉은 1995년 6월에 베이징에서 북·일 양국 외무성 과장급 접촉이 공식적으로 제시되면서 개시되었다. 이때까지의 관계개선 지연은 여러 가지로 설명될 수 있다. 하나는 일본 외무성의 부정적 태도에서 비롯되었다고 할 수 있다. 사회당은 대북접촉에 적극적이었는데, 특히 사회당 출신의 무라야마(村山) 수상이 취임한 이후에는 북·일 수교라는 숙원을 이룩한다는 차원에서 이러한 노력을 더욱 증가시켰다. 그러나 일본 외무성은 당시 북·미간의 협상이 진행중이라는 이유로 시기적으로 적절하지 못하다는 생각을 하고 있었다. 따라서 외무성 관계자는 1994년 10월에 정치인들의 방북 노력에 대해 신중한 자세를 보였다.

또 하나의 이유로 자민당 내에 갈등이 제기되었다. 자민당 내에서 사회당과의 연립을 지지했던 사람중의 하나인 가토 간사장은 정치인들의 방북에 적극적인 태도를 나타냈으나, 자민당의 몇몇 의원들은 전후 보상문제가 내포된 '3당 공동성명서'를 문제삼았던 것이다. 그리고 이러한 당내의 갈등이 어떠한 결말을 보았다고 하더라도 이는 다시 사회당과의 타협을 필요로 했던 것이다. 그러나 1994년 10월에 핵의혹과 연관되어 제네바에서 북·미합의가 이루어지고 1995년초에는 KEDO가 발족됨에 따라, 북·일간에도 수교교섭을 위한 회담의 재개가 다시 거론되었다.[18]

이러한 국제적인 상황변화에 의해 마침내 1995년 3월 28일에는 연립여당을 구성하는 자민당, 사회당, 그리고 사키가케당 소속의 의원들로 구성된 여당 방북단의 방북이 실현되었고, 이에 따라 '4당 공동성명서'가 나왔다. '4당 공동성명서'은 네 개의 부분으로 구성된다. 첫 번째는 조기 회담 재개가 양국에 이익이 될 뿐만 아니라 아시아의 평화에 이바지한다는 점을 확인한 것으로, 이것은 이전의 3당 성명서와 유사하다. 그러나 과거역사에 대한 인식과 그에 대한 보상을 다룬 두 번째의 부분은 이전과는 달리 과거역사와 관련된 문제의 해결 필

---

18) Christopher Hughes, "The North Korean Nuclear Crisis and Japanese Security", *Survival* (summer, 1996)

요성만을 명기하였고 전후시대에 대한 언급은 없었다. 북한의 핵개발 의혹과 관련된 세 번째 부분과 남·북관계에 대한 네 번째 부분에서는 서로 의견을 좁히지 못하고 쌍방이 각자의 의견을 명기하는 선에서 합의를 보았다. 예를 들면 북한 노동당의 김영순이 한국형 경수로와 같은 것은 없다고 명기한 반면 일본측의 와타나베는 북한이 북·미간 협약을 성실히 수행해야 한다고 명기했던 것이다.

비록 회담의 성과는 의문시되었지만 방북 후에 일본은 적극적인 태도를 취했다. 예를 들어, 일본 정부는 1995년 4월 4일에 수교교섭에 관한 준비일정을 세우기로 결정했고 외무성은 북경의 일본 대사관 관계자가 북한 인사를 접촉했다고 밝혔다. 그러나 수교교섭 재개는 북한이 5월26일에 들어서 정식으로 쌀 지원을 요청함에 따라 다시 지연되어야 했다.

쌀지원과 관련하여 북·일간에는 그 양과 제공 방법에서 마찰이 있었다. 북한은 '4당'간의 회담에서 합의를 본 것이라고 주장하면서 100만톤을 요구했으나, 일본은 쌀 비축량을 고려할 때 30만톤 정도만 제공 가능하다고 대응했다.[19] 또한 일본은 지원의 절반을 무상으로, 다른 절반을 유상으로 한다는 제안을 했으나, 북한은 빠른 지원을 위해서도 모두 유상으로 할 것을 주장했다. 이러한 양국간의 줄다리기는 결국 6월 30일에 유상·무상 15만톤씩 제공하는 것으로 최종합의에 도달했다. 1차분이 지원된 후 일본의 쌀 지원이 사죄의 표현이라는 식으로 발언한 김정일의 언급은 또 다른 마찰을 일으켰다. 그러나 이러한 갈등은 곧 김정일의 감사 편지에 의해 누그러졌으며, 9월말에의 추가 쌀 지원에 대한 협의에서 일본은 20만톤을 제공하겠다는 결정을 내렸다.[20]

---

19) 양운철, 1998 <1995년 북경 남북 쌀회담: 과정과 교훈> ≪세종연구소: 연구논문≫ 98-05 (세종연구소) 39~45
20) 1996년에 들어서 미일간에는 '미·일 방위 일본측이 북한과 쌀지원 협

쌀 지원과 함께 일본은 정상화 회담의 재개를 추구했지만 양측은 회담재개 여부조차 결정 내리지 못했다. 앞에서 언급했듯이 그 후 몇 차례에 걸친 접촉이 있었으나 눈에 보이는 성과는 나오지 않았다. 교섭이 진척되지 않은 데에는 다음과 같은 이유가 있다.

첫째, 외무성은 북한 붕괴의 시나리오를 가지고 있었다. 외무성이 생각하기에는 어차피 붕괴될 국가이기 때문에 그다지 지원을 할 필요가 없다고 생각하는 경향이 뚜렷하게 나타났다. 또한 외무성은 북한이 쌀 문제로 적극적으로 나올 때 대북교섭을 유리하게 이끌 수 있다는 판단에서도 적극적인 대북지원에 소극적이었다.

둘째, 1996년 1월에 무라야마 내각이 하시모토 내각으로 바뀌었다. 비록 양측 모두 동일한 정당을 기반으로 한 연립내각이었지만, 자민당의 보수파에 속해 있는 하시모토 수상은 사회당 출신으로 회담의 재개를 추구했던 무라야마 수상과 달리 좀더 신중할 수밖에 없었을 것이다. 특히 하시모토 수상과 가토 간사장간의 알력도 이러한 지연의 한 요인이었던 것으로 생각된다. 와타나베의 방문과 사회당과의 연립내각을 지지하는 자민당의 가토 간사장은 차기 수상직에 있어서 주요한 경쟁상대이므로 그의 외교적 성과를 하시모토 수상이 견제하는 것이라는 견해가 있다.[21] 따라서 가토, 야마자키는 국교정상화라는 정치적 업적을 실현하기 위해 대북교섭에 적극적이었다. 그러나 이에 반대하는 자민당내 안보조사회의 구성원들은 북·일 국교정상화가 김정일 체제를 강화할 수 있다는 입장에서 반대하였고 이 입장

___

상에 들어가자 한국측은 한국의 대북 쌀 지원이 우선해야 할 것을 요구하였다. 김영삼 정부는 일본측에 대해 남북한 대화와 북한-일본 관계를 병행, 조화시키고 북·일 수교 이전에 경제협력은 하지 않도록 요구를 하였다. 이에 김영삼 대통령과 무라야마 총리의 한일 정상회담에서 일본측은 '대북 관계 3원칙'을 발표하여 한국측 요청을 수용하였다.

21) 남창희, 1996 <하시모토 내각 하의 북·일수교협상 전망> ≪통일경제≫ 제16호

은 하시모토 수상 하에서 힘을 얻었다.

셋째 1996년에 들어서 미·일간에는 '미·일 방위협력 지침' 개정 문제가 미·일 안보관계에 있어서 중요한 이슈로 등장하게 되었다. 이는 대만해협 및 한반도 유사시의 분쟁 즉, 북한에 이상사태가 발생하는 것을 염두에 둔 것이었기 때문에 중국 및 북한과의 갈등을 가져오지 않을 수 없었다. 따라서 북·일 수교 교섭이 일본 내에서 가이드 라인 개정 작업과의 조정을 필요로 하는 사안이 됨에 따라 더 이상 진전시키기 어려운 국면이 조성되었다.

특히 1997년 2월에 니이카타에서 북한의 '여중생 납치 의혹'이 제기되고 일본의 여론이 극도로 악화됨에서 따라 북·일 국교정상화 문제는 일본 정부에게 국내 정치적으로 커다란 부담이 되었다. 따라서 일본은 북한의 입장에서 가장 중요하고도 절박한 현안인 식량지원 문제에서도 신중하게 응할 것임을 되풀이하여 표명하였다. 1997년 2월 23일 일본은 북한에 대한 국제사회의 긴급 식량지원 계획에 동참해 달라는 미국의 요청에 냉담한 반응을 보였다. 또한 1997년 4월 북한 선적 화물선 지성 2호의 각성제 밀수사건과 노동 1호 배치에 대한 일본 언론의 보도는 일본정부가 북·일관계에 신중하지 않을 수 없게 만들었다. 이러한 상황으로 인하여 일본이 '국교정상화 교섭 무조건 재개 방침을 철회하고 납치의혹 문제 해결에 진전이 없는 한 교섭은 재개할 수 없다'는 입장으로 선회하여 북·일 관계는 다시 교착상태에 빠지게 되었다.

V. 수교개선의 세 번째 실패
―북·일의 상호 접근(1997년 8월~1998년 12월)

북한 공작원에 의한 일본인 납치·유괴 의혹사건, 각성제 밀수사

건, 중거리 탄도 미사일 노동 1호의 동해안배치 의혹사건 등으로
북·일관계가 정체상태에 빠졌을 때에도 일본과 북한간에는 1996년
3월이래 비공식 과장급 실무회담이 계속 진행되었다. 그 결과 1997년
8월 21~22일 베이징에서 '심의관급 회담'이 개최되었다.

베이징 '심의관급 회담'에서는 북·일 양자간의 주요 현안인 ①
일본인 납치의혹사건, ② 대북 식량지원 문제, ③각성제 밀수의혹 사
건, ④북송 일본인 처 방일문제, ⑤ 국교수교 본회담 조기 개최 등을
다루었다. 그 결과 북한이 부정하고 있는 일본인 납치의혹 사건은
'계속 협의' 형태로 뒤로 미루어졌지만 대북 식량지원 문제, 각성제
밀수의혹 사건, 북송 일본인 처 방일문제에 대해서는 기본 타결 원칙
이 마련되었고 국교수교 본 회담 조기 개최에 관해서도 합의가 이루
어졌다.

이처럼 다시 예비회담이 개최된 배경에는 북한의 식량사정 악화가
큰 요인으로 작용했다고 볼 수 있다. 식량 문제가 악화되자 북한이
일본인 처 고향방문 문제에 대해 적극적인 자세로 나오기 시작하였
기 때문이다. 북한이 적극적인 자세를 가지게 된 이유는 정치적인 차
원의 국교정상화보다는 일본과의 관계를 진전시키면서 북·미관계의
변화로부터 영향을 받는 제약된 틀 속에서 식량지원 등 경제적 실리
를 획득하는 데 역점을 두었다고 볼 수 있다. 즉 북송 일본인 처의 고
향 방문, 연립여당의 북한 방문 등을 경제적 지원과 연계시키면서 국
교정상화를 위한 환경을 조성해 가는 전략을 추구했던 것이다.

한편 북·일 국교정상화에 일본의 수상이나 유력정치가들이 지속
적으로 관심을 가지는 이유는 북·일 국교정상화는 일본의 대외정책
에 있어서 전후 처리 및 결산을 나타내는 것이기 때문이다. 북·일
수교가 이루어 질 경우, 20세기의 굴레에서 벗어나기 위해 일본은 이
를 대외적 차원의 전후 결산에 적극적으로 활용하려는 것이었다.
북·일관계의 개선 및 국교정상화가 이루어 질 경우 일본은 북한 지

역에 아시아 대륙 및 시베리아 진출을 위한 전략적 거점을 확보할 수 있는데, 이는 한반도에 대한 일본의 영향력 증대로 귀결될 수 있고 따라서 21세기 정치대국 일본을 위한 국가 전략에 부응하는 것이기도 하다.

이에 따라 1997년 9월 9일 베이징에서 개최된 '북·일 적십자 연락협의회'에서는 북송 일본인 처 고향방문을 실현시키기로 합의하였다. 현재 일본 국적의 북송 일본인 처는 1,831명 정도로 알려지고 있는데, 이 중 1진 15명이 1997년 11월 8일 일본에 도착하였다.

북·일 양국 정부는 북송 일본인 처 제1진 15명의 방일이 관계개선을 위한 분위기 조성에 기여했다고 높이 평가하면서 후속 제2진의 방일을 추진하였다. 따라서 1997년 12월에 북송 일본인 처 고향방문 문제를 협의하기 위한 제2차 적십자 연락협의회가 개최되었고, 그 결과 1998년 1월 27일~2월 2일까지 제2진의 방일이 이루어지게 되었다.

또한 북한에 대한 여론이 나빠짐에 따라 대북한 식량지원에 냉담한 반응을 보였던 일본 정부는 앞서 언급한 1997년 8월의 베이징 심의관급 회담과 동년 9월 베이징에서 개최된 북·일 적십자 연락협의회가 북송 일본인 처 방일에 합의한 점 등을 계기로 대북한 식량지원을 논의하기 시작하였다.

1997년 9월 중순부터 일본의 정부여당이 2,700만 달러의 대북식량지원을 계획하고 있다는 사실이 보도되기 시작하였는데 동년 10월 9일 일본 각료회의에서는 세계식량계획(WFP)를 통한 2,700만 달러의 대북식량지원을 결정하였다. 즉 일본 각료회의에서는 WFP에 2,700만 달러를 기부하고 WFP가 이 자금으로 일본 재고미 6만 7,000톤을 구입하여 북한에 지원하는 방안을 결정한 것이다.

베이징 심의관급 회담 개최, 북송 일본인 처의 고향방문 합의 등을 계기로 일본의 대북한 식량지원문제가 결정됨에 따라 경직된 북·일 관계가 다소 개선되기 시작하는 조짐이 나타났다. 즉 북한은 북·일관계의 개선을 위한 환경을 조성하기 위해 사민당을 통해 자민당측에 방북단 파견을 요청하였다.

따라서 1997년 10월 7일의 자민·사민·사키카게 3당 간사장 회의는 방북단 파견을 논의하였는데, '국교수교 교섭의 재개를 위한 환경정비차원'에서 연립 3당 합동대표단을 북한에 파견하기로 합의하였다. 즉 연립3여당 간사장 회의는 베이징 심의관급 회담, 북송 일본인 처 방일의 추진, 2,700만 달러의 대북식량지원 결정 등으로 여건이 성숙되었다고 판단하고 방북대표단 파견을 결정한 것이다.

자민당의 모리 총무회장을 단장으로 하는 방북대표단은 1997년 11월11일 북한을 방문하고 14일 귀국했는데, 일본으로 출발하기 직전 14일 평양 기자회견에서 모리 총단장은 "국교정상화를 위한 환경이 조성되었다"고 강조하였다. 아울러 동년 11월 19일 오쿠라 가즈오 주일대사는 ≪조선일보≫와의 인터뷰에서 "북한의 태도가 미래지향적으로 바뀌고 있는 만큼 북·일 수교협상이 조속히 재개될 가능성이 높다"고 언급했다. 또 1998년 3월 28일에서 31일까지 평양을 방문한 자민당 방북단은 '요도호 납치범 일본송환', 일본인 납치문제 등의 현안에 관하여 논의한 뒤 북한측에 '평양 연락 사무소'의 설치를 제안하였고 4월 1일 도쿄 기자회견을 통해서는 대북식량지원의 적극적인 검토가 필요함을 강조하였다.

이처럼 1997년 중·후반부터 1998년 3~4월까지의 북·일관계는 다소 진전된 듯한 양상을 나타내었다. 이것은 북한이 북·일 수교협상의 재개에 매우 전향적인 태도를 보임에 따라 진전된 결과였다고 볼 수 있다. 즉 하시모토 총리가 제기한 세 가지 문제 — 일본인 처 고향 방문, 납치 일본인 문제, 마약 밀수출 — 와 관련하여 북한측은 일본인 처 고향방문을 성사시켰으며 마약 밀수출 문제에 대하여서는 전례 없이 순순히 유감의 뜻을 밝힌 한편, 납치 일본인 문제에 관해서도 자신의 관련은 극구 부정하면서도 일반 행방불명자 차원에서의 조사를 약속하였다. 이에 따라 북·일간에는 이제 '배상 및 보상'에 관한 문제만 남게 된 것이다.

그러나 일본내 반북한 정서는 일본인 처 귀향으로 누그러들지 않았고 일본 언론의 보도도 호의적인 것이라기보다 오히려 북한 비판의 기회로 삼는 논조가 많았다. 또한 사민당 측은 자민당과 별개로 납치 사건을 전제로 하지 않고 수교 교섭을 재개하는 방향을 모색하고 있었으나, 자민당의 강한 반대로 결국 납치 사건에 대한 북한측의 해결 자세를 적극적으로 요구하게 되었다. 이처럼 납치 사건 문제를 둘러싸고 북·일 양국간의 신경질적인 공방전이 계속되면서 관계가 악화되었다고 볼 수 있다.

예를 들면 하시모토 일본총리는 4월 말 중의원 본회의 답변을 통해 "납치의혹은 우리 국가와 국민의 안전과 생명에 직결되는 중요한 문제"라며 "이 자리를 빌려 북한 측, 특히 최고지도자에 대해 문제해결을 위한 적극적인 대응을 호소한다."고 촉구하였다. 이에 대해 북한은 6월 5일 북한 적십자사 대변인 담화를 통해 5개월간에 걸쳐 "일본인 행방불명자에 대한 집중적인 조사사업"을 벌였으나 일본측이 찾고 있는 행방불명자 10명 중 1명도 찾지 못했다고 밝혔다. 이로서 북한은 북·일교섭을 단념한다는 의사를 분명히 표시했다고 볼 수 있다.

일본측이 납치 문제를 북·일 수교 교섭의 전제 조건으로 달았다는 사실 자체는 집권 자민당이 정치적 부담을 안으면서까지 수교 교섭을 서두를 생각이 없다는 것을 나타내는 것이라고 볼 수 있다. 왜냐하면 납치 사건 해결은 그 자체로서 중요한 인도주의적 문제이며 일본 정부로서도 국내 여론상 이 문제 해결의 진전 없이 수교 교섭에 나서기는 어려운 상황이 되었기 때문이다. 또한 납치 사건이 사실이라 해도 그 책임을 북한측이 인정할 리는 없는 사안이기 때문에 여론 악화를 빌미로 수교 교섭에 적극적이지 못하다는 것을 의미하고 있다.

여기에서 알 수 있는 사실은 대북관계와 같은 외교적 난제를 해결하

기 위해서는 정치적인 리더십의 역할이 매우 중요하나 연립정권 구도
하에서는 적극적인 외교정책을 수행하기 힘들었다는 것이다. 예를 들
면 대북교섭에서 막강한 정치력을 발휘해 왔던 가네마루 신, 와타나베
미치오 등이 사라졌으며, 그 역할을 승계한 가토 코이치나 노나카 관방
장관은 대북외교를 주도하기에는 정치력이 부족한 것으로 평가된다.
대북외교에서 수상이나 유력 정치가들의 역할이 약화됨에 따라 대북
정책의 주도권은 외무성으로 넘어갈 수밖에 없었다. 그러나 외무성 관
료들은 기본적으로 대북교섭을 법률론이나 원칙론에 입각하여 접근함
으로써 정치적 타결의 가능성을 좁히고 있다고 할 수 있다.

북·일 수교와 관련하여 북한으로서는 북·일 관계를 타개하기 위
한 수단을 더 이상 갖고 있지 않은 상황에서 1998년 8월 31일 김정일
의 국방위원장 취임 및 헌법 개정에 맞추어 이루어진 인공위성을 발
사함으로서 동북아시아 지역 정세에 커다란 파장을 몰고 왔다. 북·
일 관계에 한정하여 볼 때 북한의 인공위성 발사는 새로운 정책 수단
을 확보하기 위한 모험적인 카드라고 밖에 볼 수 없다.

일본 정부는 9월 1일 내각회의에서 북한에 대한 제재 조치를 결정
하였다. 즉 북한과의 수교 교섭 재개를 동결하고 식량 등 인도적 지
원이나 한반도 경수로 사업(KEDO)에 대한 협력을 당분간 보류하는
조치를 취한다고 발표하였다. 또한 9월 2일 일본 정부는 나고야 - 평
양간 챠터 항공편을 취소시키는 추가 제재조치를 취하였다.[22] 또한
일본의 신문, 방송 등은 북한의 인공위성 발사를 미사일 발사로 간주
하고 대대적으로 북한에 의한 안보위협을 보도하였다. 따라서 일본
국내의 북한에 대한 여론은 더욱더 악화되었고 북·일 관계 개선에

---

22) 일본 정부는 발사 즉시 8월 31일 밤 북한 측 유엔 차석 대사를 통해 '극
히 유감'이라는 항의의 뜻을 전하고, 노나카 관방장관이 '일본의 안전보
장이나 동북아시아의 평화와 안전이라는 관점에서 엄중 항의의 뜻을 표
명한다'고 발표하였다.

파이프 역할을 하고 있던 노나카 히로무 관방장관의 입지를 약화시키는 결과를 가져왔다. 이러한 가운데 북한과 일본은 이후 격렬한 비난으로 서로 응수함으로써 양국 관계가 최악의 상태로 악화되는 가운데 북·일 교섭은 다시 좌초되었다.

VI. 북·일 교섭의 재개 - 포괄적 접근 방식에 의한 국제적인 제약(1999년 1월~2002년 9월)

북한의 인공위성발사 사건을 계기로 악화된 양국이 재차 접촉을 시작하게 된 것은 1998년 12월경부터이다. 즉 1998년 12월 뉴욕에서 일본 외무성 동북아 과장이 북한의 이근 UN 대표부 차석대사와 접촉을 가지면서 점차 수면 아래의 작업이 진행되었다. 이러한 접근과 더불어 오부치 총리는 1999년 1월 19일의 시정연설에서 북한의 미사일 발사 위협 등이 제거될 경우 대화와 교류를 통한 관계 개선의 의사가 있음을 표명하였고 베이징 주재 북·일 양국 대사관도 접촉을 가졌다. 또한 오부치 총리는 1999년 5월 3일 워싱턴 미·일 정상회담에서 북한의 핵 및 미사일 문제와 관련하여 한·미·일 3국이 대화와 억지 전략의 병행을 통한 공동대응에 합의하였고 아울러 회담 후 가진 회견에서는 '앞으로 북한과의 대화채널을 개설하는데 적극적으로 노력할 것'임을 강조하였다. 이어 오부치 총리는 1999년 5월 14일 총리관저에서 한국의 신문, 통신, 방송사 정치부장들과 가진 모임에서 앞으로 북·일 관계가 정상화되어 경제 협력 문제가 나오면 적극 협력하는 방향으로 나간다는 것이 일본 정부의 기본 방침이라고 언급했다. 이는 일본이 한국의 대북 포괄적 협상 원칙에 동의함에 따라 '억지와 대화의 병행'이라는 원칙을 내세우며 북한이 미사일 문제에 건설적인 대응을 해 오면 수교 교섭을 재개한다는 입장을 밝힌 것으로 이해할 수 있다.

이러한 결정이 이루어질 수 있었던 배경에는 오부치 수상과 노나카 히로무 관방장관, 코오노 요오헤이 외무장관, 그리고 무라야마 전 총리로 이어지는 대북관계 개선의 라인업이 이루어졌기 때문이다. 이들은 국민의 대북한 비판에도 불구하고 북한과 미국, 남·북한 관계가 개선되고 있는 가운데 일본이 고립될 수 없다는 인식에 근거하고 있다. 일본으로서는 미·북관계의 진전에 대비하여 새로운 모색을 하지 않을 수 없었다. 또한 북한의 미사일 위협을 비롯한 북한과의 갈등에 일본이 교섭 채널을 가지지 못한 문제점을 해소함으로써 북한의 안보위협에 대처하고자 하였다. 북한의 인공위성 발사사건 이후 일본은 안보를 강화하기 위해 TMD 구상에 참가하기로 결정하였으나 일본의 실익에 대해서는 신중한 견해가 많은 편이었다. 따라서 정치권 내에서는 북한과의 직접 대화를 통하여 북한의 미사일 문제를 해결하려는 움직임이 나타났다. 즉 일본은 한편으로 북한 미사일 등의 위협에 대한 억지력을 증강시키면서 다른 한편으로서는 접근과 대화 정책을 적극적으로 추진하려는 입장을 지니고 있었다.

이에 따라 일본은 99년 5월경부터 대북 관계 개선에 적극적인 무라야마 전 총리를 중심으로 방북 계획을 추진하였으나 남북한간의 서해 교전 사태, 북한의 식량 지원 요구 등 문제 때문에 그 실현이 늦어지게 되었다. 이에 대해 1999년 8월 11일 중앙통신을 통해 북한은 일본이 과거청산을 통해 관계개선을 희망해 올 경우 기꺼이 응하겠다는 메시지와 함께 북한의 대일본 3원칙을 발표하였다.

1. 일본은 북한에 대해 압살정책을 포기하여야 함
2. 일본은 북한에 범한 과거의 죄에 대한 성실한 사죄와 철저한 보상을 해야 함.
3. 일본이 끝까지 힘의 대결로 나온다면 북한도 상응하는 대응책을 선택

할 것임.

북한이 대일 관계개선을 추구하기로 결심하게 된 배경에는 첫째, 일본으로부터 얻어낼 경제적인 지원이 있다. 무엇보다도 50억불이 넘는 수교 배상금은 북한의 경제회복이 도움이 될 것이다. 둘째, 동북아의 역학구도를 이용하여 미국의 채찍과 당근식 대북 접근책을 견제하는데 있어서 지렛대로 삼을 수 있다는 판단이다. 셋째, 先 미·일 관계 개선 後 대남 관계 개선의 수준을 분명히 함으로서 한국으로부터 최대한 양보를 얻어내겠다는 복안이 깔려있다고 할 수 있다.

국제적으로도 9월의 북·미 베를린 회담 타결과 페리보고서 발표, 그리고 미국의 대북 경제조치의 일부해제 등 일련의 해빙 무드가 형성되면서 북·일 관계 진전은 촉진될 수 있었다. 물론 페리보고서의 포괄적이며 통합된 어프로치(Comprehensive and Integrated Approach)는 미사일 문제에 대한 국제적인 합의를 의미하는 것이기 때문에 북·일관계도 한·미·일 공조체제의 제한을 받을 수밖에 없다는 의미를 포함하고 있다. 그러나 페리 보고서가 미·북 국교정상화를 염두에 두고 있으며 일본의 지지와 협조를 필요로 하는 이상 일본으로서도 적극적으로 북·일 관계를 진전시킬 수 있는 계기가 마련되었다.

이 결과 무라야마를 단장으로 하는 초당파 정당대표단이 1999년 12월 1일 - 3일 북한을 방문하여 북한 당비서 김용순과 회담을 갖고 양국 수교 교섭 재개에 합의하였다. 회담의 초점은 일본인 납치의혹과 미사일 개발 문제였다. 일본은 납치의혹 문제가 적십자사 차원에서는 물론이고 수교협상에서도 다뤄야 할 주요 과제라고 주장하였다. 미사일문제는 일본의 안전보장과 직결되는 만큼 북한측의 성의 있는 대응이 있어야 한다는 자세를 보였다. 이에 대해 북한측은 일본의 35년 식민지배에 대한 보상을 적극적으로 요구하였다.

3개항의 합의 내용을 담은 '공동보도문'은 북·일 관계의 개선이

필요하다는 것에 인식을 같이 하면서 전제조건 없이 연내에 북·일
정부간에 국교정상화 교섭을 재개하기로 하였다고 발표하였다. 또한
적십자 회담에서는 '인도주의 문제'로서 일본인 행방불명자 문제, 북
송 재일조선인 일본인 처 귀향 문제, 식량지원 문제를 협의하며 이를
양국 정부 간 교섭과 병행하여 진행하기로 하였다.

북한은 일본이 수교협상의 전제조건으로 내걸었던 일본인 납치의
혹에 대한 조사를 표명하면서 과거사에 대한 일본측의 사죄 요구를
받아들였다. 일본은 북한의 식량지원을 약속하면서 일본인 납치사건
을 '행방불명자'로 표현 북한측을 자극하지 않는 자세를 보이면서 미
사일문제에 대해서는 공동보도문에서 취급하지 않기로 하였다. 이처
럼 적십자 회담에서 납치 의혹 문제, 식량지원 문제, 일본인 처 문제
등을 다루기로 한 것은 이러한 문제를 교섭 재개의 전제 조건으로 삼
지 않음으로서 교섭 재개를 용이하게 하려는 북·일 양측의 배려이
면서 일본 내 비판 여론을 의식한 조치라고 볼 수 있다.

일본 정부는 12월 14일 북한과의 수교 교섭 재개와 동시에 식량지
원 동결 해제를 발표함으로써 북한의 '인공위성 발사' 이후 취했던
대북 제재 조치를 완전 해제하였기로 하였다. 일본은 이미 미국과 한
국의 권고에 따라 KEDO에 대한 분담금 지불에 합의한 바 있으며 무
라야마 방북을 앞에 두고 북한에 대한 차터기 항공운항 중단을 해제
한 바 있었기 때문에 일본 정부의 제재 조치 해제로 북·일 관계는
'미사일 사태' 이전 국면으로 회복되는 결과가 되었다.

북·일 수교의 진전은 페리보고서 이후의 국제적인 해빙무드와 더
불어 일본과 북한의 전략적인 의도가 일치함으로서 가능할 수 있었
다. 그러나 북한이 적극적으로 나왔음에도 불구하고 일본에서는 오부
치 수상을 비롯한 북·일수교파와 보수파들간의 인식의 차가 국민감
정의 악화로 더욱더 확대되었다. 따라서 북·일수교파가 적극적으로
북·일수교를 진행하기에는 아직도 많은 부담을 안을 수밖에 없었다.

예를 들면 첫 번째, 납치 의혹을 행방불명자로 처리하기로 함으로써 사건 해결이 사실상 불가능해진 것이라는 비판이 자민당 내 일반 의원과 보수 언론 및 민간 단체를 중심으로 제기되었다. 물론 북·일 관계 개선을 위해서 인도주의적 차원의 식량 지원은 수교 교섭과 분리하여 추진해야 한다는 의견이 나오고 있으나 납치 사건 해결에 일정한 진전이 있기 전까지는 식량 지원은 불가하다는 반론도 만만치 않은 상태이다.

둘째, 당초 일본 정부는 미사일 문제가 수교 교섭의 진전에 장애가 되지 않도록 본회의 의제에서 제외시키려는 입장이었다. 이에 따라 무라야마 방북 시에도 이 문제를 크게 거론하지 않은 것으로 알려지고 있으나 이에 대한 비판도 강하게 제기되고 있다. 물론 이것은 앞으로 미·북 협의를 통하여 미사일 문제가 토론된다고 할지라도 그것이 페리보고서에 명기된 대로 북한이 MTCR(미사일 관련 기술 수출 관리 레짐)에 가맹하기에는 상당한 시일이 걸리므로 이 동안의 일본의 안보에 대한 위협은 어떻게 대처할 것인가에 대한 의문이다.

따라서 일본으로서는 납치의혹과 미사일문제를 일본의 식량지원과 경제보상의 대가와 어떻게 연계시켜갈 것인가가 중요한 과제로 남게 되었다. 그러나 이것은 단순히 이전과 같이 국내적인 정치에 의해 결정되는 것이 아니라 한·미·일 공조와 보조를 맞추면서 나아가야 할 문제가 되었다. 왜냐하면 북·일 수교가 미·북관계보다 선행된다면 미사일 문제에 대한 미국 억지전략의 의미가 희석될 가능성이 높기 때문이다. 물론 일본이 보상금 지불을 북한의 미사일 포기에 대한 대가와 연계시킨다면 미·북관계 정상화보다 앞서더라도 별다른 문제가 나타나지 않을 것이다. 그러나 북한은 미사일 수출에 대해서는 경제적인 보상을 대가로 협상할 수 있으나 생산 및 개발은 주권 사항이라는 이유로 협상 대상이 될 수 없다고 주장해 왔기 때문에 그러한 시나리오는 현실성이 없어 보인다. 이러한 관점에서 본다면 일본은 북·미 미사일 교섭이 본격적으로 개시되는 시기에 맞추어 수교교섭을 적극화할 가능성이 높다. 그러나 북·미 미사일 협상이 완전히 타결되려면 상당한 시간이 걸릴 것이며 북·일 수교 교섭도 오랜 시간이 걸릴 가능성을 배제할 수 없다.

Ⅶ. 북일정상회담 이후
─행위자의 다양화(2002년 9월 이후)

1. 북일정상회담의 성과

2002년 9월 17일 북·일정상회담은 북·일국교정상화에 대한 기존의 예측을 바꾸어 놓은 놀랄만한 역사적인 사건임에는 틀림이 없다. 지금까지 북일국교정상화에 대한 예측은 북일 양국이 서로의 전략과 정치적인 계산 때문에 양국간의 현안 문제를 쉽게 타결할 수 없을 것이라는 부정적인 것이었다. 즉 북한이 일본을 통해 얻을 수 있는 것은 경제적인 지원이었으며 이는 한국이나 미국과의 협의가 원만하게 진행되지 않을 때 자신의 선택지를 넓히려는 의미에서 일본을 이용하고자 하는 측면이 강했다. 그동안 일본은 과거청산과 자신의 영향력 확대를 위해 북한과의 협상을 추진하려는 의도는 갖고 있었지만 납치문제와 미사일문제 등의 여론이 악화되면 이를 핑계로 적극적인 모습을 보여 주지 않았기 때문이었다. 그러나 9월 17일 북일정상회담의 성과는 이전에 양국이 11년간 줄다리기 해오던 현안들을 쉽게 양보함으로써 기존의 예측을 빗나가게 하는 사건임과 동시에 그 파급효과는 양국간에 머물지 않고 한반도를 둘러싼 새로운 질서를 예고하는 사건이기도 하였다. 대부분의 전문가들은 북일양측이 정상회담에서 제반 현안에 대해 의견 접근을 이룬 것을 "남·북과 북·미 관계 뿐만 아니라 한반도 주변 정세, 나아가 아시아 전체에 긍정적 영향을 미치는 새로운 계기"라고 평가 했다.

이번 회담이 개최된 배경에는 일본의 수교 재개에 대한 노력과 북한의 적극적인 수용이라는 측면이 존재했다.

일본이 회담을 적극적으로 추진하게 된 배경에는 고이즈미수상, 후쿠다 관방장관, 그리고 외무성 다나카 아주국장의 라인이 북일회담의 현안에 초점을 두어 적극적인 움직임을 보였기 때문이다. 이들은 부시정권의 형성이후 미국이 북한에 대한 강경정책을 실시하고 있는 현 상황 하에서야말로 일본이 북한과의 수교협상을 할 수 있는 계기라고 생각하였다. 특히 미국의 이라크 공격이 이루어지기 전에 북한과의 교섭을 하는 것이 일본에 유리하다고 판단하였다. 또한 이들은 이전의 북일수교의 논의와는 달리 북한 문제를 예방적인 안보 문제 차원에서 고려한 측면도 엿보인다. 현재의 상황대로 북한이 경제위기에 봉착한다면 예측할 수 없는 북한의 상황은 일본의 안보 코스트를 증가시킬 뿐만 아니라 일본의 안보에도 도움이 되지 않는다는 판단한 것이다. 이러한 판단은 북한과의 관계를 정상화함으로써 일본의 한반도에 대한 역할을 증대하고자 하는 의도도 포함되어 있다. 즉 일본과 북한이 수교를 한다면 일본은 앞으로 미국과 한국의 눈치를 보지 않고 어느 정도 독자적으로 북한과 거래 할 수 있으며 미국과 북한 사이에서 외교적인 카드를 쥘 수 있는 호기를 맞을 수 있다.

현재의 북일정상회담을 추진해온 정치 그룹의 의도는 일본 정치권 내에서 북일국교정상화를 둘러싸고 전개되어 온 두가지 논의를 발전시킨 측면이 있다. 기존의 북일 협상론자들은 북한과의 과거 청산과 일본의 지역적인 역할의 확대라는 측면에서 적극적인 북일국교정상화를 주장하였다. 이들은 자민당의 하시모토파(과거에는 다케시타파)를 중심으로 한 자민당 주류와 구 사회당 계열이 중심이다. 이에 비해 북일국교정상화의 당위성을 인정하면서도 북일국교정상화를 지연하고자 하였던 북일 지연론자들은 자민당 매파에 속하면서 북한 위협론과 북한 붕괴론, 그리고 미국과의 정책 보조 등을 이유로 북일교섭에는 소극적이었다. 따라서 이들은 북한이 안보에 위협적이라는 이유로 국내적인 안보강화에 북한을 이용하기도 하고 또 다른 한편에서는 북한이 붕괴될 가능성이 높기 때문에 현재 북한과 국교교섭을 하는 것은 이중 부담을 안는 것이라고 주장하기도 하였다.

고이즈미수상을 비롯한 북일 정상회담 추진자들은 기존의 논의에서 주장되어온 '일본 역할'과 '북한의 위기 관리'라는 측면을 결합하여 정권의 승부수로 내놓았다는 점이 새로운 의미를 지닌다. 이들은 북한의 경제위기속에서 미국의 강경정책이라는 환경을 이용하여 북한의 입장 변화를 적극적으로 유도하는 과정을 통해 일본의 영향력을 확대시키고자 하는 의도를 가지고 있다.

일본의 교섭 노력에 북한이 기존의 입장을 변화시키면서 북일국교정상회담은 성공적일 수 있었다. 즉 북한은 심각한 경제 위기와 미국의 강경정책을 완화시키려는 의도에서 북일 정상회담에 적극적으로 동조를 하였던 것이다.

북일정상회담의 결과는 서로 치밀하게 계산된 판단에 따른 실리외교의 산물이었다.

북일간의 최대 현안이었던 일본인 납치문제는 특수기관 내의 영웅주의자, 맹종주의자들의 일방적으로 저지른 일로 북한의 김정일 위원장이 "참으로 불행하고 유감스런 일로서 솔직히 사과하고 싶다"라는 말로 정리되었다. 보다 구체적으로 12명 납치자 가운데 8명이 사망하고 4명이 생존해 있다고 생사여부를 확인해 주었으며 책임자 처벌과 재발 방지를 약속했다. 일본은 과거사 문제에 대해 "통절한 반성과 마음속으로 부터의 사과를 표명했다"고 밝혀 무라야마 담화 수준의 사과에 그쳤지만 북일 양국이 10월 중에 수교교섭을 재개하겠다는 것을 확인하면서 북한이 바라던 경제지원은 타협을 보게 되었다. 경제지원은 10월부터 재개되는 수교교섭 재개 회담에서 협의하기로 하되 정상화 이후 일본이 무상자금, 저금리 장기 차관 공여, 국제기관을 통한 인도주의적 지원 등 각종 경제협력을 제공하기로 협의했다. 대량살상무기 문제에 관해서는 2003년 이후에도 미사일 발사 유예를 무기한 연장하겠다고 밝혔다.

이로서 일본은 명분을 얻었고 북한은 실리를 얻는 성과를 거두었다. 일본은 납치문제의 해결을 통하여 그동안 한반도 문제에 대해 정치적으로 늘 소외되어 있던 입지를 강화해 한반도 뿐만 아니라 동북아 전체로 영향력을 확대할 수 있는 계기를 마련할 수 있었다. 북한은 목표로 했던 경제지원에 첫발을 내디딜 수 있었을 뿐만 아니라 대외적으로 북한의 이미지를 개선하는 전기를 마련하였다.

한국의 입장에서 북일정상회담의 결과에 대한 평가는 첫째, 국제적인 쟁점을 해결할 수 있는 실마리를 마련했느냐 둘째, 어떤 스피드와 방향성으로 나아갈 것인가 셋째, 북한의 변화를 어떻게 볼 것인가에 많은 관심을 두고 지켜보아야 할 것이다.

이번 북일정상회담은 양국간의 쟁점을 해결함과 더불어 국제적인 쟁점에 어느정도 해결의 실마리를 제공한 것임에는 틀림없다. 김정일 위원장이 2003년까지로 되어 있는 미사일 시험발사 유예기간을 연장키로 약속한 것은 이번 회담의 중요한 성과로 평가할 만하다. 그러나 핵사찰 문제가 전혀 언급이 안된 점은 럼즈펠드 미국방장관이 북한이 핵무기를 보유하고 있다고 단언함으로써 여전히 불안정 요인으로 남아 있다. 미사일 문제와 관련하여 미국이 요구하는 것은 미사일의 생산-배치-발사-수출 등의 일련 과정의 중지이며 발사 유예만은 아니라는 점에서 겨우 초보적인 단계만을 넘어선 것이기 때문에 앞으로의 북미관계 개선에 관심을 집중하여야 할 것이다.

둘째 이번 회담의 결과는 한국에서 우려했던 즉 한국과 미국의 입장을 뛰어넘는 스피드와 내용은 없었다는 점에서 일단 성공적이라고 평가할 수 있다. 이것은 일본이 북한에 대한 경제협력은 국교수립 후로 한다는 것에서도 잘 나타난다. 북한이 이에 타협할 수 있었던 것은 1년 이내에 국교정상화가 이루어 질 수 있다는 확신이 있었기 때문이다. 이 때문에 김정일 위원장이 회담에서 일본측에 공식 사과하고 생존한 피랍자를 일본으로 귀환시키기로 약속함으로써 국제법상 북한의 책임 중 일부분은 해결될 것으로 보인다. 그러나 납치문제에 대한 일본 여론은 극도로 악화되어 있기 때문에 국교정상화 교섭이 반북 여론에 밀려 제 속도를 내지 못할 가능성도 배제할 수 없다. 여론의 향방은 경제지원 규모의 결정과 더불어 북·일 양국의 타협에 많은 영향을 미칠 것이다. 이제부터는 일본 국내의 여론의 향방이 일본 국교정상화의 스피드를 결정하는 주요한 요인이 될 것이라는 것에 주목하여야 할 것이다.

셋째 북·일회담에서 보여준 북한의 전향적인 태도는 기존의 전술측면으로 보아야 할 것인가 근본적인 변화의 시초로 보아야 할 것인가에 대한 평가이다. 이부분은 사실상 가장 중요한 문제이지만 현재로서는 정확히 판단할 수 있는 근거는 미약하다. 현재의 북한은 경제개혁을 단행하고 있고 극심한 경제위기속에서 선택의 여지가 많지 않다는 점으로 미루어 보아 이번 회담을 통하여 북한은 의도와는 다르게 근본적인 변화의 첫걸음을 했다고 평가할 수 있다. 그러나 북한은 남북한 관계에서 합의하고도 실천하지 않는 예가 너무 많았으므로 아직은 속단할 수 없으며 북일관계 개선에 따른 북한의 선택이 어떠한 방향으로 나아갈 것인지를 지켜보아야 할 것이다.

2. 2002년 북일정상회담 이후 일본의 변화

일본의 대북정책에서 가장 중요한 이슈는 납치문제이며 납치문제가 대북정책의 기조를 결정하는 측면이 존재한다.[23] 일본인 납치문제는 2002년 9월 북일정상회담 당시 북한의 김정일위원장이 납치문제를 사과하고 납치 피해자 5명이 2002년 10월에 귀국하면서 일본내에 초미의 관심사가 되었다. 그러나 2002년 10월말 국교정상화 교섭이 결렬된 후에 정부의 정식 교섭은 단절되면서 납치문제는 더 이상해결의 실마리를 찾지 못하였다.[24] 이후 일본은 납치자 10명(사망했다고 전해지는 8인과 입국하지 않았다고 하는 2명)에 대한 사인과 상세한 생활을 포함한 재진상 규명과 납치자 5인의 가족 8명의 귀국을 북한에 대해 요구하였다. 이에 대해 북한은 일본정부가 납치자 일시 귀국이라는 약속을 어겼다고 비난하면서 납치문제는 본질적으로 해결이 되었다는 입장을 고수하였다. 최근에는 북한이 납치 문제에 대해 일본의 정치가와 민간인들을 통해서 식량 지원의 재개 등을 조건으로 납치자 가족을 귀국을 시킬 수 있다는 조건을 걸었다. 이에 대해 일본 정부는 납치자문제는 북한이 해결하지 않으면 안 되는 문제이며 납치문제를 해결하기위해 경제적인 지원과 보상은 할 수 없다는 입장을 취해왔다.

일본에서 북한 이미지는 납치자 문제와 함께 핵개발 의혹 및 미사일발사 등으로 인하여 악화 일로에 있었다. 북한으로부터 납치자 5인은 귀환하였으나 납치자 가족 5명에 대해 북한이 일본 송환을 거부하면서 일본의 납치 문제에 대한 여론은 더욱더 악화되고 있었다. 이는 아사히 신문의 2002년 11월의 여론조사와 2003년 6월 28일의 여론조

---

23) 李鍾元, 2003 <朝鮮半島脫冷戰への道> ≪世界≫ 10月号
24) ≪朝日新聞≫ 2003年 9月 29日

사의 추이에서 잘 나타나고 있다. 북일수교 찬성은 57%에서 44%로 줄어들었으며 북일수교 반대는 33%에서 46%로 늘어났다. 또한 대북 경제 제재에 대한 찬성은 45%로 대화 지지파의 40%를 상회하고 있다.[25]

이러한 여론의 악화와 더불어 2002년 9월 17일 북·일 정상회담에서 이루어진 '평양선언'은 그 의미가 퇴색되어 가고 있다. 예를 들어 고이즈미 총리는 3월 3일 중의원 예산위원회에서 "북한이 평양선언을 일본 정부가 생각하는 것과 같이 제대로 지키고 있지 않는 측면이 있다"고 지적하였다. 후쿠다 관방장관도 3월 18일 참의원 예산위원회에서 "평양선언 파기를 결단해야 하는지에 대해 지금 결론을 내리기보다는 전체의 상황을 보고 판단하고 싶다"며 파기 가능성을 처음으로 언급한 바 있다. 이는 2003년 부터 북한 이미지 악화와 더불어 나타난 일본 정부 변화의 한 단면이라고 볼 수 있다.

구체적으로 정부내부의 변화를 살펴보면 아베 신조 자민당 간사장, 이시바 시게루 방위청 장관을 중심으로 한 대북 강경파의 정치적 입지가 강화되면서 외무성의 다나카 심의관을 중심으로 한 대북 협상파는 점차 영향력을 잃어가고 있다. 즉 북한의 핵개발과 일본인 납치 문제를 조속히 해결하기 위해서는 제재와 압박을 통해 북한의 양보를 끌어낼 수밖에 없다는 '제재 불가피론'이 강화되는 측면이 있다.[26] 북 핵 재처리에 대한 일본 정치가의 인식을 살펴보면 야마사키 자민당 간사장[27]은 북핵문제는 의혹의 단계를 넘어 국제사회의 위협으로 현실화되고 있으며 유엔 안보리 의장 성명 채택이나 제재 결의도 염두에 두어야 한다고 강조하였다. 또한 아오키 참의원 간사장도 "일본

---

25) ≪朝日新聞≫ 2003年 6月 28日
26) 아베 간사장: 대화만으로는 해결되지 않으며 압력을 가해 유도하지 않으면 안됨(6월 15일)
27) ≪朝日新聞≫ 2003年 7月 13日

이 북한의 사정권내에 있다는 사실을 감안할 때 미국과의 동맹을 계속해야 한다"며 북한 위기와의 관련하에 미국을 지지해야 한다는 주장들이 제기되었다.

외무성내에서도 대미외교를 담당하는 외무성의 북미국과 모테기 부대신 등이 미국과의 연대를 중시하면서 대북 대화 노선을 견지해온 아주국에 대한 견제를 강화하고 있다. 예로서 외무성내의 대북 유화파로 알려진 히라미쓰 북동아 과장(그는 다나카 히토시 외무심의관과 함께 북일정상회담을 성사시킨 인물)을 교체하면서 외무성 내에 제재와 압박론을 주장하는 대북 강경론자가 힘을 얻게 되었다.

이처럼 미국의 압박정책노선과 다른 형태의 대북강경노선이 일본 정치권내에 형성되었고 이는 대미협조노선과 더불어 일본의 적극적인 정책으로 나타나게 되었다.

3. 2003년 이후 북한 핵문제에 대한 대응

일본 정치권내에 압박론이 힘을 얻어가면서 일본 정부는 대북 압박을 위한 국내 정비를 적극화하고 있다. 일본 정부는 미국의 대북노선과 같이 하면서 일본 자체의 문제(납치문제, 국교정상화)를 해결하기 위한 정책 수단을 마련하고 있다. 북한이 탄도미사일 발사, 사용후 핵연료봉 재처리에 나설[28] 경우를 대비하여 독자적으로 제재 조치를 발동할 수 있는 제도 정비에 나서고 있다. 그 구체적인 내용은 대체로 세가지 형태로 나타나고 있다. 첫째 현실적으로 대북 제재를 시행할 수 있도록 정책적인 보완을 서두르고 있다.

---

28) 도발시 압박책: 대북한 무역 및 송금정지 등 경제제재를 본격화, 특히 북한 공무원의 거부, 전세기 운항 중단, 수출입 및 중개무역 금지, 일본 내 북한 자산 동결, 북한으로의 현금 반출 금지, 양국간의 문화, 스포츠, 과학기술 교류 규제, 북한 민간인의 출입제한 등을 고려하고 있다.

가) 총련 시설 면세 중지: 7월 14일 일본 언론에 따르면 이바라키현의 쓰지우라시는 일본에서 처음으로 총련 시설에 대한 고정자산세 면제 혜택을 중지하였다. 또한 미토시도 1979년부터 부여해 온 고정자산세 면세 혜택을 중지하기 위한 조사 작업을 하고 도쿄도의 이시하라 지사도 총련 시설에 대해 과세할 방침을 천명하였다.29)

나) 북한 선박 검사 강화 및 대북 수출 기업 수사: 만경봉호 뿐만 아니라, 연간 1천 400회에 걸쳐 일본에 입항하는 북한 선박 전체에 대해 입국 관리소, 세관, 해상 보안청에 의한 선상검사를 엄격히 실시하고 있다. 또한 대량 살상무기 관련 물자(WMD) 및 위법 화물을 선적한 선박에 대해서는 영해내에서 검사 및 압수 등의 단속, WMD 수출입 정보에 대한 운항 정보를 9개국이 상호교환을 하고 있다. 그 실례로 북한 하물선 수양산호에 대해 PSC 검사를 거부하자 입항을 거부하였으며 또한 일본 경시청은 7월 12일 미사일 개발에 전용 가능한 기기를 북한과 이란 등지에 불법 수출한 혐의로 세이신 사장 등 5명을 체포하였다.

다) 해외 송금 규정 준수에 대한 감시 강화: 재무성은 금융기관의 송금상황을 직접 확인, 테러 자금에 대한 정보수집도 강화, 3천만엔을 초과할 경우 재무성에 보고 의무화하였다.

라) 경수로 사업 중단: 미국 중단, 일본은 중재안으로 일시 중단하고자 예정하고 있다.

바) 정보 수집 분석 능력을 강화: 미국과의 협력하에 이지스함의 동해 파견 및 AWACS의 전개 및 운용체제 강화, 정보수집 위성 2기를 발사, 8월에 2기를 발사, 방위청 정보본부의 확충 움직임, 국가안보회의(NSC) 상설 조직의 신설 추진

둘째 북한의 위협에 대비한 법률 정비를 가속화하고 있다.

가) 일본 자민당의 대북 독자 제재법안의 추진30): 금년내에 본회의

---

29) ≪朝日新聞≫ 2003年 7月 14日

에 법안이 제출될 것인지는 불투명하지만 일본 정부는 일본의 현행 '외환, 외국무역법'상 송금, 무역을 정지하기 위해서 대북 제재의 독자적인 법안을 계획하고 있다.

나) 유사법제의 통과: 무력공격사태법안, 자위대법 개정안, 안전보장회의 설치법 개정안 등 3개의 유사관련법안을 6월 통과시켰다.

다) MD의 실전배치 구상: 미사일 방위에 대해 일본의 이시바 방위청장관은 2002년 12월 럼스펠드 미 국방장관에게 개발, 배치 단계로 이행할 것을 전격 합의하였다.

셋째 일본의 독자적인 국제적인 노력도 적극적으로 실시하고 있다.

가) 비공식 회담 개최를 통한 대화의 돌파구를 모색: 뉴욕에서 북한대표부의 차석 대사와 일본측의 야마모토 유엔공사가 회담에 참석, 북한의 핵프로그램과 일본인 납치문제 등을 논의를 진행시키면서 핵문제와 납치문제를 연계하고자 노력하였다.[31]

나) 제 2차 정상회담설: 일본 정부내에서 9월의 북한 재방문 검토설이 제기되면서 후쿠다 관방 장관은 핵문제와 납치문제의 개별 분리의 해결 가능성을 이례적으로 언급하였다.[32] 모리 전수상도 9월 외유설을 발설하였다. 이는 납치문제를 해결할 경우 총재 재선 가도는 물론 정권 지지율을 높일 수 있는 카드로 생각되었기 때문이다.

다) 북한 핵문제 해결을 위한 일본 포함한 다자주의: 일본은 당분간 유엔 안보리를 통한 북한 핵문제 해결보다는 자신이 포함되는 다자주의적 해결을 지향하고 있다.

---

30) ≪朝日新聞≫ 2003年 7月 17日
31) ≪朝日新聞≫ 2003年 7月 11日
32) ≪朝日新聞≫ 2003年 7月 8日

4. 6자 회담과 일본

일본의 대북정책의 적극적인 측면은 6자회담에서 잘 나타나고 있다. 6자 회담에서 일본은 미국이 주도하고 있는 북핵문제의 해결 뿐만 아니라 자국에 직접 위협이 되는 탄도 미사일과 일본 납치문제를 포함시키고자 하는 독자적인 이해관계를 가지고 있다.

이를 해결하기 위해 일본은 핵문제와 미사일 문제에 대해 미국과의 연계를 강화하면서 북한을 압박하는 국제적인 포위망을 형성하고자 하였다. 즉 미국과 함께 압박을 강화하여 북한이 다국간 협의를 받아들이게 하여 핵문제가 심각해지기 전에 외교적인 해결의 실마리를 풀고자 하였다. 일본 정부는 미국이 압박을 강화할 것을 대비하여 일본도 이에 대처하여 가는 것이 이익이라는 판단을 가지고 있었다. 앞에서 살펴본 바와 같이 일본은 북한의 핵개발의 자금원을 금지시키기 위해 미사일 관련 물자 및 마약 위폐 등의 검문과 검사를 강화하였다. 국내적으로는 만경봉호 등의 북한 선박에 대하여 안전 검사를 엄격하게 실시하면서 북한으로의 위법 수출 규제를 강화하였다. 또한 외환법의 해석을 변경시켜 국제연합의 결의나 다국간 합의가 없더라도 미일 양국의 협의하에서 무역, 송금 정리를 할 수 있도록 대응책을 마련하였다. 이러한 압박은 북한 핵문제를 다국간 협의의 틀로 끌어들이는 수단으로 사용하고자 하는 것으로 이것은 일본의 기본적인 입장이라고 볼 수 있다.

일본은 일본 자신이 한반도 문제를 해결하기 위한 다자회담에 포함됨으로서 한반도 문제와 북일 관련 현안 해결에 자국의 이해를 반영하려는 생각을 가지고 있으며 이는 이번의 6자회담을 통해 성사될 수 있었다. 6자 회담에 대한 일본의 참여는 일본이 국제 문제 해결에 기여한다는 인식을 국제사회에 심어줄 수 있는 계기가 될 뿐만 아니

라, 동아시아에서 일본의 정치적인 영향력을 확보할 수 있는 찬스가
될 수 있다.

이번 6자 회담에서 일본은 납치문제를 양국간의 협의 사항으로 삼
았고 미국의 기조 발언에서 납치문제를 언급함으로서 나름대로 국제
적인 여론 형성에 있어서도 성공적이라고 볼 수 있다. 이는 일본이
미국을 비롯한 각국에 적극적인 외교를 펼침으로서 가능하였다. 즉 5
월 미일 정상회담에서 납치문제에 대해 미국의 이해를 도모하였을
뿐만 아니라, 한국, 중국, 그리고 서구의 국가들에게 조차 납치문제에
대한 적극적인 설득을 펼쳤기 때문이다.

일본은 핵, 미사일 문제, 그리고 일본인 납치문제의 전면적인 해결
을 요구하면서, 납치문제는 북일 양국간의 협상과제로 진행하지만 미
사일, 핵과 함께 포괄적으로 해결하여야 한다는 입장을 취하고 있다.
납치문제를 포함한 포괄적인 해결을 하지 않고는 국교정상화에 응할
수 없으며 북한에 대한 경제협력과 지원은 북일국교정상화 후에 할
수 있다는 입장을 취하고 있다.

일본이 6자 회담 전에 미국과 한국에게 제시한 포괄적인 해결안의
구체적인 내용은 북한에 대해 우선 핵병기 개발의 단념, 핵시설의 해
체, 보유하고 있는 핵 병기의 폐기, 납치문제의 해결, 탄도 미사일의
발사와 수출의 중지의 5개 항목을 요구하고 있다. 일본이 북한에 제
공할 수 있는 것으로서는 북한에의 불가침 확약, 에너지 지원, 식량지
원, 중유제공, 북일국교정상화 교섭의 5개 항목을 제시하고 있다. 일
본은 5개항목의 요구가 달성되는 시점에서 점차적으로 제공가능한 5
항목을 실시하는 방식을 상정하고 있다. 납치문제의 해결과 북일국교
정상화 교섭의 개시에 대해서는 6자 회담에서 북한에 제시한 후 실질
적으로는 양국간의 협의를 하여 6자 회담과 병행하여 나아갈 방침이
다.

일본은 이번 6자 회담에서 일본인 납치 문제가 일본과 북한 양국간

의 과제로 생각하면서도 다루어지지 않을지도 모른다는 위기감을 가지고 있었다. 핵문제로 6자 회담이 진행되면 이를 계기로 양국 협상을 통해 납치문제 해결의 계기를 삼고자 하였다. 따라서 일본 정부는 납치문제를 6자 회담 의제로 올려 국제적인 여론 형성을 통하여 적어도 '납치문제의 국제화'를 유도하고자 하였으며, 동시에 양국 협상의 계기를 마련하고자 하였다.[33)]

이에 대해 북한은 납치문제에 대해서는 해결이 된 문제라고 주장하면서 6자 회담의 의제로 삼는 것에는 극구 반대를 하였다. 북한의 입장에서 본다면 납치문제가 의제로 채택된다면 각국으로부터 해결을 요구받을 가능성이 높으며 핵문제 교섭에도 영향을 받을 수 있기 때문에 북한은 핵을 최우선시하고 일본인 납치문제는 거부하려고 하였다. 그러나 일본의 끈질긴 노력으로 인해 미국이 '납치문제에 대해 일본과 인식을 공유하고 중국이 중재하면서 북한은 양국 협상을 받아들이지 않을 수 없었다. 북한이 양국 협상을 받아들인 이유는 납치문제가 북한의 약점인 동시에 일본의 경제적인 지원을 받을 수 있는 협상 카드이기도 하였기 때문이다. 이점에서 이번 6자 회담에서는 북한과 일본은 종전의 주장을 되풀이 하여 협상은 진전하지 못하였지만 앞으로 협상의 실마리를 마련한 셈이다. 북한은 궁지에 몰리게 되면 납치카드를 활용하여 일본으로부터 경제적인 지원을 얻고자 할 것이며 일본은 이것이 북한에게 활용할 수 있는 강력한 외교 카드이기도 하기 때문이다. 일본은 6자 회담이 진전되더라도 일본의 협력이 없이는 북한에 대한 경제적인 지원이 어렵다는 것을 알고 있기 때문에 6자회담의 진전 현황을 보면서 납치문제와 앞으로 북일국교정상화를 유리하게 이끌어 가기 위한 사전 작업을 하고 있는 것이다.

---

33) 진창수, 2003.9 <6자 회담과 일본> ≪정세와 정책≫ (세종연구소)

5. 고이즈미 수상의 제 2차 평양 방문의 배경과 평가

2003년 5월 고이즈미 수상의 제 2차 평양 방문은 외교적인 관례에서도 이례적일 뿐만 아니라, 국내적으로도 반대가 많은 가운데 이루어진 대담한 정치적인 결단이었다. 무엇보다도 놀라운 점은 북한문제에 대한 미국의 강경정책이 지속되는 가운데 납치문제에 대해 미국의 사전 동의를 얻지 못한 채 방문이 이루진 것이다. 또한 앞에서 살펴본 바와 같이 2002년 9월 제 1차 평양 방문 이후 형성된 일본의 대북 압박 정책이 납치피해자 가족의 귀환으로 완화될 계기가 생긴 것이다. 이로 인해 핵문제 해결을 위해 미국이 유지하고 있는 강경정책에 틈새가 생길 가능성이 나타났다.

이 점에서 고이즈미 수상의 방문에 이해할 수 없는 몇 가지 점이 존재한다.[34] 우선 시기의 문제이다. 젠킨스씨의 귀국문제와 10명의 행방불명자에 대한 정확한 처리방침이 정해지기도 전에 평양방문을 서두른 점이다. 둘째, 젠킨스씨의 신병 인도에 대해 미국으로부터 확약을 얻기 전에 고이즈미 수상이 '내가 보증한다고'한 문제이다. 이는 미일간의 법해석을 둘러싸고 갈등의 소지가 있음에도 불구하고 고이즈미수상이 이를 무시한 결과가 되기 때문이다. 셋째, 행방불명자 10명에 대해 북한에 충분한 요구와 교섭이 이루어지지 않은 문제이다. 재검사를 할 것이라는 김정일 위원장의 약속은 너무나 애매하고 신용하기 힘들기 때문이다. 넷째, 핵문제에 대해 고이즈미 수상이 국제사회의 의견을 강하게 전개하지 못한 점이다. 미국과 밀접한 관계를 가지고 있는 고이즈미 수상이 이러한 기회를 잘 이용하지 않는 것이다.

따라서 고이즈미 수상이 평양 방문을 강행하게 된 이유는 국내 정

---

34) ≪朝日新聞≫ 2004年 5月 29日

치와 일본 외교의 적극적인 측면에서 찾아볼 수 있을 것이다. 우선 고이즈미 수상의 국민연금 미납과 미가입 문제의 비판을 피하기 위한 전략이었다. 7월 참의원 선거를 앞둔 상태에서 국민연금 미납문제가 일본 정계의 관심의 대상이 되어 고이즈미 수상의 정치적인 입지를 매우 어렵게 하였다. 예를 들어 고이즈미 수상의 방북이 결정된 5월 14일은 일본 국내정치에서 논쟁이 되고 있는 국민연금 문제와 관련하여 오자와 이치로 민주당 의원이 민주당 대표직을 고사한 날이었다. 방북을 통한 납치문제의 해결은 고이즈미 수상의 리더쉽 회복에도 기여할 것이라고 판단하였다고 추정할 수 있다.[35]

둘째, 납치문제에 대한 일본 언론의 비판적인 보도의 지속은 고이즈미 수상으로는 정치적인 부담이 되지 않을 수 없었다. 일부 언론들은 북한에 대해 계속해서 비판을 하면서 납치피해자 가족 8명의 무조건 귀국문제 및 행방불명자 10명의 재조사 문제의 해결을 촉구하였다. 이러한 국내의 공세를 상쇄시키면서 국민 지지율 향상시키기 위한 전략적인 의도에서 평양을 방문하였다고 할 수 있다.

셋째, 일본이 한반도 문제에 일정한 역할을 수행하면서 일본의 역할을 선전하고자 하는 전략적인 의도도 포함되어 있다. 동북아 지역에서 중국과 주도권 경쟁을 하고 있는 일본의 입장에서 본다면 중국이 6자 회담의 성사 등 한반도 문제와 관련하여 적지 않은 역할을 전개하고 있는 점이 일본으로서는 못마땅하였다. 또한 북핵문제가 일본의 납치문제와 별개로 어떠한 형태로든 결착을 보게 된다면 일본만 북일 국교정상화의 해결을 강요당하는 상황에 빠지게 될 것을 우려하였다. 제 2차 평양 방문을 통하여 일본인 납치문제를 해결하면서 장기적으로 북미관계의 중재역할을 수행하고자 하는 전략적인 의도를 가지고 있었다.

---

35) 신정화, 2004.6 <고이즈미 수상의 2차 방북> ≪정세와 정책≫ (세종연구소)

이러한 점에서 제 2차 고이즈미 평양 방문에 미국은 불편한 심기를 나타내고 있지만 고이즈미 수상이 의도하는 국내 정치용과 일본의 국제적인 역할을 인정한 것 같다.36) 이러한 점에서 고이즈미 수상의 제 2차 평양 방문을 미국과의 관계를 해치면서까지 일본이 독자적인 행동한 것이라고 판단할 수는 없다. 9.11 테러 이후의 일본은 세계 어느 국가보다도 미국과의 동맹관계를 돈독하게 하였기 때문에 그 속에서 나타난 일본의 자율적인 외교의 확대로 이해하여야 할 것이다. 그렇지만 제 2차 평양 방문은 고이즈미 수상이 납치문제 해결에 집중함으로써 일본의 중재적인 역할 확대로는 이어지지 않았다.

이번 평양방문은 제 1차 평양선언의 정신을 재확인하고 국교정상화 협상의 재개에 합의한 것으로 한정되었다. 이에 북한 측은 납치피해자 잔류가족 8명중 5명을 고이즈미 수상의 귀국에 동행시켰다. 귀국을 거부한 젠킨스씨와 그의 딸 2명은 베이징에서의 재회를 약속하였다. 또한 행방불명자 10명에 대해서는 진상규명을 위한 재조사를 할 것을 약속하였다. 핵, 미사일 문제와 관련해서는 평양공동선언의 준수에 대한 재확인을 하였다. 이에 따라 고이즈미 수상은 평양선언이 지켜진다면 경제제재조치의 발동은 없을 것이라는 입장을 분명히 하였다. 게다가 인도적 차원의 지원으로서 국제기관을 통해 25만 톤의 식량 원조와 1천만 달러 상당의 의약품을 지원 할 것도 표명했다.

고이즈미 수상의 평양방문 결과에 대해 일본 국민들은 긍정적 평가를 하였다. 즉 아사히 신문 등이 실시한 여론조사에서 일본 국민들의 약 62% - 67%가 1) 국교정상화 교섭 재개의 계기를 만들고, 2) 납치 피해자 5명과 함께 귀국한 고이즈미 수상의 노력을 긍정적으로 평가 했다. 이에 40%대로 하락하였던 고이즈미 수상의 지지율은 54~58%로 상승하였다.37)

---

36) ≪朝日新聞≫ 2004年 5月 25日
37) ≪朝日新聞≫ 2004年 5月 25日

그러나 일본 국내의 상황으로 인해 북일관계가 순탄하게 진행될 것이라고는 예상되지 않는다. 우선 납치자 가족회 및 납치의원연맹을 중심으로 한 부정적인 견해가 일본 국민들의 정서에 강하게 남아있기 때문이다. 납치자 가족회를 중심으로 한 비판적인 세력은 고이즈미 수상이 북한의 교묘한 외교에 넘어감으로써 북한만이 이익을 챙겼다고 주장하고 있다. 이들은 행방불명자 10명에 대한 실질적인 진전이 없음에 대해 분노를 표시하였으며 일본의 대북 카드인 경제제재조치를 발동하지 않는 것은 최악의 외교라고 비난하고 있다. 많은 국민들이 이들의 주장에 감정적으로 동조하고 있으며 일본 국민들이 아직도 북한에 대해 불신을 하고 있다. 그 때문에 북한의 행방불명자 조사에 대해 어느 정도까지 신뢰할 것이며 이를 납득할 수 있느냐의 문제는 여전히 뜨거운 감자로 남아있다. 앞으로 북일간의 협상에서도 납치문제는 여전히 걸림돌로 작용할 가능성이 높다.

둘째 고이즈미 수상은 제 2차 평양 방문에서 '평양선언이 지켜진다면 경제재제조치 발동은 없다'라고 분명한 입장을 밝혔지만 이것이 일본 정치권 내에서 얼마만큼 지켜질 것인가의 문제가 남아 있다. 예를 들어 5월 26일 자민당, 공명당, 그리고 민주당 3당은 북한 선박 등의 일본 입항을 거부할 수 있는 '특정선박 입항금지 특별조치법'을 수정 합의함과 더불어 곧 국회에서 통과시킬 움직임을 보이고 있다. 이는 일본 정치권이 '대화와 압박'을 대북정책의 기조로 변함없이 유지할 것을 가시적으로 표명한 것이다.[38] 따라서 북일 수교교섭이 진행되더라도 교섭과정에서 일본은 납치문제에 대해 집요하고 강력하게 문제를 제기할 것이고 북핵문제에 대해서는 미국과 같이 보조를 맞추면서 북한에 유리한 교섭을 하려고 압박정책을 계속할 가능성이 높다. 이에 대해 북한은 항의할 것이며 이것이 북일교섭의 갈등을 초래할 가능성이 높다.

---

38) 배정호, 2004.6.1 <고이즈미 총리의 제2차 평양방문> ≪국제이슈해설≫

VIII. 북핵문제 해결을 위한 일본의 대북 정책 전망

지금까지의 논의에서 살펴본 바와 같이 북·일관계는 국제정치적인 변수, 국내정치적인 변수, 그리고 양국의 협상전략이라는 요소가 동시에 복합적으로 나타나는 측면이 존재하였다. 그러나 1994년 제네바 북·미협상이 성공적으로 이루어진 이후 북·일관계는 북·일간 쌍무적 관계에 의존하는 측면이 강하게 나타났다. 특히 북한이 식량난과 경제난을 해결하기 위해 북·일협상에 적극적이었다는 측면을 살펴볼 때 일본의 국내정치적인 변수는 북·일관계 개선에 상당히 중요한 요인으로 작용하였다.

북·일관계에서 일본의 국내정치적 변수를 구체적으로 살펴보면 정치가 사이의 이해관계 차이와 외무성과 정치가 간 이해관계 차이가 뚜렷하게 나타났다. 수상을 비롯한 북·일관계를 추진하려는 유력 의원들은 북·일문제를 전후 청산과 자신의 업적으로 생각하면서 북·일관계 추진의 정당성을 확보하려고 하였다. 물론 이러한 정당성 안에는 북·일관계의 개선에 따른 기업 진출이 정치자금으로 연관될 수 있는 가능성도 존재하였기 때문이다. 이에 비해 일반 의원들의 입장에서는 자신들의 선거구에서 북한 이슈는 찬성보다는 반대가 설득력을 가질 수밖에 없었으며 북·일관계가 정치 이슈화되는 것 자체를 꺼리는 측면이 강했다. 따라서 대북감정이 악화될수록 북·일관계 추진파의 영향력은 약화되는 구조적인 측면이 존재하였다. 이와 동시에 북·일관계 추진파의 영향력이 약화되면서 외무성 중심의 관료 수준의 논의가 북·일관계의 중심축을 이루게 되었다. 따라서 외무성의 기본 생각인 미국의 정책과 보조를 맞추면서 점진적으로 진행하는 과정이 성립될 수밖에 없었다. 이러한 일본의 접근은 북한이 주장하는 일괄타결과 배치되는 측면이 존재할 뿐만 아니라, 북한으로

하여금 일본과의 수교협상 자체를 의문시하게 만듦으로써 결국 파탄과 갈등이 반복하여 나타나는 현상이 뚜렷해 졌다.

또한 2002년 북일정상회담을 계기로 한반도 문제에 일본이 영향력을 발휘할 수 있는 계기를 마련함으로써 한반도 안정을 위한 방정식이 복잡하게 되었다. 북한은 미사일 발사의 무기한 연기와 핵문제 해결이라는 미국의 관심사를 일본에 던졌고 일본으로서는 북미간 중재자로서의 역할을 어떻게 수행할 지가 앞으로 동북아 지역에 대한 힘의 향배에 영향을 줄 것이다.

일본의 한반도에 대한 영향력의 확대는 미일동맹체제를 견고히 하면서 한반도 긴장완화에 순기능적인 역할을 하고 있기 때문에 이시점에서 한국이 일본의 역할을 부정적으로 파악할 필요는 없다. 다만 한국은 미국의 대북 강경정책과 일본의 국내외적 필요성을 어떻게 조화시켜 나아갈 것인가에 관심을 집중하여야 할 것이다.

북핵문제에 대한 일본의 정책은 미국의 입장을 고려하면서도 북핵문제의 해결과 동시에 납치문제와 수교문제를 해결하기 위해 적극적으로 펼쳐지고 있다. 따라서 한국의 입장을 고려하기 보다는 미국의 입장에 따른 압박 정책에 동조할 가능성이 높으며 그 속에서 일본의 역할을 확대하고자 하는 왕복 운동이 지속될 가능성이 높다.

이러한 측면에서 일본 정부는 북핵문제가 일본이 포함된 6자회담에서의 조정과 각국간의 협의에 의해 진행하고 있는 것에 만족하고 있으며 이번 6자 회담의 전체적인 의의와 성과에 긍정적인 평가를 하고 있다. 그렇지만 6자 회담 전체회의 전후 열린 북·일 양국의 협상에서 일본 납치 피해자 가족 송환문제 등에 대한 일본 정부의 입장은 불만과 실망감에 다름아니다. 특히 대북 강경파인 아베 신조 관방장관은 납치문제에 대해 북한이 기존 입장을 고수한데에 분노를 표시하면서 "북한은 문제를 해결하기 위해 협상할 수 있는 나라"가 아니며, "북일 양자 접촉에서 많을 것을 기대할 수 없다. 이것은 시간 낭

비"라고 말하면서 대북 압박과 봉쇄에 대한 주장을 펼치고 있다. 이들은 부시 정권의 압박이 강화되고 북한에 대한 여론이 악화되면 될수록 일본정치권내에서 영향력을 확대할 가능성이 높다. 그렇지만 일본의 적극 외교가 가지는 독자적인 선택지와 행동반경은 넓지 않기 때문에서 6자회담에서의 일본의 정책은 미국에 적극적인 지지를 보내면서 한미일공조속에서 대북정책을 진행시켜 나아갈 것이다.

이러한 상황에서 한국은 일본의 역할에 대한 재인식을 할 필요가 있다. 한일간의 인식의 차를 줄이기 위해 일본의 대미관계를 정확하게 파악할 필요가 있으며 이에 따른 북핵 해법이 다시 재설정되어야 할 것이다. 미일동맹의 유지가 한미동맹의 유지 및 강화라는 한국의 국익에도 직접 기여한다는 인식하에 일본의 중재노력을 평가하여야 할 것이다. 즉 북핵 문제에 대해 한국의 입장을 일방적으로 요구하기보다는 미일 관계속에서 일본의 역할을 인정하면서 일본이 순기능적인 역할을 할 수 있도록 하여야 할 것이다. 현실주의적인 인식에 기반을 두면서 일본에 대해 지나치게 기대하거나 위험시하는 것은 지양되어야 할 것이다.

ABSTRACT

Direction of Reform in North Korean—Japanese Relations in the Post—Cold War Period

Jin, Chang-soo

The negotiations process between North Korea and Japan have taken place according the period and situation that are specific to changes in international politics, changes in domestic politics, and the politics of North Korean-Japanese agreements. In the early 1990s negotiations process, Japan deployed international pressure from South Korea, and the US was a key factor in their strategic dealings with North Korea. In comparison, North Korea emerged out of political isolation and took a more consolative approach with the goal of receiving Japanese economic support. However, with continued international pressure and firm position of Japan diplomatic missions, Japan was not able to effectively accept North Korea's compromising stance and adhered to its resolute position.

After the breakdown of North Korean-Japanese talks in 1994, the Japanese domestic government started to take a more positive approach in its negotiations with North Korea despite international pressure. However, as the media aggravated the North Korean kidnapping of Japanese citizens, this incident and other factors worked to deteriorate any progress made in North Korean-Japanese negotiations. Further, interest in these negotiations dissipated as North Korea became preoccupied with realizing the North Korea-US agreements until 1994. After the signing of the 1994 Geneva Accords, although North Korea showed once again a desire to advance negotiations with Japan, they could not proceed further as a result of Japanese domestic politics. At this point, even though unfavorable international factors impeding North Korean-Japanese negotiations have to a certain extent disappeared, the difference in opinion between the two sides has caused a stalemate in negotiations. In this manner, the complicated negotiations process between North Korea and Japan has met with various difficulties and are unable to take the first step toward a resolution.

Keywords : North Korean-Japanese Relations, North Korean-Japanese negotiations.

야스쿠니 신사의 과거와 현재

김 성 보*

Ⅰ. 머리말

2004년 1월 1일, 고이즈미 준이치로(小泉純一郎) 總理는 취임후 4번째로 야스쿠니 신사(靖國神社)를 참배하였다.[1] 국내외의 비판에도 불구하고, 그는 총리로서 야스쿠니 신사를 매년 참배하겠다는 소신을 지키고 있는 셈이다. '야스쿠니(靖國)'는 본래 '국가를 평안하게 한다'는 뜻을 담고 있다.[2] 그런 야스쿠니 신사에 참배하는 것이 왜 이웃

---

* 연세대학교 사학과 교수
1) 고이즈미 총리는 1월 1일 전통의상 차림으로 신사에 도착하여 참배객 명부에 '내각총리대신 고이즈미 준이치로'라고 쓴 뒤 참배하였다(≪中央日報≫ 2004년 1월 3일자).
2) '靖國'이란 용어는 ≪春秋左氏傳≫ 僖公條의 용례에서 따온 것이다. 叔

국가들과 평화를 소망하는 일본 안의 비판적인 시민들에게는 '불안'을 안겨주는 것일까? 일본의 평안은 이웃 국가의 불안일 수밖에 없는가? 메이지유신 이후 1945년까지 일본의 근현대사는 自國의 安慰를 위한다는 명분 속에 이웃 국가들을 지속적으로 무력 침공하고 결국 스스로 파멸에 처하는 과정이기도 하였다. 自國의 평안을 위해 참배한다는 일본 공직자들의 행동에 이웃 국가들이 불안해할 수밖에 없는 소이이다.

제2차 세계대전에서 패배한 이후, 일본은 연합국이 구축해놓은 국제·국내질서 속에 안주하면서 사회안정과 고도의 경제성장을 구가할 수 있었다. 그러나 1980년대 이후 국제적으로 '냉전' 질서가 종식되고, 다른 한편으로 '잃어버린 10년'이라고 할 만큼의 장기불황을 겪은 일본으로서는 새로운 국가 체제, 새로운 국민적 정체성(identity)을 세워야 한다는 욕구가 분출하기 시작하였다. 야스쿠니 신사에 대한 일본 정치지도자들의 보다 과감한 참배 행위는 그러한 흐름의 한 가운데에 있다. 정치지도자들이 앞장서서 과거에 국가의 이름으로 사망한 자들을 추모하는 행동을 보임으로써만 국민의 애국심을 불러일으킬 수 있고, 그를 통해서야 일본의 국가적 단결이 가능하다는 생각이 일본 정계 및 사회 일각에 깊이 뿌리내려있기 때문이다.[3]

伯이 子文에게 "그대는 나라를 어떻게 하고자 하는가"라고 질문하자 子文이 "국가를 평온케 하겠다(靖國)"는 답변을 한 대목이다[小堀桂一郎, 1998 ≪靖國神社と日本人≫ (PHP研究所, 東京) 48~49].

3) 야스쿠니 신사 공식참배를 위해 적극적으로 활동해온 한 정치인은 다음과 같이 애국심을 중심으로 한 일본의 자기 정체성 회복이 야스쿠니 신사 문제에 연결되어 있음을 피력한 바 있다. "우리 나라는 경제적으로는 번영을 이룩했지만, 국가 존립의 基本에서 幾多의 缺落을 노정하고 있다. 특히 전통적 미풍인 선조와 선인에 대한 감사, 위령의 마음을 잃어버리고 있다. 그것이, 국가를 위해 향토를 위해, 그리고 가족의 행복을 위해, 국가의 위급존망에 際하여 존귀한 생명을 바치는 사람에 대하여, 敬仰·慰靈의 마음의 상실로 연결되어있다. 靖國神社 문제의 원점

국민국가를 기본단위로 하는 현 세계질서 속에서 대다수의 국가들이 '조국을 수호'하기 위해 싸우다 죽은 인물들, 또는 국가적으로 공헌도가 높은 인물들을 추모하는 추도시설을 가지고 있는 것은 사실이다. 대부분의 국민국가는 조국을 수호하기 위하여 싸우다 죽은 병사를 추모하는 기념비를 세우고, 그것에 공공적·의례적 경의를 표함으로써, 국민적 상상력을 자극하고 국민의 일체감과 친화성을 환기시킨다.[4] 야스쿠니 신사에 대한 공직자의 공식 참배를 보편화하고자 하는 일본의 정치·사회 인사들은 그러한 다른 국가의 추도의식에 일본이 이의를 제기하지 않듯이 다른 국가 또한 일본의 추도시설에 대해 간섭을 하지 않을 것을 요구한다. 야스쿠니 신사의 '護持'를 위해 앞장서고 있는 <英靈에 보답하는 會>는 야스쿠니 신사 참배문제는 일본의 "전통과 문화·道義에 관계된 純然한 국내문제이며, 다른 국가로부터 간섭을 허용할 수 없는 성질"이라고 반박한 바 있다.[5]

이에 대해 이웃 국가들과 일본 내부에서의 비판은 다음의 두 가지 방향에서 주로 나오고 있다. 한국·중국 등 이웃 국가들은 야스쿠니 신사 자체를 문제로 삼기보다는, 도쿄재판에서 A급 전범으로 처벌받고 사망한 인물 14명이 合祀되어 있는 이 곳에 공직자들이 참배를 하는 행위에 대해 문제를 제기하고 있다. 과거사에 대한 명확한 반성을 한 적이 없는 일본 정부가 침략전쟁을 주도한 인물들을 추모한다는 것은 침략전쟁의 역사를 합리화하고 또다시 군국주의화를 기도하는

은 결국 여기에 있다"[板垣正, 2000 ≪靖國公式參拜の總括≫ (展轉社, 東京) 357].

4) 屋嘉比收, 2002 <戰沒者の追悼と"平和の礎"> ≪季刊戰爭責任硏究≫ 36, 19. 베네딕트 앤더슨에 의하면 무명용사의 기념비처럼 특정인이 아니라 전사자 일반에 대해 공식적으로 의례적 경의를 표하는 행위는 전례를 찾아볼 수 없는 근대 민족주의의 산물이다[베네딕드 앤더슨 지음, 윤형숙 옮김, 1991 ≪민족주의의 기원과 전파≫ (나남, 서울) 25].

5) 板垣正, ≪앞 책≫, 349

것이라는 지적이다. 반면, 일본 내부에서의 비판은 주로 '평화 헌법'의 수호라는 맥락과 연결되어있다. 공직자가 종교시설인 야스쿠니 신사에 참배하는 것은 政敎分離의 원칙을 명시하고 있는 헌법의 정신을 위반하는 것이라는 비판이 있다. 그리고 보다 근본적으로는 이 神社가 天皇 또는 국가를 위해 죽은 자를 추모하는 시설로 존립하는 한, 그것은 또다시 전쟁을 뒷받침하는 내셔널리즘의 장치가 될 수 있으므로 부정되어야 한다는 견해가 있다.[6]

야스쿠니 신사에 대해서 일본 내에서는 이미 많은 연구성과가 축적되어 있으며, 한국에서도 이 문제를 총괄적으로 정리한 한 권의 단행본이 출간된 바 있다.[7] 이 연구는 지금까지의 풍부한 연구성과를 토대로 하면서, 야스쿠니 신사 문제를 역사적 맥락에서 파악함으로써 그 본질을 이해하고, 나아가 그 문제를 해결하기 위해 日本社會를 포함하여 이웃 국가인 한국·중국 사회가 어떠한 공동의 노력을 기울여야 할 것인지를 전망해보고자 한다. 일본의 내셔널리즘과 직결되어 있는 문제에 대해 단순한 '反日的' 비판보다는 과거사에 대한 엄정한 비판과 반성에 기초하여 동아시아의 평화 질서를 만들어가는데 한·중·일 3국이 어떻게 협조해나갈 것인가 하는 관점에서 야스쿠니 신사 문제를 검토하고자 함이다.

---

6) 후자의 견해를 잘 보여주는 글로는 高橋哲哉, 2003 <'靖國'문제의 諸相>('역사인식과 동아시아의 평화포럼' 도쿄회의 발표문)이 있다.

7) 노길호, 2001 ≪야스쿠니 신사─일본의 굴레≫ (문창출판사, 서울). 일본의 연구성과는 논문 말미의 주요 참고문헌 참조.

Ⅱ. 야스쿠니 신사와 천황제 · 제국주의 이데올로기

1. 성립과정과 특징

야스쿠니 신사는 메이지(明治) 정부가 內戰 중에 전사한 정부군을 위해 招魂祭를 지낸 데서부터 연유한다. 1868년 4월 28일에 초혼제를 거행하라는 취지의 문서가 전달되어, 6월 2일에 에도 성(江戶城)에서 초혼제가 실시되었다. 그 다음 해인 1869년 6월 29일에는 도쿄(東京) 규단자 카노우에(九段坂上)에 社殿을 가설하고 초혼제를 지냈다. 현재 야스쿠니 신사측은 이 해를 창립년도로 잡고 있다. 社殿이 완공된 때는 1872년 5월이다. 당시 명칭은 도쿄 招魂社였다.[8] 초혼제는 비명에 간 사람들의 영혼이 원혼이 되어 재앙을 일으키지 않도록 하는 제사로 일본의 전통적인 신앙인 神道 의식으로 거행되었다.[9]

1868년 5월에 교토(京都)에 있었던 메이지 정부의 行政官인 太政官府의 포고에는 초혼제의 대상이 '페리 내항'의 해인 1853년 이래의 '國事 殉難者'로 규정되었다. '페리 내항' 이후 幕末의 動亂 과정에서 메이지 정부의 수립을 위해 전사한 자들이 그 대상이었다. 이 때 '순난자'의 범주에는 반란군측은 제외되었으며, 오직 '皇軍'의 전몰자만 그 대상이 되었다. 이 포고는 또한 今後에도 황실을 위해, 즉 국가를 위해 '身을 捧한 자'를 합사 대상으로 밝히고 있다.[10] 야스쿠니 신사

---

8) 靖國神社 編, 2002 再版 ≪靖國神社誌≫ (靖國神社, 東京) 1~3 ; 小堀桂一郎, 1999 <日本人にとって '靖國神社'とは何か> ; 小堀桂一郎・大原康男, ≪靖國神社を考える≫ (日本政策研究センタ-, 東京) 3~4

9) 노길호, ≪앞 책≫, 21

10) 小堀桂一郎, <앞 논문>, 3~4

는 이처럼 창립 취지 자체가 황실과 국가(메이지 정부)를 위해 목숨을 바친 자들을 추모하는 데 있었다. 1877년 11월 도쿄 초혼사에서는 세이난 전쟁(西南戰爭)에서 정부군으로 싸우다 전사한 6,685명에 대한 임시 제사가 행해졌다. 도쿄 초혼사는 1879년 6월 軍의 의견을 받아들여 야스쿠니 신사로 명칭이 변경되었다. 초혼사라는 용어는 "在天의 영혼을 불러, 神饌의 享을 받는 장소"에 지나지 않는 것으로 여겨져 '국가를 평안케 한다'는 의미를 지닌 야스쿠니(靖國) 신사로 개명한 것이다. 이와 함께 야스쿠니 신사의 격을 높여 천황의 조상신이나 황족을 모시는 神社 다음가는 別格官幣社로 승격시켰다.[11] 야스쿠니 신사는 이 때부터 연합군최고사령부에 의해 하나의 종교법인으로 격하되기까지 별격관폐사의 지위를 누리게 된다. 이 신사를 관할하는 관청은 陸海軍省과 內務省 3성이었다. 제사와 재정 모두 이 3성이 분장하였다.[12]

　야스쿠니 신사는 그 성립과정에서부터 일반적인 근대 국민국가의 국립추도시설로 보기 어려운 몇 가지 두드러진 특징을 지니고 있었다. 첫째, 추모의 형식과 내용 양면에서 전통적인 신앙체계를 원용하여 그것을 국가적 충성 장치로 변형하였다는 점이다. 야스쿠니 신사의 교의는 일본인의 전통 신앙인 御靈信仰 또는 祖靈信仰에 뿌리를 두고 있다는 지적이 있다. 어령신앙은 생전에 원한을 가진 채로 죽은 사람의 원령이 역병을 비롯하여 여러 가지 재앙을 불러온다고 두려워하는 신앙을 말한다. 일본의 전통사회에서는 원령의 활동을 진정시키기 위해 御靈鎭祭가 행해졌다.[13] 또한 일본의 조령신앙은 조상, 지역공동체의 선조의 영혼이 수호신의 역할을 한다는 신앙이다.[14] 이

---

11) 所功 編, 2000 ≪ようこそ靖國神社へ≫ (近代出版社, 東京) 112 ; 노길호, ≪앞 책≫, 24

12) 小堀桂一郎, ≪앞 책≫, 30~34·139

13) 大江志乃夫, 1984 ≪靖國神社≫ [양현혜·이규태 옮김, 2002 ≪야스쿠니 신사≫ (小花, 서울)] 128~129

두 가지 신앙을 결합하여, 국가적 차원에서 죽은 자의 원혼을 위로하고 그 원혼이 수호신의 역할을 하게 하는 야스쿠니신앙이 형성되었다고 볼 수 있다.

　이 두 가지 전통신앙은 그 자체의 본질이 그대로 보존되면서 야스쿠니신앙으로 통합된 것은 아니었다. 어령신앙은 본래 억울하게 죽은 자의 원혼을 달래는 것으로서, 그 신앙을 그대로 따른다면 승리하여 국가적 공적을 세운 정부군보다는 오히려 패배한 반군의 원혼을 달래는 것이 순리이다. 그러나 야스쿠니 신사의 합사 대상에서 반군은 철저히 배제되었으며, 오직 정부군만이 추모의 대상이 되었다. 오직 황실과 국가를 위해 싸우다 죽은 자만이 대상이 된 것으로, 그것은 어령신앙의 계보에서 분명히 일탈한 것이다.[15] 조령신앙 역시 자신이 속한 마을과 같은 공동체 단위의 신앙을 오직 국가 단위의 신앙에 부합하는 한에서 통합한 것이었다. 이처럼 야스쿠니 신사의 의례는 전통신앙을 동원하되 그것을 국가의 요구에 의해서 변형한 것이었다.

　둘째, 야스쿠니 신사는 근대국가 수립과정에서 존재했던 다양한 갈등을 국민적으로 통합하는 국민국가적 추도시설의 성격이 결여된 채, 오직 국가, 황실을 위해 목숨을 바쳐야 한다는 국가주의적 추도시설로서의 성격을 지닌다. 이 점은 미국의 알링턴국립묘지와 명확히 대비된다. 이 국립묘지는 승자였던 北軍만이 아니라 패자인 南軍을 함께 매장하여 추모하고 있다.[16] 그에 반해 야스쿠니 신사는 오직 황실에 충성한 자만이 대상이 된다. 천황 아래에서 모든 일본국민은 '臣民'일 뿐이며, 그 '臣民'이 야스쿠니 신사의 祭神이 되는 길은 천황을 위해 명예롭게 전사하는 길밖에 없었다.

---

14) 조령신앙과 야스쿠니 신사의 관계에 대해서는 小堀桂一郎, <앞 논문> 7~8 참조.
15) 大江志乃夫, ≪앞 책≫, 130~131
16) 미국의 전몰자 추도시설에 대해서는 吉田俊, 2002 <アメリカにおける戰沒者追悼-その形態と機構の歷史的考察> ≪戰爭責任硏究≫ 36 참조.

2. 일본의 제국주의·군국주의 팽창과 야스쿠니 신사

메이지 정부는 국내적으로 체제를 확립한 다음 바로 대외적인 팽창 정책에 나섰다. 대륙세력과 서구 해양세력이 충돌하는 지점에 있었던 日本은 미국·영국 등 해양 세력의 이해를 충실히 반영하여 그 협조자가 되는 한편, 대륙쪽으로 진출하여 朝鮮과 淸, 그리고 러시아에 위협을 가하였다. 군사적 침략에 따라 전몰자가 증가했고 이러한 전몰자들은 야스쿠니 신사에 神으로 모셔졌다. 강화도사건과 임오군변 때 전사자와 巡査들도 메이지(明治) 천황의 지시에 의해 여기에 합사되었다. 조선 등 아시아 침략을 주창했으며 안세이대옥(安政의 大獄)때 처형당한 요시다 쇼오인(吉田松陰)과 하시모또 사나이(橋本左內) 등도 여기에 합사되었다.[17]

또한 침략 전쟁의 장기화와 더불어 침략 전쟁 동원을 위한 이데올로기 형성이 더욱 필요하게 되었다. 1939년 4월 각지에 세워졌던 招魂社는 護國神社로 개칭되었다. 護國神社는 각 道·府·縣마다 하나씩 마련하도록 하여 이미 지정된 34개 호국 神社 이외에 호국 神社가 없는 도·부·현의 중심지나 그 지역의 연대 본부 주변에는 호국 神社가 건립되어, 태평양 전쟁 말기에는 46개에 달했다.이로써 야스쿠니 신사를 정점으로 도·부·현의 護國神社, 市·町·村의 충혼비로 계열화되어 침략전쟁 동원체제를 위한 정신적 기반을 마련하였다.[18]

야스쿠니 신사에 합사된 사람들은 대부분 메이지유신 이후의 희생자로 몇몇을 제외하면 사회적으로도 그다지 알려지지 않은 사람들이다. 메이지시대 일본의 일반 국민이 국가가 받드는 祭神이 되는 길은

---

17) 山中恒, 2003 ≪すつきりわかる<靖國神社>問題≫ (小學館, 동경) 150·154. 임오군변 때 일본측 사망자는 12명으로 그 중에 반은 巡査였다.
18) 노길호, ≪앞 책≫, 25

오로지 야스쿠니에 합사되는 길뿐이었다.[19] 야스쿠니 신사의 祭神이 되기 위한 첫째 조건은 '텐노헤이카'(天皇陛下)를 위해 전사하는 것이다. 왕을 위해 전사하는 사람은 살아있을 때 어떠한 인물이었는가 등은 조금도 문제가 되지 않았다. '명예로운 戰死'만이 국가의 신이 되는 조건이었다. '명예로운 전사'의 판정 기준은 물론 정해져 있었지만 구체적인 개별적인 판단은 최종적으로 '텐노(天皇)의 의지'라는 형태로 결정되었다.[20]

생전의 신분과 상관없이 일단 天皇과 국가을 위해 사망하면 국민 모두가 떠받드는 祭神이 될 수 있다는 것은 국민적 통합과 국민의 전쟁 동원에 유효하였다. ≪靖國神社誌≫는 이 점을 아래와 같이 높이 평가하고 있다.

> 祭神 생전의 관직 신분등을 말하면 육군 소속, 해군 소속, 유신 전후의 殉難死節의 士, 지방관 경찰관, 公卿, 藩主, 士, 卒, 神職, 僧侶, 婦人, 農工商, 적어도 제국신민으로서 叡慮를 奉體하여 국가를위하여 충절을 抽하고 고결한 大精神을 발휘함에 있어 어떠한 귀천 상하의 차별이 없다. 우리 제신의 모든 계급 직업 대표임은 물론이다.[21]

신분상의 차별이 없었음은 사실이지만, 민간인으로서 야스쿠니 신사에 모셔지는 경우는 극히 일부에 불과하고, 대부분의 제신은 전쟁에서 전사한 군인과 군속들이었다. 아래 표는 2003년 10월 현재 야스쿠니 신사에 합사된 제신의 柱數이다.

일본이 치른 전쟁 가운데 일본 국내의 내전으로 사망하여 제신이 된 경우는 메이지 정부 수립 전후의 사망자 7,751명, 세이난 전쟁(西南戰爭) 등 6,971명 합계 14,722명이고, 그 나머지 245만 여명은 모두

---

19) 야스쿠니 신사에는 유골이 안치되는 것이 아니라 레이지보(靈璽簿)라고 부르는 사망자 명부가 보관된다.
20) 정일성, 2000 ≪황국사관의 실체≫ (지식산업사, 서울) 62
21) 靖國神社, ≪앞 책≫, 18

일본의 침략전쟁 과정에서 사망한 군인·군속들이다. 특히 중일전쟁기에 19만여 명, 태평양전쟁기에 213만여 명이 전사하여 합사되었다. 야스쿠니 신사는 곧 일본 침략전쟁의 역사와 맥을 같이하는 것이다.

〈표 1〉靖國神社 合祀者 사건별 柱數 (2003년 10월 17일 현재)

사 건	合祀者	사 건	合祀者
메이지유신	7,751명	제1차 세계대전	4,850명
西南戰爭	6,971명	濟南事變 (山東出兵)	185명
청일전쟁	13,619명	만주사변	17,176명
대만 침략	1,130명	중일전쟁	191,243명
의화단 사건 (北淸事變)	1,256명	태평양전쟁	2,133,885명
러일전쟁	88,429명	합 계	2,466,495명

* 자료 : <靖國神社槪要>(www.yasukuni.or.jp)

3. 야스쿠니 신사에 합사된 植民地民
-'대동아공영권' 논리의 희생자

야스쿠니 신사에는 일본인만 합사되어있는 것은 아니다. 야스쿠니 신사측은 외국인이라도 일본을 위해 희생된 자는 합사할 수 있다는 자세를 취하고 있다. 한 예로, 靖國神社 境內에는 '常陸丸殉難慰靈碑'라는 기념비가 있다. 이것은 러일전쟁 때, 러시아의 잠수함에 의해서 침몰된 수송선 '常陸丸' 乘組員의 위령비이다. 당시 일본과 영국은 동맹관계에 있어, 존 캠벨 선장 이하 약 120명의 승조원과 須知源次郎 陸軍中佐 이하 약 7백명의 일본인이 사망하였다. 이 때 사망한 영국 승무원들은 기독교도이기 때문에 祭神으로 합사하는 것이 이루어지지는 않았다. 그 대신 야스쿠니 신사측은 기념비를 세우고 공적을 칭하는 위령제를 매년 집행하고 있다. 그 외에도 本殿의 옆에는 1965년에 건립된 '鎭靈社'라는 시설이 있다. 여기에는 전 세계에서 일어난 사변, 전쟁에 의해 죽은 모든 경우를 제사지내고 있다.[22]

　외국인까지 가능하다면 합사한다는 야스쿠니 신사측의 자세는 일견 개방적인 것으로 볼 수도 있다. 그러나 문제는 실제로 이 神社에 합사된 외국인은 일본의 식민지 지배하에서 日本軍으로 출전하였다가 전사한 병사와 군속이 대부분이라는 점이다. 야스쿠니 신사에는 현재 타이완(臺灣) 출신자 2만 8천여명, 조선 출신자 2만 1천여명이 합사되어있다. 이들 중에는 일본이 행한 전쟁에서 'B·C급 전범'이 되어 사형당한 조선인 23명, 타이완인 26명도 포함되어 있다.[23]

　일제말기에 조선인은 일본제국의 신민으로서 신사참배를 강요당하였고, 일본군으로 참전하였다가 전사하여 야스쿠니 신사에 祭神으로 모셔지는 것을 영광으로 알도록 강제되었다. 조선인으로서 전범으로 처형되고 이 神社에 합사된 대표적인 인물로는 일본군 중장이었던 홍사익을 들 수 있다. 그 외에도 무수한 조선의 젊은이들이 '皇軍'으로서 사망하였다.

　일제말기에 조선인이 일본군으로 출전하였다가 사망하여 야스쿠니 신사에 합사되는 경우에는 언론 매체를 통해 '內鮮一體'의 영광스런 모범으로서 널리 홍보되었다. 예를 들어 1938년의 야스쿠니 신사 임시대제에서는 滿洲事變과 中日戰爭으로 사망한 倉永 小將 이하 4천여 柱를 합사하였는데, 그 중에는 邊益浩, 申景興, 金載根, 成周慶, 姜炳宣, 李道善 등 조선인 軍屬도 포함되었다. 이들 중 通譯으로 참전하였다가 사망한 성주경은 중일전쟁에서 최초로 사망한 조선인으로 기록되었다.[24] 이에 대해 당시의 한 언론매체는 다음과 같이 홍보하였다.

---

22) 所功 編, ≪앞 책≫, 100
23) 高橋哲哉, <앞 논문>, 5
24) 저자 미상, 1938 <靖國神社に祀られる半島生れの六英靈> ≪在滿朝鮮人通信≫ 49·50, 82

유족 및 관계자는 한결같이 宏大無邊의 皇恩에 感泣함과 함께, 右
6柱에 대해 滿腔의 敬意과 感謝를 捧하였는데, 6英靈은 어떻든 동양
평화의 聖戰에 참가, 左記와 같이 滿洲에서 北支에서 혁혁한 武勳을
남겨 명예롭게 戰死를 한 것으로서, … 이 같이 제1선에서는 皇軍으
로 몸을 바치고, 內鮮一心一體의 이상을 몸으로 궁행, 銃後에서는 개
벽이래 공전 미증유의 애국운동으로 全半島를 석권, 東亞의 수호는
내선일체 바로 철벽의 감을 느끼고 있다.[25]

일제말기에 조선인은 죽음이라고 하는 극단적 시련의 통과의례를
통해 내선일체의 황국신민으로 정식 인정받도록 강요받았다. 조선인
뿐만 아니라 일본의 지배하에 있었던 아시아인 상당수가 '대동아공
영권'의 수립이라는 명분하에 전쟁에 동원되었다. 야스쿠니 신사는
단순히 내셔널리즘을 고양하고 재생산한 것이 아니라 민족 단위를
뛰어넘는 제국 신민의 창조에 기여하였다. 조선인이 여전히 합사되어
있는 한 야스쿠니 신사의 의례는 제국의 그림자를 지울 수 없으며,
그렇기에 더더욱 단순한 일본 국내 문제일 수 없다.

옛 식민지출신자의 합사가 처음으로 문제된 것은 1978년 2월, 타이
완 관계자에 의해서였다. 1979년 2월에는 타이완 高砂族의 유족대표
단 7명이 야스쿠니 신사에 직접 합사 철회를 요구했지만 거절당했다.
야스쿠니 신사의 논리는 "전사한 시점에는 일본인이었기 때문에, 사
후 일본인이 아니라는 것은 있을 수 없다. 타이완에서도 대부분의 유
족은 합사에 감사하고 있다"는 것이다. 식민지 출신자의 야스쿠니 합
사는 살아서는 강제 징병, 죽어서는 강제 합사라고 하는 '이중의 강제
동원'이다.[26] 1965년의 한일기본조약 체결에 따라 한국과 일본간에
맺은 식민지지배와 관련한 조약과 법은 효력을 상실하였다. 이에 따
라 식민지하에 일본국적을 갖고 사망한 조선인이라고 해도 그의 유

---

25) 저자 미상, <위 논문>, 82
26) 高橋哲哉, <앞 논문>, 5

족은 일본인으로서의 법적 권리를 청구하지 못한다. 전쟁중 전사한 조선인의 유족은 일본국민의 자격으로 그에 대한 보상을 요구할 수 없다. 또한 한일기본조약이 체결될 때 재일 조선인은 '한일 법적 지위 협정'에 따라 일본 국적을 상실하였으며 '한국' 국적을 선택하거나 일본정부로부터 '협정 영주권'을 얻는 것만이 허용되었다.[27] 산 자에게는 일본국민이 누릴 권리를 주지 않으면서, 죽은 자에 대해서는 그 혼령을 '皇軍'의 굴레에서 벗어나지 못하게 하고 있는 것이다.

Ⅲ. 전후 야스쿠니 신사를 둘러싼 국내외적 갈등

1. 불씨를 남긴 전후 처리

1945년 8월 일본의 항복이후 점령정책을 담당한 연합국최고사령부 (GHQ)는 천황제를 정점으로 한 군국주의의 부활을 막기 위하여 國家 神道의 해체작업을 추진하였다. 12월 15일에 GHQ는 <國家神道, 神 社神道에 대한 정부의 보증·지원·보전, 감독 및 弘布의 폐지에 관한 건>이라는 이른바 <신도에 대한 지시>를 내렸다. 이 지시의 핵심은 神道를 하나의 종교로서 인정하되 그 국가적 성격은 해체시키는 정치와 종교의 분리에 있었다. 민간신앙으로서의 神道를 억압하지는 않지만, 이것이 국가적으로 동원되는 것은 막는다는 방침이었다. 이에 따라 神社도 강제 폐쇄하지는 않고 민간신앙시설로 인정하였다. 神社를 강제적으로 폐쇄하면 오히려 반발을 사 신앙을 강화시킬 염려가 있다는 이유에서였다.[28] 그러나 일본 사회의 통합적 역할

---

27) 윤건차, 2003 <식민 지배와 남북 분단이 가져다준 분열의 노래> ≪재일조선인 그들은 누구인가≫ (삼인, 서울) 21

28) 大江志乃夫, ≪앞 책≫, 42

을 하는 神道 그 자체를 해체시킬 경우, 사회적 혼란을 야기하고 그
것이 사회주의혁명에 유리하게 작용할 것을 우려하였던 데 보다 근
본적인 이유가 있었을 것으로 판단된다. 天皇을 전범으로 처리하지는
않되 神이 아닌 인간으로 선언하게 함으로써, 일본인들의 정신적 지
주로서는 계속 남도록 한 것도 같은 맥락에서 이해할 수 있다.

위의 지시에 따라 야스쿠니 신사도 하나의 종교법인으로 위상이
재정립되었다. 그러한 결정과정에 일본정부가 전혀 개입하지 못한 것
은 아니었다. GHQ는 야스쿠니 신사를 종교적 시설인 '하나의 神社'
로 남길 것인지, 아니면 비종교적이며 보편적인 전몰자 추도시설로서
성격을 바꾸어 존속시킬 것인지 그 방향을 일본정부에 문의하였다.
일본정부는 이 때 전자를 선택하였다. 일본 정부 스스로 야스쿠니 신
사를 국립 전몰자 추도시설로 유지시킬 수 있는 길을 부정한 것이
다.29) 그것은 곧 보편적인 근대 국민국가의 길을 걸어갈 수 있는 길
을 스스로 포기하고 비록 하나의 종교법인으로라도 神道를 지키고
그 안에서 전몰자 추도를 행함으로써, 天皇 중심의 정신문화를 계속
유지하는 길을 택하였음을 의미한다.

한편 야스쿠니 신사의 장래가 결정되지 않은 시점이었던 11월 19
일에 야스쿠니 신사측은 개개인의 명부를 작성하지 않은 채, 전몰자
전원을 일괄해서 모시는 임시제사를 거행하였다. 우메쓰 육군 대장을
제례위원장으로 하고 점령군 장교들이 참관하는 가운데 의례가 행해
졌다.30) 연합국이 손을 쓰기 전에 전사한 皇軍들을 최대한 합사하기
위해 예전과 달리 명부 작성도 안 된 상태에서 합사를 해버린 것이
다. 이 임시제사는 국가 신도 아래에서 야스쿠니 신사가 행한 최후의
제사였다.

---

29) 大江志乃夫, ≪위 책≫, 46
30) 노길호, ≪앞 책≫, 50~51

2. 야스쿠니 신사 國家護持運動과 공식참배의 길

야스쿠니 신사가 하나의 종교 법인으로 전락하자, 1947년 11월 17일 전몰자 유가족을 중심으로 결성한 '일본 유족 후생연맹' 및 그 후신인 日本遺族會는 야스쿠니 신사의 제사비용을 국가가 부담하도록 하여 사실상의 국립 시설로서의 위상을 회복하고자 노력하였다. 일본 유족회가 1963년 12월 21일 야스쿠니 신사 국가 보호를 촉구하는 전국적인 서명운동을 벌였을 때, 서명자 수는 1964년 4월 30일에 668만 명에 달하였다. 그러한 분위기 속에서 그 해 2월 21일 자민당 유가족 의원협의회 총회에서는 야스쿠니 신사 국가 보호[護持]를 결의했다. 야스쿠니의 국영화 움직임은 1969년 6월 30일 자민당 의원들이 야스쿠니 법안을 제61회 정기국회에 처음 제출하면서 더욱 본격화하였다.[31)]

자유민주당은 '靖國神社 國家護持'를 목표로 한 靖國神社法案을 黨議決定하고, 1969년부터 1974년까지 국회에 계속 제출하였다. 자민당이 국회에 제출한 '靖國神社法案'은 종교법인 靖國神社를 해산하고, 특수법인 靖國神社로서 국가가 관리하는 안이었다. 그러나 이 법안은 제대로 상정도 되지 않고 번번이 廢案되었다. 이 법안이 좌절된 첫 번 째 이유는 국회내의 사회당·공산당의 반대와 시민 사회의 반발 때문이었다. 그와 함께 또 다른 이유로는, 이 법안이 국가적 성격을 강화하기는 하지만 오히려 종교로서의 神道의 성격을 약화시킬 것을 일본유족회와 야스쿠니 신사측이 우려하였기 때문이었다. 당시 야스쿠니 신사 國家護持를 추진한 일본유족회는 야스쿠니 신사 측과 함께 다음의 國家護持 3원칙을 제시하였다.

---

31) 노길호, ≪위 책≫, 57~68

1. 靖國神社의 명칭을 바꾸지 않을 것.
2. 靖國神社의 전통적 의식행사를 바꾸지 않을 것.
3. 靖國神社의 시설 등의 모습을 바꾸지 않을 것.[32]

　　靖國神社法案의 법제화에서, 법제국측과 자민당측이 난항을 겪었던 것은 이 3원칙과 헌법의 政敎分離 규정의 정합성을 어떻게 도출해 내는가 하는 점이었다. 그러나 이상의 3원칙을 유지하면서 국영화할 수 있는 길은 찾기 어려웠다. 국가적 성격과 종교적 성격을 동시에 회복하고자 하는 시도는 헌법을 개정하지 않는 한 불가능하다.

　　야스쿠니 신사 국영화의 길이 좌절되자 야스쿠니 신사의 전전 위상 회복을 바라는 세력은 1978년에 <英靈에 보답하는 會>를 결성하여 '靖國神社 공식참배'운동을 추진하는 쪽으로 방향을 바꾸었다.[33] 그리고 1981년에는 <모두 靖國神社에 參拜하는 國會議員의 會>가 발족하였다. 이 모임에서는 그 해 4월 22일, 靖國神社春季例大祭에 197명이 참석하였다. 이 모임은 그 이후에도 춘계 대제, 8월 15일의 종전일, 그리고 년 3회의 靖國神社 昇殿參拜에 빠짐없이 참석하고 있다. <遺家族議員協議會>와 위의 두 단체는 서로 중복되지만, 2백여 명을 넘는 회원을 포괄하는 당내 유력 세력을 이루었다. 이 3단체는 야스쿠니 신사 공식참배의 실현을 위해 <靖國關係3協議會>로 합동하여 힘을 합쳐오고 있다.[34]

　　야스쿠니를 전후 최초로 참배한 일본 수상은 미키 다케오(三木武夫)였다. 그는 1975년 8월 15일 정부 주최로 열린 전국 전몰자 추도식에 '공인 자격'으로 참석했다가 추도식 종료 후 '개인 자격'으로 야스쿠니를 참배했다. 이어 후쿠다 다케오(福田赳夫), 오히라 마사요시(大平正芳), 스즈키 젠코(鈴木善幸), 나카소네 야스히로(中曾根康弘)와 역

---

32) 板垣正, ≪앞 책≫, 344~345
33) 板垣正, ≪위 책≫, 18
34) 板垣正, ≪위 책≫, 21

대 수상의 발길이 이어졌다.35)

전후에 일본 수상으로서 야스쿠니 신사를 '공식' 참배한 최초의 인물은 나카소네 야스히로(中曾根康弘)였다. 나카소네 내각은 1982년 1월에 성립하였다. 나카소네 수상은 그 해 1월 24일, 시정방침연설에서 '전후정치의 총결산'을 제창하고 나섰다. 그리고 4월 21일 靖國神社 春季例大祭에 참배하였다. 참배후 기자단의 질문에 대해 "내각총리대신인 나카소네 야스히로가 야스쿠니 신사의 영령에 감사의 참배를 하였다"고 답하였다. 이 발언은 공식 참배로 한 걸음 더 나아간 것으로 평가되었으나, 後藤田 官房長官은 "내각총리대신이라고 하는 말과 내각총리대신으로서라는 말은 약간 뉴앙스가 다르다. 정부의 입장은, 鈴木前內閣처럼 公私의구별을 말하는 것이 아니다. 종래와 변함 없다"고 밝혔다.36) 이 같은 모호함을 떨쳐버리고 나카소네 총리대신과 각료들이 명확히 공식참배를 단행한 것은 1985년 일본의 패전일인 8월 15일이었다. 자민당이 내건 야스쿠니 신사 공식참배의 공약이 실현된 것이다.37)

3. A급 전범 합사 문제

1978년 10월 17일 야스쿠니 신사측은 도쿄재판에서 A급 전범으로 처벌되었던 자들을 유족에게도 사전에 통고하지 않은 채 비밀리에 祭神으로 합사하였다. 이곳에 합사된 전범은 도조 히데키(東조英機)를 비롯한 처형자 7명, 마츠오카 요스케(松岡洋右) 등 미결 病死者 2명, 히라누마 기이치로(平沼騏一郞) 등 옥사자 5명 등 모두 14명이다.

---

35) 정일성, 《앞 책》, 65
36) 板垣正, 《앞 책》, 59~60
37) 板垣正, 《위 책》, 130~131

〈표 2〉 A급전범 합사자 명단

이름	생존기간	형량	조치 결과	주요 경력
도조 히데키 (東條英機)	1884~1948	사형	1948.12.23 교수형	육국대장, 수상
도히하라 겐지 (土肥原賢二)	1883~1948	사형	1948.12.23 교수형	육군대장, 만주사변 계획
히로다 고오키 (廣田弘毅)	1878~1948	사형	1948.12.23 교수형	외상. 난징대학살 사건 외교책임
이다가키 세시로 (板垣征四郎)	1885~1948	사형	1948.12.23 교수형	육군대장, 유군상, 조선군사령관
기무라 헤타로 (木村兵太郎)	1888~1948	사형	1948.12.23 교수형	육군중장, 미얀마 방면 사령관
마츠이 이와네 (松井石根)	1878~1948	사형	1948.12.23 교수형	육군대장, 특무기관장, 난징작전 지휘
무토 아키라 (武藤章)	1892~1948	사형	1948.12.23 교수형	육군준장, 난징대학살 계획
히라누마 기이치로 (平沼騏一郎)	1867~1952	종신형	1952년 가석방 사망	사법관료, 국무상, 내상, 무조건 항복 반대
고이소 구니아키 (小磯國昭)	1880~1950	종신형	복역중 사망	육군대장, 조선군사령관, 조선총독, 수상
우메즈 요시지로 (梅津美治郎)	1882~1949	종신형	복역중 사망	육군대장, 참모총장
시라도리 토시오 (白鳥敏夫)	1887~1949	종신형	복역중 사망	외교관 정보부장, 중의원 의원
마츠오카 요스케 (松岡洋右)	1880~1946	재판중 병사		외교관, 정치가
나가노 오사미 (永野修身)	1880~1947	재판중 병사		해군원수, 연합함대 사령관, 군령부총장
도고 시게모리 (東鄕茂德)	1882~1950	20년 금고형	복역중 병사	외교관, 정치가, 외상

* 자료 : 정일성, 2000 ≪황국사관의 실체≫ (지식산업사, 서울) 109~110·63

1986년 10월 17일 중의원 본회의에서 야당 의원이 A급 전범자 14명에 대한 야스쿠니 합사 과정에서 일본정부가 관여했는가 여부에

대해 질문하였다. 이에 대해 나카소네 총리는 "후생성이 神社측의 의
뢰에 근거해, 조위금이나 유족연금의 개정 상황 등에 대해 자료를 제
공해 온 것은 사실이다. 그러나 누구를 합사할 것인가 하는 것은 어
디까지나 神社측의 판단이며, 일반적인 조사 자료 제공 업무의 일환
이다"라고 답변하였다. 자료는 일본 정부가 제공했으나, A급 전범자
의 합사는 야스쿠니 신사측의 독자적인 판단이라는 설명이었다.[38]

위에서 언급한 나카소네의 답변대로 A급 전범 합사는 단지 야스쿠
니 신사측의 독자적인 판단이었을까? 이 점에 대해 정확한 판단을 내
리기 위해서는, 야스쿠니 신사 합사절차에 대하여 구체적으로 알 필
요가 있다. 1956년 4월 19일에 후생성은, <靖國神社 合祀事務에 관한
協力에 대하여>라는 通達을 보내, 都道府縣이 祭神의 選考를 행하도
록 조치하였다. 이 통지에 따라 후생성과 都道府縣은 選考한 제신을
<御祭神名票> 라는 카드에 기입하여 靖國神社에 보내고, 그것에 기
초하여 靖國神社는 제신을 합사하게 된다. 나카소네 총리의 답변처럼
형식적으로는 정부가 자료를 제공하고 야스쿠니 신사측이 이를 기초
로 하여 합사 여부를 최종 결정하게 되어있는 것은 사실이다. 그렇지
만 후생성과 都道府縣이 제공하는 자료 자체가 단지 전몰자 명단이
아니라 이미 '제신명표'라는 이름으로 야스쿠니 신사측에 제공되는
것이라는 점에서 戰後의 제신 합사는 야스쿠니 신사측이 주장하는대
로 '관민합작'에 의한 것으로밖에 볼 수 없다.[39] BC급전범으로서 죽
은 자들의 <제신명표>는 1959년부터 靖國神社에 보내졌고, 그 해에
최초의 합사가 이루어졌다. A급전범에 대해서는, 1966년 2월에 <제
신명표>가 神社에 보내졌다.[40]

---

38) 노길호, ≪앞 책≫, 180
39) 大原康男, 1999 <A級戰犯 '合祀'の眞實と'分祀論'の虛構>, 小堀桂一
郎・大原康男, ≪靖國神社を考える≫ (日本政策研究センタ-, 東京) 21
40) 大原康男, <위 논문>, 23

이 과정에서 유족들의 의사는 전혀 반영되지 않았다. 사후에 A급
전범 7명 중 6명의 유족은 分祀에 동의하였으며, 다만 도조 히데키의
유족만 합사에 반대하였다. 그러나 유족의 의견은 사후에도 무시되었
다.[41] 일본에는 죽은 자들의 영령을 모시는 문제에서 유족의 권한이
없는 것이다. 한편 야스쿠니 신사측은 이 명표를 받은 후에 상당기간
을 주저하였다. 그러다가 1971년 崇敬者總大會에서 合祀를 승인하였
고, 1978년의 秋季例大祭 前日의 靈璽簿奉安祭에서 합사되었던 것이
다. 이 사실이 세상에 알려진 것은 1979년 4월 19일 언론보도를 통해
서였다.[42]

이상의 내용이 사실이라면, 전범 합사가 야스쿠니 신사의 독자적인
결정이라는 나카소네의 답변은 외교적 마찰을 회피하기 위한 수사에
불과하다. 형식적으로는 神社측이 최종 결정하는 것은 맞지만, 후생
성이 <제신명표>를 보내고 그것을 대상으로 神社측이 최종 판단할
뿐이다. 전범을 <제신명표>에 포함하여 神社측에 넘긴데서 이미 일

---

41) 高橋哲哉, <앞 논문>, 2
42) 大原康男, <앞 논문>, 23. 야스쿠니 신사는 祭神의 성명을 기록한 '레이
지보(靈璽簿)'를 봉안하고 있다. 현재 靈璽簿奉安殿에는 和紙를 철한 2
천여 책의 靈璽簿가 봉안되어있다. 이 봉안전은 1972년에 昭和 天皇의
하사금으로 지어졌다(所功, ≪앞 책≫ 28). 한편 매년 8월 15일에 武道館
에서 행해지는 전국전몰자추도식에는, 천황이 참석하는 가운데, 총리
이하 각료가 參列하고, 衆參兩院 의장과 함께 총리가 식사를 읽고 전몰
자에 대한 위령, 추도의 뜻을 표한다. 그 식장에는 <全國戰歿者之靈>
이라는 標柱가 세워지는데, 그 '전몰자'라는 말은 전몰군인과 군속이라
는 靖國神社의 祭神만이 아니라, 공습 희생자 등이나 종전시에 민간인
자결자를 포함하여, 모든 전쟁의 死歿者라는 의미를 표하고 있다. 따라
서 관계있는 유족도 모두 추도식에 초청된다. 아울러, 그 추도식에는 A
급을 포함한 전범으로 처형된 쪽의 유족도 초대된다. 즉, A급전범도 전
국전몰자추도식의 慰靈의 대상에 포함된다는 것이다. 추도식의 주관관
청인 후생성으로서는, 후생행정의 일환으로 원호법과 恩給法에 기초하
여 제신을 選考하여 靖國神社에 통지함과 함께, 전범쪽도 포함한 형태
로 전국전몰자추도식을 거행하고 있다(大原康男, <앞 논문>, 25~26).

본 정부는 도쿄재판을 부인하고 별도의 역사관에 입각하여 전범을 처리하고 있음을 보여준다.

A급 전범 합사처럼 큰 외교적 문제가 되지는 않았지만, 야스쿠니 신사에는 이들외에도 BC급 전범 1천여 명이 쇼와순난자(昭和殉難者)라는 이름으로 합사되어있다. 전범들을 합사하고 이들을 '殉難者'로 부른다는 것은 도쿄재판의 정당성을 부인함을 의미한다. 야스쿠니 신사 당국자인 마쓰다이라는 A급 전범자가 합사되는 것에 대해, 아사히 신문기자와의 인터뷰에서 "이 건(A급 전범 합사)에 대해서 야스쿠니 신사는 일체 언급하지 않는다. 그러나 '도쿄재판 史觀'에는 찬성하지 않는다"고 언급하였다.43) 이들은 도쿄재판에서 전범으로 처벌당한 자들을 전범이 아닌 도쿄재판의 희생자로 생각하고 있는 것이다.

4. 야스쿠니 신사측의 역사의식

나카소네(中曾根康弘) 총리는 1985년의 자민당 연수회에서 "도쿄재판사관을 극복할 필요가 있다. 일본인의 아이덴티티를 확립할 필요가 있다"고 했고, 1988년 奧野 국토청장관이 중의원 豫決委에서 "도쿄재판은 승자가 패자에게 가한 징벌이다"라고 한 이래, 이 도쿄재판사관 또는 대동아전쟁사관이 일부 저널리즘과 보수 논객의 호응을 얻고 있다.44) 또한 야스쿠니 신사의 '國家護持'와 공식참배를 위해 활동하고 있는 <靖國關係3協議會>는 자민당 내에 <역사·검토위원회>(회장 야마나카 사다노리(山中貞則))를 설치하고 역사의 재평가와 교과서 개정을 위한 작업도 동시에 진행하고 있다.45)

---

43) ≪朝日新聞≫ 1985년 12월 31일자 ; 노길호, ≪앞 책≫, 181에서 재인용.
44) 민두기, 2002 ≪시간과의 경쟁≫ (연세대학교 출판부, 서울) 35
45) 김호섭 외, 2000 ≪일본우익연구≫ (중심, 서울) 237~238

야스쿠니 신사의 국영화 및 공식참배의 움직임과 역사의 재평가 작업은 밀접한 연관관계를 가지고 전개되고있다. 이 두 움직임은 패전 이후 연합국 점령하에 만들어겼던 평화·인권 지향의 역사관을 '도쿄재판사관'이라고 부정하는 대신, 태평양전쟁을 포함하여 일본이 메이지유신이래 벌여온 모든 침략전쟁을 정당화하고 그 전쟁과정에서 죽은 자들을 국민적으로 추모함으로써, 새로운 일본의 정신적 구심점을 만들고자 하는 동일한 지향점을 갖고 있다. 이 흐름은 더 나아가 연합국 점령하에 틀이 짜여진 현재의 '평화헌법'을 폐지하고 전쟁을 할 수 있는 국가로 나아가고자 하는 지향점을 가지고 있다. 그것이 가능하려면 국제적 외교마찰을 감수해야할 뿐만 아니라, 국내적인 비판의 힘도 약화시켜야 할 필요가 있다. 이는 과거의 전쟁을 긍정하는 역사의식의 확산을 통해서만 가능하다는 것이 그들의 판단이며, 이는 '자유주의 사관 연구회', '새로운 역사교과서를 만드는 모임' 등의 활동으로 구체화되고 있다.[46)]

야스쿠니 신사 경내에 있는 遊就館은 그러한 전쟁긍정의 역사의식을 각종 시각자료를 통해 제공해주는 역할을 하고 있다. 遊就館은 이 신사에 합사된 제신의 유품사료와 전쟁 관련 유물, 역사자료를 보존, 전시하기 위한 목적으로 1881년에 설립되었다. 1923년 關東大地震으로 파괴되어 철거되었다가 1931년에 재건된 것이 현재의 遊就館이다. 이 시설은 패전이후 외부기업의 사무실로 전용되었다가, 1986년에 재

---

46) 일본에서 확산되고있는 역사재평가 작업에 대한 비판적 연구로는 다음이 참고된다. 高橋哲哉, 1999 ≪戰爭責任論≫ [이규수 옮김, 2000 ≪일본의 전후 책임을 묻는다≫ (역사비평사, 서울)] ; 타와라 요시후미 저, 일본교과서바로잡기운동본부 역, 2001 ≪철저 검증 – 위험한 교과서≫ (역사넷, 서울) ; 일본교과서바로잡기운동본부·역사문제연구소 엮음, 2002 ≪화해와 반성을 위한 동아시아 역사인식≫ (역사비평사, 서울) ; 일본교과서 바로잡기 운동본부, 2002 ≪한·중·일 역사인식과 일본교과서≫ (역사비평사, 서울)

개관되어 오늘에 이른다.[47) 야스쿠니 신사의 공식 안내서인 ≪ようこ
そ靖國神社へ≫(所功 編, 2000, 近代出版社, 東京)에 의하면, 이 신사
는 영령들에게 祭儀를 치르는 것과 함께 "다음 세대를 담당하는 젊은
이들에게, 영령들이 남긴 事蹟을 통하여, 일본인으로서의 誇와 애국
심을 함양하는 교육적인 시설이 되도록 노력하겠다"고 밝히면서 인
터넷과 遊就館의 역할을 강조하고있다.[48)

　遊就館에는 '인간어뢰 回天'과 같은 각종 무기들과 전사자들의 유
서 등, 선동적인 느낌을 주는 전쟁 유물들이 주로 전시되어 있으며,
전쟁의 참상에 대해서는 전혀 자료 배치를 하지않고 있다. ≪위 책≫
에는 각 전시실에 대하여 설명을 해놓았는데, 야스쿠니 신사측의 역
사관을 명확하게 보여준다. 예를 들어 제1차세계대전부터 중일전쟁
까지를 다룬 전시실 ⑤에 대해서는 다음과 같이 설명문이 붙어있다.

　　　明治 이후에 일어난 전쟁은 어느 쪽도 어떠한 형태로든 러시아와
　　관련되어있다. 일본에게, 러시아는 최대의 위협이었다. 겨울에 얼지
　　않는 항구를 찾아서, 러시아는 끝없이 남하정책을 취했기 때문이다.
　　일본열도에 突出한 형태인 조선반도를 러시아가 남하하여 領有한다
　　면, 일본의 독립은 위기에 빠진다.[49)

　위 설명문에는 일본의 조선 지배가 自衛 조치인 것으로 묘사되어
있다. 러시아라고 하는 위협을 제거하기 위해 "일본열도에 돌출한"
한반도를 먼저 점령하였다는 논리이다. 자위를 위한 팽창과 침략의
논리는 제2차대전기의 태평양전쟁에 대한 설명으로까지 이어진다.
다음은 이른바 '大東亞戰爭'을 다루는 전시실 ⑥의 설명문 일부이다.

---

47) 靖國神社遊就館, 1997년 7판 ≪靖國神社 遊就館－社寶と戰沒者の遺芳≫
　　(靖國神社遊就館, 東京) 3
48) 所功 編, ≪앞 책≫, 101
49) 所功 編, ≪위 책≫, 92

　　근대 이후, 일본의 격정은 항상 러시아였으며, 일본 편에서 미국을
적시할 이유는 거의 없었다. 그런데, 태평양 건너 쪽의 일본이 근대국
가로 성장하고, 힘을 지니게(?) 되자, 미국은 강한 경계심을 가지게 되
었다. 그래서, … 일본의 행동을 간섭하게 되고, 가혹한 경제제재 끝
에 일본을 위기에 몰아넣었던 것이다. 일본은 최후까지 대화를 구하
였지만, 미국은 응할 태도를 보이지 않고, 역으로 헐 노트라 불리는
對日요구를 끄집어내었다. 이것은 사실상의 최후 通告이다. 萬策을
다한 우리나라는, 드디어 開戰을 결의, 昭和 16년 12월 8일, 미 영 등
에 선전포고를 하였다.[50]

　　메이지유신 이래 침략과 전쟁의 역사를 자위를 위한 역사로 설명
하는 방식은 특별한 것이 아니다. 그것은 대동아전쟁긍정론과 같은
논리 속에 일본의 전쟁 책임을 부정하는 ‘자유주의사관’의 논리를 그
대로 반영하는 것이다. 야스쿠니 신사는 단지 전몰자들의 죽음을 추
모하는 것이 아니라, 그 죽음을 낳은 전쟁 자체를 미화하고 그러한
전쟁이 또다시 일어날 때 다시 죽을 결의를 불러일으키는 군국주의
적 국민동원장치임을 부정할 수 없다.

Ⅳ. 대안을 찾아서

1. 일본내의 야스쿠니 신사 개선 · 개혁논의

　　총리의 야스쿠니 신사 공식참배, A급 전범 합사는 일본 국내외에
서 커다란 저항에 직면해있다. 한국과 중국이 총리의 참배에 대해 격
렬히 반대하는 주된 이유는 A급전범을 합사한 데 있었다. 특히 중국
정부로서는 난징대학살의 책임자인 무토 아키라(武藤章) 등을 합사한

---

50) 所功 編, ≪위 책≫, 94

야스쿠니 신사에 일본 총리가 참배하는 것을 중국에 대한 모욕으로
받아들이지 않을 수 없어 더욱 격렬히 비판한 바 있다.

　이 문제의 해결을 위해 일본의 정치세력 안에서도 마찰을 피하기
위한 논의들이 진행된 바 있다. 논의의 흐름은 야스쿠니 신사를 전사
자 추도시설의 중심으로 삼는 전제 위에서 마찰 요인만을 제거하자
고 하는 야스쿠니 신사 개선론과, 그와 달리 전면적으로 비종교적인
새로운 추도시설을 만들자고 하는 국립추도시설 별도설립론 두 가지
로 나뉜다. 시민사회와 학계에는 국립추도시설을 두는 것 자체를 반
대하는 견해도 있다. 어떠한 형태로든 국가가 전사자를 추모하는 것
은 또 다시 국민을 전쟁에 동원할 수 있는 기억의 장치로 작동할 수
있다고 보기 때문이다.[51]

　현재의 야스쿠니 신사를 전사자 추도시설의 중심으로 삼는 골격을
유지하되 외교적 마찰 및 헌법에 명시되어있는 정교분리의 원칙과의
충돌을 피하려는 개선안으로 대표적인 것으로는 1999년 8월 6일, 노
나카(野中廣務) 官房長官이 기자회견에서 제기한 'A급 전범 分祀論'
과 '靖國神社 특수법인화론'이 있다. 그는 야스쿠니 신사 문제에 대해
"국민이 국가를 위해 희생한 분들에게 애도의 뜻을 표하고, 수상을
비롯해 모든 국민이 마음으로부터 위령을 행하는 방식을 생각할 중
요한 시기가 아닌가"라고 문제를 제기하면서 분사론과 특수법인화의
방법을 제시하였다.

　야스쿠니 신사를 옹호하는 측에서는 이 두 가지 방안 모두에 대해
부정적으로 대응하였다. '영령에 보답하는 회'에서는 A급전범 분사론
에 대해서 8월 20일 다음과 같은 성명을 발표하여 분사론에 반대하였

---

51) 국립추도시설 자체를 반대하는 일본의 학자로는 大原康男, 島薗進, 高橋
　哲哉 등이 대표적이다. 국립추도시설 설치와 관련한 다양한 논의를 파
　악하는 데에는 國際宗敎硏究所 編, 2004 ≪新しい追悼施設は必要か≫
　(ぺりかん社, 東京)이 유용하다.

다. 다소 길지만 이들의 논리를 이해하기 위해 성명서의 주요 부분을
언급하면 다음과 같다.

> 도대체 'A급전범'을 포함한 '전쟁범죄인'이란 것은, 우리나라의 의
> 향과는 관계없이 연합국이 설치한 각지의 군사법정에서 일방적으로
> 재단한 사람들로서, 정식 호칭으로서는 우리나라에 존재하지 않는다.
> 법률용어로는 '억류 또는 체포된 자'이며, 사형·옥사는 '法務死'로
> 불리운다. 昭和 28년 8월의 제16차 특별국회에서 '戰傷病者戰沒者遺
> 族等援護法'을 일부 개정하고, 또한 그 후 수차에 걸쳐 '恩給法'을 개
> 정하고, 刑死·獄死者 등의 유족에게 扶助料를 지급하였으며, 또한
> 수형자 본인의 은급지급기간에 구금기간을 통산하는 등 '전범'을 범
> 죄인으로 취급한 것은 전혀 없다. 그렇기 때문에, 정부도 '전범'을 일
> 반 전몰자와 똑같이, 靖國神社의 祭神의 대상으로 選考하고, 그 '祭神
> 名票'를 靖國神社에 송부하고, 神社는 '昭和殉難者'로 모시고 있다.
> 이상과 같은 사실이 명확하므로, 中曾根內閣時代에 分祀工作이 좌절
> 했던 것이 아닌가.[52]

A급 전범의 分祀는 외교문제의 해결방안일 수는 있지만 그 경우
도쿄재판의 결과를 수용하는 셈이 된다. 야스쿠니 신사로서는 전쟁의
책임자들을 전범으로 부르는 것 자체가 잘못되었으며, 이 점은 일본
정부도 인정하고 있다는 논리에 입각하여 A급 전범 분사론을 부정하
고 있는 것이다.

노나카 官房長官이 A급 전범 분사론과 함께 제기한 야스쿠니 신사
특수법인화론은 "국가를 위해 희생한 자에 대해 국가가 책임을 지고,
종교를 묻지 않고 전체가 위령을 한다"는 취지를 담고 있다.[53] 이 방
안은 야스쿠니 신사에서 神道라고 하는 종교성을 분리하는 발상으로
서, 헌법에 명시된 정교분리의 원칙에 위배되지 않는 한에서 야스쿠
니 신사를 국가적 추도시설로 전환하려는 방안으로 보인다. 자민당이

---

52) 板垣正, ≪앞 책≫, 340∼341에서 재인용.
53) 板垣正, ≪위 책≫, 344∼345

국회에 제출했던 야스쿠니 신사 법안에 대해서조차 종교성의 탈각을 우려했던 야스쿠니 신사측으로서 이 특수법인화론은 더욱 수용하기 어려운 것이었다.

위의 두 가지 방안은 야스쿠니 신사측과 보수세력들에 의해 거부 되었지만, 사실 그 방안들이 실현된다고 해서 야스쿠니 신사 문제가 근본적으로 해결되는 것은 아니다. 일본정부가 침략과 전쟁의 과거사를 근본적으로 반성하지 않고 있는 상태에서 A급 전범만을 분사한다면 그것은 외교적 타협일 수는 있지만, 다른 전범들에 대해서는 면죄부를 주게 되는 문제를 안고 있다. 외교적 마찰을 막기 위해 A급전범만 다시 分祀하자는 이 논리는 뒤집어보면 그 외의 전쟁책임자들에게는 면죄부를 주는 논리로 연결되는 딜레마를 안고 있다.[54] 현재 야스쿠니 신사에는 일본의 내전과정에서 사망하여 합사된 柱數는 14,722명에 불과하며, 그 외에 태평양전쟁을 포함하여 침략전쟁 과정에서 사망하여 합사된 경우는 무려 245만여명에 달한다. 이들 중에 도쿄재판에서 사형을 당한 B·C급 전범 처형자 1천여 명이 포함되어 있음은 물론이다. 따라서 A급 전범만을 분사한다고 해서 야스쿠니 신사에서 침략과 전쟁의 역사를 배제할 수는 없는 형편이다.

이 같은 야스쿠니 신사 개선론과 달리, 일본내에서는 야스쿠니 신사와 별도로 비종교적인 국가의 전쟁희생자 위령시설을 설립하자는 논의가 전개되고 있다. 사회당은 <靖國別建論>의 주장자이며, 무명 전몰자 묘역인 지도리가후치(千鳥ヶ淵) 묘지를 그런 시설로 활용해도 좋다는 입장이다. 公明黨·創價學會는 神社를 인정하지 않는 입장에서 별건론을 주장한다. 자민당에서도 나카소네 수상이 총무회장 시기에 '나카소네 구상'으로서 제시하였다가 철회한 바 있다.[55]

일본에 전몰자 추도 시설로 야스쿠니 신사만 있는 것은 아니다.

---

54) 高橋哲哉, <앞 논문>, 2
55) 高橋哲哉, ≪위 책≫, 345~346

1952년의 샌프란시스코 강화조약 이후 일본 정부와 민간단체는 아시아, 태평양지역에서 전몰자의 유골을 수집하였는데, 이 유골을 안치할 시설이 필요하였다. 이에 정부는 1953년 12월 11일의 각의에서 무명전몰자 묘지를 건설할 것을 결정하였으며, 1956년 12월 4일의 각의에서 이 묘지를 야스쿠니 신사에서 멀지않은 지도리가후치에 마련하기로 결정하였다. 지도리가후치 전몰자 묘지는 1959년 3월 28일에 준공되었다. 이 곳에서는 후생성이 주관하는 공식 전몰자 추도식이 거행되는데, 천황과 황후도 참석한다. 외국의 국가 원수가 방문할 때 상당수의 국가에서는 이러한 무명 전몰자 묘지같은 추도시설에 참배하는 것이 관례이다. 1993년 10월 일본을 방문했던 러시아의 옐친 대통령은 지도리가후치 전몰자 묘지에 참배할 뜻을 일본측에 전했으나 실현되지는 않았다.56) 1998년 11월 일본을 방문한 중국의 江澤民 국가주석도 이 묘지에 참배하는 방안이 검토되었으나 실현되지 않았다.57)

야스쿠니 신사를 옹호하는 측에서는 이 전몰자 묘지로 인해 야스쿠니 신사가 상대화하는 것을 극히 경계하고 있다. 이들은 지도리가후치 묘지는 어디까지나 유골의 신원이 분명하지 않은 경우나 신원이 분명해도 유골을 인수할 유족을 찾을 수 없는 경우에 한해 유골를 매장한 것뿐이라고 평가절하한다. 미국의 '무명용사의 묘'의 경우 신원이 확인되지 않은 遺體 전체를 매장하면서 전사자 전체를 상징하는 의미를 부여했지만, 지도리가후치 묘지는 단지 무연고 묘지일뿐이라는 지적이다. 이들에게 '전몰자 추도의 중심 시설'은 오직 야스쿠니 신사일뿐이다.58)

현재 일본 정부에서는 야스쿠니 신사 개선론에서 더 나아가 별도

---

56) 노길호, ≪앞 책≫, 59~60
57) 大原康男, <앞 논문>, 30
58) 大原康男, <위 논문>, 30~32

의 국립추도시설을 세우는 방안을 모색하고 있다. 2001년 야스쿠니를 대체하는 비종교의 국립 위령시설 설치가 추진되어왔다. 2002년말 일본의 관방장관 자문위원회는 독일 베를린의 국립중앙전쟁희생자 추도소(노이에 바케 Neue Wache)를 참고로 해서, 군인뿐만 아니라 민간 및 외국인 전쟁 희생자도 함께 추모하는 시설을 구상하는 획기적인 안을 마련한 바 있다. 그러나 일본내 보수세력의 반대로 인해 여론화되지도 못한 채 사장된 상태다.59)

2. 전후 유럽의 국립추도시설을 통해 본 대안 모색

나까소네 총리는 1985년의 공식참배 전에 "미국에는 알링턴이 있고, 소련이나 혹은 외국에 가보면 무명 병사의 묘가 있는 등 나라를 위해 쓰러진 사람에 대해서 국민이 감사의 마음을 바칠 수 있는 장소가 있다. 이것은 당연한 일이며, 그렇지 않으면 누가 나라를 위해 목숨을 바칠 것인가"라고 말하면서 자신의 참배 행위를 정당화한 바 있다.60)

그의 지적대로 거의 대부분의 국가들에는 국가를 위해 희생된 자들을 추모하는 추도시설들이 있다. 국가적 추모 행위를 통해 애국심을 동원하고 국민적 통합을 추구하는 것은 일반적인 양상이다. 국민국가가 국립 추도시설을 갖는 것은 하나의 주권에 속한다고 할 수 있다. 중요한 것은 그러한 국가적 행위가 평화와 인권이라고 하는 국제적 규범과 조화를 이루고 있는가 하는 점이다. 국내외에서 심각한 마찰을 빚고 있는 일본과 달리 제2차 세계대전의 또 다른 책임자였던

---

59) 이종원, <고이즈미의 야스쿠니 신사참배> ≪한겨레신문≫ 2003년 1월 3일자
60) 高橋哲哉, <앞 논문>, 7

패전국 독일은 비교적 모범적으로 이 문제를 해결한 사례에 속한다. 통일 독일의 국립추도시설에 대한 검토를 통해 동아시아 평화의 실현이라는 대명제에 부합할 수 있는 일본 나름의 추도시설은 어떠한 조건을 갖추어야 하는가를 생각해보기로 한다.

동서독 통일 이후 독일에서는 1993년 11월의 '국민추도일'에 '전쟁과 폭력지배의 희생자들'을 위한 국립중앙추도소의 개소식이 열렸다. 베를린에 있는 이 추도소 건물은 본래 나폴레옹군과의 전쟁 승리를 기념하여 프로이센 왕 프리드리히 빌헬름 3세를 위해 세운 건물로서, 처음에는 근위병들을 위한 새로운 근무 장소로 사용되어 '노이에 바케(Neue Wache)'라는 명칭으로 불리고 있다. 이 건물이 전몰자 추도소의 기능을 가지게 된 것은 1931년에 오토 브라운 수상에 의해 제1차세계대전의 전몰병사를 위한 추도소로 사용되면서부터이다. 패전 이후 들어선 동독 정부는 1960년에 이 추도소를 '파시즘과 군국주의의 희생자를 위한 國立警告碑'로 성격을 바꾸어 재개하였다. 나치 하에 동원된 전몰 병사들을 위한 추도소가 아니라, 나치에 저항했던 반파시스트 해방운동가들 및 나치에 의해 희생된 자들을 추도하는 시설이었기에 다른 국가들과의 마찰은 없었다. 한편 서독에서는 수도 본에 전몰 병사와 희생자 모두를 추모하는 중앙추도소 설립을 구상하였으나 '화해'라는 명분 아래 '살인자'와 '희생자'를 구별하지 않는데 반대하는 여론이 강하여 실현하지 못하였다. 그러다가 통일 이후 콜 수상의 주도 아래 독일 정부는 '노이에 바케'에서 동독 시기에 설치된 시설들을 철거하고 전쟁과 폭력지배의 희생자 모두를 위한 추도시설로서 바꾸어 통일 독일의 국립추도시설로서 전환하여 현재에 이른다.[61]

'노이에 바케'의 입구에 새겨진 동판 설명문에 따르면, 전쟁에 의

---

61) 南守夫, 1994 <ドイツ統一と戰沒者の追悼—ベルリン・'ノイエ・ウアツヘ'>をめぐって>上 ≪季刊戰爭責任硏究≫ 6, 22~30

해 고통을 받은 민족들, 박해받고 목숨을 잃은 시민들, 세계전쟁의 전
몰 병사들, 희생된 유태인들, 혈통과 동성애로 살해된 사람들, 종교
적・정치적 신념을 위해 죽은 사람들, 폭력지배의 희생자들, 폭력지
배에 대항하다가 희생된 자들, 그리고 1945년 이후 전체주의적 독재
에 반항하다가 희생된 자들 등 독일현대사에 관련된 전쟁과 폭력지
배의 모든 희생자들을 추도대상으로 삼고있다.[62] 이 추도소의 두드러
진 특징은 국적과 민족을 불문하고 전쟁과 폭력지배의 희생자 모두
를 추도하는 데 있다. 이 점에서 '노이에 바케'는 국립추도시설이면서
도 국민주의적(내셔널리즘적)인 시설이라기보다는 반전 평화주의적
인 국립추도시설로서의 성격을 가지고 있다.

  '노이에 바케'에 대한 비판이 없는 것은 아니다. 베를린 유대인 평
의회 대표는 개회식 출석을 거부하는 등 '가해자와 피해자의 동렬화'
에 대한 비판이 있다. 또한 비문에는 죽은 자에 대한 '애도'가 있을
뿐, 새로운 전쟁의 부정은 없다.[63] 죽은 자를 차별하지 않고 모두를
화해의 정신 속에서 함께 추모한다는 발상은 과연 옳은가, 그른가?
침략 전쟁에 참여했던 전몰 병사들을 추모하는 것 자체는 있을 수 있
다. 그들도 '애국'이란 이름으로 전쟁에 동원되었다가 사망한 희생자
들일 수 있기 때문이다. 다만 그 추모는 그들 역시 희생자라고 하는
이해와 함께 그럼에도 불구하고 그들이 참여한 침략 전쟁은 결코 미
화될 수 없는 단죄 대상임을 분명히 함이 전제되어야 한다. 그래야만
전몰 병사에 대한 추모가 또 다른 전쟁 동원의 장치가 됨을 막을 수
있기 때문이다.

  통일 독일의 국립중앙추도소 '노이에 바케'를 시금석으로 삼아 볼
때, 일본이 야스쿠니 신사에 대한 집착에서 벗어나 진정으로 평화와
인권의 보편적 가치를 반영하는 국립추도시설을 설치・운영하려면

---

62) 南守夫, <위 논문>, 25
63) 高橋哲哉, <앞 논문> 7

다음의 다섯 가지 조건이 기본적으로 충족되어야 할 것으로 본다.

첫째, 또 다시 전쟁과 침략이 합리화되는 것을 막기 위해서, 추모 대상에서 전쟁과 침략을 주도한 책임자들(전범)은 배제하여야 한다. 둘째, 추모 대상은 일본인 전몰 군인만 아니라 일본의 침략과 전쟁으로 희생당한 국내외의 모든 영령으로 확대하여야 한다. 셋째, 유족은 죽은 자의 영령을 개인적으로 추모할지, 국가적으로 추모할지 선택할 수 있는 권리를 가져야 한다. 따라서 추도시설에 죽은 자의 성명을 밝히는 경우, 먼저 유족의 동의를 얻어야 한다. 넷째, 추도시설에는 전쟁과 침략의 과거를 반성하고 또 다시 그 같은 비극이 반복되지 말아야 함을 밝히는 내용이 可視化되어야 한다. 전쟁과 침략을 미화할 수 있는 일체의 시설이 들어서서는 안 된다. 다섯 째, 추도시설에는 정교분리의 원칙에 입각하여 國家神道的인 색체를 배제하여야 한다.

이상의 조건들이 갖추어질 때 비로소 국립추도시설은 또 다시 국가를 위해 국민을 침략과 전쟁에 동원하는 시설로 작동하는 것이 아니라, 전쟁과 침략의 잘못을 상기하고 평화와 인권, 그리고 생명의 소중함을 일깨우는 장소로서 자리매김될 수 있을 것이다. 한편으로 일본의 야스쿠니 신사뿐만 아니라 한국과 중국의 국립추도시설들도 이상의 조건을 충족시키지 못하는 점이 있는지 되돌아볼 필요가 있다. 현재 동아시아는 '냉전' 질서가 해체되고 있음에도 불구하고 이를 대신하는 새로운 평화의 질서를 창출하지 못하고 있다. 그러한 상황에서 동아시아 각국의 국민주의(내셔널리즘)은 국제적 규범의 틀을 벗어날 정도로 배외주의적인 방향으로 나아가고 있다. 국민주의(내셔널리즘)는 근대 이래 국민국가 단위로 유지되어오고 있는 세계질서 속에서 부정할 수는 없는 것이지만, 그것은 어디까지나 평화와 인권, 생명의 존엄성과 같은 보편적 가치와 조화를 이루는 한에서 통제되어야 한다. 그러한 맥락에서 3국의 국립추도시설 모두를 반성적으로 돌이켜보는 작업은 분명히 필요하다.

V. 맺음말

오늘날 대다수의 국가들에는 국가의 이름으로 동원되어 희생된 자들을 국가적으로 추모함으로써 국민주의(내셔널리즘)를 재생산하는 데 기여하는 국립추도시설을 갖추고 있다. 일본에는 그 같은 역할을 담당하는 국립시설이 현재 없으며 단지 하나의 종교법인인 야스쿠니 신사가 그 역할을 대신하는 상황이다. 그럼에도 불구하고 야스쿠니 신사에 대한 총리 등 공직자의 추모 행위는 국내외적으로 계속 논란이 되고 있다.

그 이유는 표면적으로는 야스쿠니 신사에 A급 전범을 비롯한 다수의 전범들이 합사되어 있기 때문이지만, 보다 근본적으로는 야스쿠니 신사의 설립 자체가 천황제 이데올로기와 직결되어있는 군국주의·제국주의의 산물이며, 미군정하에서 하나의 종교시설로 격하된 뒤에도 그 상징성 자체는 천황제와 결합하여 훼손되지 않은 채 현재에 이르고 있기 때문이다. 야스쿠니 신사에는 일제말기에 전쟁에 동원되었다가 희생당한 한국인·대만인들도 합사되어있으며, 이들의 分祀 요구를 야스쿠니 신사측은 거부하고 있다. 그것은 이 신사가 단순히 일본국민 자신들만을 위한 추도시설이 아니라 군국주의·제국주의의 역사를 긍정하고 재생하려는 욕구와 연결되어있음을 보여주는 하나의 증거이다.

유족의 동의와 상관없이 합사 대상을 국가가 독단적으로 결정해온 점에서 알 수 있듯이 이 신사는 산 자만이 아니라 죽은 자의 영혼까지 국가가 독점하는 국가주의의 재생산기구이다. 또한 전쟁 책임에 대한 반성의 문제와 국가를 위해 희생한 자에 대한 추도의 문제는 분리해도 좋다는 발상하에 A급 전범을 비롯한 전쟁 책임자들을 국가적으로 추도함으로써 제국주의의 역사를 긍정하고 있다.

어떠한 국민국가이든 국가를 위해 희생한 자에 대한 추도시설을 가지고 있는 것은 일반적이지만, 그것이 평화와 인권, 생명의 존엄성이라는 국제적·보편적 윤리에 입각한 반성이 결여된 채 유지된다면 이는 주변 국가에 대한 위협일뿐만 아니라 그 국가의 시민의 존엄성에 대한 위협일 수밖에 없다. 그런 점에서 일본 정부와 사회는 야스쿠니 신사를 국가적 추도시설로서 복귀시키려는 노력을 포기하여야 하며, 오직 이를 대신하여 평화와 인권, 생명의 존엄성이라고 하는 보편적 가치를 사상적 바탕으로 하는 별도의 추도시설을 설치하여야 한다. 그 길만이 일본이 밖으로는 신뢰받을 수 있는 선진 국가로서 발돋움할 수 있으며, 안으로는 일본 국민이 또 다시 전쟁에 동원되어 희생되지 않고 안정과 번영을 누릴 수 있는 길이다.

ABSTRACT

A Study on the Yasukuni Shrine

Kim, Seong-bo

In Japan, the memorial services for government officials at the Yasukuni Shrine continued to fall under attack. Although the ostensive reason for this was that numerous war criminals, including A level war criminals, were also enshrined at the shrine, the underlying reason was that the establishment of the Yasukuni Shrine was a product of militarism and imperialism that connected directly to emperor ideology. Despite being demoted to an ordinary religious facility by the American military government, however, it has survived to this day because of its symbolic value that is based in its union with the emperor system.

Enshrined in the Yasukuni Shrine are Koreans and Taiwanese who were mobilized for the war and sacrificed their lives at the end of the Japanese colonial period, for whom a request for separate services were rejected by the representatives of the shrine. Thus the shrine is not simply a memorial facility for Japanese citizens but also serves as proof of a desire to affirm and revive the militaristic and imperialistic history of Japan.

Decided arbitrarily by the state without any agreement from surviving relatives, this shrine serves as a tool in reviving state nationalism by oppressing the spirits of the deceased as well as those of the living. Moreover, despite the emerging support for separate services, especially about the assumption of responsibility for the war and about the issue of memorial services for those who died in service of the country, the state's memorialization of those responsible for the war and A level war criminals is an affirmation of their imperialist history.

While it is inevitable this memorial facility for the war dead will disregard nationality, if this system lacks the international and universal values maintained to preserve peace, human rights, and the dignity of life, this is not only a threat to its neighbors but also a threat to the dignity of the citizens of that country. In this respect, the Japanese government and society must abandon their efforts to restore the shrine as a memorial facility of the state and instead, the only valid course of action is the establishment of a separate national facility theoretically based on universal values that preserve peace, human rights and the dignity of life.

Keywords: Yasukuni (靖國) shrine, A level war criminals, Emperor system, worship at a shrine, National memorial facility.

1990년대 이후 일본 내셔널리즘 논의에 관한 연구

박 명 규*

Ⅰ. 머리말

1990년대 이후 일본사회의 변화와 관련하여 내셔널리즘 논의가 활발하다. 정책적 차원에서나 대중정서의 차원에서나 이전에 비해 내셔널리즘이 현저히 강화되고 있다는 사실인식을 바탕으로 하고 이에 대한 사상적 평가와 정치적 대응들을 둘러싼 다양한 의견들이 나타나고 있는 것이다. 탈냉전과 세계화의 흐름 속에서 국가의 기능과 역할에 대한 다양한 견해들이 등장하고 이에 따라 내셔널리즘 문제가 재부상하는 것은 전세계적인 현상이기도 하다. 다만 일본 제국주의의

---

* 서울대학교 사회학과 교수

역사적 유산이 탈식민화 과정을 통해 사상적으로나 정치적으로 충분히 해결되지 못한 동아시아 지역의 맥락에서 볼 때 일본의 내셔널리즘 강화 현상은 단순히 세계사적 변화의 일환으로 보아서는 곤란한 지역사적 함의를 동반하며 바로 이 점을 주목하여 검토할 필요성을 제기한다.

　일본의 내셔널리즘, 우경화 문제는 결코 새로운 현상이 아니다. 끊임없이 지속되던 일부 우익 정치인들의 식민지 미화론에서도 경험해 온 바와 같이 일본의 전후 체제 성립이래 줄곧 논란의 한 부분이 되어온 것이다. 하지만 현재의 내셔널리즘 논의는 단지 과거의 국가주의적 우익세력이 재부상하거나 재등장하는 차원과는 그 맥락이 다르며 탈냉전과 세계화라는 새로운 시대상황 하에서 변모하고 있는 일본 안팎의 조건이 반영되어 있는 현상이다. 이 글은 1990년대 이후 일본 내셔널리즘에 대한 몇몇 논자들의 논의를 시대적 상황 속에서 점검하고 그 특징을 검토해 보려는 것이다.

Ⅱ. 군국주의, 우경화, 신보수주의, 내셔널리즘

　일본의 내셔널리즘 문제를 다룬 한국 내 문헌들에서는 다양한 개념들이 쓰이고 있다.[1] 이들 개념들은 일견 비슷해 보이면서도 그 지칭하는 내용에 있어서는 반드시 일치하지 않는다. 1990년대 한국의 대중매체에서 가장 널리 사용된 표현은 '군국주의화'와 '우경화'라는

---

1) 한국에서 일본의 내셔널리즘 강화와 관련하여 논의되는 개념들은 '군국주의화', '보수우익화', '우경화', '군사국가화', '신보수주의','국가주의', '극우민족주의' 등 다양하다. 대중매체에서는 '군사대국화의 야심', '미일 신보수주의의 동맹', '40대 신보수 국방족의 등장' 과 같은 표현들도 사용되고 있으나 정작 그 현상의 성격과 내적 논리에 대한 치밀한 분석 작업은 충분하지 않은 실정이다.

개념인 것으로 보인다. 군국주의화는 글자 그대로 군국주의로의 전환, 즉 군사주의적 노선에 바탕을 둔 국가주의의 강화현상을 의미한다고 할 수 있는데 평화헌법의 개정움직임, 자위대의 해외파견과 같은 군사강대국으로의 변화를 중시하는 개념이라 할 수 있다.[2] '일본 군국주의를 고발한다', '일본 군국주의 부활에 대처하자'는 식의 표현에서 보듯 군국주의론은 2차대전 이전 일본 제국주의의 행보에 대한 비판적 시각을 그 배후에 담고 있고, 평화헌법체제의 개편움직임을 과거체제로 회귀하는 것으로 파악한다. 보수적인 매체로 알려진 <한국논단>과 상대적으로 진보적인 매체인 <월간 말>에서 꼭 같이 군국주의화라는 개념이 주로 사용되고 있다는 점은 이 개념의 폭넓은 수용력을 보여주는 흥미로운 현상이다.

　이와 맥을 같이 하면서 널리 사용되는 개념이 우경화이다.[3] 우경화는 우익세력의 권력장악 내지 영향력 확대라는 의미와 함께 국가주

---

2) 예를 들어 보면 다음과 같다.
　남승호 1990 <일본 군국주의의 부활과 한반도> ≪정세연구≫ 16, 12 ; 문경수 1990 <일본의 신군국주의와 세계지배전략> ≪월간말≫ 12월호 ; 히로세 다카시, 1993 <자위대 2차 파병, 일본 군국주의를 고발한다> ≪월간 길을 찾는 사람들≫ 3월호 ; 이경주 2001 <일본의 군사대국주의와 '평화헌법'개정 논의> ≪역사비평≫ 여름호 ; 구로다 가쓰히로 1988 <'군국주의 일본'은 부활하는가> ≪월간말≫ 2월호 ; 앤드류 마크 1991 <일본 군국주의의 부활에 대처하자> ≪한국논단≫ 6월호 ; 권태윤 2001 <군국주의의 邪術을 거는 일본지도자들> ≪인물과 사상≫ 42

3) 김봉식 2000 <일본사회 우경화에 관한 고찰> ≪일본어 문학≫ 11 ; 2000, <일본의 우경화 현상과 기독교의 대응> ≪신학지남≫ 봄호 ; 권혁태 2001, <교과서 문제를 통해 본 일본사회의 내면 읽기> ≪역사비평≫ 여름호 ; 서승 1999 <일본의 우경화와 한·일 군사동맹의 위험성> ≪역사비평≫ 겨울호 ; 카야마 히로토, 2002 <일본사회가 우경화되고 있다> ≪기독교사상≫ 8월호 ; 박태견 1993 <과거 사죄하는 일본우익의 '본심'> ≪월간말≫ 10월호 ; 장필선 1998 <조선인 얼굴에 침을 뱉는 일본 우익의 노림수> ≪월간말≫ 11월호 ; 김수종 2002 <일본의 보수 우익화를 경계하면서> ≪월간 인물과 사상≫ 8월호

의적인 경향의 강화를 포함하는 포괄적 개념으로 사용되고 있다. 우익 내지 우파라는 정치적 범주는 시대와 사회에 따라 그 내용을 달리하지만, 적어도 일본에서는 메이지 유신 이래 천황중심의 일본 팽창주의의 역사를 국가중심적인 시각에서 용인하고 찬양하는 정치세력들을 지칭한다고 볼 수 있다. 1999년에 히노마루 기미가요가 국기,국가로 복권되고 의회 내에 '헌법조사회'가 설치됨으로써 헌법개정문제가 공식화 되었다는 점, 그리고 우익보수주의를 공언하는 정치인이 동경도지사에 당선되었다는 사실 등은 오랜 뿌리를 지닌 우익세력의 영향력 강화를 말해주는 것으로 해석될 수 있다.

좀더 학술적인 글에서는 신보수주의나 국가주의의 개념들이 사용되고 있다.4) 신석희는 신보수주의를 신군국주의나 신제국주의와는 구별되는 용어로 사용하면서 신국가주의와 친화력을 갖는 경향으로 보고 있다. 반드시 군국주의화는 아니더라도 국가의 역할을 강조하고 국가중심적인 정책을 추구해가는 것을 그 핵심으로 한다고 하겠는데 그는 이런 전환이 1982년 나카소네 정권의 출발로부터 시작되었다고 지적한다. 나카소네는 2차대전 이후 미국 주도하에 규정되었던 국가의 위상을 전환시키는 것을 목표로 한 '전후정치의 총결산'을 주창하였는데 이것이 바로 신보수주의적 의지의 표출이었던 것으로 보는 것이다. 이성환도 같은 입장에서 83년 나카소네 정권의 정책구상을 주도했던 평화문제연구회가 내걸었던 두가지 목표, 즉 미일관계의 강화와 작은 정부구상이라는 측면에 주목하였다. 이 맥락 속에서 86년 새로운 보수의 논리가 공언되었고 사회 전반의 보수화, 경제주의의 현상과 맞물려 확대되었다고 파악하는 것이다. 신보수주의 개념과 내

---

4) 이성환, 1997 <일본의 전후 정치와 신보수주의> ≪일본학지≫ 17 ; 신
희석, 1989 <최근 일본의 신보수주의와 향후의 정책방향> ≪한국정치
학회보≫ 23-2 ; 박광준, 1991.8 <신보수주의에 밀린 일본의 복지정책>
≪월간 말≫ 통권 62호

용적으로는 유사하면서도 국가주의라는 개념을 사용하는 경우도 적지 않다.[5] 국가주의는 말 그대로 국가의 기능과 역할의 강화를 의미하는 개념이지만 주로 교육이나 과거사 문제와 같이 비정치적인 시민사회 영역에까지 강력하게 개입하려는 일본정부의 태도를 비판하는 글에서 자주 발견된다.

이들 개념들은 제각기 유용성과 함께 단점이 있다. 군국주의화라는 말은 평화헌법체제의 개편과 군사강대국화라는 변화의 핵심을 드러내고 그 문제를 부각시키는데 매우 유용하지만 자칫 탈냉전기에 새로이 나타나는 특수한 양상이 잘 포착되지 않은 채 과거로의 회귀로 해석될 여지가 없지 않다. 우익세력의 권한 강화, 우파의 득세 등으로 이해될 수 있는 우경화 개념 역시 시대나 장소에 따라 매우 폭넓게 달라질 수 있는 우익세력의 구체적인 특성을 밝히지 않는 한 불분명한 측면을 동반하기 마련이다. 국가주의는 국민국가 일반의 문제가 제기되는 시대상을 반영하는 장점이 있지만 정치체제나 국가권력의 차원을 넘어서서 일본사회 전반에서 확인되는 문화적,사회적 변화를 드러내기에는 어려움이 있다. 신보수주의는 특히 경제영역에서 신자유주의적 세계화와 맞물려 등장하는 전세계적 변화상을 염두에 두면서 일본사회를 바라볼 수 있는 장점이 있지만, 일본적 특성을 역사적 맥락 속에서 부각시키는데는 한계가 있어 보인다.

1990년대 이후 일본사회에서의 변화는 이상의 여러 개념들이 내포하고 있는 다양한 측면들을 함께 지니고 있다. 이 글에서는 이런 내용들을 포괄하면서 변화의 흐름을 개관하려는 목적으로 "내셔널리즘"이라는 개념을 사용하고자 한다. 이 경우 내셔널리즘은 앞에서 논

5) 권학준, 2002 <현대일본의 국가주의와 역사수정주의> ≪일본어문학≫ 19 ; 권오현, 2001 <일본중학교 사회과 학습지도요령과 후소샤판 공민교과서의 분석: 국가주의적 교육의 강화를 중심으로> ≪역사교육논집≫ 27 ; 성황용, 1986 <일본의 신국가주의 흐름과 한일관계> ≪북한≫ 10월호

의한 여러 개념들과 구별되는 특수한 내용을 갖는 것이라기 보다는
오히려 그 다양한 지향과 특성들을 종합하여 서술하는 포괄적인 개
념이다. 세밀한 개념규정도 중요하지만 때때로 포괄적인 서술과 내용
확인이 더욱 유용할 수도 있으며 특히 한국의 입장에서 일본의 변화
를 바라볼 때 역사적 경험과 기존논의들의 관성에 영향을 입을 가능
성이 적지 않다. 군국주의, 국가주의, 우경화와 같은 개념들에 뒤따르
기 쉬운 선입견으로부터 자유로운 입장에서, 동시에 이들 내용을 아
우르는 방식으로 1990년대 이후 일본의 현상을 검토해 보려는 뜻으
로 내셔널리즘이라는 말을 사용하려는 것이다.

Ⅲ. 1990년대 일본사회의 변화

1990년대의 일본이 이전 시기와 여러 측면에서 구분되는 새로운
상황으로 변화하고 있다는 지적은 여러 논자들에게서 확인된다. 펨펠
은 1960년대의 일본과 1990년대의 일본을 비교한 후 두 시기 사이에
중요한 변화가 나타나고 있는 것으로 파악하고 이를 "체제 전
환"(regime shift)으로 개념화하고 있다.[6] 그에 의하면 60년대에 강력하
게 작동하던 보수체제의 틀 자체가 와해되면서 정책적, 제도적, 사회
경제적 차원에서 "분절화"(fragmentation)가 현저하게 나타나고 있다는
것이다. 그는 이러한 변화를 경제정책, 사회복지정책, 노동정책 및 외
교정책의 차원에서 확인하고 "1990년대는 네 영역에서 이전의 유형
과 현저한 단절을 보여주고 있다"고 결론짓고 있다.[7]

보수주의자들에게 1990년대는 매우 어렵고 힘든 시대였다. 1993년

---

6) T.J.Pempel 1998, *Regime Shift: Comparative Dynamics of the Japanese Political
   Economy*, Ithaca and London: Cornell University Press, p.137.
7) T.J.Pempel, ibid., p.146.

자민당의 분열에서 시작하여 전후 40년 가까이 일본보수정치의 핵심을 이루어오던 자민당 집권구조가 붕괴되고 보수정치권 내부의 분열이 심화되었기 때문이다. 동시에 각종 부패 스캔들이 폭로되면서 보수정치권을 뒷받침해오던 "금전정치"의 구조들이 드러나고 일본 정치엘리트들의 이권개입현상이 알려지면서 정치권의 도덕성 및 권위도 현저하게 무너졌다. 또한 이런 과정에서 오랫동안 일본식 발전의 견인차로 여겨졌던 관료체제의 전문성과 신뢰성도 크게 약화되었다. 보수적 정치인인 오자와 이치로가 "일본개조"를 부르짖으면서 개혁정치의 화두를 장악할 수 있었던 것은 구체제의 위기와 문제점들이 현저하게 드러나는 상황 속에서였다.

이러한 정치적 전환의 배경에는 사회경제적인 변화가 작용하였다. 일본경제가 세계적으로 급성장하던 1960년대에 비하여 이 시기는 채권과 주식, 부동산 가치가 하락하고 성장률이 둔화되고 기업의 채산성이 악화되면서 전사회적으로 일본경제에 대한 불안감과 위기의식이 확산되었다. 거품경제의 몰락과 함께 금융 분야에서 거대한 자산 잠식과 은행의 도산이 나타나는 가운데 거대자본의 국제화와 세계화는 급격히 진행되고 중요한 경제정책에 있어서 일본 정부의 개입효과가 현저하게 약화되었다. 중요한 첨단산업분야에서 주변의 다른 국가들에게조차 뒤지는 현상도 나타났다. 사회적으로는 1995년의 코베 대지진과 뒤이은 옴진리교 신자집단에 의한 지하철 사린 가스테러사건으로 심각한 사회불안감이 확산되었다. 코베 대지진은 일본의 관료체제가 위기상황을 대처하는데 매우 취약함을 드러내었고 옴진리교 사건은 일본의 중산층이 사상적으로 얼마나 방황하며 아노미적인 증상을 겪고 있는지를 말해주는 것이라 할 수 있다.

특히 이 글의 주제와 연관이 깊은 대외정책 차원에서 이 변화를 살펴보면 이전 시기와의 연속성과 단절성의 양면을 확인할 수 있다.[8]

---

8) T.J.Pempel, ibid., pp.153-157.

펨펠에 의하면 두 가지 차원에서는 여전한 연속성을 확인할 수 있다고 보는데 그 하나는 1990년도 미국에 대한 군사적 의존구조가 변함없이 유지되고 있다는 점이고 다른 하나는 군사비 지출이 일정한 수준에서 제한되고 있다는 점이다. 미일 안보조약은 미국과 일본 두 나라 사이의 군사적, 안보적 동맹체제의 근간을 이루는데 일본은 주일미군 경비의 상당부분을 부담하면서 군사적 동맹체제의 유지를 핵심 국가정책으로 견지하고 있다. 군사비 지출규모도 절대적인 수치에서는 상당한 증가세를 보이고 있지만 여전히 그 비율의 측면에서 볼 때 1% 선에 머물러있다는 점에서 펨펠은 기본적으로 평화체제의 성격이 유지되고 있다고 파악한다.

하지만 90년대는 이전과는 뚜렷하게 구별되는 중요한 변화들을 보이는데 그 첫째 특징으로 일본 방위산업의 성장을 들 수 있다. 전반적인 제약이 강했던 60년대에 비해 1990년대의 일본 방위산업은 "기술민족주의"라 할 수 있는 정책적 지향과 함께 상당한 발전을 보여 군수품의 90% 이상을 일본이 자체조달하는 상태에 와있다. 기술적으로도 일본의 첨단산업은 민간산업과 군수산업 양면에서 함께 활용될 수 있는 조건을 창출해놓고 있다. 물론 이러한 발전이 일방적인 군사기술의 "토착화"를 지향하기 보다 다른 국가(특히 미국)와의 협조 속에서 이루어지고 있다는 점을 고려해야 하지만 군사화에 필요한 기술적, 물질적 기반을 강화하고 있다는 점은 중요한 변화가 아닐 수 없다. 또 하나의 중요한 변화는 국제문제들에 대한 일본정부의 개입의지가 강화되고 있다는 점이다. 1960년대에 일본은 가능한 한 국제문제에는 개입하지 않고 국내문제에만 집중하려는 소극적 정책으로 일관했다. 하지만 90년대에는 여러 국제기구들에 대한 지원과 참여, 다양한 국제적 연대활동에의 참여, 국제적 분쟁에의 적극 개입이라는 특징을 보여준다. 아시아 개발은행(ADB), 아시아태평양경제협력기구(APEC), 세계은행 등에 적극적으로 참여하고 있고 제3세계 부채문제에도 관심을 기울여 미야자와 플랜으로 알려진 제3세계에 대한 개입 방안까지도 마련할 정도가 되었다. 특히 북한문제를 계기로 일본의 외교적 역량과 목소리가 과거에 비교할 수 없을 정도로 강력하게 성장했다. 북한쟁점은 1990년대 일본과 미국을 상호결합할 수 있도록 만드는 중요한 요인이 되고 있다. 특히 대외적인 측면에서 중요한 변화는 해외에서 일본군대(자위대)가 활동할 수 있게 되었을 뿐 아니라 이러한 방향으로의 적극적인 체제전환을 주장하는 목소리들이 현저하게 강화되었다는 사실이다. 이 점은 특히 1990년 걸프전쟁을 계기로 강하게 등장한 것인데, 이 전쟁에 상당한 경제적 지원을 함과 동시에 자위대의 해외파병을 뒷받침하는 법안이 비록 유엔결의와 평화유지목적이라는 조건을 단 상태이지만, 의회를 통과할 수 있을 정도가 되었다. 그리고 이런 변화에 대항하고 도전할 세력은 현저하게 약화되었다. 90년대 일본의 체제전환은 바로 이러한 현상에 대한 대응의 과정에서 나타난 것이다.

Ⅳ. 1990년대 내셔널리즘에 관한 논의들

1990년대 일본의 내셔널리즘은 이러한 복합적인 "체제전환" 과정에서 야기된 현상이자 그런 변화에 대한 집합적 대응의 일환이기도 하다. 변화의 측면들이 다양한 만큼 내셔널리즘의 내용을 이루는 요소들도 여러 가지일 것은 당연하다. 크게 세가지 차원에서 내셔널리즘의 특성을 검토해 볼 수 있으리라 생각한다. 첫째는 사회적 위기감의 확산에 따른 집합적 정서구조이다. 위기의 시대에 한 사회가 보여줄 수 있는 경향성이라 할 수 있는데 주로 내셔널리즘을 소비하고 받아들이는 일반시민들의 지향을 보여줄 수 있다. 둘째는 보다 적극적으로 내셔널리즘을 추구하려는 정치인이나 자본가들의 지향인데, 90

년대 이후 변화한 세계적 상황에서 일본국가의 위상강화를 앞세우는 흐름이다. 세째로는 90년대의 탈냉전상황에서 새로이 등장한 탈식민 과제에 대한 보수적인 저항심리가 국가주의적인 역사관과 국가관을 더욱 강화시키고 있는 측면을 살펴볼 수 있다. 현재 일본 내셔널리즘 은 이러한 측면들을 함께 지니고 있는 복합적인 현상이라 할 것이다.

1. 집단적 위기감과 대중적 내셔널리즘

90년대 일본 내셔널리즘의 한 특징은 경제불황과 실업, 가치관의 혼란에 따르는 사회적 위기감을 전면에 내세우는 논의들이 상당한 영향력을 얻고 있다는 점이다. 여기에는 대중의 심리적 불안감, 정체 성의 상실, 미래에 대한 좌절 등을 자극하는 담론들을 문화상품으로 만들어 유포시킨 매체들의 역할이 크지만, 그러한 담론을 소비하고 수용하는 대중의 정서구조가 그 바탕을 이루는 것도 사실이다.

실제로 서점가를 뒤덮고 있는 "일본 국가를 걱정하는" 책자들은 한 결같이 이런 위기감을 전면에 내세운다. ≪일본에의 경고≫, ≪일본 은 망한다≫, ≪나라가 망하고 있다≫, ≪표류하는 일본사회≫ 등등 그 예를 들자면 한이 없다. 이들이 주장하는 바를 몇 개의 저작을 중 심으로 살펴보자. 먼저 ≪일본에의 경고≫라는 책을 쓴 후꾸가와 신 지는 일본이 현재 죽음에 이르는 '일본병'을 앓고 있다고 주장하면서 이 병을 치유하기 위해서는 '일본다움'의 회복, 일본힘의 재생을 통한 국민운동을 벌여야 한다고 강조하고 있다.[9] 그는 일본사회가 '정치적 으로는 뇌경색, 경제는 당뇨병, 사회전체는 자율신경의 마비'에 처해 있다고 본다. '私權'이라고 지칭되는 개인중심적인 권리의식은 확장 되면서도 공공의 관심은 약화되고 가정을 비롯한 사회적 유대감은

---

9) 福川伸次, 2003 ≪日本への警告≫ PHP

현저하게 약화되며 젊은층에게 인생의 목적의식이나 뚜렷한 가치지
향성을 찾기 어렵다는 것이다. 여기에 국제사회에서 일본이라는 존재
감이 점차 희박해지고 자신이 속한 공동체에 대한 자부심을 갖지 못
하는 나약함이 심화되고 있다고 본다. 그럼에도 불구하고 일본사회는
전반적으로 위기감이 마비되어 정책대응능력은 저하되고 기업의 경
영혁신력은 떨어지며 사회의 연대성은 약화되는 병리적 상태에 빠져
있다고 진단한다. 사회전반에 대한 불만과 비판의식이 그 바탕에 깔
려있음을 볼 수 있는데 이런 차원에서 정치의 사명감, 경제에서의 윤
리감, 사회에서의 규율의식, 국제질서에의 공헌과 책임성 등이 강조
되고 있는 것이다.

　나까가와 헤이요오는 이보다 훨씬 더 노골적이다. 그는 ≪나라가
망한다--교육,가족,국가의 자괴>라는 책에서 일본의 멸망은 외부의
요인보다는 내부의 문제에서 그 원인을 찾아야 한다고 강조한다. 그
는 "민주주의라는 마약"과 "마르크스주의"라는 두 요인이 민족을 형
성시켜온 역사,전통,관습 등을 끊임없이 용해시킴으로써 일본사회의
붕괴를 촉진시킨다는 것이다.[10] 그는 앞으로 이 두가지 병마를 제대
로 박멸할 수 있는가의 여부에 따라 일본의 운명이 결정될 것이라고
주장하면서 인권을 앞세운 민주주의적 교육을 비판하고 훈육과 도덕
교육의 필요성을 강조하고 있다. 그는 평등교육, 인권교육, 학생중심
의 교육, 개성존중론 등이야말로 일본을 낙오시키는 주범이라고 비난
하고 있다. 또한 그는 남녀평등주의를 주장하는 사조를 가족파괴운동
으로 지칭하고 남녀평등이라는 종교적 도그마를 마르크스주의의 폐
해와 연관시키고 있다. 그는 가족제도의 강화야말로 일본사회의 해체
를 구해주는 가장 중요한 관건이라고 본다. 특히 페미니즘을 사회주
의의 한 흐름으로 보면서 이들의 가장 큰 폐해가 "인간이나 국가에게
서 윤리, 도덕을 부정해 버리고 동물과 같이 생존이나 그 일종인 경

---

10) 中川八洋, 1997 ≪國が亡びる-敎育,家族,國家の自壞≫ (德間書店)

제적 욕망을 절대적인 가치로 만든 것"이라고 주장하고 있다. 이러한 진단은 최종적으로 국가에 대한 우파적인 지향성을 강조하게 되는데 그는 과잉관용의 역효과를 지적하면서 특별영주자 제도를 폐기하고 외국인 공무원 채용은 '반일'운동이므로 즉각 없애야 한다는 인종주의적인 발상까지 숨기지 않는다. 또한 지방분권이야말로 국가해체의 길이라는 주장도 내놓고 있다. 한마디로 강력한 중앙집권국가, 일본인으로 구성된 종족적 단일국가, 배타적이고 남성주의적인 국가주의를 대안으로 내놓고 있는 것이다.

비판적인 지식인들에게 이런 유형의 내셔널리즘은 국가를 중심으로 한 보수주의적 주체형성의 시도라고 규정된다. 강상중의 표현을 빌면 90년대 이후의 변화는 '세계적인 유동화의 한복판에서 동일성을 다시 안정화시키고 그 재영역화를 도모하기 위하여 국가와 영토, 공동체적 동일성에 대한 새로운 비전을 만들어 내려'는 시도이다.[11] 그는 일본의 전후의식이 신화적인 사고와 냉전적인 사고에 기초하여 '현저한 (식민지)제국의 건망증'을 초래했다고 보며 이 망각 속에서 다시금 국가주의가 부상하고 있다고 본다. 국가의 정신적 해체가 진전되고 국가라는 공동체성을 상실한 시대를 새로운 국가상을 확립함으로써 극복하려는 상황이라는 것이다.

카야마 리카는 이러한 내셔널리즘이 명료한 정치적인 지향성에 바탕을 두기 보다 현대 일본의 젊은이들에게서 보이는 새로운 생활양식에 근거한 것이라고 해석한다. 즉 그녀는 90년대 이후의 내셔널리즘을 '프티 내셔널리즘'이라고 명명하고 이러한 지향은 무거운 정치군사적인 국가주의와 그 성격을 달리한다고 보고 있다.[12] 그녀는 9.11 이후 미국에서 '정체를 알 수 없는 공포에 위협받은 결과 타인을

---

11) 강상중, 1999 <국민의 심상지리와 탈국민의 이야기> ≪국가주의를 넘어서≫ (삼인) 184
12) 香山リカ, 2002 ≪ぷちナショナリズム症候群≫ (中公新書)

잘라내는' 애국주의가 등장한 것처럼, 또 유럽에서 광범위하게 외국인 배척운동의 형태로 등장하는 우익운동의 모습처럼 일본에서도 막연한 생활상의 보수주의와 불안감, 좌절감 등이 작용하여 배외적인 내셔널리즘을 강화시킬 가능성을 무시하지는 않지만 기본적으로 90년대 일본의 내셔널리즘은 강력한 이념이나 정치적 지향성을 갖고 있다기 보다는 막연한 불안감에 기초한 "쁘티적" 성격이 농후하다고 강조한다.

오구마 에이지는 풀뿌리 보수주의 운동이 실제로 이러한 내셔널리즘의 한 배경이 되고 있음을 지적하면서 이것을 '치유의 내셔널리즘'이라고 불렀다.[13] 그에 따르면 냉전종결과 글로발리제이션에 의한 사회적 유동화 속에서 종래의 공동체가 사상적으로나 사회적으로 기능하지 못하게 됨으로써 정치적으로는 무당파층이 급증하고 종래의 진보/보수의 틀이 무의미해지며 풀뿌리 생활감각에 더욱 영향을 받는 층이 늘어나고 있다는 것이다. 그는 <새로운 역사교과서를 만드는 모임>에 참여한 일반시민층을 조사한 결과에 의거하여 이들은 정치적인 우익이라기 보다는 오히려 '불안을 치유하려는 갈망에서 내셔널리즘에 끌려들어온 집단'이라고 보았다.[14] 종래의 보수운동이 이러한 풀뿌리 정서와 결합하게 되는 과정이 90년대 내셔널리즘의 한 특징이라는 것이다. 오구마 에이지는 이러한 내셔널리즘을 '아래로부터의 내셔널리즘'이라고 부르기도 했는데 이들이 실제 관료나 재벌의 부패에 대한 공격과 비판성을 강하게 지니고 있다는 점을 들었다. 이들에게 적이란 관료,재벌은 물론이고 스스로 진보적이라고 주장하는 지식인과 전문가조차도 포함되는 것이다. 전문가의 시대는 갔다는 생각, 모든 평범한 사람들의 생각과 감정을 중시하자는 움직임이 이 속에서 힘을 얻고 있는 것이다. 이런 아래로부터의 내셔널리즘은 포퓰

---

13) 小雄英二 외, 2002 ≪癒しのナショナリズム≫ (慶應義塾大學出判會)
14) 小雄英二 외, ≪위 책≫, 9

리즘적인 운동과 유사한 특징을 지니게 될 가능성이 높다고 본다.

또하나 오구마 에이지가 강조하는 것은 탈냉전, 사회주의 몰락, 세계화로 인해 개인적으로 겪게 되는 다양한 경험들의 영향이다. 개인적으로 다양한 타자들을 접하게 되면서 일본인으로서의 자각, 집단적 정체성을 확인하게 된다는 것이다. 이들은 현대일본사회에서의 중간집단, 즉 가족이나 지역공동체의 공동화 현상을 의식하고 지나친 개인주의의 부정적 측면을 인식하면서 공공성과 공동성의 장으로서 국가를 상정하게 된다는 것이다. 오구마는 대중들의 '불안감으로부터의 탈출'을 위해 시작되었던 무정형의 움직임이 보수주의자들과 결부되면서 보수적인 내셔널리즘으로 구체화되었다고 보고 있다. 즉 "냉전 후의 가치관의 동요나 교육현장의 혼란 가운데서 자기를 표현할만한 말의 체계를 갖지 못한 자들, 고립감에 고민하고 있던 자들이 내셔널리즘 운동에서 희망을 보게 된 구조"를 주목하는 것이다.[15] 윤건차는 '1990년대 내셔널리즘'을 지식인이 주도하고 매스컴이 선동하는 현상이라고 설명한다. 그는 진보,혁신진영의 붕괴로 보수적 지식인의 영향력이 강화되는 것과 함께 '내셔널리즘 자체가 무드있는 것으로서 소비의 대상화'하게 된 것을 주된 배경으로 꼽으면서 '정치적으로 쾌적함에 사로잡힌 보수주의'라고 그 특징을 지적한다. 90년대 이래 내셔널한 것을 대중적 문화상품으로 소비시켜온 매체에 주목한 요시미가 '국가적인 것의 미학화'를 비판한 것도 같은 맥락에서 이해될 수 있다.[16]

---

15) 小雄英二 외, 《위 책》, 28
16) 요시미 순야, 1999 <잡지미디어와 내셔널리즘의 소비> 《국가주의를 넘어서》 (삼인) 255

2. 신대국주의와 네오 내셔널리즘

사회경제적 위기의식에 대한 정서적 반응을 강조한 위의 견해와는 달리 1990년대의 내셔널리즘이 명확한 경제적 이해관심과 뚜렷한 정책적 전환을 동반하는 흐름이라고 파악하는 입장도 있다. 대표적인 논자인 와타나베 오사무는 1990년대가 명확한 이념적 재정향으로 특징지워진다고 보고 그 핵심을 신대국주의와 네오 내셔널리즘으로 개념화한다.[17] 그에게 1990년대는 80년대 나카소네 정권의 등장에서 그 단초가 나타났던 '신대국주의'적 지향이 90년대의 탈냉전 및 걸프 전쟁이라는 새로운 계기를 통해 사회적인 힘을 얻게 된 시기다. 냉전종식에 따른 국제공헌의 강조, 미일동맹의 강화에 따른 아시아 태평양 지역에의 적극적 개입, 자위대의 해외파견과 국제연맹과의 협력강화, 일본자본의 글로발리제이션에 따르는 국내시장 개방 및 규제완화 등이 신대국주의의 주요한 내용을 이루며 이러한 신대국주의화에 대응하는 이데올로기가 네오 내셔널리즘이라고 본다.

와다나베에 의하면 90년대의 이러한 신대국주의는 기본적으로 경제성장우선론, 소국주의, 그리고 이익정치의 특징을 지지는 전후보수주의에 대한 비판을 그 특징으로 한다고 본다. 그런 점에서 80년대 나카소네가 주장한 '전후정치의 총결산' 노선과 맥이 닿아있다. 하지만 와타나베에 의하면 천황제를 활용하여 경제대국으로부터 정치대국으로 전환하려던 나카소네의 시도는 잘 진행되지 못하였는데 아시아 제국으로부터의 반발과 시민들의 반대 등이 이런 흐름을 억제하였기 때문이었다. 와다나베는 이런 점에서 80년대의 정치적 전환 시도를 '조숙적 대국화 시대'라고 설명하고 있다.

그런데 90년대의 신대국주의는 이제 이러한 조숙성에서 벗어나 실

---

17) 渡辺治, 2000 ≪日本の大國化とネオ ナショナリズムの形成≫ (櫻井書店)

제로 대국주의의 꿈을 실현할 수 있는 상황과 조건을 맞고 있다는 것이 와타나베의 주장이다. 그가 파악한 90년대 신대국주의의 첫 특징은 '일미동맹을 축으로 하는 대국주의 동맹이라는 구상'이다. 이전의 대국주의에는 일정한 대미자주화의 경향이 존재하였지만 90년대 신대국주의는 미국과의 보다 긴밀한 협조, 공동작전을 수용하려는 특징을 보여준다는 것인데 그에 따르면 일부 반미, 대미자주노선의 주장도 있었지만 대세는 미일동맹의 재강화 쪽이었고 탈냉전으로 인해 미국이 일방적으로 주도하던 미일동맹체제가 실질적으로 일본의 역할 강화를 꾀하려는 전략이 강화되었다. 96년 4월 체결된 미일안보공동선언은 이런 변화를 더욱 체계화한 것이었고 같은 맥락에서 97년에는 주변유사시에 미국의 전세계적 군사행동에 일본이 참여하는 <미일방위협력지침>, 즉 신가이드라인이 체결되었다. 이런 맥락에서 99년 여름 145회 국회에서는 주변사태법, 국기국가법이 통과되었다. 주변사태법은 앞서 체결된 신가이드라인을 뒷받침하기 위한 법적 조치이지만 신가이드라인에 대한 반대운동을 법적으로 제압하는 효과를 갖는 것이었다. 대국화의 신단계는 주변사태법, 국기국가법 등에서 보듯 미국의 세계전략과 결합하면서 신대국주의 구상을 구체화하려는 것으로 와타나베는 주변사태법을 '군사대국화의 제1단계'로 꼽는다. 2003년에 체결된 <유사3법>은 자위대의 해외파병을 가능케 할 법적 조치가 완전하게 이루어진 것을 의미한다. 90년대 초반 PKO의 이름으로 파견되는 군사활동에 대해서조차 다수의 시민들이 반대의견을 갖고 있었던 것에 비추어보면 지난 10년간의 변화는 놀랄만한 것이라 할 만하다. 국가국기법의 통과는 히노마루, 기미가요를 별다른 조건없이 다시 일본의 국가, 국기로 법제화한 것으로 전전과의 단절을 꾀하려는 많은 노력과는 상반되는 흐름이 힘을 얻은 것이라 할 수 있다.

또한 보호주의 경제정책이 아닌, 시장개방, 규제완화, 세계 자유무역체제에의 적극 참여를 내세우는 특징을 보인다. 이런 점에서 90년대의 네오 내셔널리즘은 경제적인 신자유주의와 배치되지 않고 결합할 가능성이 높은데 그 까닭은 이러한 논의의 배후에 점차 다국적기업화하는 일본자본의 요구가 자리잡고 있기 때문이라고 그는 보고 있다. 뿐만 아니라 기존의 보수정치를 계승하기 보다는 오히려 이를 비판하고 그 타파를 주장하는 개혁지향성을 수반하고 있다.

90년대 정치개혁의 핵심으로 주장된 소선거구제는 사회당과 공산당에 타격을 가하고 보수 2대정당 중심의 정치를 강화하려는 기도라고 그는 보고 있다. 와타나베에 의하면, 신대국주의를 내세웠던 90년대 정권 하에서 침략전쟁에 대한 일정한 반성을 수용할 수 있었던 이유도 바로 이 점에 있었다고 본다. 즉 일본중심적인 사고를 견지했던 과거에 비해 상대적으로 개방적이고 개혁적인 내용들을 수용하는 방향으로 신대국주의가 나타났기 때문이었다. 오부치 내각에서 시도되었던 침략전쟁사과, 국회부전결의, 천황의 사죄, 교과서 등에 일본의 전쟁책임문제 반영 등 일련의 조치들이 90년대 전반의 변화가 가져온 결과라 하겠다. 일본정부가 종군위안부 문제해결의 한 방식으로 내세웠던 <아시아 여성기금>도 주변국으로부터 거대한 비난과 반발이 있었음에도 불구하고 기본적으로는 전쟁책임의 일부를 시인한 행위였다고 할 수 있다. 또한 일본국가의 총체적 개조를 제안했던 오자와는 과거 일본의 잘못을 국제적인 관계로부터 떨어져 고립화되었던 것에서 찾고 침략전쟁의 잘못을 일정하게 인정하고 있다. 이런 맥락에서 90년대의 신대국주의는 더이상 천황제를 필수적 요소로 간주하지 않는 차원에서 전개되고 있다고 와타나베는 파악한다. 과거의 일본제국, 대국주의는 모두가 '천황을 위하여'라는 천황론과 이념적으로 결부되어 있었지만 이 고리가 해체되었다는 것이다. 예컨대 오자와의 '일본개조계획'에 천황이 전혀 등장하지 않으며 헌법개정을 주도하는 논자들에게서도 천황지위의 강화보다는 오히려 국민주권론이

강조되고 있다는 점을 들고 있다.[18]

맥코맥이 일본의 90년대 내셔널리즘을 '전후 일본의 민족주의 구조에 깊이 뿌리박고 있되, 탈냉전 시기의 변화된 상황에 맞추어 그리고 일본이 모든 면에서 초강대국이 되고자 하는 야심을 지닌 전지구적 경제초강대국으로 부상한 상황에 맞추어 수정되고 개정된 운동'이라고 규정한 것도 이와 맥을 같이 하는 것이라 할 것이다.

3. 탈식민과제와 국가주의적 대응

한편 90년대 일본의 내셔널리즘 부상의 한 요인으로 탈식민과제에 대한 국가주의적 반발 또는 대응이라는 측면도 무시할 수 없다. 동아시아 지역에서 일본 식민지배의 역사적 청산작업은 냉전의 영향과 일본정부의 의도적 회피로 제대로 이루어지지 못한 것이 사실이었다. 탈냉전과 함께 채 마무리되지 못한 채 봉합되어 있던 과거의 묵은 과제들이 다시금 등장하기 시작하면서 일본사회는 덮어두고 싶은 과거사에 직면하지 않을 수 없게 되었는데 이 과정에서 국가주의적인 정서와 담론들이 널리 영향을 미치기 시작하였다.

이런 현상은 태평양전쟁 당시 일본 정부의 조치로 인해 피해를 입고도 아무런 보상을 받지 못했던 피식민지 피해자들의 뒤늦은 보상 요구로부터 시작되었다.[19] 이전까지 뚜렷한 활동을 하지 못했던 한국의 전쟁피해자 가족들이 <태평양전쟁희생자유족회>로 개칭하고 적극적인 운동에 나서기 시작하였고 90년 5월 노태우 대통령의 방일 때 처음으로 '강제연행자 명부'를 공개할 것을 요구하게 되었다. 91년 11

---

18) 渡辺治, ≪앞 책≫ 64~125
19) 高木健一, 1991 ≪戰後補償 論理≫ [최용기 옮김, 1995 ≪전후보상의 논리≫ (한울)]

월 태평양전쟁 당시 B,C 급 전범으로 분류되었던 한국인들도 국가배상을 청구하는 소송을 청구하였는데 1999년까지 731부대 피해자의 배상청구소송을 포함하여 모두 59건의 재판이 진행되었거나 진행중이다.[20] 합법적인 절차를 통해 제기된 이 보상청구소송은 궁극적으로 일본 국가의 전쟁책임은 물론이고 '전후책임론'을 불러일으키는 계기가 되었다.[21] 뒤늦은 전쟁보상요구와 전쟁책임론의 부상은 보수적인 정치세력들로 부터 감정적 반발을 불러일으키게 되었고 과거사 처리 문제가 민감한 현실정치의 쟁점으로 등장하는 계기가 되었다.

과거사 문제가 집단적 저항의 형태로 분출한 더욱 중요한 계기는 군위안부 문제의 부각이었다. 90년 11월 한국의 <정신대 대책협의회> 출범을 계기로 그동안 묻혀져왔던 '군위안부'문제가 쟁점화되기 시작했다.[22] 반세기동안 밝혀지지 못했던 일들이 생존해 있는 당사자들의 입을 통해 '증언'의 형태로 나타나기 시작했고 때마침 확산되던 전세계적 인권운동 및 페미니즘의 흐름과 맞물려 국제적인 쟁점으로 부상했다. 91년 12월 일제시대 종군위안부였던 김학순 할머니의 증언과 사죄, 보상요구는 지금까지 묻혀있던 전쟁범죄의 한 측면을 부각시키는 결과를 가져왔고 일본의 종군위안부 문제를 여성인권과 전쟁범죄라는 새로운 문제틀 속에서 재해석하는 계기가 되었다.[23] 93년 비엔나 세계인권회의에서 여성인권에 대한 논의를 바탕으로 여성에 대한 억압과 폭력을 국제적 쟁점으로 의제화하였는데 일본의 종군위안부

---

20) 다와라의 홈페이지에 실려있는 '전후보상재판일람표' 자료 참조.
   http://www.linkclub.or.jp/~teppei-y/tawara%20HP
21) 전후책임이란 '식민지 지배와 침략전쟁 과정에서 발생한 갖가지의 피해를 회복하는 의무 및 책임'으로 규정된다. 타카키 켄이치(高木健一), 1995 <전후보상의 논리> (한울) 44
22) 이 과정에 대한 연구서로는 정진성, 2004 ≪일본군 성노예제≫ (서울대 출판부) 참조.
23) 鈴木裕子, 1997 ≪戰爭責任とGENDER≫ (未來社) ; 1996 ≪'慰安婦' 問題と戰爭責任≫ (未來社) 참조.

문제는 국제적 여성운동과 전쟁범죄처벌을 향한 인권논의의 중요한 사례가 되었다. 95년 유엔인권소위원회에서 종군위안부를 성노예제로 규정하고 이에 대한 일본의 국가책임을 인정하는 특보고관의 보고서가 제출되었다.

90년대 일본의 내셔널리즘은 이러한 전진적 개혁조치들에 대한 반동적 저항심리를 전사회적으로 동원하는 측면이 있다. 특히 유엔 인권소위에서 채택한 쿠마라스와미 보고서와 그에 뒤이은 교과서의 종군위안부 기술에 대한 우익세력들의 격렬한 반대는 이러한 측면을 가장 잘 드러낸다. 이미 92년에 가토 마사오는 "그릇된 정보에 의한 그릇된 인식이 정착되고 증폭하여 한일간 뿐만 아니라 국제문제, 급기야 유엔인권위까지 미쳤다"고 주장하였고 96년 전쟁사 연구자인 역사학자 하따 이꾸히코는 쿠마라스와미 보고서를 '형편없는 허구'라고 규정하고 '전쟁범죄를 재심하려는 움직임'에 강력 대응할 것을 촉구하였다. 97년 후지오까는 '위안부 문제야말로 일본국가를 정신적으로 해체시키는 결정타'이며 '국제적인 세력과 결탁한 장대한 일본 파멸의 음모'라고까지 주장하였다.[24] 자민당 내의 의원들이 중심이 된 바른정치모임은 민간의 우익단체들과 함께 '새로운 역사교과서를 만드는 모임'을 결성하고 대중적으로 국가주의적인 사상의 확산을 꾀하였다. 다와라는 이러한 연계를 '우파 내셔널리스트의 통일전선운동'이라고 말하고 있는데,[25] 실제로 대중매체를 적극적으로 활용하고 관과 민 양측면에서 적극적으로 활동하고 있다. 당연히 이들은 일본의 과거사를 비판하고 반성을 촉구하는 내외의 흐름을 '일본때리기'로 받아들이면서 일본을 수치스럽게 여기는 '자학적'인 인식으로부터 벗어날 것을 강조하였다.

이러한 역사인식의 전환은 아시아와의 관계성, 아시아 인식에서도

---

24) 정재정, 1998 ≪일본의 논리 : 전환기의 역사교육과 한국인식≫ (현음사)
25) 俵義文, 2001 <'新しい歷史敎科書をつくる會'右派人脈> ≪世界≫ 6월호

현저한 변화를 가져오게 마련이다. 실제로 일본의 '새로운 역사교과서를 만드는 모임'은 1996년 12월 결성될 때 다음과 같이 자신들의 활동계기를 밝힌 바 있다.

> 주지하듯 냉전종결후 동아시아의 상황은 방심을 불허한다. 어느 곳에도 자국역사상이 있고 각기 다른 역사의식이 있으며 타국과의 안이한 역사인식의 공유란 있을 수 없다. 특히 유치한 내쇼날리즘을 졸업하고 있는 우리와 이제 막 초기 내쇼날리즘의 폭등기를 맞고 있는 근린 아시아 제국과의 역사인식을 상호 공유한다면 우리들의 굴복이라는 결과를 초래할 수밖에 없을 것이다.

이 성명서에서는 '냉전종결'이라는 시간성과 '동아시아'라는 공간성이 언급되고 있다. 냉전체제 하에서 보장되고 당연시되었던 구조나 방식이 현저하게 퇴조하고 불확실성이 심화되는 시대적 변화가 동아시아라는 공간적 차원과 중첩되면서 이들의 위기의식이 증폭되고 있는 것이다. 여기서 '초기 내셔널리즘의 폭등기를 맞고 있는 근린 아시아 제국'이란 아마도 중국과 한국을 염두에 두었던 것이라 해도 좋을 것이다. 국가의 경계를 무시하는 태도는 위험한 것이며 '타국과의 안이한 역사인식의 공유'는 곧 '일본의 굴복'을 초래할 수밖에 없다는 현실주의적, 약육강식의 국제질서관이 여기서 잘 나타나고 있다. 교과서 검증에 대한 한국과 일본의 문제제기를 '내정간섭'으로 비판하는 것도 이런 의식의 소산이라 하겠다. 이들은 일본의 역사인식이나 한국 및 중국의 역사인식이나 모두 국가주의적인 관점에서 설 수 있거나 함께 비판할 수 있다는 입장을 갖게 됨으로써 80년대까지 동아시아에서 자리잡고 있던 근대역사이해의 근본틀에 심각한 변화를 초래했던 것이다.

다카하시 데츠야 등이 편집한 ≪국가주의를 넘어서≫는 바로 이러한 역사의식의 국가주의적 성향을 90년대 이후의 핵심적 문제로 파

악하고 이를 넘어서기 위한 노력을 탐색하고 있다. 국가가 앞장서서
일본인으로서의 집합적 주체성을 강화하려는 "내셔널 히스토리" 형
성 시도에 대해 이 책의 필자들은 한결같이 국가주의의 위험을 앞세
워 비판하고 있다. 예컨대 요네야마는 망각의 과정에서나 새로운 기
억을 만들어내는 과정에서나 언제나 '일본인'이 전제되는 방식의 문
제점을 지적한다. 즉 특정 내셔널리즘을 비판하는 동시에 내셔널한
언설을 재생산하는 구조, 국가를 비판하면서 동시에 국가적인 것을
강화하는 일이 진행될 수 있다는 것을 지적하면서 국가를 초월한 범
주, 트랜스 내셔널한 방식의 기억을 강조하고 있다.26) 일본인의 주체
확립을 강조하는 논리를 종군위안부라는 새로운 문제에 대한 남성주
의적 자기변명의 일종으로 간주하는 오오코시는 젠더적 관점에서
'국민과 국가를 쉽게 일체화'시키는 국가주의적인 논리를 해체할 것
을 강조하고 있다.27)

　2000년대에 들어와 새로이 부각된 북한문제도 탈식민과제에 대한
대응이라는 관점에서 파악될 수 있다. 북한은 일본으로 하여금 과거
사로부터 벗어날 수 없게 하는 현실적인 실체인 만큼, 북한과 일본의
관계개선은 그 자체가 식민지 지배의 역사를 마무리하는 매우 중요
한 과제이다. 하지만 그 과정은 또한 현실적인 정치적 고려 못지 않
게 탈식민의 과제 전반과 밀접하게 관련되어 있는 것이고 그런 점에
서 앞서 언급한 전쟁책임론, 전쟁희생자 보상요구와 맥을 같이 하는
것이다. 그런데 북한의 핵위협론과 특히 일본인 납치사건을 빌미로
북한에 대한 대중적 거부감이 심화되었고 그 정서를 바탕으로 북한
과의 사이에 여전히 남아있던 일본의 역사적 부채감, 책임감을 무화

---

26) 요네야마 리사 1999 <기억의 미래화에 대해서> ≪국가주의를 넘어서≫
　　(삼인)
27) 오오코시 아이코, 1999 <참회의 가치도 없다> ≪국가주의를 넘어서≫
　　(삼인)

시키려는 시도가 성공적으로 추진되고 있다. 김정일의 납치사건 시인은 원래 의도했던 수교교섭의 진전으로 이어지기보다 오히려 북한에 대한 도덕적, 감정적 비난으로 이어져 보수적이고 반동적인 내셔널리즘의 강화를 조장하는 결과를 낳았다. 2000년대에 추진되었던 여러 우경화 법안과 정책들은 대부분 북한위협론을 빌미로 진행되었고 또 그로 인해 심각한 대중적 저항 없이 통과될 수 있었다. 물론 이런 전환은 90년대 중반 이래 끊임없이 내셔널리즘의 강화를 추구해온 사회 각 영역의 흐름들이 언론과 매체를 통해 북한문제를 정치적으로 활용한 탓이 적지 않았다.

V. 마무리

일본의 우경화, 보수화, 네오 내셔널리즘은 90년대의 세계사적 조건, 동아시아의 변화, 그리고 일본사회의 환경변화 등 다양한 요인들이 함께 작용한 복합적 현상이다. 그런 의미에서 일정하게 반복되는 우경화의 흐름으로 파악하거나 일부 세력의 정치적 준동으로 보는 것은 충분한 분석이 되기 어렵다. 이 배후에는 경제위기와 사회적 무기력에 반응하는 집단적 심성과 정서구조가 깔려있고 탈냉전 상황에 적응하려는 일본 나름의 정치개혁의지도 내포되어 있기 때문이다. 정상국가로 발돋움하려는 그들의 정치적 노선을 '팽창주의'라는 규정만으로 이해하기는 어려우며 어떤 위기의식이 국가주의적인 방식을 강화시킬 것인지를 보다 총체적인 관점에서 바라보려는 노력이 필요하다고 생각된다.

이런 점에서 일본의 네오 내셔널리즘이 전형적으로 드러난 사건으로 알려진 역사왜곡과 교과서 파동도 과거의 정서나 정치적 지향이 단순히 재발한 것처럼 파악해서는 불충분하리라 여겨진다. 여기에는 탈냉전과 세계화라는 변화한 시대상이 반영되어 있고 역사해석의 이론적 패러다임 변화가 또한 연결되어 있다. 또한 주변사태법과 북한 위협론처럼 탈냉전 이후 동아시아 지역질서를 재편하려는 미국의 세계전략과 일본의 대응노력이 함께 어우러져 있는 복합적인 현상의 하나로 이해할 필요가 있다고 본다.

보통국가론이나 국제공헌론을 동반하는 일본의 내셔널리즘은 우경화나 군사대국화라는 측면으로는 파악하기 어려운 국가일반의 논리와 맞물려 있으며 국가주의 자체에 대한 비판적 사고의 필요성을 제기한다. 그런 점에서 일본의 내셔널리즘 비판은 동아시아 내셔널리즘 전반에 대한 재검토, 탈냉전 이후 국민국가체제의 작동방식에 대한 성찰을 요구하고 있다. 재판이 진행되고 있는 탈식민쟁점들, 예컨대 사할린 잔류한인문제, 강제연행자에 대한 배상, 위안부 문제, 재일조선인 문제, 북일수교 문제 등은 일차적으로 일본의 전후책임론과 직결된 것들이지만, 그와 동시에 동아시아적 차원에서 공동으로 그 해결책을 모색해가야 할 지역적 과제이기도 하다.

이것은 일본만의 문제가 아니며 따라서 그 해결도 일본만의 변화를 통해 이루어지기는 어렵다. 예컨대 재일조선인이 20세기 후반 겪어온 내부의 갈등과 정체성의 혼란, 사회적 차별 등은 일본의 자국중심적 배타성이 주요한 요인으로 지적되지만 그에 못지 않게 한반도 분단과 냉전적 전후질서체제에 기인한 바 크다. 그것은 탈식민과제를 불충분한 상태로 봉합하는 과정에 한국도 일본과 함께 연루되어 있다는 점을 보여준다. 이런 상황은 필리핀이나 대만의 경우도 마찬가지이다. 따라서 일본의 역사인식 문제는 결코 일본만의 국내문제로 치부할 일이 아니며 동아시아 국가들이 경험했던 20세기 전반의 역사를 어떻게 바라보며, 그로 인해 조성된 탈식민체제의 한계를 어떻게 넘어설 것인가라는 공통의 과제라는 인식을 가질 필요가 있다. 탈냉전 이후 동아시아의 지역질서를 어떻게 구축할 것인가, 세계화의

흐름 속에서 점차 확장되는 상호연결의 장들을 어떻게 제도화 할 것
인가, 옅어지는 국가의 권한과 경계를 어떤 방식으로 대체할 것인가
등등의 과제에 대한 동아시아적 차원의 시각과 전망을 구축해가는
일이 시급하다고 생각된다

ABSTRACT

A Study of the Debate on Japanese Nationalism after 1990

Park, Myung-gyu

Japan's rightist, conservative neo-nationalism is a complex phenomenon that emerged out of a variety of causes such as global conditions, East Asian changes and changes of the Japanese social environment of the 1990s. This context was saturated in a collective mentality and emotional structures that were responding to economic crisis and social apathy, which also signaled their intentions for political reform to adapt to post-cold war conditions.

Japanese nationalism, which accompanied the theory of a 'universal state' and 'international contribution', was entwined in a more general discussion of nation that is difficult to interpret from either rightist or militarizing standpoints and demands a critical look at the concept of state-nationalism itself. In this regard, criticism of Japanese nationalism demands a reexamination of all nationalisms in East Asia and a self-examination of the way that nation state systems operate in the post-cold war. Although the disputed points of post-colonialism that are being printed, for example the issue of Koreans occupying the Sakhalin Islands, compensation for those forcibly detained by the police, the comfort women issue, issue of North Koreans residing in Japan, issue of North Korea-Japan amity, are foremost directly related to arguments of Japan's post-war responsibility, it is also simultaneously a regional topic that requires a collective solution from an overall East Asian perspective. Our urgent task in the post-cold war period is the reconstruction of perspectives and prospects from an East Asian dimension that deal with subjects such as how to construct a regional East Asian order, how to systemize the mutual connections that are slowly expanding in these currents of internationalization, and what methods should be taken in changing waning state authority and its boundaries.

Keywords: Nationalism, rightism, post-cold war, theory of superpowers (*sindaegukjuui*), state-nationalism.

찾아보기

· 한일관계사연구논집 편찬위원

위원장 : 조동걸(국민대학교 명예교수)

위　원 : 김태식(홍익대학교 교수)

김현구(고려대학교 교수)

노중국(계명대학교 교수)

손승철(강원대학교 교수)

조　광(고려대학교 교수)

정구복(한국학중앙연구원 교수)

정재정(서울시립대학교 교수)

이만열(국사편찬위원장)

김도형(연세대학교 교수)

김성보(연세대학교 교수)

해방 후 한일관계의 쟁점과 전망　정가 : 23,000원

2005년 6월 1일 초판 인쇄
2005년 6월 5일 초판 발행

편　　자 : 한일관계사연구논집 편찬위원회
회　　장 : 韓 相 夏
발 행 인 : 韓 政 熙
발 행 처 : 景仁文化社
　　　　　서울특별시 마포구 마포동 324 - 3
　　　　　전화 : 718 - 4831～2, 팩스 : 703 - 9711
　　　　　http://www.kyunginp.com
　　　　　E-mail : kyunginp@chollian.net
등록번호 : 제10 - 18호(1973. 11. 8)

ISBN : 89-499-0312-1 93910
* 파본 및 훼손된 책은 교환해 드립니다.